电子商务名师名校
新形态精品教材

电子商务导论

第2版

覃征 等 / 著

人民邮电出版社
北京

图书在版编目（CIP）数据

电子商务导论 / 覃征等著. -- 2版. -- 北京：人
民邮电出版社，2023.7
电子商务名师名校新形态精品教材
ISBN 978-7-115-61658-6

Ⅰ．①电… Ⅱ．①覃… Ⅲ．①电子商务－教材 Ⅳ.
①F713.36

中国国家版本馆CIP数据核字(2023)第069515号

内 容 提 要

本书从国内国际双循环的新发展格局出发，基于电子商务基础理论，结合当前的电子商务实践案例，以导论的形式整体、清晰地勾勒出电子商务专业教学内容体系。全书共7章，包括电子商务生态、电子商务基础知识、电子商务主要分类、电子商务体系结构、电子商务基本原理、电子商务主要技术、电子商务理论应用与案例解析。本书结构清晰，深入浅出，注重理论联系实际，有利于读者进行实践探索。

本书可作为高等院校电子商务、市场营销、计算机等专业相关课程的授课用书，也可作为政府电子商务、企事业单位技术管理人员学习电子商务知识的参考书。

♦ 著　　　　覃 征 等

责任编辑　孙燕燕

责任印制　李 东 胡 南

♦ 人民邮电出版社出版发行　　北京市丰台区成寿寺路 11 号
邮编 100164　电子邮件 315@ptpress.com.cn
网址 https://www.ptpress.com.cn
北京天宇星印刷厂印刷

♦ 开本：787×1092　1/16
印张：15.5　　　　　　　　　2023 年 7 月第 2 版
字数：437 千字　　　　　　　2023 年 7 月北京第 1 次印刷

定价：59.80 元

读者服务热线：(010)81055256　印装质量热线：(010)81055316
反盗版热线：(010)81055315
广告经营许可证：京东市监广登字 20170147 号

本书课题组成员

覃征

张紫欣　吴浔　王国龙　党璇　徐树皓

前言

在百年变局的新时代，信息科学及相关科学技术取得了丰富的科研成果。近几十年来，世界科学技术新成果的应用推动了社会诸多领域的变革，尤其是当今大数据、物联网、区块链、人工智能、云计算等先进科学技术成果的大量应用，为电子商务领域提供了许多新的发展机会。电子商务的快速发展引起了世界许多国家/地区的高度关注，各国家/地区纷纷制定相关政策，以促进本国/地区在电子商务领域的快速发展。2001年初教育部科技司（现科学技术与信息化司）组织国内部分高校，在华南理工大学成立高等学校电子商务教学建设协调组，从那时开始，我国电子商务专业的发展就进入了一个新的时代，《电子商务导论》就是在这样的背景下产生的。当今，我国已经有600余所大学开展了电子商务本科专业的人才培养，在人才培养的过程中，院校教师、学者出版了大量的电子商务专业方面的教材和学术专著并发表了高水平的学术论文，为进一步研究电子商务提供了理论基础。

电子商务是特色十分鲜明的具有多学科融合性的一门学科，为此本书课题组研究了电子商务与"新四科"的关系。同时，本书课题组深入贯彻落实党的二十大精神，在研究电子商务理论知识体系的基础上，整合了课题组多年来的研究成果，将科学研究成果运用于电子商务的研究过程，从而编写了本书。本书以电子商务的社会生态、电子商务的创新生态为开篇，介绍了电子商务基础知识，为读者学习电子商务打下扎实的基础。本书的主要特点如下。

（1）定位零基础人群，夯实基础。本书定位于电子商务及相关专业的零基础人群，着重强调电子商务产业、电子商务技术以及电子商务应用等知识的普及，内容循序渐进，由浅入深，有利于帮助读者理解电子商务学科特征。

（2）案例充足，实现理论与实践的紧密结合。本书提供了充足的教学案例，所选案例均来源于教学实践与行业应用，理论与实践相结合，可培养读者在具体的电子商务情境中发现问题、分析问题与解决问题的能力。

（3）内容图文并茂，可读性强。本书图文并茂，针对重点知识提供清晰的结构图解以及配套图片，可读性强，有助于加强读者对电子商务知识的理解。

（4）配套资源丰富，赋能教学实践。本书提供教学大纲、PPT 课件、习题集及参考答案、电子商务英汉缩写对照表等配套资源，用书教师可登录人邮教育社区（www.ryjiaoyu.com）免费下载。

电子商务的发展十分迅速，它的理论、技术、应用乃至文化都在不断发展和完善；加之电子商务是由信息技术、管理、法律等众多学科交叉而成的新学科，因此有许多未知的领域尚待进一步开发与探索。由于时间有限，书中的疏漏之处在所难免，在此竭诚希望广大读者对本书提出宝贵意见，以帮助我们对本书不断改进。

本书课题组
2023 年 5 月

目录

第1章
电子商务生态

![知识结构图标] **知识结构**

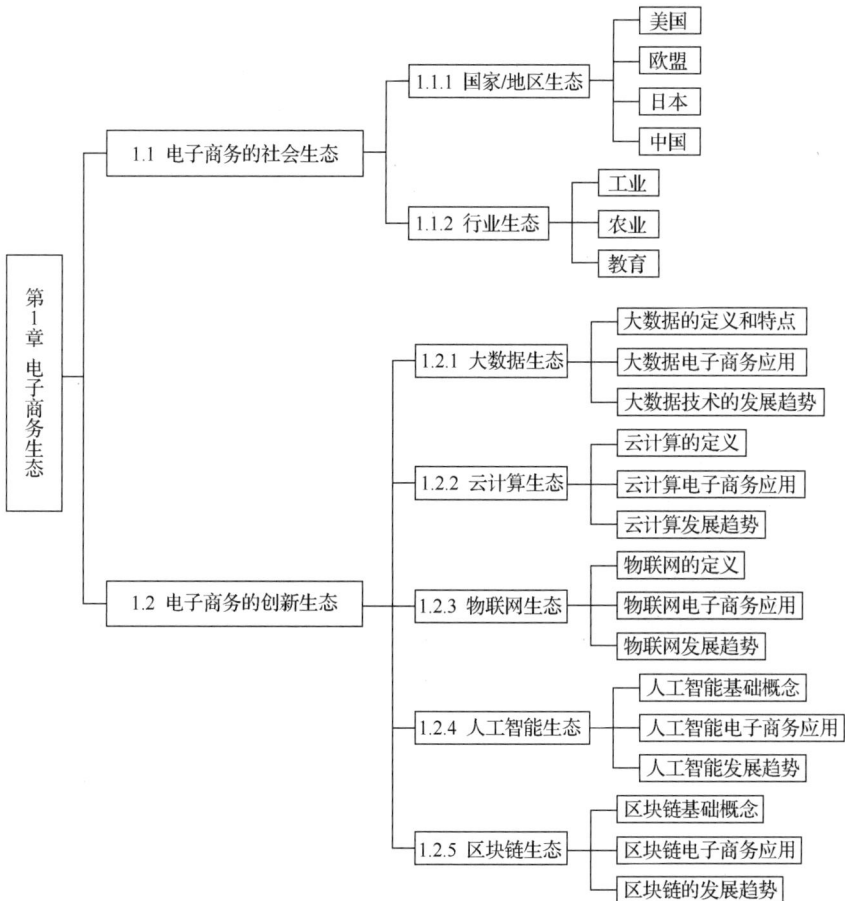

电子商务的产生是诸多要素共同作用的结果，有着复杂的历史背景、工程背景、社会背景等。为了全面、系统地介绍电子商务的产生，本章将从孕育电子商务的社会生态和创新生态方面来说明电子商务产生的背景。

1992 年，詹姆斯在《竞争的衰亡：商业生态系统时代的领导与战略》(*The Death of Competition*:

Leadership and Strategy in the Age of Business Ecosystems）一书中提出了"商务生态系统"的概念。这个概念来源于自然界的生态系统。在生态环境学中，生态系统指的是生物之间存在着的一种相互依存、互为环境的关系。詹姆斯所提出的商务生态系统模拟了自然生态系统中这一复杂而微妙的关系。众多商家作为有生命的经济实体，共同推动着整个国民经济乃至国际经济的发展，形成了功能协调、优势互补的共荣的商务生态环境。电子商务生态系统是商务生态系统的一种，是由电子商务核心交易企业、金融服务企业、物流服务企业、政府等组织机构以联盟或虚拟合作等方式，通过互联网平台分享资源而形成的一种生态系统，其成员间信息共享、协同进化，实现自组织和他组织。

近些年，电子商务在带来国民经济的快速增长的同时，逐渐从网络化向平台化发展，并且已经呈现生态化的发展趋势：参与到电子商务中的商家越来越多，这些商家之间的分工和协作越来越明显；在电子商务的不断发展中，这些同时存在于同一个电子商务生态系统中的商家变得越来越密不可分。与此同时，各个商家之间的竞争逐渐演变为电子商务生态系统间的竞争。电子商务生态环境是该系统的重要组成部分，电子商务生态环境为电子商务的发展提供了强有力的保障。

在广义的电子商务生态环境中，与电子商务系统相互作用、相互影响的要素均为电子商务的生态环境，比如与电子商务系统关系密切的经济环境、通信技术、网络技术、社会环境等；同时，其他的电子商务生态系统也可以认为是这一生态系统的外部生态环境。狭义的电子商务生态环境强调直接影响电子商务系统的、与电子商务生态系统密切相关的各个要素的总和。本章主要从广义的电子商务生态环境角度来进行阐述。

1.1　电子商务的社会生态

1.1.1　国家/地区生态

当今世界正在经历新一轮的产业和商业变革，高新技术成果在商业中的广泛应用催生了电子商务。在经济全球化浪潮中，国家/地区与国家/地区之间的贸易往来更加密切，平等互利、和谐发展成为国际经济交流的主旋律。科技的不断创新为世界各国/地区的经济与贸易发展注入了新的活力，也呼唤着新的贸易方式的诞生，而电子商务正是其中一种新贸易方式的体现。一方面，互联网的广域性可以打破时间和空间的二维约束，基于互联网的电子商务具有即时性和全球化的天然优势；另一方面，电子商务可以整合时代发展带来的科技成果，与时俱进，实现科技与生活的连接与融合。

电子商务在促进经济增长的同时，也带动了传统商业模式不断升级和转型。目前，电子商务已经占据了世界经济总量的很大一部分，其发展也受到了世界各国/地区的高度重视。这不仅表现为世界各国/地区对本国/地区电子商务发展蓝图的规划，还表现为世界各国/地区为实现国际电子商务合作而做出的努力。

1. 美国

美国作为电子商务的发起者，在推动全球贸易改革、改变世界贸易格局方面发挥着一定的作用。美国的网络基础设施比较完善，电子商务起步也较早。网络技术和数字技术的巨大优势使美国在全球电子商务发展中处于相对重要的位置。近年来，美国不断推出自己的电子商务发展议程和计划，并努力将电子商务相关问题纳入全球贸易谈判。

1997 年出台的《全球电子商务政策框架》是美国政府关于电子商务发展策略的首次尝试和探索。正如该策略的重要参与者之一所说的："美国政府也并不能确定电子商务在未来几十年里将如何发展，这完全是一个全新的领域，人类的经验并没有为'电子商务时代'的到来做好充分的准备。即便如此，美国政府还是有责任制定相应的电子商务发展政策。"

《全球电子商务政策框架》确立了美国电子商务发展的基本原则，如图 1-1 所示。

　　《全球电子商务政策框架》为美国电子商务的发展奠定了基础，指明了方向。可以说，在此之后的美国电子商务政策均是以《全球电子商务政策框架》为基础而制定的。

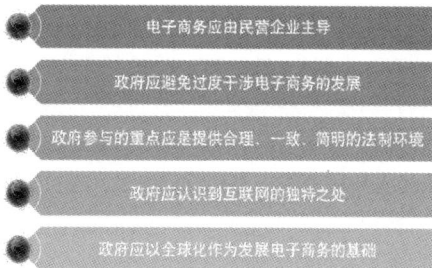

图1-1　《全球电子商务政策框架》五大基本原则

　　2002年美国国会通过的《贸易促进授权法案》涉及信息技术（Information Technology，IT）产品贸易、数字服务贸易、数字产品的电子商务和相应的知识产权保护等问题。与1997年的《全球电子商务政策框架》相比，《贸易促进授权法案》更侧重于扩大美国电子商务政策在全球规则制定中的影响，其主要是为了实现在数字服务贸易、信息自由流通、数字贸易的非歧视和透明度等问题上的电子商务谈判目标。

　　世界贸易组织（World Trade Organization，WTO）在1998年启动了"电子商务工作计划"（Work Programme on Electronic Commerce），于是美国便希望通过WTO机制来实现这些目标。然而，由于各国在电子商务的商品归类、规则适用等基础问题上尚存分歧，WTO的电子商务谈判工作并无太大进展。多边规则制定的阻碍使美国逐渐将推行贸易政策的目标寄托于双边规则的谈判与制定上。2003年"美国-智利自由贸易协定"与"美国-新加坡自由贸易协定"开始将电子商务条款纳入其中，这也为美国以后的双边贸易协定创立了范本。2015年，《贸易促进授权法案》重新获得美国国会的授权，这反映了美国国会希望美国政府在贸易谈判中保持电子商务政策持续性的态度。新《贸易促进授权法案》的谈判目标远远超过了2002年的《贸易促进授权法案》。根据这些谈判目标，美国贸易代表办公室于2015年5月出台了一系列有关电子商务的贸易谈判议程，这些议程后来构成了美国在"跨太平洋伙伴关系协定"（Trans-Pacific Partnership Agreement，TPP）谈判中的主要标准。

　　TPP对电子商务进行了专章规定，在很大程度上满足了电子商务行业的发展需求。尽管后来美国退出了TPP，但美国通过各种贸易协定谈判来表达、主张和实施其电子商务政策的方式并未发生改变。2018年10月，美国、墨西哥、加拿大达成了"美墨加协定"（U.S.-Mexico-Canada Agreement，USMCA）。USMCA不仅承袭了TPP的电子商务规则，还将电子商务的规制范围拓展至数字贸易的范畴。USMCA是目前为止美国电子商务谈判的最新范本，也代表着电子商务谈判的最高水准。2019年，美国和日本专门就电子商务等数字贸易达成"美日数字贸易协定"。就内容来看，美日数字贸易协定与USMCA相似，但这种以独立的协定文本来进行贸易协商的方式足以反映美国对电子商务全球化发展的高度重视。

　　目前，美国不但制定了较为完善的电子商务规制体系，而且努力通过自由贸易协定（Free Trade Agreement，FTA）等手段来扩大电子商务的国家/地区间合作。

2. 欧盟

　　欧盟将电子商务当作推行全球经济一体化和主导世界经济的重要手段之一，把电子商务的发展看作欧盟在未来全球经济中赢得竞争优势的关键因素。因此，自1997年起，欧盟便从战略层面来制定和规划电子商务发展的框架及配套政策，用以指导欧盟成员电子商务的一体化发展。

　　1997年4月，欧盟出台了《欧盟电子商务行动方案》。该方案就欧盟的信息基础设施、电子商务的发展及管理等事项的一体化建设提出了行动原则。同年7月，在德国波恩召开的欧洲电信部长级会议上通过了《波恩部长级会议宣言》。就内容而言，《波恩部长级会议宣言》同美国的《全球电子商务政策框架》相仿，主要涉及电子商务企业的自主发展、限制政府的不必要干涉，以及扩大电子商务的具体应用等。

　　2000年，欧盟成员国领导人在葡萄牙首都里斯本召开特别首脑会议，会议通过了《里斯本战略》，这是指导欧盟迈入21世纪后首个十年经济发展的纲领性文件。为落实《里斯本战略》，欧盟于2000年6月发布了有关信息化和数字贸易的《eEurope 2002年行动计划》（eEurope 2002 Action Plan）。在《eEurope 2002年行动计划》的指导下，欧盟实现了互联网接入数量的快速增长和电信、电子商务领域法律框架的统一。

之后，欧盟又于 2002 年发布了《eEurope 2005 年行动计划》（*eEurope 2005 Action Plan*），力求建立一个以电子政务、电子教育、电子医疗为代表的在线公共服务系统，营造富有活力的电子商务环境。在 2005 年初召开的欧盟高峰会议上，欧盟委员会对《里斯本战略》进行了中期评估和调整。根据新调整的《里斯本战略》，欧盟出台了新的五年信息化和数字贸易发展规划——《i2010：欧洲信息社会 2010》（*i2010：European Information Society 2010*），其目标是完善欧盟现有的政策手段，从而推动数字经济的发展。

2010 年，欧盟委员会发布了第二个十年经济发展规划，即《欧洲 2020 战略》。同年 5 月，《欧洲数字化议程》发布。作为《欧洲 2020 战略》的七大旗舰计划之一，《欧洲数字化议程》是欧盟数字战略第二个十年的首个纲领性文件。建设依托开放、公平、无缝的网络环境，能够实现消费者对所有欧盟成员国提供的产品与服务进行自由选择的数字化单一市场（Digital Single Market，DSM）是《欧洲数字化议程》的核心目标。为此，欧盟委员会于 2015 年 5 月发布了《欧洲数字化单一市场战略》。《欧洲数字化单一市场战略》明确了建立单一市场的三大举措：其一，为消费者和企业提供更好的数字产品和服务；其二，为数字网络和服务的发展创造良好的商业环境；其三，尽可能提升欧洲数字经济的增长潜力。此外，为全面提升在数字经济领域的竞争力，欧盟委员会又分别于 2016 年和 2018 年推出《欧洲工业数字化战略》和《欧洲人工智能》。2017 年 11 月，欧洲议会国际贸易委员会通过了《数字贸易战略》报告。该报告旨在建立欧盟数据贸易战略，加快制定相关政策来确保跨境数据信息自由流动。报告就电子商务、网络中立、保护在线消费者等议题向欧盟委员会提出了建议。该报告主张，欧盟应对数字贸易的国际规则和协定设立标准，确保向第三国开放数字产品和服务，应让贸易规则为消费者创造有形的利益，促进数字贸易尊重消费者基本权利。2000 年之后欧盟的十年规划及主要发展策略如图 1-2 所示。

2020 年以来，欧盟更是制定了一系列应对"数字时代"的总体规划，如《塑造欧洲的数字未来》《欧洲新工业战略》《欧洲数据战略》等。2021 年 3 月，欧盟发布了又一个十年纲领性文件——《2030 数字指南针：欧洲数字十年之路》

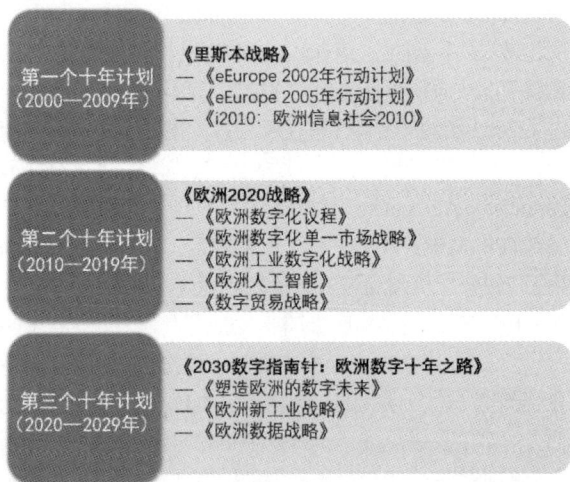

第一个十年计划 （2000—2009年）	《里斯本战略》 —《eEurope 2002年行动计划》 —《eEurope 2005年行动计划》 —《i2010：欧洲信息社会2010》
第二个十年计划 （2010—2019年）	《欧洲2020战略》 —《欧洲数字化议程》 —《欧洲数字化单一市场战略》 —《欧洲工业数字化战略》 —《欧洲人工智能》 —《数字贸易战略》
第三个十年计划 （2020—2029年）	《2030数字指南针：欧洲数字十年之路》 —《塑造欧洲的数字未来》 —《欧洲新工业战略》 —《欧洲数据战略》

图 1-2　2000 年之后欧盟的十年规划及主要发展策略

（*2030 Digital Compass：the European way for the Digital Decade*），简称《2030 数字指南针》。《2030 数字指南针》从数字技能、数字基建、数字商业和数字公共服务 4 个方面明确了欧盟在数字时代的发展方向，其涉及的内容主要包括建设安全、可靠的数字基础架构、公共服务的数字化和商业部门的数字化转型等。此外，为助力数字经济发展规划的实施，欧盟还制定了一系列相关法规。《网络与信息系统安全指令》《通用数据保护条例》《网络安全法案》等法规文件的出台，为电子商务乃至数字经济的健康发展提供了法治保障。

另外，除了欧盟的统一规划，欧洲各国也十分注重工业数字化转型。在这一工业变革中，德国无疑走在最前列。2013 年，德国发布了《工业 4.0 战略实施意见书》，首次提出了"工业 4.0"的概念。随后，英国、法国等国家也逐渐开始工业数字化的探索。2018 年德国、英国、法国更是制定了一系列重要的数字化转型战略，如德国的《人工智能战略要点》《高技术战略 2025》《人工智能德国制造》，英国的《数字宪章》《产业战略：人工智能领域行动》，法国的《法国人工智能发展战略》《5G 发展路线图》《利用数字技术促进工业转型的方案》等。2021 年以来，经历了工业数字化转型的欧洲，电子商务市场表现依旧强劲。除了德国、英国、法国等电子商务发展较为成熟的国家，捷克、意大利、西班牙的市场份额增长也十分突出。

3．日本

日本较高的经济发展水平和较为发达的信息技术为电子商务的发展奠定了坚实的基础。目前，日本已经成为全球第四大电子商务市场。20 世纪末，日本政府就认识到了信息技术对经济发展的重要作用，于是大力推进信息化网络体系的建设。1993 年至 1996 年，日本政府先后投入了约 500 亿日元用于建立高校、科研机构之间的电子网络信息系统。电子网络信息系统的建立实现了各单位之间信息技术研发资源的共享，这大大提高了日本信息技术的整体研发水平。在政府的鼓励和推动下，日本的通信公司以及索尼、松下等跨国企业纷纷加大了对网络信息通信和信息技术研发的投入，这在很大程度上提高了日本的信息技术和互联网发展水平。

为了促进信息技术的发展，日本政府先后于 1995 年和 2000 年提出了"互联网连接计划"和"亚洲宽带互联网构想"。在这两大计划的推动下，日本的电子商务基础建设有了突破性发展，并逐渐趋于世界领先水平。近些年，日本政府还积极布局 5G、大数据、人工智能等新兴技术产业。

早在 21 世纪初，日本就为电子商务企业出台了一系列的政策扶持，以推动电子商务行业的发展。在国家规划层面，日本确立了"IT 立国"的战略目标。2000 年 6 月，日本政府出台了《日本电子数字化发展纲要》。同年 7 月，日本政府召开 IT 战略会议，成立了国家信息化研究组织——IT 战略总部。随后，日本政府依次提出了《E-Japan 战略》《U-Japan 战略》《I-Japan 战略》3 个信息化发展规划。在 3 个信息化发展规划的基础上，日本政府又出台了一系列数字经济发展规划策略，以推动数字化转型与经济振兴（见图 1-3）。总之，日本政府从全局的角度为电子商务产业的发展构建了一个具有前瞻性、系统性的政策支撑体系。2021 年以来，日本更是将数字化的推进作为促进经济发展的 3 大支柱之一。

此外，在国际合作层面，日本政府曾在 2018 版的《通商白皮书》中明确要在不同层面的电子商务规则谈判中表明立场。近年来，日本政府在国际规则领域不断努力。就国际组织的合作而言，日本政府积极参与 WTO 的合作协商与规则制定，其关注的议题主要涉及电子商务关税、跨境数据流通、关键源代码保护、在线消费者保护以及网络安全等方面。另外，日本政府还积极同其他国家或地区就电子商务合作进行沟通。例如，2019 年 1 月，日本、美国、欧盟三方贸易部长在华盛顿发表联合声明：日本、美国、欧盟三方对数字贸易和电子商务持共同关切的立场，将积极推动在数字贸易和数字经济领域的合作，并通过提高数据安全来改善商业环境。不仅如此，日本、美国、欧盟三方还表示将尽快启动 WTO 有关电子商务的谈判，以尽可能达成高标准的合作协议。同年 7 月，在日本召开的 G20 峰会上，中国、美国、日本、欧盟等 20 多个国家和地区共同签署了《大阪数字经济宣言》，正式开启数字经济的"大阪轨道"。目前，日本已经成为世界电子商务发展规则制定的重要参与国之一。

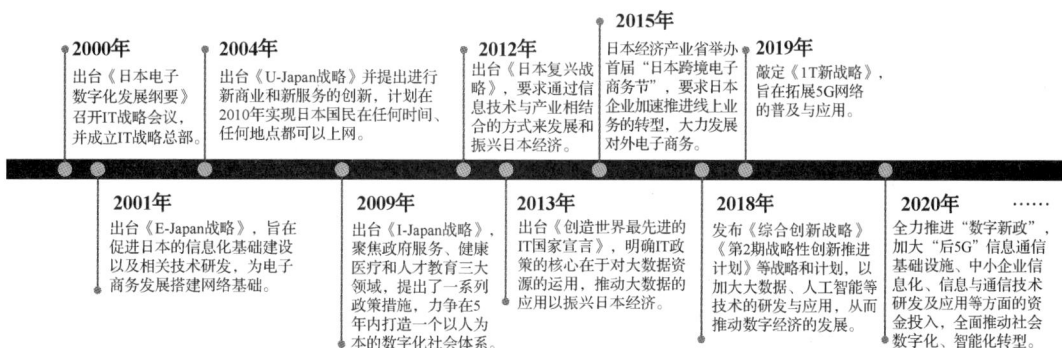

2000年	2004年	2012年	2015年	2019年
出台《日本电子数字化发展纲要》召开IT战略会议，并成立IT战略总部。	出台《U-Japan战略》并提出进行新商业和新服务的创新，计划在2010年实现日本国民在任何时间、任何地点都可以上网。	出台《日本复兴战略》，要求通过信息技术与产业相结合的方式来发展和振兴日本经济。	日本经济产业省举办首届"日本跨境电子商务节"，要求日本企业加速推进线上业务的转型，大力发展对外电子商务。	敲定《IT新战略》，旨在拓展5G网络的普及与应用。

2001年	2009年	2013年	2018年	2020年 ……
出台《E-Japan战略》，旨在促进日本的信息化基础建设以及相关技术研发，为电子商务发展搭建网络基础。	出台《I-Japan战略》，聚焦政府服务、健康医疗和人才教育三大领域，提出了一系列政策措施，力争在5年内打造一个以人为本的数字化社会体系。	出台《创造世界最先进的IT国家宣言》，明确IT政策的核心在于对大数据资源的运用，推动大数据的应用以振兴日本经济。	发布《综合创新战略》《第2期战略性创新推进计划》等战略和计划，以加大大数据、人工智能等技术的研发与应用，从而推动数字经济的发展。	全力推进"数字新政"，加大"后5G"信息通信基础设施、中小企业信息化、信息与通信设备研发及应用等方面的资金投入，全面推动社会数字化、智能化转型。

图 1-3　日本数字经济发展规划

4．中国

自 1994 年互联网行业在中国发展以来，中国的电子商务经历了飞跃式发展。这一方面得益于中国庞大的电子商务市场，另一方面得益于电子商务发展的国家规划。总体来看，中国的电子商务发展经历了 3

个阶段。而在这 3 个阶段中，中国又基于不同的发展目标制定了一系列的发展规划，如图 1-4 所示。

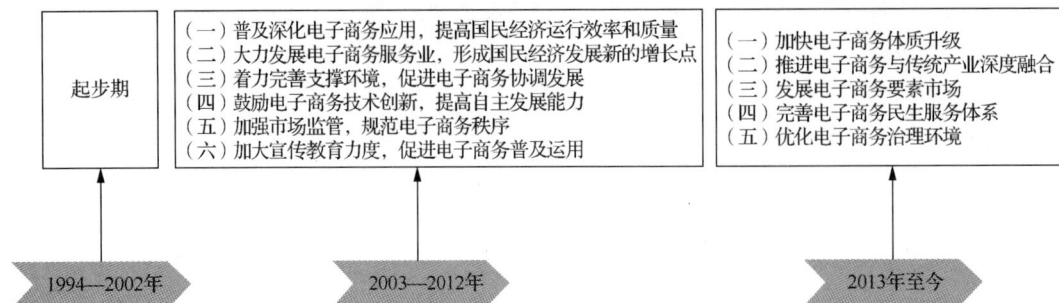

图 1-4　中国电子商务的发展阶段与总体规划

第一个阶段是信息化建设的起步期（1994—2002 年）。在该阶段中，由于互联网刚刚引入中国，信息化基础建设尚不完备。因而，此时的国家策略主要集中于对信息化基础设施的建设与发展上，如移动通信产业的发展、空间信息基础设施的发展以及软件产业的发展等。在众多国家发展规划的倡导和支持下，中国的互联网行业开始崛起，一大批互联网企业先后创立，如新浪、搜狐、网易、阿里巴巴、京东等。

第二个阶段是电子商务的成长期（2003—2012 年）。在该阶段中，以电子商务为代表的网络经济开始高速发展。2003 年，淘宝问世，京东也开始涉足电子商务。现代意义上的电子商务开始在中国形成并崛起。2005 年，国务院发布《关于加快电子商务发展的若干意见》，将电子商务的发展提高到了国家战略的高度。为贯彻该文件的实施，2007 年国家发展和改革委员会、国务院信息化工作办公室联合发布了《电子商务发展"十一五"规划》，这是中国首个电子商务五年发展规划。它明确了"十一五"期间中国电子商务的发展原则、主要目标和任务、重大引导工程，以及配套的保障措施。

第三个阶段是电子商务的成熟期（2013 年至今）。2013 年以来，中国的电子商务逐渐步入成熟和创新的阶段。2015 年 3 月 5 日，政府工作报告中首次出现制定"互联网+"行动计划，推动互联网、云计算、大数据、物联网等与现代制造业结合，促进电子商务、工业互联网和互联网金融健康发展，引导互联网企业拓展国际市场的内容。2015 年 7 月，国务院发布《关于积极推进"互联网+"行动的指导意见》，这是推动互联网由消费领域向生产领域拓展，加速提升产业发展水平，增强各行业创新能力，构筑经济社会发展新优势和新动能的重要举措。随后国务院又相继发布了《关于深化制造业与互联网融合发展的指导意见》《关于加快推进"互联网+政务服务"工作的指导意见》等一系列国家策略，以指导电子商务等数字经济在各领域的运用与发展。

2020 年 9 月国务院办公厅发布《关于以新业态新模式引领新型消费加快发展的意见》，为电子商务的发展制定短期目标，即"经过 3—5 年努力，促进新型消费发展的体制机制和政策体系更加完善，通过进一步优化新业态新模式引领新型消费发展的环境、进一步提高新型消费产品的供给质量、进一步增强新型消费对扩内需稳就业的支撑，到 2025 年，培育形成一批新型消费示范城市和领先企业，实物商品网上零售额占社会消费品零售总额比重显著提高，'互联网+服务'等消费新业态新模式得到普及并趋于成熟"。为贯彻落实该意见，国家发展和改革委员会、商务部等 28 个部门和单位联合印发《加快培育新型消费实施方案》，力求推动服务消费线上与线下的融合，进一步实现电子商务在其他领域的推广和运用。

另外，在一些具体领域，中国政府不断出台一系列政策和措施来推动电子商务的全面发展。例如，2017 年中共中央、国务院发布的《关于深入推进农业供给侧结构性改革　加快培育农业农村发展新动能的若干意见》提出了推进农村电子商务发展的目标，并指明了农村电子商务的发展方向，为农村电子商务发展提供了政策支持；2018 年国务院批复新设了一批跨境电子商务综合试验区，并明确逐步完善促进综合试验区发展的监管制度、服务体系和政策框架，以推动跨境电子商务的进一步发展；2021 年国务院发布的《关于加快发展外贸新业态新模式的意见》为电子商务在外贸领域的发展提出了要求、明确了方向。

1.1.2 行业生态

1. 工业

工业互联网是与电子商务结合十分紧密的热点领域，虽然二者关系表面上不明显，但是早在 2013 年工业和信息化部就下发了《信息化和工业化深度融合专项行动计划（2013—2018）》，其中就有工业企业物流信息化和电子商务的相关内容。同时，目前因为用户对于终端设备和软件设备的使用黏性高，工业企业进一步与电子商务融合有很大的前景，能够产生新的业务增长点。

移动电子商务的发展和工业互联网的建设使得传统制造业的孤立环节被彻底打通，通过网络，一个大的协同制造体系基本建成。传统工业生产的模式已经逐步转变成集原材料采购、产品的设计、研发、生产制造、市场营销、售后服务于一体的闭环网络。在这一模式中，所有的参与者都集合在了一条信息链上，用户、产品经理、研发人员、供应商、分销商等角色往往会发生变化。最终实现研、产、销、供、财等各部门之间业务财务一体化，全流程无缝衔接，实现产业链上下游各企业间互联互通、协同供应。

新一代信息技术在使制造业从数字化走向网络化、智能化的同时，也给企业带来了全新的生产组织模式。例如，电子商务进一步尝试与汽配、电子、化工等不同行业的制造企业合作。通过大数据分析各个行业的工业品交易特点，打造具有专业性、开放性的工业电子商务平台，从而探索出新的运营与交易模式。移动电子商务广泛应用的推荐策略、营销策略、大数据分析技术使得企业对产品的历史销售量和长期需求量有了宏观的把握。人工智能技术及其学习技术使得企业具备了全自动化的生产线，可以根据市场需求和自身生产能力自主安排安全生产的时间和数量，而且通过反馈网络使得每个制造环节能不断地进行自我修正。

目前，工业物流体系正在大力建设，不断提高工业物流效率、降低物流成本。例如，徐工集团设计的智能供应链系统平台，可提供产品信息追溯、智能仓储、智能物流等方案，实现异地零部件库存查询、市场质量信息即时反馈、无纸化移动化仓储管理等功能。

同时，工业也在加快与跨境电子商务平台结合，并将成为未来的"风口"。工业跨境电子商务是工业品对外贸易领域的新业态，此模式将从制造商到批发商、进口商，到国外零售商，再到消费者的贸易链条直接压缩，在大大节约企业成本的同时提高产品的议价能力，使中国品牌全球化更进一步。例如，徐工集团深度探索工业品跨境电子商务可行性，携手阿里巴巴国际站开启跨境电子商务，面向 190 多个国家和地区销售整机和备件，目前已在中亚、北美等地区实现规模销售，为海外市场的开拓注入了新的活力。

一个典型的例子是在 2016 年 4 月举行的汉诺威工业博览会，其主题是"融合的工业——发现解决方案"。在这次展会上，德国汉诺威大学的研发人员就推出了一条圆珠笔的智能产业链。这一产业链的核心理念就运用了移动电子商务中的"个性化定制"策略。开始的环节就是采集用户个性化定制的需求，以"二维码"的形式存储。后续所有的环节都是通过读取"二维码"中的信息在一个自动化生产线上进行的。圆珠笔这种产品在国际贸易中因为占比小、利润空间小等导致销售成本较高，因此通过跨境电子商务平台销售会大大降低成本。

2. 农业

农业是培育动植物生产食品及工业原料的产业，它提供支撑国民经济建设与发展的基础产品。

从 20 世纪 80 年代初开始，随着计算机技术的不断发展，采用计算机技术的农业应用也逐步发展，广泛应用于作物生产、畜禽生产、农产品加工、农业环境监测与控制、作物产量预测、农业病虫预报及农业信息服务等方面，给农业管理、生产带来了高效益、高效率和高质量。具体而言，信息时代的现代农业的一个方向是"精确农业"，一般会通过传感器收集土壤、植物数据，利用遥感技术来获取农田作物生长环境、生长状况信息，结合地理信息系统的地理数据管理功能，运用全球定位技术精确定位导向，通过专家系统优化决策和指令，自动监控智能农机进行精确操作，如自动控制播种机、施肥机、喷药机、收获机，使其代替人来完成作业。同时，由于农田管理精度是针对土壤而不是田块的，因而可以更加精确地依据作物生长状况、土壤肥力、作物病虫害的细块分布进行施肥、打药等农事活动，从而达到减少施肥量、用种量、施药量，提高产量和品质的目的。这将解决长期困扰农业工作者的有关化肥、农药对环境、作物高产高效的影响问题。除了直接操作农作物生产以外，农业现代化及信息化的建立，还有助于建立完备的农业宏观决策信息咨询系统以及农业信息化服务体系，帮助农民以及区域管理者获得及时、准确、可靠、全面的信息，从而更好地进行决策、选择更好的作物。"九五"期间已经启动的农业与农村经济信息化的重点工程"金农工程"，正逐步使"农业信息快速路"与"国家信息高速公路"接轨。

农业的发展除了体现在通过信息技术提高作物产量、质量等方面外，还体现在与电子商务有越来越深的联系。2015 年 11 月 3 日出台的《中共中央关于制定国民经济和社会发展第十三个五年规划的建议》明确指出大力推进农业标准化和信息化。而农业信息化的高速发展，为电子商务进入农村、与农业相结合打下了良好的基础。2017 年中共中央、国务院发布了《关于深入推进农业供给侧结构性改革 加快培育农业农村发展新动能的若干意见》提出了推进农村电子商务发展的目标，并指明了农村电子商务的发展方向，为农村电子商务发展提供了政策支持；2018 年国务院批复新设了一批跨境电子商务综合试验区，并明确逐步完善促进综合试验区发展的监管制度、服务体系和政策框架，以推动跨境电子商务的进一步发展；2021 年国务院办公厅发布的《关于加快发展外贸新业态新模式的意见》为电子商务在外贸领域的发展提出了要求、明确了方向。农业农村部信息中心和中国国际电子商务中心发布的《2021 全国县域数字农业农村电子商务发展报告》指出，2020 年是全面建成小康社会和"十三五"收官之年，也是脱贫攻坚的决胜之年。农业信息化与电子商务的结合已经有了显著的发展，特别是新冠疫情发生以来，农村电子商务凭借线上化、非接触、供需快速匹配、产销高效衔接等优势，在县域稳产保供、复工复产和民生保障等方面的功能作用凸显。农村电子商务成为推动经济社会发展新的重大举措，成为农业农村数字经济发展的领头羊，成为助力巩固脱贫攻坚成果同乡村振兴有效衔接的超常规武器。

在未来，农业将与电子商务有越来越紧密的联系，农村电子商务也会成为一个大趋势。本书 3.5 节将重点介绍农村电子商务。

3. 教 育

教育培训及相关产业是指国家学校教育制度系统和非学校教育制度系统有计划、有组织地为社会公众提供各种教育培训及相关产品（如货物和服务等）的生产活动集合。近些年，公众越来越多地认识到教育对于自身发展的重要性，很多父母也迫切希望让自己的孩子"赢在起跑线上"，因此各类教育培训机构、教育模式层出不穷。其中，随着电子商务以及信息化技术的发展，线上教育也迅猛发展。

2010 年前后，美国可汗学院的运营模式开始影响世界，此时中国的互联网行业也开始大力发展线上教育。2012 年，美国三大平台（Massive Open Online Course，MOOC）大规模开放网络课程，平台的大规模融资强烈冲击着人们的心理预期，这也使国内在线教育迎来了新一轮的大发展。MOOC 的发展为互联网企业介入在线高等教育提供了机会。目前，影响力最大的中国大学 MOOC 就是由爱课程网携手网易云课堂打造的国内高校的在线公开课平台，拥有着众多国内高校提供的千余门精讲课程。

在线高等教育也为互联网企业带来了新的发展机遇。在这个阶段，在线教育呈现井喷式发展。在线教育作为互联网产业的一个细分行业，开始受到"互联网巨头"（如腾讯、网易、百度）的重视，数以百计的新兴互联网教育企业进入在线教育这个市场。与此同时，企业也融合了电子商务的发展，不断地探究线上教育的模式，如线上到线下（Online-to-Offline，O2O，将在本书第 2 章介绍）模式的应用等，线上教育也迎来了井喷式的发展。

2020 年，突如其来的新冠疫情打破了传统教育方式，随着 5G、AI 等技术的发展，从线下转移到线上的混合式教学模式快速兴起，为教育行业带来全新的变革。据中国互联网络信息中心（China Internet Network Information Center，CNNIC）发布的《中国互联网络发展状况统计报告》，2020 年中国在线教育用户超过 4 亿人，使用率达到 46.8%，也创历年最高，如图 1-5 所示。

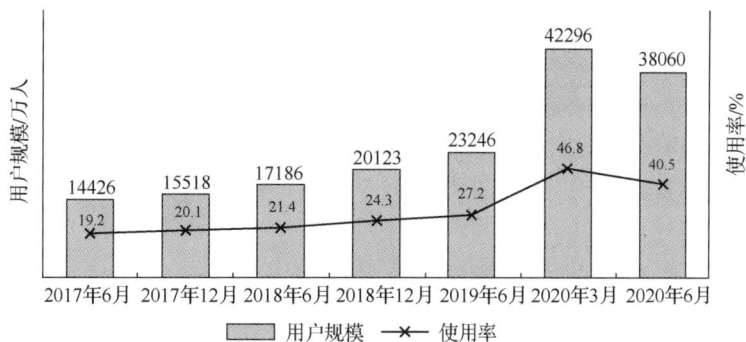

图 1-5　2017 年 6 月—2020 年 6 月在线教育用户规模及使用率

2021 年，校外学科类培训政策全面收紧，教育部办公厅下发的《义务教育阶段校外培训项目分类鉴别指南》从培训目的、培训内容、培训方式、评价方式上明确了学科类培训的范围，将虚拟者、人工智能等授课主体也涵盖在内，严防学科类培训变相违规开展。2021 年 7 月 24 日，中共中央办公厅、国务院办公厅印发《关于进一步减轻义务教育阶段学生作业负担和校外培训负担的意见》，明确了减轻学生课业负担、严格监管校外培训、提高学校教学质量的基调。该新规从多个维度限制了校外学科类培训机构的发展，对原备案的学科培训类机构采取严格监管审批的机制。2021 年 9 月 6 日，教育部办公厅发布了《关于坚决查处变相违规开展学科类校外培训问题的通知》，明确了校外学科培训形态，严禁以"直播变录播"等方式违规开展学科类培训。这一系列举措一出台，短时间内线下的培训机构受到了较大的影响，线上教育也经历了一些变动。虽然目前线上教育遭受了一定的打击，但是其发展的脚步不会停滞，并且将向更加健康、规范的方向发展，如把重心放在素质教育、职业教育等方面，注重学生创造力培养和个性化发展，包含体育类、STEAM[代表科学（Science）、技术（Technology）、工程（Engineering）、艺术（Arts）、数学（Mathematics）]教育、社会化素养等。

目前，线上教学是许多学校普遍采取的教育方式之一，线上教育仍会有很大的发展前景。

1.2　电子商务的创新生态

1.2.1　大数据生态

1. 大数据的定义和特点

2012 年 12 月，英国学者维克托·迈尔-舍恩伯格在《大数据时代》一书中，指出"大数据"是指需要新处理模式才能具有更强的决策力、洞察力和流程优化能力的海量、高增长率和多样化的信息资产。

对于大数据的特性，业界认可度较高的是 IBM 提出的大数据"5V"特点。

（1）Volume：大数据量。从计量单位来看，大数据量的单位至少是 PB（拍字节，1024 个 TB），甚至会达到 EB（艾字节，100 万个 TB）或 ZB（泽字节，10 亿个 TB）。大数据量使得数据采集、存储和计算过程都发生了较大变化。

（2）Variety：数据类型和数据源的多样化。数据类型包括结构化、半结构化和非结构化数据类型，数据源包括网络日志、音频、视频、图片、地理位置信息等，数据类型多样化要求更高的处理能力。

（3）Value：较低的数据价值密度。相对大数据量，低数据价值密度对数据价值挖掘提出了更高要求。

（4）Velocity：数据增长速度快，时效性要求高。诸如本书后又会提到的推荐算法要求实时推荐。

（5）Veracity：数据的准确性和可信赖度低，即数据的质量差。

2. 大数据电子商务应用

随着科技的进步，电子商务的应用也不断增加。互联网技术的发展使得线上平台对零售行业的影响越来越大，逐渐形成了以企业对个人（Business-to-Customer，B2C）模式和个人对个人（Customer-to-Customer，C2C）模式为核心的电子商务模式。随着移动互联网技术的发展，O2O 模式逐渐诞生。用户和数据来源的增多，使得电子商务面临的数据处理量更大，从 GB 规模逐步提升到 PB 规模。从 21 世纪初开始，大数据、云计算、物联网、人工智能、区块链等新技术问世发展，使得线上、线下的边界逐渐模糊，进而诞生了线上线下一体化（$O2O^n$）等电子商务模式。从电子商务发展历程来看，B2C 即商家向客户发售产品的零售模式，是最为基础和重要的电子商务模式。零售是电子商务 B2C 模式的重要过程，因此零售三要素"人、货、场"也在电子商务中有所体现。

电子商务中的"人"主要指电子商务企业和电子商务消费者，"货"主要指电子商务产品，"场"主要指电子商务平台。可以用一个有向图来表示这几个要素之间的关系。如图 1-6 所示，电子商务企业、消费者、产品和平台均为节点，边是要素之间大数据的应用关系。从图中可以发现，电子商务企业需要对消费者进行用户分析，从而给消费者带来更好的体验，同时带来更高的收益；电子商务企业对产品则是需要生产、选择某一款商品，然后上架；电子商务企业对平台则是选择某一电子商务平台开设网店。对消费者来说，电子商务企业是消费者在选择某一款商品的时候"货比三家"的一种选择，消费者与产品是购买的关系。平台对电子商务企业的"评估"关系，指的是电子商务平台对其上各企业的网店进行评估并设置不同的流量入口。

要素之间的每一种关系都是营销中的重要关系，大数据的应用对每种关系都会带来重大变革。用户分析能够帮助企业掌握消费群体特征，研究消费群体购物偏好，从而通过出售更好地迎合消费群体喜好的产品，获得更高的利润。根据中国互联网

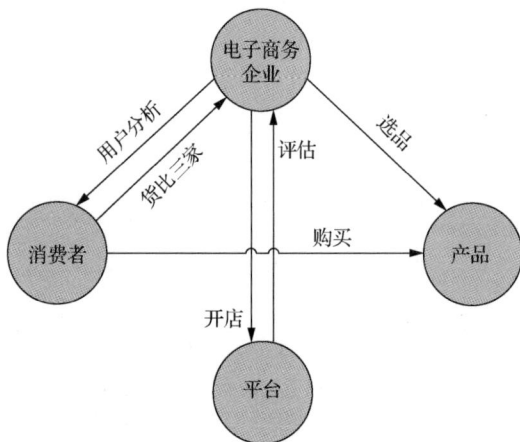

图 1-6　电子商务零售关系图

络信息中心的数据，截至 2021 年 12 月，中国网络购物用户规模达 8.42 亿人。通过对这些信息的整理和归纳，智能系统学会从数据比特流中分析、理解用户，从而建立用户画像。

将用户的信息分为若干类，则有用户的基本信息、用户的消费信息、用户的社交信息等。用户的基本信息包括年龄、性别、生日，当前所在国家、城市、区域，曾经所在国家、城市、区域等。用户的消费信息包括消费偏好领域、消费偏好品类、消费偏好价格区间、消费频率、近期消费次数、近期消费品类、近期消费额度、使用的设备、信用额度等。用户的社交信息包括用户社交偏好领域、用户常用社交软件、用户活跃时间、用户在不同平台上的"粉丝"数和关注数等。

为了对用户进行分析，势必要对用户信息进行存储、处理。一个平台上用户画像的数据量能够达到 PB 级，而在电子商务整个生态过程中，数据量将出现大幅增长，这就需要对此类大数据进行存储和处理，其涉及的技术将在第 6 章中进行论述。

3. 大数据技术的发展趋势

大数据技术是一种新一代技术和构架，它以快速的采集、处理和分析技术，从各种超大规模的数据中提取价值。大数据技术不断涌现和发展，使得处理海量数据更加容易、更加便宜和迅速，成为利用数据的好助手，甚至可以改变许多行业的商业模式。大数据技术的发展可以分为六大方向。

（1）大数据采集与预处理。这个方向最常见的问题是数据的多源和多样性，导致数据的质量存在差异，严重影响到数据的可用性。针对这些问题，目前很多公司已经推出了多种数据清洗和质量控制工具（如 IBM 的 DataStage）。

（2）大数据存储与管理。这个方向最常见的挑战是存储规模大，存储管理复杂，需要兼顾结构化、非结构化和半结构化的数据。分布式文件系统和分布式数据库相关技术的发展正在有效地解决这些方面的问题。在大数据存储和管理方向，尤其值得我们关注的是大数据索引和查询技术、实时及流式大数据存储与处理的发展。

（3）大数据计算模式方向。由于大数据处理多样性的需求，目前出现了多种典型的计算模式，包括大数据查询分析计算（如 Hive）、批处理计算（如 Hadoop MapReduce）、流式计算（如 Storm）、迭代计算（如 HaLoop）、图计算（如 Pregel）和内存计算（如 Hana）等，而这些计算模式的混合计算模式将成为满足多样性大数据处理和应用需求的有效手段。

（4）大数据分析与挖掘方向。在数据量迅速膨胀的同时，还要进行深度的数据分析和挖掘，这对自动化分析要求越来越高。越来越多的大数据分析工具和产品应运而生，如用于大数据挖掘的 RF Hadoop、基于 MapReduce 开发的数据挖掘算法等。

（5）大数据可视化分析方向。通过可视化方式来帮助人们探索和解释复杂的数据，有利于决策者挖掘数据的商业价值，进而有助于大数据的发展。很多公司也在开展相应的研究，试图把可视化引入其不同的数据分析和展示的产品中，各种可能相关的产品也将会不断出现。可视化工具 Tableau 的成功上市反映了大数据可视化的需求。

（6）大数据安全方向。当在用大数据分析和挖掘数据获取商业价值的时候，黑客很可能向我们发起攻击，以收集有用的信息。因此，大数据的安全一直是企业界和学术界非常关注的研究方向。可通过文件访问控制来限制数据的操作、为基础设备加密、采用匿名化保护和加密保护等技术，以最大限度地保护数据安全。

当今"大数据"一词的重点其实已经不仅仅在于数据规模的定义，它更代表着信息技术发展进入了一个新的时代，代表着具有"爆炸性"的数据信息给传统的计算技术和信息技术带来的技术挑战和困难，代表着大数据处理所需的新技术和方法，也代表着大数据分析和应用所带来的新发明、新服务和新的发展机遇。

由于大数据处理需求的迫切性和重要性，近年来大数据技术已经在全球学术界、工业界和世界各国/地区政府得到高度关注和重视，在全球掀起了一个可与 20 世纪 90 年代的信息高速公路相提并论的研究热潮。美国和欧洲的一些国家和地区都从战略层面提出了一系列的大数据技术研发计划，以推动政府机构、学术界和工业界等对大数据技术的探索研究和应用。

1.2.2 云计算生态

1. 云计算的定义

2006 年 8 月 9 日，时任 Google 首席执行官埃里克·施密特在搜索引擎大会（SES San Jose 2006）上首次提出了"云计算"（Cloud Computing）的概念。

美国国家标准与技术研究院（National Institute of Standard and Technology，NIST）将云计算定义为："一种按使用量付费的模式，这种模式提供可用的、便捷的、按需的网络访问，进入可配置的计算资源共享池（资源包括网络、服务器、存储、应用软件、服务等）。这些资源能够被快速提供，只需投入很少的管理工作，或与服务供应商进行很少的交互。"云计算架构包括面向服务的体系结构（Service-Oriented Architecture，SOA）构建层、管理中间件、资源池、物理资源，如图 1-7 所示。

2. 云计算电子商务应用

电子商务作为数字经济的重要组成部分，也是推动数字经济发展的核心动力之一，其带动的经济创新在世界上得到了广泛关注。据有关资料报道，2021 年"双十一"期间天猫成交额达到 5403 亿元，京东成交额达到 3491 亿元。这些是非常庞大的数字，要使系统能够完成相应量级的交易额的处理，在技术方面，离不开云计算。

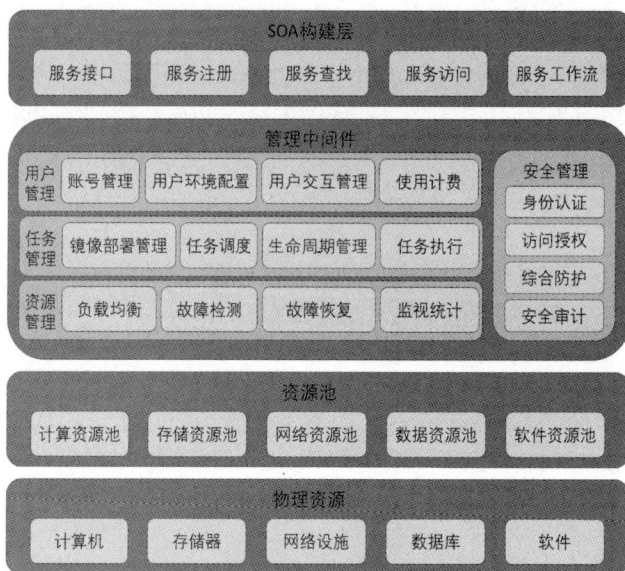

图 1-7 云计算架构

从上述云计算定义可以得出一个基础的等式，将云计算记为 E_1，可配置的计算资源共享池记为 a_1，便捷访问条件记为 a_2，云计算如式（1.1）所示。

$$E_1 = a_1 \cdot a_2 \qquad (1.1)$$

在电子商务的应用中，式（1.1）中的便捷访问条件需要考虑两个重要的因素，一个是"交易的实时性"，一个是"交易的准确性"，分别记为 s_1 和 s_2，此时 E_1 如式（1.2）所示。

$$E_1 = a_1 \cdot (s_1 + s_2) \qquad (1.2)$$

以天猫平台 2020 年销售状态为例，2020 年全年平均订单为每秒 0.2 万笔，"双十一"当天订单量峰值每秒 58.3 万笔，是平均每秒订单量的 300 倍。以传统的小型机部署为例，假设一台小型机可以支撑每秒 0.2 万笔交易的计算，那么要在峰值来临时临时应对压力，则大概需要采购 300 台小型机。这会导致成本的上升和设备的折旧，以及企业本财年的压力。

应对这一情况，式（1.1）中的"可配置的计算资源共享池" a_1 可以实现平台的弹性计算能力。首先，平台可以购置低价位的服务器作为计算节点。在计算节点上，虚拟化出不同的服务容器，为业务需求提供计算支撑。平台为了实现每个计算节点上服务容器以及依赖的网络、存储资源的动态分配，设计控制节点。另外，平台设计网络节点负责云计算平台内各节点和外部的通信，设计存储节点负责额外的存储。云计算拓扑结构如图 1-8 所示。

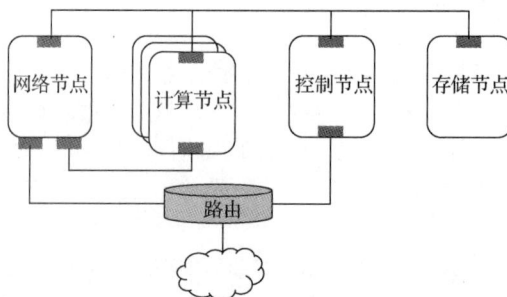

图 1-8 云计算拓扑结构

根据业务的需求量，控制节点动态调整所需的资源。当业务需求量大时，所有计算节点均分配多个虚拟服务容器，以提供服务；当业务需求量小时，关闭若干服务容器，利用分布式计算保障"交易实时性"。

多计算节点的数据同步是一个重要问题，也是保证"交易准确性"的关键。然而为了保障数据的安全，电子商务平台企业往往采取"双活""多活"甚至"异地多活"的数据灾备方案，大大提升了数据同步的难度。

具体分析，1000km 距离会带来约 30ms 的网络延迟。如果只是增加 30ms，用户的感受并不是很明显。但是当一个用户打开一个商品页面看到一个商品并单击"立刻购买"的时候，页面的背后大概有 100 多次的后端交互，如果 100 多次全部跨地域完成，就意味着页面的响应时间将增加约 3s。如果增加 3s，用户绝对会有明显感受。在实际情况下，很多页面就出不来了，3s 已经属于超时。这是"异地多活"给用户体验"实时性"带来的第一个冲击。

"实时性"受到的第二个冲击是当系统响应时间增加的时候，意味着每年"双十一"增加的每秒查询率（Query Per Second，QPS）将付出更大的成本，因为吞吐量在下降，这个时候的成本是很难接受的。因此，距离带来的网络延迟问题是较大的问题。通常解决距离问题的方案是采用多点写。

而多点写的应用会带来第二个复杂的问题，这个问题比网络延迟问题更令人难以接受。因为网络延迟问题只是平台页面打开的速度慢了，而多点写带来的"交易准确性"问题对电子商务平台来讲是致命的。下面举一个多点写的例子，比如某用户第一次访问的时候在 A 数据中心写了一条数据，再访问的时候到 B 数据中心又写了一条数据，两条数据如果不能合并在一起，有可能造成该用户买东西明明付了钱，平台上却显示没付钱；或者该用户明明购买了一件商品，但平台就是没有生成订单。通常通过"单元化"解决这种问题。

"单元化"解决的是单点问题，单元化架构如图 1-9 所示。在单点场景下使用多点写技术可能带来数据冲突问题。而单元化架构中的每一个单元，都是一个功能完全的单点站，部署了所有应用。与多点写操作的区别是，每个单元不是全量的，其只能操作一部分数据。

在单元化架构下，服务仍然是分层的，不同的是每一层中的任意一个节点都属于且仅属于某一个单元，上层在调用下层时仅会选择本单元内的节点。一个单元是一个"五脏俱全"的缩小版整站，是"全能"的，因为部署了所有应用。但它不是全量的，因为其只能操作一部分数据。能够单元化的系统，很容易在多机房中部署，因为可以轻易地把几个单元部署在一个机房，而把另外几个单元部署在其他机房。单元化结构通过在业务入口处设置一个流量调配器，可以调整业务流量在单元之间的比例。单元化结构如图 1-10 所示。

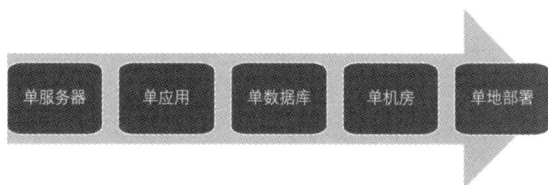

图 1-9 单元化架构

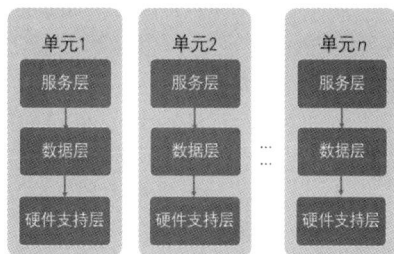

图 1-10 单元化结构

云计算可使在大数据背景下的电子商务交易实时性和准确性得以保证，不仅可支持传统电子商务营销千亿销售额的高纪录，更可支持直播电子商务等电子商务新模式带来的密集流量。

3. **云计算发展趋势**

云分析几乎影响着每位消费者和每个商业领域。通常，消费者不会注意到"云"，因为云在不同的应用程序的身后提供支持，但云分析正变得越来越普遍。从零售建议到基于基因学的产品开发，从金融风险管理到初创企业衡量其新产品的效果，从数字营销到快速处理临床试验数据，这些领域都通过云而达到新的水平。

过去，组织内部的分析系统处于旧式 IT 的最顶点：在专用硬件上运行一个集中式的数据仓库。在现代企业中，这种情况是不能接受的。在帮助业务部门变得更敏捷、更快速地响应业务需求并开发客户真正需要的产品方面，分析发挥着至关重要的作用。但这种集中式、不够灵活的旧式数据仓库模式往往使企业用户陷入困境，而基于云的分析完全改变了这种情况。

业务部门借助云服务的资源，在云中迅速创建自己的数据仓库，并可根据其需求和预算选择数据仓库的规模和速度。它可以是一个在白天运行、拥有两个节点的小型数据仓库，也可以是一个仅在星期四下午运行几个小时、拥有 1000 个节点的大型数据仓库，或是一个在夜间运行、在第二天向工作人员提供所需数据的数据仓库。

全球商业出版物《金融时报》使用云分析就是一个很好的例子。《金融时报》拥有 120 多年的历史，已经在诸多方面进行了变革，它通过使用云来运行商务智能（Business Intelligence，BI）工作负载，分析所有报道，使报纸更加个性化，为读者提供定制化的阅读体验，彻底地改变向读者提供内容的方式。

借助新的商务智能系统，《金融时报》每天能够实时分析约 140 篇报道，并提高完成分析任务的敏捷性，分析所需时间从几个月缩短到几天。此外，《金融时报》也扩展了其商务智能，以更有针对性地向读者提供广告。通过使用 Amazon Redshift，《金融时报》每天能够处理约 1.2 亿个独立事件，并集成内部日志和外部数据源，为读者打造一份更加动态的报纸。

除了云分析以外，云计算还能帮助很多应用变得"智能化"，如智能手表、智能电视、智能家居和智能汽车。由于计算量比较大，而这些设备上的计算资源又不丰富，所以绝大多数智能设备的软件都是在云端运行的。物联网也是如此，尤其是工业物联网，工业机械将与互联网连接，把数据传输到云中，以获得有关使用情况的洞察，以提高效率、避免停机。无论是通用电气公司给燃气轮机安装仪表、壳牌公司在油井中放置传感器、卡赫公司配备工业清洗机车队，还是建筑工地使用 Deconstruction 的传感器，所有这些都将连续地向云发送数据流，以供实时分析。

云计算还能够推进智慧城市的构建，如能够利用城市环境信息来改善世界各地城市居民的生活条件。芝加哥正在进行的工作就是一个很好的例子。芝加哥是首批在全市范围内安装传感器以测量空气质量、光强度、音量、热量、降水、风和交通的城市之一。来自这些传感器的数据流入云中进行分析，用于发掘改善居民生活的方式。芝加哥的"Array of Things"（物联数组）项目收集的数据集将在云上公开，以供研究人员寻找分析数据的创新方法。构建智慧城市，还有一个就是利用云计算来进行视频分析，如利用城市中随处可见的监控摄像头，如商场和大型零售商店中的监控摄像头，可以帮助商场了解人流模式，分析可以提供人流量、停留时间以及其他统计信息。还有音乐会等大型活动的实时人群分析，可帮助活动组织人员了解整个场地的人流情况、预防拥堵，从而改善参与者的体验。交通部门也可利用类似的方式疏导交通、监测高速公路上的停滞车辆和高速铁路上的物体，以及解决其他交通问题。

总之，云计算还有很大的发展空间以及应用前景，在未来将在许多领域起到越来越大的作用。

1.2.3 物联网生态

1. 物联网的定义

1995 年，比尔·盖茨在《未来之路》一书中提及了物联网概念的雏形。随后，在 1999 年，美国麻省理工学院成立的 Auto-ID 全球研究中心，提出了物联网的基本设想：把所有物品通过射频识别（Radio Frequency Identification，RFID）等信息传感设备与互联网连接起来，从而实现智能化的识别和管理。在 2005 年国际电信联盟（International Telecommunication Union，ITU）发布的报告中，物联网的定义和范围已经发生了变化，拓展了覆盖范围，不只是指基于 RFID 技术的物联网概念，而是在世界信息通信技术的概念上加了一个维度，在原来任何时间、任何地点与任何人互联的概念中，加入了与任何物互联的维度。

中国也在 1999 年提出了传感网的概念。中国科学院在《知识创新工程试点领域方向研究》的信息与自动化领域研究报告中将传感网作为 5 个重点项目之一，将传感网定义为通过 RFID、红外感应器、全球定位系统、激光扫描器等信息传感设备，按约定的协议，把任何物品与互联网相连接，进行信息交换和通信，以实现智能化识别、定位、跟踪、监控和管理的一种网络概念。

随着物联网概念的提出，各国纷纷设立与物联网相关的信息化战略，在技术研究和商业方面取得了相当大的进展。1999 年至 2001 年，美国加州大学伯克利分校进行“智能微尘”（Smart Dust）项目研究；2005 年，该项目被美国国防部正式列为重点研发项目。2010 年至 2015 年，美国联邦政府首席信息官维韦克·孔德劳先后签署、颁布了关于政府机构采用云计算的政府文件以及《联邦云计算策略》（*Federal Cloud Computing Strategy*）一书。2020 年，美国的《物联网网络安全改进法案 2020》（*H.R.1668 or the IoT Cybersecurity Improvement Act of 2020*）正式签发。

物联网被称为是继计算机、互联网与移动通信网之后的世界信息产业第三次浪潮，已被正式列为国家五大新兴战略性产业之一，未来该行业有望进入增长快车道。

工业和信息化部《信息通信行业发展规划物联网分册（2016—2020 年）》指出：“当前，物联网正进入跨界融合、集成创新和规模化发展的新阶段，迎来重大的发展机遇。”

2020 年 5 月，工业和信息化部办公厅发布《关于深入推进移动物联网全面发展的通知》指出：“准确把握全球移动物联网技术标准和产业格局的演进趋势，推动 2G/3G 物联网业务迁移转网，建立 NB-IoT（窄带物联网）、4G（含 LTE-Cat1，即速率类别 1 的 4G 网络）和 5G 协同发展的移动物联网综合生态体系，在深化 4G 网络覆盖、加快 5G 网络建设的基础上，以 NB-IoT 满足大部分低速率场景需求，以 LTE-Cat1（简称 Cat1）满足中等速率物联需求和话音需求，以 5G 技术满足更高速率、低时延联网需求。”

2. 物联网电子商务应用

物联网生态是连接“电子商务”线上到线下的桥梁，是电子商务交易闭环形成的重要技术保障。

物联网（互联网 of Things，IOT），是指物与物之间通过互联网连接传递信息。物联网生态是基于物联网基本结构多种要素的组合，包括：基本的“物”，表示设备和部署的嵌入式系统；“物”与“物”之间的连接，表示通信基础设施和通信设备；“物”的管理平台，表示“物”的激活、认证、计费和通信管理等；“物”的分析，表示对“物”采集的数据进行分析和处理，得到的结果可以形成服务产品，或者对物联网设备、通信设备的部署和管理提供优化；“物”的服务，基于分析的数据提供服务，供给顶层用户。物联网生态可以看作一个分层结构，如图 1-11 所示。

服务	提供服务
分析	对“物”采集的数据进行分析和处理，优化设备，准备服务
管理平台	设备的部署、激活、注销、计费及通信管理
物与物连接	通信基础设施和通信设备
物	物联网设备、嵌入式系统

图 1-11　物联网生态

2021 年全国社会物流总额为 335.2 万亿元，按可比价格计算，同比增长 9.2%。社会物流总费用与 GDP 的比率为 14.6%，比上年下降 0.1 个百分点，该值越小，证明一个国家物流发展水平越高。以 2021 年的水平测算，中国的社会物流总费用高于发达国家/地区。因此，国内各大型企业为了解决物流成本高、物流效率低和数字化程度较低的问题，引入物联网、人工智能等新技术。以京东物流为例，根据图 1-11 所示的分层结构，可以得出京东物流物联网的分层结构，如图 1-12 所示。

服务	入库、存储、拣选、分拣、运输、配送
分析	仓网规划和库存布局、分拣布局和干支路由、点网布局和传摆路由
管理平台	智能排产、智能分单、智能派单
物与物连接	基于无线网络的通信平台
物	货品、叉车（AGV）、运输车、无人机等

图 1-12 京东物流物联网的分层结构

在底层，"物"可以分为三大类：仓储、运输、配送。在物与物连接层面，可以通过无线网络进行通信，常用的无线通信技术可以分为两类：近距离无线通信技术和远距离无线通信技术。近距离无线通信技术包括 Zig-Bee、蓝牙（Bluetooth）、无线宽带（Wi-Fi）、超宽带（Ultra-WideBand，UWB）和近场通信（Near Field Communication，NFC）等；远距离无线通信技术包括通用分组无线服务/码分多路访问（General Packet Radio Service/Code Division Multiple Access，GPRS/CDMA）、数传电台、扩频微波、无线网桥及卫星通信、短波通信技术等。在管理平台层，智能排产、智能分单和智能派单主要对应物流领域 3 个场景：仓储、运输和配送。智能排产主要服务于仓储领域，调控交叉带分拣机系统、无人搬运叉车以及 RFID 扫描识读设备等。交叉带分拣机系统能够实现自动化供包和货物的六面精准扫描等。无人搬运叉车能够执行自动装车、卸车、避障、载重检测等功能。RFID 扫描识读设备识别发货订单并自动充电。在分析层，主要是提高仓储、运输和配送环节的效率，优化结构，在物流各大场景下，进行货物布局优化、仓网规划、物流全链条选址、网络路径优化等。在服务层，对物流系统而言，物流就是一系列的入库、存储、拣选、分拣、运输、配送操作，以支撑物流系统的运行。

物联网技术解决的是"物与物连接"的问题，使得电子商务平台上的参与者都能够获得明确的定位，可保障交易的顺利进行。同时，物联网技术的应用和发展加速了 O2O 模式向线上线下一体化模式 $O2O^n$ 的演变。

3. 物联网发展趋势

据国际权威机构估算，未来 20 年，工业互联网的发展至少可以每年给中国带来 3 万亿美元的 GDP 增量。物联网规模将会远超移动互联网，是下一个万亿元规模的产业。

物联网是新一代信息技术的高度集成和综合应用，是我国战略性新兴产业的重要组成部分。分析物联网的发展前景可发现，经过数年的发展，我国物联网已经形成了较好的产业基础，在很多行业发挥了积极的作用。在"互联网+"时代，物联网将与传统的企业深度融合和渗透，催生出新的业态和应用，并带来多个行业的彻底变革，真正改变人们的生活和生产方式，带动亿万级的产业发展，成为产业革命的重要的推动力。

机遇总是伴随着挑战。目前我国物联网发展还有不少问题，如在关键技术上与国际先进水平还有一些差距，特别是高端传感器、RFID 等领域；又如产业规模还不够大，特别是真正从事物联网产业的企业规模比较小，整个产业比较分散。另外，物联网应用的范围很广，但是应用的水平还不是很高。未来的物联网发展要在现有的基础上在发展质量上有更大的突破，首先，在基础核心技术上要有所突破，其次，在应用市场方面也要有所突破。物联网应用的市场前景非常广阔，涉及的面非常广，在工业、农业、商贸流通等各个领域，特别是在改善人民生活方面还会有更大突破。最后，信息安全保障也是非常重要的。物联网实现物与物之间的相互联系时，涉及信息安全、网络安全、系统安全、可靠性安全等方面。大数据的产生，整个系统的开放，对信息安全的要求会更高。所以在推进物联网广泛应用的同时，也要在信息安全保障上下功夫。

总之，随着网络环境走向成熟，物联网步入实质阶段。无论是谋求转型的传统企业、大众创业者、互联网等科技企业，还是对当前正在积极推动万众创新理念的国家/地区而言，物联网都意味着不容错失的机遇。

1.2.4 人工智能生态

1. 人工智能基础概念

1956 年，美国达特茅斯学院的"人工智能夏季研讨会"（Summer Research Project on Artificial Intelligence）被学术界广泛认为是人工智能研究诞生的会议。参加这次研讨会的有：J.麦卡锡（达特茅斯学院）、M.L.明斯基（哈佛大学）、N.罗切斯特（IBM 公司）、C.E.香农（贝尔实验室）等。

这次研讨会提出了一份提案，提出了"人工智能"的定义：让机器使用语言、形成抽象和概念、解决现在人类还不能解决的问题、提升自己等。对当时的人工智能来说，首要问题是让机器能够像人类一样表现出智能。

在此之后的发展历程中，人工智能经历了数次兴衰，如图 1-13 所示。每次衰败，都是因为算法或平台计算能力陷入瓶颈，但是每次在技术上实现突破，又会迎来新的高峰。在今天，有了强大的计算力和海量的数据支撑，人工智能呈现爆发态势。

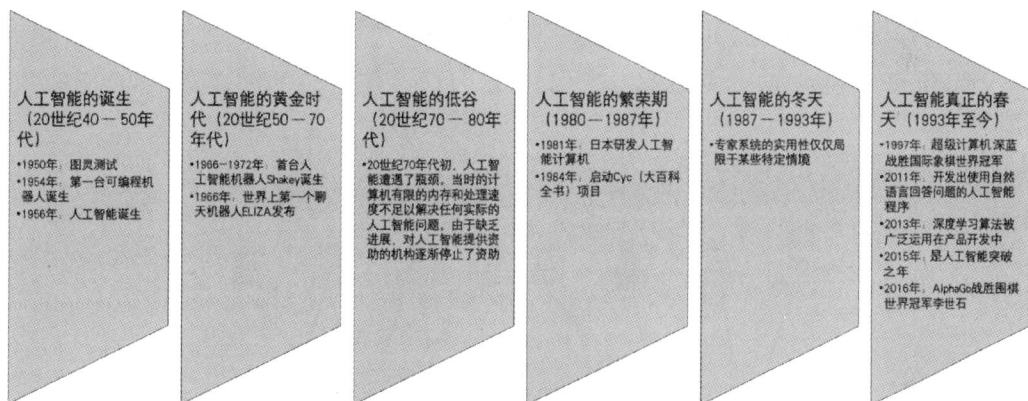

人工智能的诞生 （20世纪40—50年代）	人工智能的黄金时代（20世纪50—70年代）	人工智能的低谷（20世纪70—80年代）	人工智能的繁荣期（1980—1987年）	人工智能的冬天（1987—1993年）	人工智能真正的春天（1993年至今）
•1950年：图灵测试 •1954年：第一台可编程机器人诞生 •1956年：人工智能诞生	•1966—1972年：首台人工智能机器人Shakey诞生 •1966年：世界第一个聊天机器人ELIZA发布	•20世纪70年代初，人工智能遭遇了瓶颈，当时的计算机有限的内存和处理速度不足以解决任何实际的人工智能问题，由于缺乏进展，对人工智能提供资助的机构逐渐停止了资助	•1981年：日本研发人工智能计算机 •1984年：启动Cyc（大百科全书）项目	•专家系统的实用性仅仅局限于某些特定情境	•1997年：超级计算机深蓝战胜国际象棋世界冠军 •2011年：开发出使用自然语言回答问题的人工智能程序 •2013年：深度学习算法被广泛运用在产品开发中 •2015年：是人工智能突破之年 •2016年：AlphaGo战胜围棋世界冠军李世石

图 1-13 人工智能发展史

当前，人工智能生态的一个核心组成就是机器学习。机器学习是一个很严谨的数学问题，涉及包含大量参数的函数，也就是所谓的"模型"，函数有输入和输出。通过给出一部分输入、输出的示例，然后通过调整函数的参数，让函数学到规律，它就有了做判断的能力。机器学习算法的关键在于找到更好的函数形式，以及学到更好的规律。在机器学习领域，有多种函数形式可以表征数据的特征，其中，深度学习是一种利用深度神经网络对数据进行学习的方法。人工智能、机器学习和深度学习的关系如图 1-14 所示。

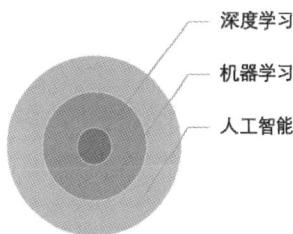

图 1-14 人工智能、机器学习和深度学习的关系

2. 人工智能电子商务应用

人工智能在电子商务中的重要应用是推荐系统，没有推荐系统，可能有 70%的商品是无法被用户浏览到的。随着互联网的高速发展，大家每天花在网上的时间越来越多，推荐系统的重要性越来越高。

推荐系统的作用是从海量的数据中为用户匹配最感兴趣的内容，减少用户查询的时间。前文提到，随着互联网的高速发展，互联网上的数据量是非常惊人的，用户自然无法轻易从如此海量的数据中获取自己感兴趣的信息。推荐系统可极大地提高线上服务的效率。

推荐系统的研究目标是用户和物品，基于用户的交互历史记录，为用户匹配感兴趣的物品，即预测新的交互记录。接下来，对 3 个关键的概念进行介绍：物品、用户、交互记录。

首先介绍物品。物品是推荐系统中被推荐的对象。在电子商务领域中具体指电子商务网站中的商品，对一个商品的刻画依赖于它的属性，如类别、名字、图片等。不同物品的刻画方式在不同情境下发挥的作用不尽相同，一个成功的推荐算法需要能够准确、有效地描述它的物品。

接下来是用户。用户是推荐系统中的主体，推荐系统的本质任务就是为不同的用户提供定制化的物品。实际的用户可能拥有非常丰富且多变的情感和喜好，并且不同用户之间的喜好差异可能比较大。比如说，在网上购物的时候，年轻人可能关注电子产品，而年纪大的人有可能更加关注养生产品。在推荐系统中，对用户的刻画方式可以基于用户过往的行为，比如将一个用户表示成他购买过的所有物品，或者他之前对不同物品打的分数等。除此之外，也可以是基于属性的，比如用人口统计学信息给出一个用户的年龄、性别、职业、教育经历等。

推荐任务中能够观测和利用的数据是交互记录，就是用户和物品之间发生的各类行为。一般来说，这些行为可以分为"显式反馈"和"隐式反馈"。"显式反馈"一般是指用户对物品表现出的明确态度，比如用户购买了一件商品，对这件商品进行的评分和评价；而"隐式反馈"则通常不能直接反映用户喜好，如用户的点击、浏览、收藏、购买、观看时长等行为。与"显式反馈"相比，"隐式反馈"更加接近于实际的评价指标，如用户是否购买某个商品等。

交互记录可以被抽象成一个交互图，如图 1-15 所示。这种图是图论中的图，可以看成点线图，其中将用户和物品看作节点。若某个用户和物品发生过交互，则有边连接，否则没有边连接。推荐系统的任务就是根据已有的边预测缺失的边。交互图中有一个非常显著的特点，就是用户节点之间不会连接，物品节点之间也不会连接，只有用户和物品之间会连接。这种图被称为二分图。

图 1-15　用户和物品交互图

除了上述 3 个关键概念之外，还有一个概念是多模态信息。多模态信息是推荐任务中除了交互记录之外的额外数据，其定义为具有社会和文化意义的资源，在推荐任务中通常指图像、文字、语音、视频等数据。多模态信息可以提供更多的信息，模型通过这些丰富的信息可以更好地对用户喜好进行建模分析，为用户精准推荐商品。

图 1-16 展示了一条推荐系统中的用户评价观测数据，包含刚刚提到的 4 个基本概念。首先每条评论都是一个用户针对某个物品做的评价，因此包含用户和物品的信息；其次，每一条评论代表一种交互，因此是一条交互记录；最后，评论是文本信息，物品图片是图像信息，因此数据包括多模态信息。

图 1-16　推荐系统中的用户评价观测数据

为用户匹配物品，推荐系统领域积累了大量成功而高效的推荐算法，其中最为流行和广泛使用的是协同过滤推荐算法。"协同"的核心思想在于利用其他用户的行为（群体智慧）来辅助当前用户做出决策，"过滤"则表示从大量候选信息中筛选出合适的物品。该算法的基本假设是"过去兴趣相似的用户在未来仍然会保持类似的兴趣"。

协同过滤算法又可以细分为基于用户的协同过滤和基于物品的协同过滤两种类型，如图1-17所示。在基于用户的协同过滤方法中，为了计算用户a对物品D的喜好程度，首先需要找到和a"最像"的 K 个用户，然后根据这 K 个用户对目标物品D的打分行为或者隐式反馈来推断a对D的兴趣。这里用户之间的相似度有很多种计算方法，一种典型的方法是将每个用户交互过的物品表示成一个向量，然后利用余弦相似度或皮尔逊相关系数等方法计算用户之间的相似程度。

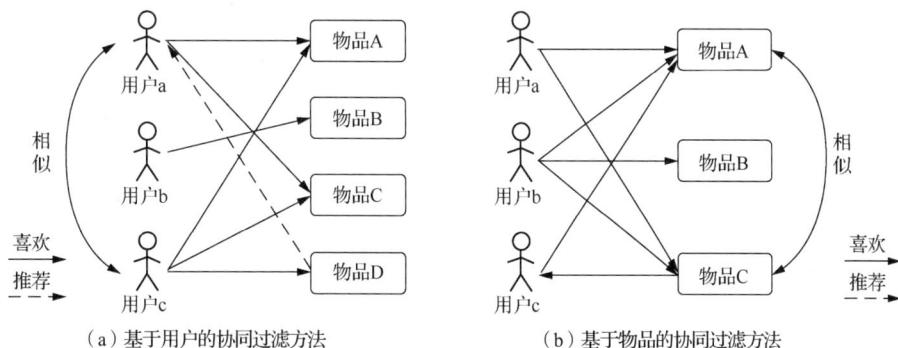

（a）基于用户的协同过滤方法　　　　　（b）基于物品的协同过滤方法

图 1-17　基于用户的协同过滤和基于物品的协同过滤

这种方法的好处在于可以反映用户群体的喜好，但在系统内用户过多的情况下，计算"最像"的 K 个用户将会非常耗时。另外，对于新来的用户，由于还没有行为记录，因此没有办法计算他和其他用户的相似度，也就不能为他准确地找到相关物品。

基于物品的协同过滤方法和基于用户的协同过滤方法实际上很类似，不同的地方在于，基于物品的协同过滤方法首先要找到和目标物品A最相似的 K 个物品，然后根据用户a对这 K 个物品的喜好程度来计算他对A的感兴趣程度。计算物品的相似度时，可以先把每个物品表示成一个向量，其中的每一位标记着一个用户是否购买了该物品。利用向量之间的余弦相似度或皮尔逊相关系数等方法可以很容易计算出物品之间的相似程度。

基于物品的协同过滤方法的优势在于，由于物品向量的变化程度要比用户向量的变化程度小很多，因此在实际部署推荐系统的时候，物品的相似度可以在线下提前计算好，从而节约在线上的计算时间，提高推荐的效率。另外，对推荐结果来说，这种方法更利于解释。这种方法的不足之处是，不能很好地处理新上架的物品。

基于模型的协同过滤方法一般是在用户物品的交互数据上训练一个机器学习模型，然后基于这个模型来预测用户对物品的评分。其中最为流行和通用的方法是矩阵分解模型，这种方法通常基于"低秩假设"。从直观上讲，虽然用户和物品的数目可能成千上万，但决定最终评分结果的因素可能很少。例如，在电子商务平台中，人们买东西可能就只考虑"价格""质量""款式""流行度"这些因素。基于这个直观的想法，本来一个庞大的用户-物品评分矩阵 X，就可以被表示成两个低维度的用户子矩阵 U 和物品子矩阵 V 相乘的形式，用户子矩阵和物品子矩阵分别表示用户的喜好和物品的特征，而它们之间的乘积则表示用户对物品的感兴趣程度（即打分），矩阵分解模型如图1-18所示。尽管这类算法在实际的应用中取得了不错的效果，但模型中的线性假设却过于牵强，这使得它们只能用于建模比较简单的用户行为模式，不能很好地反映用户的真实兴趣。

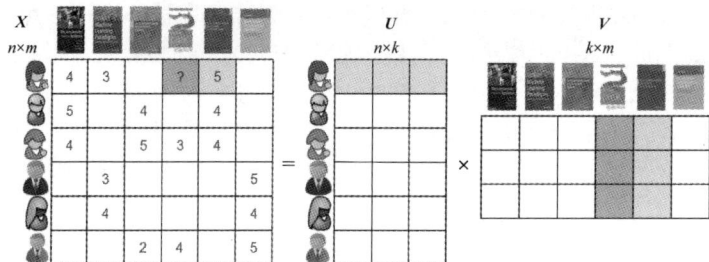

图 1-18　矩阵分解模型

近年来，随着深度学习的突破，推荐模型能够利用深度学习模型强大的表征学习能力来更好地发现用户的行为模式和物品的属性信息，更好地处理多模态信息。例如，将图形信息和用户评论信息都输入模型，辅助模型学到更好的表达。人工智能在电子商务中的应用实际上十分广泛，推荐系统只是人工智能在电子商务中诸多应用之一。诸如人工智能与视觉技术、虚拟现实技术的结合可以给电子商务消费场景带来变革。

3. 人工智能发展趋势

人工智能经历几波浪潮之后，在过去 10 多年中基本实现了感知能力，但却无法做到实现推理、可解释等认知能力，因此在下一波人工智能浪潮兴起时，可能主要会去实现具有推理能力、可解释性、认知能力的人工智能。2017 年，美国国防部高级研究计划局（Defense Advanced Research Projects Agency，DARPA）发起可解释性人工智能（eXplainable Artificial Intelligence，XAI）项目，其核心思想是从可解释的机器学习系统、人机交互技术以及可解释的心理学理论 3 个方面，全面开展可解释性人工智能系统的研究。2018 年年底，第三代人工智能的理论框架体系正式公开提出，其核心思想为：（1）建立可解释、鲁棒的人工智能理论和方法；（2）发展安全、可靠、可信及可扩展的人工智能技术；（3）推动人工智能创新应用。

因此，我们认为人工智能下一个重点发展的方向包括：强化学习、神经形态硬件、知识图谱、智能机器人、可解释性人工智能、数字伦理、自然语言处理等。这些技术处于期望膨胀期，表明人们对人工智能最大的期待，达到稳定期可能需要 5～10 年，是人工智能的未来重点发展方向。

（1）强化学习。

强化学习是指智能体（Agent）以"试错"的方式进行学习，通过与环境进行交互获得的奖励来指导行为，目标是使智能体获得最大的奖励。强化学习不同于监督学习，主要表现在强化信号上，强化学习中由环境提供的强化信号是对产生动作的好坏给出评价（通常为标量信号），而不是告诉强化学习系统如何去产生正确的动作。由于外部环境提供的信息很少，强化学习系统必须靠自身的经历进行学习。强化学习已在机器人控制、无人驾驶、下棋、工业控制等领域获得成功应用。

（2）神经形态硬件。

神经形态硬件旨在用与传统硬件完全不同的方式处理信息，通过模仿人脑构造来大幅提高计算机的思维能力与反应能力。采用多进制信号来模拟生物神经元的功能，可将负责数据存储和数据处理的元件整合到同一个互联模块当中。从这一意义上说，这一系统与组成人脑的数以百亿计的、相互连接的神经元颇为相仿。神经形态硬件能够大幅提高数据处理能力和机器学习能力，能耗和体积却要小得多，可为人工智能的未来发展提供强大的算力支持。

（3）知识图谱。

知识图谱在本质上是结构化的语义知识库，是一种由节点和边组成的图数据结构，以符号形式描述物理世界中的概念及其相互关系，其基本组成单位是"实体-关系-实体"三元组，以及实体"属性-值"对。不同实体之间通过关系相互联结，构成网状的知识结构。在知识图谱中，每个节点表示现实世界的"实体"，每条边为实体与实体之间的"关系"。通俗地讲，知识图谱就是把所有不同种类的信息连接在一起而得到的一个关系网络，可提供从"关系"的角度去分析问题的能力。

知识图谱可用于反欺诈、不一致性验证等公共安全保障领域，需要用到异常分析、静态分析、动态分析等数据挖掘方法。特别地，知识图谱在搜索引擎、可视化展示和精准营销方面有很大的优势，已成为业界的热门工具。但是，知识图谱的发展还有很大的挑战，如数据的噪声问题，即数据本身有错误或者数据存在冗余。随着知识图谱应用的不断深入，还有一系列关键技术需要突破。

（4）智能机器人。

智能机器人需要具备 3 个基本要素：感觉要素、思考要素和反应要素。感觉要素是指利用传感器感受内部和外部信息，如视觉、听觉、触觉等；思考要素是指根据感觉要素所得到的信息，思考出采用什么样的动作；反应要素是指对外界做出反应性动作。智能机器人的关键技术包括多传感器信息融合、导航与定位、路径规划、智能控制等。由于社会发展需求的增加和机器人应用行业的扩大，机器人可以具备的智能水平并未达到极限，影响因素包括硬件设施的计算速度不够、传感器的种类不足，以及缺乏思考行为、程序难以编制等。

（5）可解释性人工智能。

虽然深度学习算法在语音识别、计算机视觉、自然语言处理等领域取得了令人印象深刻的性能，但是它们在透明度和可解释性方面仍存在局限性。深度学习算法的不可解释性已经成为计算机领域顶级会议"火药味十足"的讨论话题。研究人员尝试将黑盒的神经网络模型和符号推理结合起来，通过引入逻辑规则增加可解释性。此外，符号化的知识图谱具有形象、直观的特性，为弥补神经网络在解释性方面的缺陷提供了可能。利用知识图谱解释深度学习和高层次决策模型，是当前值得研究的科学问题，可以为可解释的人工智能提供全新视角的机遇。中国科学院院士张钹教授指出当前人工智能的最大问题是不可解释和不可理解，并提倡建立具有可解释性的第三代人工智能理论体系。

（6）数字伦理。

作为新一轮科技革命和产业变革的重要驱动力，人工智能已上升为国家战略，人工智能将会在未来几十年对人类社会产生巨大的影响，带来不可逆转的改变。然而人工智能的发展面临诸多现实的伦理和法律问题，涉及网络安全、个人隐私、数据权益和公平公正等方面。为了让人工智能技术更好地服务于经济社会发展和人民美好生活，研究人员不仅要发挥好人工智能的"头雁"效应，也要加强人工智能相关法律、伦理、社会问题等方面的研究。数字伦理将是未来智能社会的发展基石，只有建立完善的人工智能伦理规范，处理好机器与人的新关系，我们才能更多地获得人工智能"红利"，让技术造福人类。

（7）自然语言处理。

自然语言处理是计算机科学领域与人工智能领域中的一个重要方向，它研究能实现人与计算机之间用自然语言进行有效通信的各种理论和方法，涉及的领域较多，主要包括机器翻译、语义理解和问答系统技术等。

机器翻译是指利用计算机技术实现从一种自然语言到另外一种自然语言的翻译过程。基于深度神经网络的机器翻译在日常口语等一些场景的成功应用已经显现出了巨大的潜力。

语义理解是指利用计算机技术实现对文本篇章的理解，并且回答与篇章相关问题的过程。语义理解技术将在智能客服、产品自动问答等相关领域发挥重要作用，进一步提高问答与对话系统的精度。

问答系统技术是指让计算机像人类一样用自然语言与人交流的技术。人们可以向问答系统提交用自然语言表达的问题，系统会返回关联性较高的答案。

1.2.5 区块链生态

1. 区块链基础概念

在早期的存储系统中，所有的数据都存储在中心节点中，只要篡改了中心节点的数据，就会对存储系统造成重大的影响，这给金融等领域带来的危害是具有毁灭性的。2008 年经济危机，中本聪为了解决通货膨胀问题，设计了基于区块链技术的比特币，并将总货币数限定为 2100 万枚。在区块链的设计中，不再有"中心"的概念，所有的节点上都存储了数据，中本聪在文中称每个节点上都存储了账本。由于每个节点都存储了账本，若节点数增大，当新的消息进入系统时，会出现多种情况，如当前时刻某些节点未联网或未启动，一个与当前消息矛盾的信息已经被节点接收。

为了解决不同节点账本一致性的问题，系统允许每个节点校验消息。当某个节点验证了消息的准确性，则更新账本，将消息打包成区块链接到区块链的尾部，该节点会将这个区块广播到系统的各个节点上。区块链的结构如图 1-19 所示。

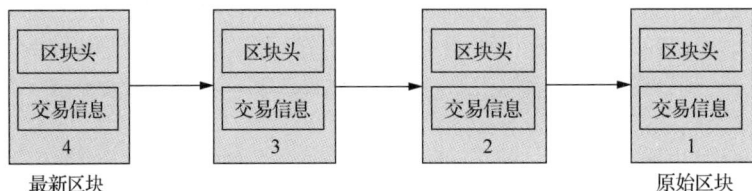

图 1-19　区块链的结构

但是系统节点过多时，可能出现两个团 G_1 和 G_2，消息在两个团之间传递速度较慢，则 $c_1 \in G_1$ 和 $c_2 \in G_2$ 两个节点均可能广播消息，导致 $\{c_i \mid c_i \in G_1, i \neq 1\}$ 节点集合和 $\{c_i \mid c_i \in G_2, i \neq 2\}$ 节点集合存储了不同的区块。一种最简单的方式就是通过算力限制来延长区块生成的时间，当这个时间长于消息在两个团之间的传播时间时就能够减少出现这种现象。

即便已经有两个不同的区块链，当下一个区块产生时，它会链接到正确的区块链上，正确的区块链长于其他区块链，按照"相信长链"的原则，只有正确的区块链被保存下来。可见，要篡改区块链的数据，需要一个节点拥有强于其他节点算力之和的算力，这在实践中几乎是不可能出现的，因此数据安全性非常高。这种高安全性使得区块链在电子商务中的商品追踪、交易验证等方面有巨大的潜能。

2. 区块链电子商务应用

（1）区块链在电子商务支付中的应用。

区块链在电子商务支付中的应用主要以数字货币的形式呈现。目前，对于数字货币，国际上尚未有统一的定义。国际清算银行认为数字货币是基于分布式账本技术，采用去中心化支付机制的虚拟货币；国际货币基金组织认为数字货币是价值的数字表达。中国人民银行发行的数字货币，是数字化的人民币，以人民币作为价值标的，具有货币属性。而以比特币、以太币等为代表的数字货币采用区块链技术实现了去中心化的账本，截至目前，在中国，这类货币还不是法定货币，不具有货币属性。鉴于在全球范围内尚未有大型电子商务平台旗下全品类商品能够支持加密货币支付，各国对加密货币的监管也存在较大差异，本书对于加密货币的支付功能不做讨论。

（2）区块链在电子商务存储中的应用。

区块链在电子商务存储中的应用范围较广，主要利用了区块链在数据保存过程中的不可篡改性，诸如物流追溯等。

在物流追溯方面，电子商务平台企业可以通过区块链技术进行产品物流追踪和供应链管理，保证物流信息的准确和产品供应的安全。例如，电子商务平台可以通过区块链技术打造透明、可追溯的跨境食品供应链，搭建更安全的食品市场，如图 1-20 所示。在计算机上可以检索到食品的生产日期、保质期、原材料产地、培育方法及生产工艺等。区块链技术使得数据篡改的成本和难度大幅上升。

平台企业还利用区块链进行产品的防伪和追溯，如图 1-21 所示。例如，大家在电子商务平台上买一个钻石项链，通过区块链技术，不但可以查看原材料的来源以及生产的各个环节，还可以查看真伪。只有该项链所属公司的私钥才能生成这条区块链。这使得消费者可以购买到安全、放心的产品。

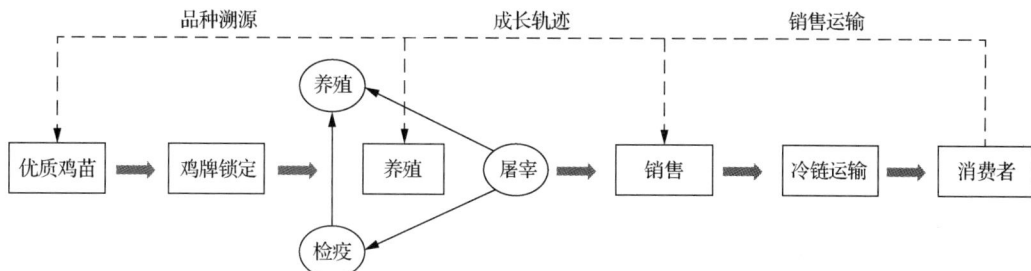

图 1-20 利用区块链技术进行食品追溯

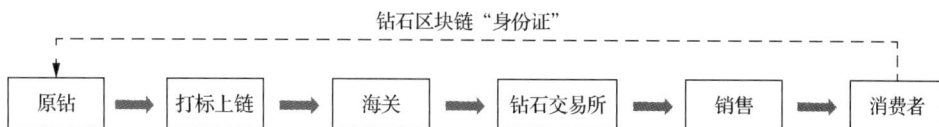

图 1-21 利用区块链进行防伪

区块链的"不可篡改性"的实现与存储系统密切相关。存储系统中的一种存储方式是集中式存储，就是指系统中的所有存储都集中于一个节点，当然这个节点可能包含多个设备。其最大的特点是所有数据都要经过统一的入口流入存储节点，集中式存储系统结构如图 1-22 所示。

显而易见，这个单一的入口会使得存储服务器成为系统性能的瓶颈，也会极大地影响可靠性和安全性，不能满足大规模存储应用的需求。因此分布式存储应运而生。分布式存储利用多个存储节点分担存储负荷，利用位置服务器定位存储信息，它不但提高了系统的可靠性、可用性和存取效率，还易于扩展。分布式存储 S_d 可以表示为 $S_d = \{v_i | i = 1, \cdots, N\}$。其中第一个节点 v_1 指的是存储位置信息的节点 v_n，又称作管理节点，存储的是元数据。随后的 $K\text{-}1$ 个节点 $\{v_i | i = 2, \cdots, K\}$ 表示文件的存储节点 v_s。如果客户端需要从某个文件中读取数据，首先从位置节点获取该文件的位置（具体在哪个存储节点），然后从该位置获取具体的数据。分布式存储系统结构如图 1-23 所示。

在分布式存储系统结构中位置节点通常是主备部署，而存储节点则由大量节点构成一个集群。由于元数据的访问频度和访问量相对存储的数据都要小很多，因此位置节点通常不会成为性能瓶颈，而数据节点集群可以分散客户端的请求。因此，分布式存储系统结构中可以通过横向扩展存储节点的数量来提高承载能力。

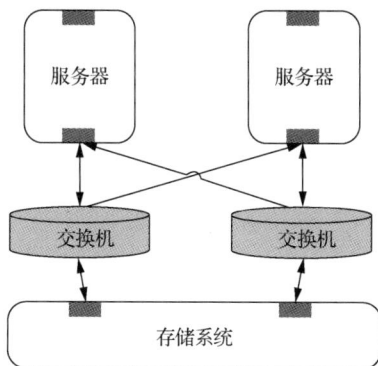

图 1-22 集中式存储系统结构

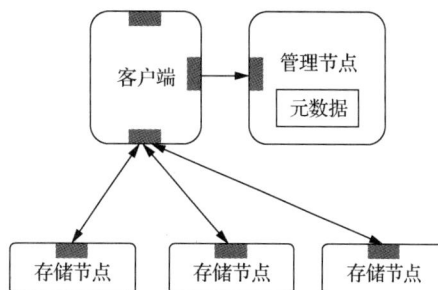

图 1-23 分布式存储系统结构

尽管分布式存储系统拥有动态扩展能力，但仍然存在一个中心节点。在电子商务中"中心化"仍然是一个隐患。在中心化的场景下，交易的参与者有买方、卖方以及负责保管资金的第三方机构，那么交易的保障就在很大程度上依赖于第三方机构的信用，这会造成交易的隐患。因此，在分布式存储系统的基础上进行去中心化的区块链就被视为解决这个问题的重要方法。简单理解，就是通过广播的形式让这三者的 3 个节点都记录买家转账信息和卖家发货信息，任何一个节点的损坏都不会导致交易失败。区块链存储系统 S_b 可以表示为 $\{v_i = v_s \mid i = 1,\cdots,N\}$，没有中心节点，采用点对点网络（Peer to Peer，P2P）和工作量证明机制（Proof of Work，PoW），使得所有节点都被损坏或篡改的可能性大幅降低。这使得区块链技术在电子商务应用中有较大的商业价值和应用潜力。

3. 区块链的发展趋势

根据国际数据公司发布的《全球半年度区块链支出指南》，到 2022 年全球区块链解决方案的年度支出将达到 117 亿美元。区块链在 2022 年及以后的发展，将具有广阔的前景，我们认为区块链的重点发展方向包括环保区块链、中央银行数字货币、区块链制造和跟踪疫苗以及"元宇宙"等。

第一是环保区块链。由于区块链未来的最大挫折之一是使用大量能源，区块链技术也带来了不断增加的碳排放问题。目前，虽然学界与业界专家提出了一些新的方法来解决这个问题，比如碳补偿，但是碳补偿也只是对这个问题的一种补救措施，而不是根本性解决方法。除此之外，环保区块链的另一个趋势是关注能源密集度较低的区块链网络模型，如从工作量证明模型转向权益证明模型。

第二是中央银行数字货币。目前流行的基于区块链的数字货币在很多国家/地区都不是法定货币，比如中国。因此 2022 年区块链增长的另一个有希望的领域将是国家加密货币，也就是中央银行将创建自己的货币，而不是选择去中心化的货币，并且逐渐使用户能够通过这类数字货币进行金融交易并管理其资产。这样用户可以不依赖于第三方供应商，同时中央银行也可以控制流通供应。

由于一些不法分子制造和销售假疫苗的问题为应对新冠疫情带来了挑战，因此 2022 年区块链将在疫苗制造和分销以及跟踪方面展现出潜力。在这种情况下，区块链可以作为验证疫苗运输真实性的理想工具。此外区块链还可以帮助追踪疫苗的分布以确保疫苗到达所需位置。

2021 年针对元宇宙的讨论兴起，2022 年区块链技术将推动元宇宙的发展。目前，元宇宙的概念已经变成一种真实的现象，许多流行平台都拥有庞大的用户群。元宇宙在本质上是一个共享的虚拟世界，为参与者提供身临其境的体验。参与者可以通过使用他们的数字化身与元宇宙进行交互。而虚拟世界设计的重要方面之一是去中心化，这将实现对虚拟世界的透明和无缝访问。在创建这种去中心化网络方面，还有什么比区块链更好的选择呢？除了去中心化之外，元宇宙还依赖区块链功能来确保用户治理特权以及可验证的出处。最重要的是区块链基础设施的使用还将元宇宙经济体与更大的加密经济体联系起来。2022 年区块链主要集中在大型科技公司对元宇宙的潜在技术支持上。

区块链无疑是当今最先进的数字技术之一。与传统网络技术相比，它提供了更高的安全性和透明度以及数据不变性和可访问性。它在推动电子商务的发展方面也发挥了巨大的作用，了解区块链基础及其发展趋势，能够更好地将其应用于电子商务。

本章小结

当今世界经济蓬勃发展，全球化的浪潮极大地推动了贸易的发展，新的消费需求不断涌现。电子商务作为一种新兴业态也在不断增长并深刻影响着世界，世界各个国家/地区纷纷制定相应的政策来促进电子商务更好、更健康地发展。各行各业，如工业、教育业、农业的发展也有逐渐向电子商务靠拢、融合的趋势。同时，新一轮的工业革命与商业变革也在推动着世界不断发展，以大数据、云计算、物联网、人工智能、区块链等新技术为主的科技创新在商业中的广泛应用推动了电子商务的发展。

思考与讨论题

1. 美国《全球电子商务政策框架》的基本原则是什么？

2. 请简述 2000 年之后欧盟的数字经济发展策略。

3. 《欧洲数字化单一市场战略》中建立单一市场的三大举措是什么?

4. 请简述日本电子商务发展对我国的启示。

5. "十四五"期间,中国电子商务发展的主要任务是什么?

6. 工业如何与电子商务结合?具体表现有哪些?

7. 计算机技术如何应用于农业?请举例说明。

8. 中国是如何推进农业与电子商务结合的?

9. 农业与电子商务结合可以带来哪些方面的收益?

10. 请简述线上教育发展的重要性和必要性。

11. 线上教育有哪些形式?

12. 应该提倡怎样的线上教育?

13. 大数据的"5V"特征有哪些?试用实例分析。

14. 大数据给人们日常生活带来哪些思维方式的变革?

15. 大数据对电子商务消费者和电子商务企业会产生哪些影响?

16. 你怎么理解大数据思维?试举例说明。

17. 试分析大数据发展趋势。

18. 除了云计算、物联网、人工智能技术等,大数据还与哪些新技术密切相关?

19. 电子商务领域有哪些大数据的应用实例?

20. 大数据的应用领域有哪些?试举例说明。

21. 云计算有哪些特点?试举例分析。

22. 云计算按照服务类型可以分为哪几类?

23. 云计算有哪些开放平台?在电子商务中如何应用?试举例说明。

24. 云计算的优势和劣势有哪些?试举例说明。

25. 电子商务中物联网的应用实例除了物流,还有哪些应用领域?

26. 试调研物联网存在的安全问题。

27. 物联网的安全问题在电子商务中有哪些影响?

28. 试调研人工智能的学派及其理论。

29. 简述人工智能与机器学习、深度学习的关系。

30. 区块链有哪些特点,发展过程中尚存在哪些问题?

31. 区块链在电子商务中的应用有哪些?试举例说明。

32. 区块链和 P2P 网络之间的关系是什么?试举例说明。

33. 区块链和分布式存储的异同有哪些?试举例说明。

34. 试分析大数据发展趋势。

第2章
电子商务基础知识

知识结构

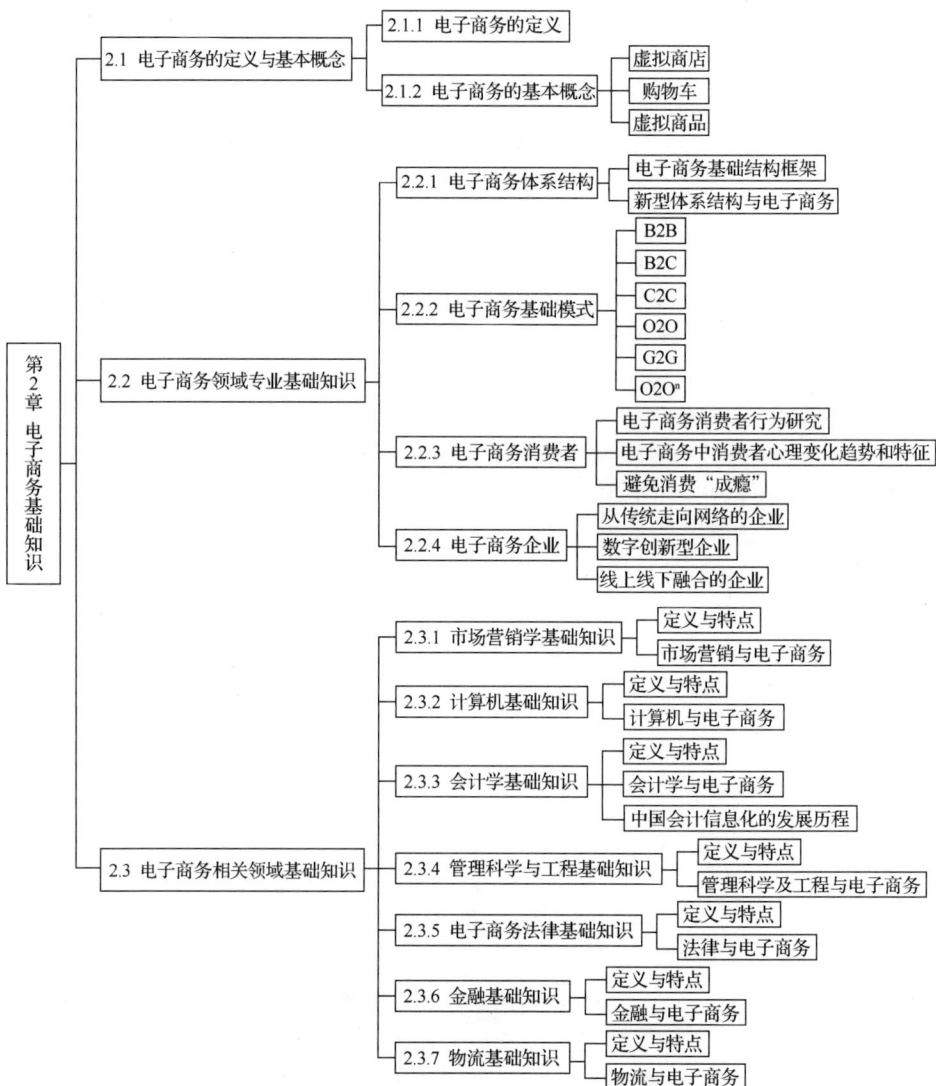

电子商务是一个新兴领域，其涵盖了诸多领域的知识，同时也产生了很多新的知识。要想深入学习电子商务，首先就需要掌握电子商务的基础知识，厘清电子商务的基本理论和体系结构，才能为对本书后文章节内容的学习奠定基础。本章将介绍电子商务基础知识以及电子商务相关领域的基础知识。

2.1 电子商务的定义与基本概念

新的技术与概念的出现是永不停息的，这是社会发展和进步的不竭动力。同样，电子商务是一个不断发展的概念。它在产生以及发展的过程中，逐渐形成了特有的及相关领域的重要概念，掌握电子商务的基本概念、基本定义、基础知识是学习电子商务的重要环节，本节将对这些重要的基础知识展开论述。

2.1.1 电子商务的定义

电子商务的概念是在 1996 年被提出并开始广泛传播的，此后很多国际组织或者公司都对其给出了具体的定义。

世界贸易组织（WTO）在 1998 年的《电子商务工作计划》中将电子商务定义为：通过电子方式生产、分销、营销、销售或交付货物和服务。

经济合作与发展组织（Organization for Economic Cooperation and Development，OECD）对电子商务的定义为："通过互联网，在企业、家庭、个人、政府和其他公共或私人组织之间销售或购买产品或服务。产品或服务通过互联网订购，但付款和最终的产品或服务的递交可能通过也可能不通过网络进行。"这也是被广泛接受的一种定义。

国际标准化组织（International Organization for Standardization，ISO）对电子商务的定义是：企业之间、企业与消费者之间信息内容与需求交换的一种通用术语。

全球信息基础设施委员会对电子商务的定义：电子商务是运用电子通信作为手段的经济活动，通过这种方式，人们可以对带有经济价值的产品或服务进行宣传、购置和结算。

联合国国际贸易法委员会对电子商务的定义：电子商务是采用电子数据交换（Electronic Data Interchange，EDI）和其他通信方式增进国际贸易的职能。

经济合作与发展组织对电子商务的定义：电子商务是发生在开放网络互联网上的包含商家与商家、商家与消费者之间的商业交易。

Intel 公司对电子商务的定义：电子商务=电子市场 + 电子交易 + 电子服务。

IBM 公司对电子商务的定义：电子商务=信息技术+Web+业务。

HP 公司对电子商务的定义：电子商务是通过电子化的手段来完成商业贸易活动的一种方式。

本书认为："电子商务是在信息化网络平台上进行贸易的一种商业行为，它具有虚拟性、海量性、实时性、可记忆性的鲜明特性，是一种虚拟社会和现实社会有机融合的新贸易模式。"

2.1.2 电子商务的基本概念

本节重点介绍电子商务的基本概念，主要包括虚拟商店、购物车、虚拟商品。由于电子商务覆盖许多应用领域，本节主要介绍以下几个关键的概念。

1. 虚拟商店

虚拟商店也可以称为"网上商店""电子商场"等，就像在现实中卖东西至少要有一个店面、摊位一样，在互联网上进行销售也需要一个销售场景。因此，虚拟商店可以看作在互联网上建立的商场，也可以看作为了进行网上交易而实现的一个虚拟空间。消费者通过商场的网址可以查看虚拟商店，浏览其中的商品；商家可以通过虚拟商店贩卖产品，省去了实体店面所需的成本。简单而言，我们可以把任何一家公司建立的一个网站当作虚拟商店的雏形，在此之上加上产品订购和支付等功能，就可以称为一个典型的虚拟商店了。

我们可以对虚拟商店进行更详细地分类，可以分为公司广告型、售后服务型、直销商店型、企业外部网站型等虚拟商店。公司广告型虚拟商店仅提供公司介绍以及活动信息；售后服务型虚拟商店提供公司产品的售后服务和产品的使用咨询等；直销商店型虚拟商店是最具有代表性的，它将公司与消费者进行对接，可直接地销售商品；企业外部网站型虚拟商店用于企业与相关合作厂商之间的合作、沟通、协调。

2．购物车

电子商务中的虚拟购物车之所以称为"购物车"，是因为它所起的作用与人们在现实中去超市使用的购物车的作用类似，不同之处在于一个是虚拟的，一个是现实的。传统购物车的作用在于便于消费者在收银台结算前选购商品并存储商品，从而解放消费者的双手。电子商务中的购物车的作用与之类似，就是便于消费者在购物网站的不同商品页面之间进行跳转时，能够临时存储用户选择的商品，协助消费者从虚拟商场中选取商品、携带商品，然后在结算时可以统一进行付款，减少重复操作。对商家来说，购物车也可以起到让消费者多购买商品的作用。

3．虚拟商品

虚拟商品可以分为很多种类型，从商品是否具有实体的角度而言，可以将其分为两大类，一类是有形商品虚拟化，一类是无形商品虚拟化。

第一，虚拟化指的是对现实商品和数字商品的一种抽象表示形式，也就是在互联网这个虚拟世界中，对任意能够进行电子商务交易的商品的一种描述形式。目的是将现实世界中的客观实体商品或者是无形的数字产品进行描述，让消费者能够对商品进行浏览、比较、评价、选购，从而在交易之前、在不接触商品的情况下，突破时间、空间的限制来了解商品，使交易更方便地进行。

第二，有形商品指的是在物理意义上具有形体的商品，能够通过物流进行运输的商品，而对有形商品的虚拟化，就是对实体商品进行抽象描述，诸如通过照片、文字描述、视频展示等方式，将其呈现在互联网上。这种在互联网这个虚拟环境下的商品的描述，就是虚拟化的实体商品。

无形商品与有形商品对立，指的是在物理意义上没有形体的商品，它拥有价值和使用价值，具体包括非物质劳动产品以及有偿经济言行等。它包括电影、音乐、网络游戏、数字服务等数字产品。这类数字产品可以直接通过网络进行传输、配送等。

2.2　电子商务领域专业基础知识

电子商务在发展的过程中也形成了一定的理论知识体系，本节将从电子商务的体系结构、基础模式、消费者和企业这4个方面来介绍电子商务。

2.2.1　电子商务体系结构

电子商务体系结构借鉴了建筑学、计算机体系结构、软件体系结构等相关设计领域中的体系结构设计思想，用以实现商品或服务的各项交易活动的电子化、信息化、数字化、无纸化、国际化等。

从技术的角度看，它可以被认为是一系列网络信息技术的集成，包括网络通信技术、计算机技术等；从系统的角度看，它是一个集成的信息系统，是基于企业内部网络系统构建的管理系统以及对外拓展网上市场的电子商务平台；从应用的角度看，它包括进行电子商务活动过程中所需要的各类功能，比如面向用户提供各种商业经营和管理服务等。

1．电子商务基础结构框架

电子商务实际上由多个电子商务实体以及电子商务应用系统组成，通过电子商务应用系统来进行各类商务活动。电子商务实体包括企业、消费者、政府机构等，他们中的任意两个实体都可以进行电子商务活动。更具体地说，我们可以对这个结构进行进一步细分，电子商务应用系统可以分为安全子系统、应用服务子系统、物流管理子系统、支付子系统，外部的实体有银行、物流等。其中复合网络系统主要包括互联网、物联网以及空间一体化网。分析电子商务的活动过程，如果是两个电子商务实体 A、B 之间发生电子商务活动，那么可以将其过程总结为以下五步，具体见图 2-1：

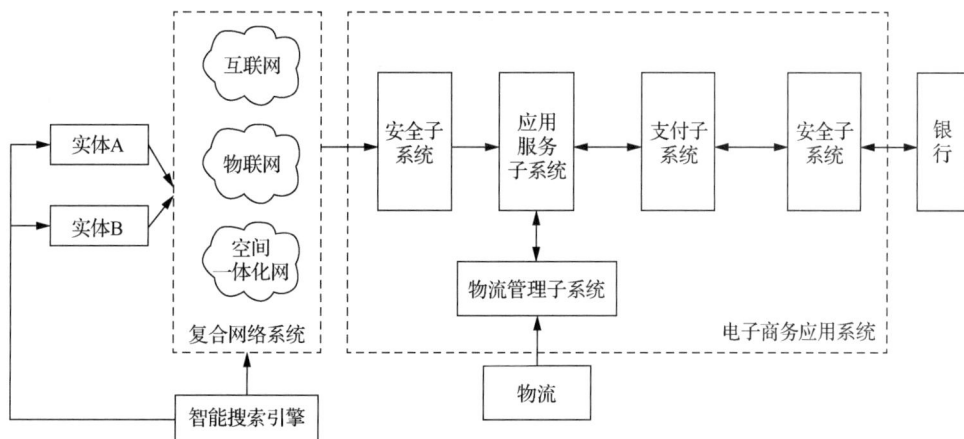

图 2-1 电子商务体系结构图

（1）电子商务实体 A 提出商务业务请求后，系统将请求信息和用户信息通过复合网络系统经过安全子系统加密后，发送到电子商务应用服务子系统；

（2）智能搜索引擎在复合网络系统中找到合适的交易实体 B，并将请求信息通过复合网络系统发送给实体 B；

（3）实体 B 得到实体 A 的请求信息后，经过分析处理，响应交易请求，并将响应信息和自身的用户信息发送给应用服务子系统；

（4）收到实体 B 的交易信息后，应用服务子系统通过支付子系统对交易双方进行身份认证，将认证合格的银行账户信息发送给交易双方的开户银行，从而完成资金转移；

（5）将转账后的信息返回到应用服务子系统，然后通过物流管理子系统完成配送。

2. **新型体系结构与电子商务**

近年来，随着信息技术的不断发展，新的体系结构在不断产生，比如云体系结构、柔性体系结构等。这些体系结构都已经或即将应用到电子商务中。本节只做简单描述，详细论述见本书的第 4 章。

（1）云体系结构。

云体系结构也称为共享体系结构，是在当今云计算技术日益发展成熟的背景下，产生的一种软件体系结构。我们可以认为采用了云计算技术的应用系统就使用了云体系结构。

云体系结构实际上是对依托于云计算平台的软件进行抽象，从而得到的一种新型体系结构，其核心在于利用分布式计算机来为互联网应用提供计算、存储等资源。其中关键的云计算技术就是把普通的服务器、计算机连接起来以获得类似超级计算机的计算和存储能力，且成本更低，可有效提高对软硬件资源的利用效率。云体系结构如图 2-2 所示。

云用户端主要是为用户和企业提供服务的交互式操

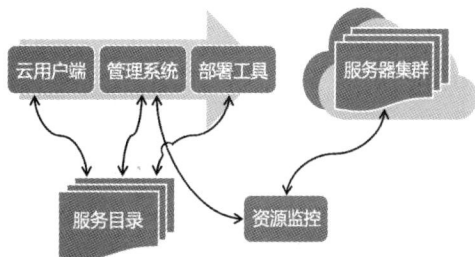

图 2-2 云体系结构

作界面，也是他们使用云的接口，通过这个接口能够直观地访问服务目录，即用户和企业在获得权限之后就可以选择需要使用的服务列表；管理系统主要负责授权、认证、登录等信息管理，同时也负责管理可用的计算资源和服务；部署工具主要用于自动化调度资源，以智能、动态的方式来部署、配置和回收资源；资源监控主要用于实时监控和分析计量云计算中资源的使用情况，从而更好地完成节点配置以及负载均衡配置等，确保资源顺利分配；服务器集群被视为云体系结构的核心，用于高并发地进行计算、存储和数据处理。

云体系结构目前已运用于电子商务中，比如淘宝网的"双十一"活动，每年都会产生大量的交易，在这一过程中会产生大量的并发访问量和计算，云计算就在这里起到了中流砥柱的作用。

（2）柔性体系结构。

柔性体系结构的产生与发展，源于软件工程在面对复杂系统工程进行重复设计时，系统资源共享化的一种软件体系结构设计思想，主要表现在系统平台可以实现插件式的动态管理，将不同应用的插件根据用户的需求进行动态调整，使系统保持完备的应用功能。为此，柔性体系结构在当今的电子商务平台应用中受到了广泛的重视。柔性体系结构满足以下4个条件：

- 使用运行时可以改变的体系结构；
- 能感知上下文，如用户指令、用户操作模式、网络情况、工作负载等；
- 为用户或者开发人员留下可操作的接口；
- 在一定范围内可用，避免额外的工作和开销。

柔性体系结构也早已应用于电子商务中。例如，目前在电子商务中普遍使用的推荐系统中，就有柔性体系结构的影子，它要求系统能够针对不同的用户，根据用户的偏好和需求，个性化地向用户推荐产品，这在当今诸多电子商务大型平台中都有广泛的应用。

2.2.2 电子商务基础模式

电子商务是多个电子商务实体利用电子商务应用系统来进行商务活动的过程，其中电子商务实体有不同的类型，包括商业机构、消费者和政府机构等。而由于进行电子商务活动的实体对象不同，电子商务可以按照交易实体分为6种不同的基础模式：商业机构对商业机构电子商务、商业机构对消费者电子商务、消费者对消费者电子商务、线上商业机构对线下商业机构、政府对政府电子商务、线上线下一体化。如果用B代表商业机构（Business），用C代表消费者（Consumer），用G代表政府机构（Government），用O作为线上（Online）和线下（Offline）的表示，用2（two）代表英文中的"对"（to），用$2O^n$代表英文中的"一起"（together），那么这6种不同的基础模式可以简单地表示为：B2B、B2C、C2C、O2O、G2G、$O2O^n$。本节将对这6种基础模式展开论述。

1. B2B

电子商务一开始就是以B2B方式出现的，该模式具有较长的存在历史。其理论和实践在长期的实践发展中愈发成熟，对未来电子商务运作具有丰富的指导意义。B2B模式是以企业为主体，在企业之间进行电子商务活动的一种模式。在该模式下，企业与企业之间使用企业内部网以及外部网络，建立起产业上、下游厂商之间的沟通，从而达到简化企业间交流、加快交易流程、减少成本以及实现供应链整合等目的。

B2B模式的实现以及运作过程可以概括为以下4个阶段：

（1）实现企业与企业间之间供应链与配销商的管理自动化；

（2）进行电子数据交换，如将电子表格的内容以一对一的方式对应于商业交易书面表格中；

（3）进行电子资金转移，如完成银行与企业间的资金自动转账；

（4）处理出货需求，如自动完成物流配送。

B2B 模式根据关联企业之间的关系可以再细分为四种类型：垂直 B2B、综合 B2B、自建 B2B 和关联行业 B2B。垂直 B2B 就是生产商、零售商和供应商之间形成供货关系，在市场上也可以看成生产商和经销商之间形成销货关系；综合 B2B 就是把相近的交易流程都集中在一个平台上，从而为采购方和供应方提供沟通以及合作的机会；自建 B2B 指的是大型企业，以自身产品供应链为核心，来打造自己的电子商务平台；关联行业 B2B 整合了前面所说的综合 B2B 和垂直 B2B，以建立更广泛且准确的跨行业电子商务平台。

在电子商务的 6 种基础模式中，B2B 电子商务公司占据主要的优势地位。它的优势主要可以概括为以下几个方面：交易额占电子商务总交易额绝大部分；B2B 电子商务公司的广泛业务使其拥有更多合理降低经营成本的渠道；B2B 电子商务公司与现代物流管理适配性更高；B2B 电子商务公司能在交易过程中提供更高的信用和资金保障。

综上所述，B2B 电子商务公司在激烈的市场竞争中更具竞争力，B2B 电子商务模式将成为未来电子商务的主要模式，应该重点研究与发展 B2B 模式。有专家认为：全球电子商务已发展到第三阶段。第一阶段是以雅虎为代表的注意力经济；第二阶段是以亚马逊（Amazon）和 eBay 为代表的专业网络经济（B2C、C2C）；第三阶段是面向四大市场 [电子市场（E-market），分销市场（E-channel），采购网（E-procurement），企业价值链管理（E-enterprise）如 ERP、CRM、SCM 等]，以应用服务提供商（ASP）的中介服务为特征、以互联网和 B2B 电子商务为工具，促进新旧经济互动的整合经济。"B2B 电子商务时代"即将来临。

2. B2C

B2C 模式以企业和消费者为主体，是一种通过网络的方式，在企业或者商业机构和消费者之间进行电子商务活动的模式。它建立了企业或商业机构与消费者的直接联系，能够减少商家寻找消费者、推销产品的成本，对消费者而言也方便、快捷。从长远来看，这种模式最终将在电子商务领域占据重要地位。

B2C 模式的典型运作过程通常也可以分为以下 3 个阶段：

（1）企业或者商业机构通过网络发布商品、服务或者其他的宣传信息；

（2）消费者通过广告或者主动搜索找到合适的商品或者服务，然后选购、下单，通过在线支付完成付款；

（3）商家确认订单以及付款资料后，通过物流进行商品配送。

B2C 模式还可以根据企业和消费者的买卖关系，细分为卖方企业—买方个人以及买方企业—卖方个人这两种 B2C 模式。第一种 B2C 模式中企业是卖方，消费者个人是买方，其典型实例是亚马逊网上书店以及淘宝网，它们为企业提供了建立虚拟商店的平台，并让他们能够通过自己的虚拟商店直接与买方个人建立联系，最终达成企业与个人的交易，同时也给消费者个人提供了挑选不同企业商品的平台；而第二种 B2C 模式中，企业属于买方，而个人属于卖方，它的典型应用就是各类招聘网站，它向企业提供向个人求购劳动力的平台，而个人可以通过平台选择相应的工作。实际上它们的运作过程与上述的典型运作过程没有很大的区别，只不过是商品的内容或者形式发生了改变，本质上仍然是企业与个人之间的交易活动。

3. C2C

C2C 模式是以消费者为主体，在消费者之间进行电子商务活动的一种模式。由于商品的买卖双方都是消费者，因此 C2C 模式类似于现实世界中的"跳蚤市场"，而电子商务平台就是为消费者提供线上交易场所的平台，不过它不受时间和空间的限制，可节省大量的市场沟通成本。

C2C 模式的典型运作过程也可以分为以下 4 个阶段：

（1）卖方将产品发布在电子商务平台上；

（2）买方通过电子商务平台搜索并浏览产品，找到合适的产品；

（3）买方与卖方进行沟通并达成一致，通过电子商务平台完成交易，并进行资金管理与转账；

（4）通过物流机制进行产品的配送。

在这个过程中，电子商务平台起着举足轻重的作用。

首先，个体消费者之间很难通过网络直接而准确地找到合适的买卖双方，电子商务平台能够聚集信息，将买卖双方更快地联系在一起。

其次，由于网络匿名的特点，消费者之间的无保障交易很容易发生财物两空的情况，消费者之间的信任很难建立，因此一个机制完善并且值得信任的平台，能够尽可能地避免欺诈行为的发生，保护买卖双方的权益。

最后，电子商务平台能够为买卖双方更加便捷地进行交流、更安全地进行交易提供技术支持，比如建立信誉机制、帮助买方比较和选择产品、帮助卖方发布产品信息、帮助完成交易双方资金和商品的转移等。

总之，在 C2C 模式中，电子商务平台的建设是关键，是影响 C2C 模式存在和发展的前提和基础。

除了关注电子商务交易平台作为 C2C 模式的基础为买卖双方提供便利以外，我们还应当更加关注电子商务交易平台供应商的盈利模式和能力，这才是 C2C 模式的重点，也是 C2C 模式区别于其他模式的重要特点。如果电子商务交易平台供应商无法盈利，那么这个模式就会失去存在和发展的基础。平台提供商的利润来源，无非是广告、佣金、会员费、服务费以及金融服务的利润等。其中，主要的利润均来自买家和卖家，即购买平台提供商提供的服务的消费者。因此，平台提供商要想生存和发展，必须为其会员提供更加完善和个性化的服务，最大限度地提高会员的忠诚度，并不断开发新的会员。买家、卖家、电子商务交易平台提供商，三者相互依存，密不可分，共同构成了 C2C 电子商务模式的基本要素。

从理论上来说，C2C 模式是最能够体现互联网的精神和优势的模式。数量巨大、地域不同、时间不一的买方和同样规模的卖方通过一个平台找到合适的买家进行交易，在传统领域要实现这样大的工程几乎是不可想象的。同传统的二手市场相比，C2C 模式不再受到时间和空间的限制，可节约大量的市场沟通成本，其价值是显而易见的。

4. O2O

O2O 模式是将线下商务和互联网结合，让互联网成为线下交易前台的一种模式，也就是为线下店面与线上消费者之间建立联系，将用户的需求传递给线下商家，使之为消费者提供相应的价值。O2O 模式打破了实体与虚拟的界限，消除了线下服务与消费者之间的时间和空间距离，如图 2-3 所示。

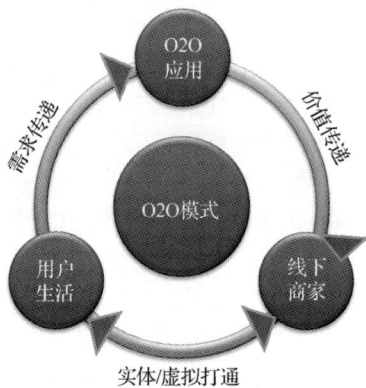

图 2-3　O2O 模式

O2O 模式的典型运作过程可以分为以下 4 个阶段：

（1）线下店面的商家在 O2O 平台发布线下服务信息；

（2）消费者通过搜索或者平台推广找到提供所需服务的线下店面；

（3）消费者对服务进行预约或者购买，并进行付款，产生订单；

（4）消费者前往线下店面得到所需服务，完成订单。

O2O 模式也具有很大的优势。对线下店面而言，通过平台的宣传以及精准营销，在一定程度上降低了地理位置对商家知名度的影响；对消费者而言，平台在线上即可提供丰富、全面的商家信息，消费者通过简单的筛选、排序，能够快速选择合适的商品或服务，节省了时间成本；对平台而言，可以通过对商家的宣传得到利润，同时也获得大规模、高黏度的消费者等。O2O 模式的实例就是当前的美团平台以及大众点评等，它们把旅游、餐饮、美容美发等线下服务信息，通过一定的营销策略推送给消费者，从而将线上的消费者转成实体消费者。

当前，在"互联网+"热潮的催动下，O2O 模式在中国市场发展较为迅速，行业呈现着正向发展趋势，具有很大的市场潜力。

5. G2G

G2G 模式是以政府机构为主体，在政府机构之间进行电子政务活动的一种模式。它是电子政务的基础性应用，结合了电子信息技术与管理技术，在线上高速度、高效率、低成本地实现行政、服务以及内部管理等功能，是在政府、社会和公众之间建立有机服务系统。更具体地说，G2G 模式的目的主要体现在以下 5 个方面：

（1）政府机构各部门之间实现电子化、网络化，能够有效提高行政、服务和管理效率，同时也能够起到推动简化办公、精简机构的作用；

（2）政府能够更加主动地服务于企业、公民，企业和公民也可以不受地点、时间的限制，掌握和了解方针政策；

（3）政府建立的网络和信息系统，能够为社会公众提供优质、权威的多元化服务；

（4）以政府的信息化发展来切实地推动和加速整个社会的信息化发展；

（5）适应数字经济的发展，引导、规划和管理电子商务活动，建立电子商务的支撑环境。

当前，为了更好地服务公众并实现政府职能，政务活动的电子化主要包括以下几个方面：监督电子化、资料电子化、沟通电子化、办公电子化、市场规范电子化等。对于具体的应用实例，可以归纳为政府内部网络办公系统、电子法规、政策系统、电子公文系统、电子司法档案系统、电子财政管理系统、电子培训系统、垂直网络化管理系统、横向网络协调管理系统、网络业绩评价系统、城市网络管理系统等 10 个方面。

6. $O2O^n$

$O2O^n$ 模式，也叫作线上线下一体化，是一种把用户体验和用户服务纳入电子商务中的新的电子商务模式。$O2O^n$ 并不是简单的线上购买、线下体验，而是结合已有的 O2O 模式与 B2C 模式通过直接服务将这两者连接起来，突出电子商务"服务"的纽带性。它通过两个融合将线下实体店和线上商城更紧密地结合。第一是数据的融合，指的是线上商城和线下实体店数据时刻保持一致且同步，使得用户能够更好地了解信息并体验服务；第二是资源的融合，其中最重要的是线下的仓储资源和物流资源，能够快速、高效地完成物流配送。

目前 $O2O^n$ 模式还是一种新兴的电子商务模式，其应用还没有大规模普及。$O2O^n$ 的数据融合的一个实例是苏宁易购，它不仅在线上有商城，对商品做详细的介绍和丰富、生动的展示，在线下也有实体店面，实体店面以服务和辅助为主，虚实互动，为消费者提供产品、服务、交互。同时，线下的实体店面可以做新产品的推广，并搜集消费者的意见，根据消费者的意见反馈更新产品，作为新产品实验的前沿阵地。随着大数据技术、云计算技术的发展，根据消费者的用户数据反馈给供应商，供应商做出相应方案，可以提升整个供应链的柔性生产、大规模定制能力。其次是 $O2O^n$ 资源的融合，其中最重要的就是线下的仓储资源和物流资源。京东的京东物流、阿里巴巴的菜鸟物流和亚马逊的直营物流都采用了仓储运输一体化的物流商业模式。这种模式大大提高了运输效率，是电子商务全栈运营能力和用户体验提升的关键。

在服务行业，电子商务就是为了给消费者提供更好的体验，因此 $O2O^n$ 模式符合电子商务的发展趋势，从长远角度看，其未来也许会替代 O2O 模式，成为热门的电子商务模式之一。

总之，电子商务模式的应用是与企业的应用紧密相连的，适应企业发展的模式就是最好的模式。

2.2.3　电子商务消费者

《中华人民共和国消费者权益保护法》中第二条规定："消费者为生活消费需要购买、使用商品或者接受服务，其权益受本法保护；本法未作规定的，受其他有关法律、法规保护。"因此，可以认为该法案定义消费者为"为生活消费需要购买、使用商品或者接受服务的人"。ISO 对消费者的定义是"以个人目的购买使用商品、财产或服务的普通公众个体"。本书认为电子商务消费者是客观存在的人的群体，可以将现实生活中的消费手段与信息化平台结合，形成新的消费习惯，这种具有双重性的客观人群可以定义为电子商务消费者。

电子商务消费者也是消费群体中的一类，与传统消费者的区别在于购买、使用商品或者接受服务的方式。传统消费者主要是在实体商店挑选商品，并进行线下付款，而电子商务消费者更多地利用了互联网来简化这个过程，打破了一定的空间和时间的限制。

1. 电子商务消费者行为研究

电子商务消费者是电子商务中的重要参与者，也影响着电子商务发展的方向。针对电子商务消费者的研究和分析，能够更好地帮助电子商务平台经营者制定营销策略等。比如通过对电子商务消费者在线搜索、点击等行为的分析，可以个性化地为不同类型的电子商务消费者推荐不同的商品；通过对网络环境下消费者的认知问题的研究，电子商务企业也可以有针对性地设计更有竞争力的产品，比如当前很热门的短视频平台等。

电子商务消费者购买行为是一种比较复杂的活动，具有动态性、冲动性，由一系列因素最终决定。这一系列影响电子商务消费者购买行为的因素可以总结为两种：内部因素和外部因素。内部因素指的是关于消费者个人的因素，包括消费者个人的经济水平、性别、年龄、受教育程度、喜好等因素；外部因素指的是不受消费者控制的外部环境因素，主要包括商品的营销方式、商品的曝光度、其他消费者的评价、商品性价比等。除了影响电子商务消费者购买行为的静态因素以外，最终的购买行为还是要考虑到消费者个人的决策过程。这是一个动态的过程，包括电子商务消费者当前的需求、网络信息搜寻的宽度广度，以及最后综合对比下来消费者个人对最后选择的决策。

对于传统消费者购买行为，研究者已经提出了很多模型，比如霍华德-谢思模型（Howard-Sheth 模型）、技术接受模型（Technology Acceptance Model，TAM）等。参考以上的经典模型，可将电子商务消费者购买行为简化为一个模型，如图 2-4 所示。首先是外部因素和内部因素共同作用于电子商务消费者，使得电子商务消费者对当前需求有明确的认知，比如说需要特定价位的某类商品。然后就是对这类商品进行搜索，网络信息搜寻也受内部因素和外部因素的影响，比如消费者信息可以是很详尽的，也可以是很随意的，这取决于电子商务消费者个人当前的状态以及个性，如果是不那么在意商品的性价比等因素的，那么可能随便找到一个符合自己预期的商品就可以，反之则会货比三家。同时，商品的曝光度也会直接影响消费者所能够浏览到的商品。然后是信息搜寻完之后的评估，对于较多符合要求的商品，需要消费者决定选择哪一件商品。最后就是购买行为的产生，买到物品之后，

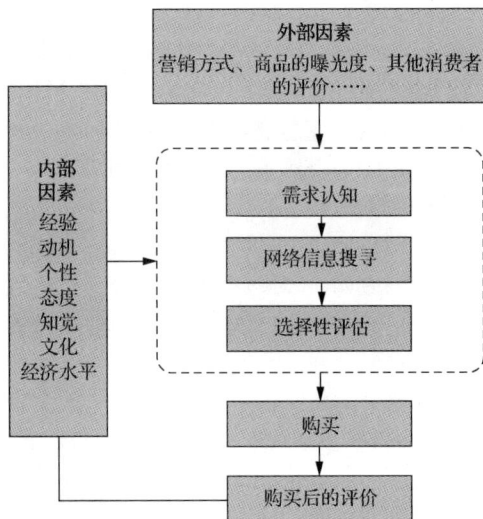

图 2-4　电子商务消费者购买行为模型

电子商务消费者会有使用体验，这会影响他的下一次购物，比如说如果质量太差，之后消费者可能会考虑买一个更贵一点儿的，或者是换一个品牌等。

不过，当前是"大数据时代"，产出了大量的电子商务消费者的网上购物行为数据，因此当前对影响电子商务消费者购买行为的因素以及对其的建模，大多通过大数据分析以及人工智能的方式来自动地生成。比如说目前广泛使用的推荐系统，就是使用大量的数据来提取用户特征，从而个性化地进行商品推荐的。

2. 电子商务中消费者心理变化趋势和特征

营销发生变革的根本原因在于消费者。随着市场由卖方垄断向买方垄断转化，消费者主导的时代已经来临。面对更为丰富的商品选择，消费者心理与以往相比呈现出新的特点和发展趋势。这些特点和发展趋势在电子商务中表现得更为突出。

（1）追求文化品位的消费心理。

消费动机的形成受制于一定的文化和社会传统，具有不同文化背景的人会选择不同的生活方式与产品。在全球化的背景下，文化的全球性和地方性并存，文化的多样性带来消费品位的强烈融合，人们的消费观念受到强烈的冲击，尤其青年人对以文化为导向的产品有着强烈的购买动机，而电子商务恰恰能满足这一需求。

（2）追求个性化的消费心理。

消费品市场发展到今天，产品无论在数量上还是质量上都极为丰富，消费者能够以个人心理愿望为基础挑选和购买商品或服务。现代消费者往往富于想象，渴望变化，喜欢创新，有强烈的好奇心，对个性化消费提出了更高的要求。他们所选择的已不仅仅是商品的实用价值，更要与众不同，充分体现个体的自身价值，这已成为他们消费的重要标准。可见，个性化消费已成为现代消费的主流。

（3）追求自主、独立的消费心理。

在社会分工日益细分化和专业化的趋势下，消费者购买的风险会随选择的增加而上升，而且对传统的单项的"填鸭式""病毒式"营销感到厌倦和不信任。在对大件耐用消费品的购买上表现得尤其突出，消费者往往主动通过各种可能的途径获取与商品有关的信息并进行分析比较。他们从中可以获取心理上的平衡以减轻风险感，增强对产品的信任，提升心理满意度。

（4）追求表现自我的消费心理。

网上购物是出自个人消费意向的积极的行动，消费者通常会花费较多的时间到网上的虚拟商店浏览、比较和选择。独特的购物环境和与传统交易过程截然不同的购买方式会引起消费者的好奇、超脱和个人情感变化。这样，消费者完全可以按照自己的意愿向商家提出要求，以自我为中心，根据自己的想法行事，在消费中充分表现自我。

（5）追求方便、快捷的消费心理。

对惜时如金的现代人来说，在购物中便利、随手显得更为重要。传统的商品选择过程短则几分钟，长则几小时，再加上往返的时间，消耗了消费者大量的时间、精力，而网上购物弥补了这个缺陷。

（6）追求躲避干扰的消费心理。

现代消费者更加注重精神的愉悦、个性的实现、情感的满足等高层次需求的满足，希望在购物中能随便看、随便选，保持心理状态的轻松、自由，最大限度地得到自尊心理的满足。但店铺式购物中商家提供的销售服务却常常对消费者构成干扰和妨碍，有时过于热情的服务甚至吓跑了消费者。

（7）追求物美价廉的消费心理。

即使营销人员倾向于以其他营销差别来降低消费者对价格的敏感度，但价格始终是消费者最敏感的因素。与传统商店相比，网上商店能使消费者更为直接和直观地了解商品，能够精心挑选和货比三家。例如，淘宝网中可以直接搜索相关产品，同时提供了相似商品推荐，能够更直观地帮助消费者货比三家；同时推出各种优惠券、打折、满减等活动，也可满足消费者追求物美价廉的消费心理。

3. 避免消费"成瘾"

互联网技术帮助人们突破了时空限制和社会（如身份、职业、地位等）限制，为人们的生活、学习和工作带来了方便，与此同时，也导致一些用户无节制地使用网络，影响其生活、学习和工作，损害其身心健康。这种现象最先引起美国心理学家的关注，并将其命名为"网络成瘾"（Internet Addiction，IA）、"网络成瘾症"（Internet Addiction Disorder，IAD）或"病态网络使用"（Pathological Internet Use，PIU）。

从电子商务消费者的角度来说，也存在一种独特的心理病症——"网购烧钱症"。大多数人选择网购的理由是省钱，"同样的东西，网上买的比在商场买的便宜"。事实的确如此。但很少有人只在网上购买单一货品，因为网络中新奇有趣、受人追捧的商品太多了。部分消费者一开通网银，就沉溺于网购不能自拔，虽然买回不少物美价廉的产品，但仔细一算账，更多的是没什么用、图便宜或新奇买回来的闲置品。更可怕的是，人们即使意识到自己正在烧钱，却很难自我控制。一方面人们看不到现金的流通过程，以为花出去的钱"不是自己的"，等钱花个精光，才明白"网购是条不归路"。另一方面，购物本身是一种情绪发泄渠道，网购便捷、快速，不用耗费体力，工作压力大、情绪不稳定的人极易上瘾。

网购烧钱症的主要症状是：购物受情绪支配，对网购形成一定的心理依赖。超过80%的上网时间贡献给网购，每个月网购开支占总收入的50%以上；开通多家网银，以备不时之需；收藏至少20家店铺，每天光顾查看新货；搜索网购群、讨论组，渴望与网友分享购物心得；看到快递员走进办公室，很兴奋，如果不是找你，情绪会极度低落；至少3个月没逛过商场，没去过超市；容易跟风，买过很多热卖品。

如果一个人不是因为需要某些商品而疯狂购物，那可能是一种病态性心理疾病。如果不及时治疗，非但不能宣泄内心的压抑，引导自己走出失衡的心理，反而会加剧症状。据统计，美国已有约1000万人患有网购成瘾的精神障碍，而韩国有很大一部分年轻人因透支信用卡成为负债累累的"卡奴"。透支消费造成的"罪恶感"，令人变得焦虑不安。如果出现这些问题，你可以采取以下措施：养成现金消费的习惯；注销网银，切断网购途径；与亲友相约逛商场，分散注意力；意识到内心的压抑，选择其他宣泄方式，如唱歌、郊游等。

2.2.4　电子商务企业

企业是从事生产、流通与服务等经济活动的营利性组织，它主要包括管理和生产经营两个部分。而电子商务企业也拥有这两个部分，它是利用互联网等网络通信技术参与电子商务活动各个环节的经营实体。

具体地说，我们可以总结出电子商务企业所具有的如下特征。

（1）网络特征：电子商务企业的各个部分都是互联网化的，需要互联网的支撑。

（2）数字支付：数字支付的本质是不同账户之间采用数字化手段实现资金流动。电子商务企业的基本支付方式为数字支付，它也是电子商务企业得以运行的基础。

（3）实时响应物流：在电子商务企业的交易活动中，电子商务平台与物流系统的高度协同，使其对物流能够实时追踪、实时响应，推动信息流、物流和资金流的有机结合，能够促使电子商务产生更大的经济效益。

（4）电子商务客服：这是电子商务企业的一个虚拟特征，即提供线上客服，包括人工客服，可以是提前设置好的自动回复客服，也可以是开发的人工智能客服等。

（5）交易与交流的对象为不同类型的电子商务企业：企业之间的贸易能够带来新产品的创新、企业管理的创新、市场的丰富，目的在于创造更多样的产品供给市场，因此电子商务企业之间的贸易通常出现在不同类型的企业之间。

以上是电子商务企业具备的基本特征。而根据电子商务企业的经营方式的改变，我们可以将电子商务企业划分为3种类型：从传统走向网络的企业、数字创新型企业以及线上线下融合的企业。

1. 从传统走向网络的企业

互联网时代，信息技术高速发展，消费者观念转变，多数传统企业由于未能及时跟上技术发展，进入低速增长阶段。同时由于受新冠疫情的影响，消费者线下消费力度大幅下滑、企业供应链中断等问题不断出现，传统企业受到冲击甚至有衰退趋势，因此传统企业急切需要革新、需要突破口。与此同时，国家政策大力推动"互联网+"，指出要加快建设制造强国、网络强国、数字强国，构建数字驱动的产业生态，也强调了数字化转型升级，这些都说明了数字化转型升级是当今时代的一个大趋势，传统企业的突破口就在数字化。因此传统企业的数字化转型刻不容缓。

数字化转型实际上就是指企业顺应科技革命和产业变革趋势，通过深化应用云计算、大数据等技术，对企业中生产、流通、运营、销售等流程进行统一的数字化管理，改造提升传统动能，达到高效管理、生产、营销的目的，进而提高企业竞争力，推动企业发展。本节所介绍的从传统走向网络的企业指的就是传统企业成功地进行数字化转型后的企业，简化一点儿可以认为是：传统企业+互联网=从传统走向网络的企业。

然而传统企业的数字化转型实际上也面临着诸多问题，可以总结为 5 个难点，即能力不足、组织模式不灵活、资金不足、战略不清、人才不足。

由此也可以总结出传统企业数字化转型的 5 个重点，主要在于推进数字化工具、数字化管理、数字化产业链、数字化转型以及以用户为中心的价值导向。推进数字化工具，要求传统企业能够充分推广并利用好数字化工具，从而提高工作效率。

在从传统走向网络的企业中，制造业企业，尤其是传统制造业企业是数字化转型升级的"先锋"，在众多行业中占比 42.3%。一个最典型的代表就是美的集团（简称美的）。美的作为以家用电器制造为主的传统企业，制定了适合企业发展的数字化转型战略，这也使得美的在近几年实现营收和利润的高速增长。美的的数字化战略包括 4 个阶段：实现管理信息系统的数字化与统一；建设物联网和智能制造；实现全价值链的数字化；进入工业互联网与客户深度交互。在经历数字化转型后，美的集团也实现了"高速超车"，在《财富》世界 500 强中，排名不断上升，2021 年上升至 288 位，可以作为传统企业走向网络的一个很好的案例。除了传统制造业企业以外，在金融服务业领域，中国建设银行也进行了数字化转型，它在 2010 年 12 月启动了"新一代核心系统建设工程"，对业务流程进行升级，打造数字化经营基础，在此之后开启了金融生态的建设；在 2019 年又进一步开启全面数字化经营探索，全方位地提升了数据应用能力、场景运营能力、管理决策能力，为企业注入强大动力，在英国《银行家》2019 年全球银行 1000 强榜单中排名第二。

2. 数字创新型企业

顺应互联网与信息技术的发展潮流，很多数字创新型企业相继建立、发展，并不断地改变人们的生活方式。数字创新型企业与从传统走向网络的企业不同，这类企业并不是从事传统的制造、生产，而是直接以互联网产品为营收方式，利用互联网和信息技术进行各种商务活动的企业。这类企业没有传统企业的固定生产、制造、营销等流程，而是在建立之初便以数字化为主，本身就具有极强的数字化特性，因此不需要面临数字化转型问题。

数字创新型企业具有以下 3 个特征。

（1）经济上具有网络经济和规模经济效应，也就是使用的人数越多，就越有价值，能够在降低成本的同时带来高额利润。

（2）采用低成本、高效益的经济模式。数字创新型企业基于互联网的通信、交易平台，能够有效减少传统的业务流程以及中间环节，降低成本，同时也能够大幅提高效率。

（3）需要不断创新、高速发展。数字创新型企业一般以知识和信息为载体，需要不断地适应市场需求以及社会的变化，需要跟上时代的发展，因此创新是数字创新型企业的最大动力和价值所在。

字节跳动就是互联网时代实现商业模式创新、价值共创的一个典型的数字创新型企业。它以信息流广告收入为主，通过短视频 App 等的商业创新，吸引了大量高黏性用户，带来了庞大的流量，由此也产生了多样变现的可能性。这也符合数字创新型企业的特征，使其能够在短时间内迅速发展，在全球范围内有一定的影响力。在 2020 年发布的《数字经济先锋：全球独角兽企业 500 强报告（2020）》中，字节跳动排名第二。

由此可见，数字创新型企业是一种新型企业，其发展迅速且在现代经济中发挥着越来越重要的作用。

3. 线上线下融合的企业

线上线下融合的企业可以认为是应用了 O2O 模式或者是 $O2O^n$ 模式的企业，这类企业力求充分利用线上以及线下的优势，进行互补创新，来进一步探索新的业务增长点以及适合企业发展的方向。根据企业发展的历程及其制定的策略，线上线下融合的企业可以进一步划分为从线上走向线下的企业以及从线下走向线上的企业。

（1）从线上走向线下的企业。

截至 2021 年 12 月，中国网民规模达 10.32 亿，互联网普及率达到 70.4%。相对于 2007 年左右互联网的高速普及，当前互联网用户增速逐步减缓，中国线上互联网的网络经济效应也逐渐趋缓，在此背景下，线上企业就需要开发线下流量来寻找新的业务。

线上企业走向线下具有两个优势。

第一，线上企业依托互联网积累了高黏性用户，拥有相对稳定的流量和业务，部分企业也在社交、视频、搜索等领域构建了生态圈，这都是助力线上企业走向线下的广泛资源。

第二，线下传统企业，比如中国的部分实体零售企业的数字化转型能力不足，这意味着中小零售企业可能会引进外部的数字化能力来进行数字化转型，这也给线上企业走向线下提供了机遇。

目前，线上企业如京东、小米等，在强化线上业务的同时，也在不断开拓线下业务，如阿里巴巴宣布研发 ET 医疗大脑 2.0、百度发布自动驾驶开放基础平台等，都是在向线下产业发展。

（2）从线下走向线上的企业。

从线下走向线上的企业类似于从传统走向网络的企业，不过侧重点不同，传统走向网络的企业主要指的是数字化转型，而从线下走向线上的企业主要追求的是开拓线上业务，同时让线上、线下业务更好地融合。这类企业一般没有传统企业的生产、销售等过程，最典型的模式是将线下的各种服务通过线上的流量资源、管理资源来进行调度。

最典型的例子就是外卖平台，它们将线下流程线上化，形成业务闭环，提高用户的使用体验以及效率。在用户从长期线下交易的习惯转变到线上的这个过程中，这类企业也迎合了用户对于衣、食、住、行更加便捷的需求，在迅猛发展的同时也改变着人们的生活。

2.3 电子商务相关领域基础知识

电子商务的发展势必离不开其他各领域理论技术的支撑，本节将从市场营销学、计算机、会计学、管理科学与工程、电子商务法律、金融、物流 7 个方面来丰富电子商务理论体系。

2.3.1 市场营销学基础知识

电子商务以交易为核心，则必然涉及市场营销。电子商务推动传统市场营销向网络营销延伸，在一定程度上，可将其看作互联网时代下的市场营销。

1. 定义与特点

（1）市场营销的定义。

市场营销指以满足消费者需求为导向，创造产品和价值并实现交换，最终获得利润的企业经营活动。

（2）现代市场营销特点。

战略决策阶段、生产阶段、销售阶段有机循环。第一阶段战略决策阶段主要根据市场需求制定市场营销战略决策。第二阶段生产阶段主要根据营销策略进行指定商品生产。第三阶段销售阶段主要利用营销手段进行产品销售，促进消费者对产品的购买与使用，获得最终效用。这 3 个阶段在时间上继起，在空间上并存，实现有机循环，从而保证企业经营活动的顺利进行。

消费者主权论，即以消费者需求为中心。相较于传统市场营销的生产者主权论，现代市场营销以市场需求为导向，来进行战略决策、生产与销售等企业经营活动。市场对企业的生产发展有着无可匹敌的决定性影响。更有人为之感慨："消费者是企业的最高领导。"

战略性营销活动。传统营销活动是一种对策性营销活动，即"亡羊补牢"式营销，存在滞后性、盲目性和被动性等问题。而现代市场营销活动则事先依据市场情况制定营销战略，主张将不同经营环节的策略组合起来，并进行系统优化与运行，具有前瞻性、主动性、战略管理性等特点。

互利共赢，通过最大限度地满足消费者需求来实现企业产品利益最大化。传统市场营销拘泥于已有需求或自身已生产的产品，缺少对消费者需求和生产动力的挖掘。而现代市场营销充分重视消费者需求，在满足现有需求的基础上，更加重视激发消费者的潜在需求，将其转化为新的现实需求，由此实现消费者利益与企业利益的共生。

（3）市场营销的发展。

现代市场营销滥觞于 17 世纪 50 年代的英国和 18 世纪 30 年代的美国、德国，当时爆发于这 3 个国家的工业革命为现代市场营销的萌芽提供了肥沃的土壤。20 世纪初，市场营销正式成为一个研究领域供以探讨。这一时期，大众营销占据主导地位。"只生产黑色的 T 型福特牌轿车"这一表述充分体现了大众营销以生产为中心，无视消费者个人偏好的特征。20 世纪 50 年代，进入目标营销阶段。随着竞争加剧，市场逐步由卖方市场向买方市场过渡，企业开始重视消费者的个人偏好，通过识别消费者对产品除基本功能之外所需要的附加价值来划分目标市场，并以此为依据进行产品生产。进入 20 世纪 90 年代，同质产品竞争日益激烈，市场营销开始向以消费者为中心转变，企业开始向消费者提供定制化服务（营销观念演进见图 2-5）。

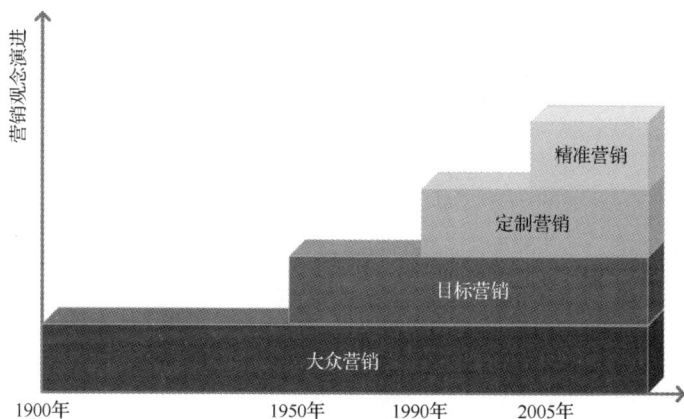

图 2-5　营销观念演进

当下，全球市场一体化、商业竞争国际化等趋势需要市场营销迅速适应竞争激烈、复杂多变的宏观环境。以现代高新技术为代表，以满足消费者需求为核心的新经济推动市场营销进入了精准营销的时代。现代市场营销须通过不同营销手段的组合，全方位、多层次地满足消费者需求，从而实现利润最大化。

2. 市场营销与电子商务

电子商务在技术、消费观念、消费心理和市场环境等多方面推动网络营销向社会化方向发展。利用新媒体平台进行整合营销的新媒体营销，以及利用大数据进行精准营销已成为当下电子商务营销的主要趋势。

（1）新媒体营销。

新媒体营销，顾名思义，即利用新媒体平台进行营销。所谓新媒体是以传统媒体作为比较对象而言的。传统媒体营销追求"覆盖率"或"到达率"，而新媒体营销更加重视参与度，即让营销受众深入参与到营销活动中，具有普及、互动和多元等特点。从本质上来说，新媒体营销通过新媒体平台来达到企业软性渗透的商业目标。一般而言，新媒体营销主要通过内容创作与传播使消费者认同某种概念或观点，从而进一步认同品牌价值，最终达到产品销售的目的。新媒体营销产业链布局如图 2-6 所示。

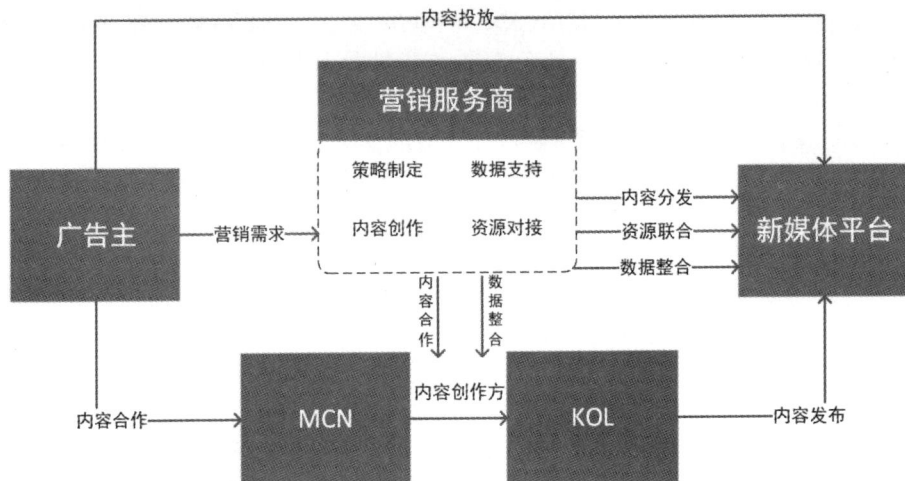

图 2-6　新媒体营销产业链布局

在消费者掌握信息主动权的今天，被动地向消费者传递信息已经不再可行。在新媒体的背景下，生产和利用有价值的内容吸引目标消费者的主动关注成为新的营销趋势，这也为电子商务运营提供了新的思路。近年来，搜索类营销虽仍是电子商务营销收入的主要来源（2015—2020 年 电子商务营销收入细分见图 2-7），但信息流和直播广告等内容营销已经成为新的电子商务营销趋势。

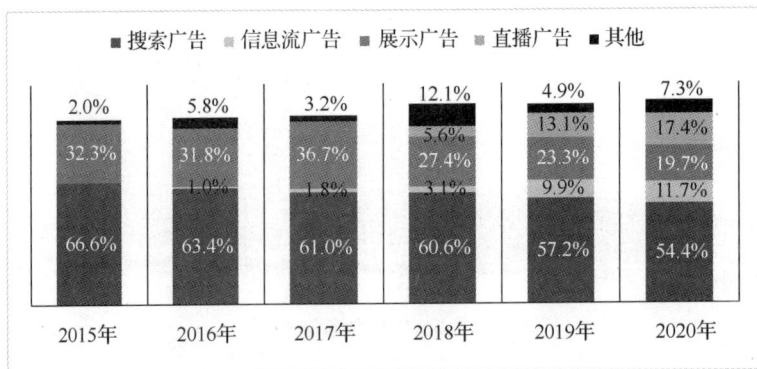

图 2-7　2015—2020 年电子商务营销收入细分占比

电子商务营销产业链以电子商务平台为核心向外延伸，产业链上各方以利益为枢纽保持紧密联系，推动产业链有效运转。如图 2-8 所示，从纵向看，电子商务平台通过与其他媒体平台的深度资源联合进行引流，实现双方协同发展；从横向看，电子商务平台与广告投放平台以及营销服务商进行合作，以实现营销收益的最大化。同时，电子商务平台在产业链中所扮演的角色也在逐步向其他角色方延伸。

（2）精准营销。

当下，市场竞争加剧，消费者需求日益呈现出个性化、差异化和多样化的特征，因此，企业需要更精准、可衡量和高投资回报的营销方式。随着大数据技术的深入研究与应用，企业在营销过程中积累的各类数据成为极有价值的资产，通过对这些数据进行分析处理，形成"用户画像"，企业能够精准地识别用户和抓住用户需求，从而展开针对性营销推广。走在时代前沿的电子商务对现代信息技术以及消费者需求转型的感知更加敏锐，因此也是精准营销最广泛的应用场景之一。

在电子商务领域实现精准营销，即充分利用聚类、关联规则挖掘、文本分析等现代智能技术对用户行为数据实施动态分析。首先构建用户细分数据库，根据不同用户类型定制个性化专属营销决策；再结合用户信息反馈进行适时调整，以此提高精准营销水平与效率；最终达到商家服务更周到、营销推广更具针对性、售后纠纷处理更及时的目标。

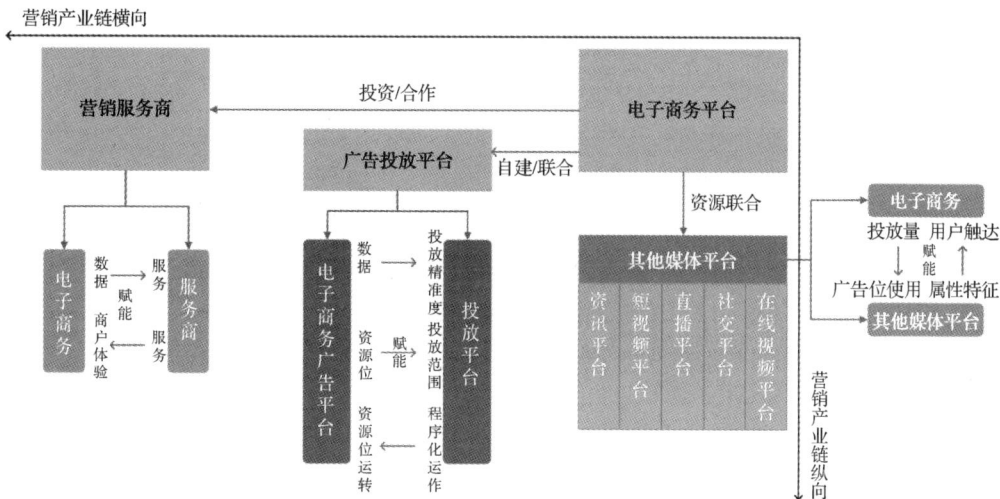

图 2-8　电子商务平台营销产业链

2.3.2　计算机基础知识

在现代生活中，计算机技术的使用无处不在，对电子商务而言，计算机相当于电子商务的基础设施。近年来，计算机技术迅速发展，该领域内涌现的物联网、大数据、人工智能等技术对电子商务发展起到重要的推动作用。

1. 定义与特点

（1）计算机定义。

计算机是一种用于高速计算的电子计算机器，可以进行数值计算和逻辑计算，同时具备存储功能，能够运行程序，自动、高速处理大量数据的现代化智能电子设备。早期的计算机，存储只限于数字和字母，如今，它已经可以用于存储图片、照片、视频、音频等数据。计算机研发的最初目的是辅助科学研究运算，计算机发展至今，已经被广泛运用到信息处理、过程控制、多媒体技术、通信、人工智能等方面，极大地改变了我们的生活，也促进了科学的进步。

（2）计算机的组成。

计算机由"硬件"和"软件"两部分组成。硬件是指计算机的物理实体，包括计算机中一切的电子、机械、光电等设备，比如显示器、主机等。计算机运行时的程序、数据及其有关资料则是软件。一台计算机若不安装任何软件，仅包含硬件的系统而被称为裸机。当然，经过近百年的信息技术发展，计算机种类逐步增多，包括超级计算机、产品管理计算机、工业控制计算机、网络计算机、个人计算机以及嵌入式计算机等。

冯·诺依曼在 1945 年研究离散变量自动电子计算机（Electronic Discrete Variable Automatic Computer，EDVAC）时，提出了"存储程序"的概念。以此为基础，后续的各类计算机都被通称为冯·诺依曼机（后文以计算机代称）。计算机有如下特点。

- 组成计算机的五大部件是：运算器、存储器、控制器、输入设备和输出设备。
- 指令和数据按地址在存储器内寻访，以同等地位存放其中。
- 指令和数据统一采用二进制。
- 操作码和地址码共同组成了指令，其中操作码表示操作性质，地址码表示操作数在存储器中的具

41

体位置。

- 在存储器内，指令按顺序存放。一般情况下，指令是顺序执行的。在特殊条件下，可根据运算结果或特定条件改变执行顺序。
- 运算器是机器的中心，运算器在输入设备、输出设备与存储器间完成数据传送。

计算机的基本结构如图 2-9 所示。

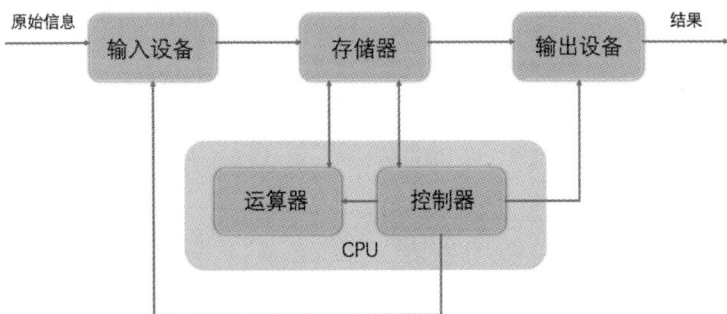

图 2-9　计算机的基本结构

计算机硬件主要包括主板、中央处理器、内存、存储器、显卡等。

主板是将所有部件整合到一起，起主导作用的一块高度集成的板子，它将各个细小的硬件组合到一起，通过印制电路板与各硬件进行信息交流和数据传输。主板好比是计算机中最重要的"交通枢纽"。主板质量的好坏直接影响着计算机性能及其工作质量的稳定性。

中央处理器（Central Processing Unit，CPU），由逻辑算术单元和控制单元组合而成，其作用相当于人体心脏，是计算机最重要的运算和控制核心，其功能主要是解释计算机指令和处理数据。

内存又称内部存储器或随机存储器，由电路板和芯片组成，属于电子式存储设备，体积小巧，数据存储读取速度快。

存储器被称为硬盘，也叫机械硬盘，属于外部存储器，通常由金属磁片或者玻璃磁片制成。因为由磁片制成，所以具备内存没有的特性：记忆功能。凡是存储到磁片上的数据，不管是开机还是关机状态都不会轻易丢失，除非主动擦除或改写。

显卡将各类信息通过显示器显示出文字、图像等，方便与人进行交互。

计算机软件是计算机中一系列按照特定顺序组织的计算机数据和指令的集合。计算机软件系统通常可分为系统软件和应用软件两大类别。

系统软件是用户和计算机之间的接口。通常由一组控制计算机系统的程序组成，为应用程序和用户提供控制和访问硬件的手段。操作系统是计算机最基本的系统软件，它是用于管理、控制和监督软件和硬件资源的程序系统。计算机启动、资料存储、程序加载和执行是操作系统的主要功能，其还能执行排序和搜索文件，将程序语言转换为机器语言等。

应用软件是针对特定需求和问题而设计的程序系统。通常将应用软件分为通用软件和专用软件两大类。其中，为计算机实现某种特殊功能或满足广大用户的普遍性共有需求而开发的软件是通用软件，如 Microsoft 公司发布的 Office 办公系列软件，Adobe 公司发布的 Photoshop 图形处理软件等。而为计算机实现解决某特定机构或行业的特定问题而开发的软件是专用软件，如铁路公司票务管理系统、民航局针对航班飞行管理系统等。

（3）计算机的特点。

计算机的特点主要包括运算速度快、精确度高、存储量大、逻辑判断力强、自动化程度高、应用范围广等，计算机的特点如表 2-1 所示。

表 2-1 计算机的特点

特点	说明
运算速度快	运算速度的快慢是衡量计算机性能的一个重要指标，通常用每秒执行定点加法的次数或平均每秒执行指令的条数进行衡量，中国的超级计算机神威·太湖之光，它的理论浮点计算能力能够达到每秒十亿亿次
精确度高	常规的计算机精度在二进制下，可以有十几位甚至几十位有效数字，具体的计算精度可达到千分之几甚至百万分之几。随着技术的发展，目前计算精度几乎可以提高到任意精度。其高度精确的计算为尖端科学技术的发展提供技术支撑
存储量大	计算机的存储器可以存储大量的信息，包括各类数据信息和处理这些信息的程序。计算机存储器有多个存储单元，存储器的容量可以自行扩大，因此可以存储大量信息
逻辑判断力强	计算机的运算器不仅能够进行算术运算，还能够对数据信息进行逻辑运算，包括比较、判断，甚至推理证明等。同时，计算机能把参加运算的数据、程序以及中间结果和最后结果保存起来，供用户随时调用
自动化程度高	计算机通过预先编好的程序放在内存中，在程序的控制下，计算机可以实现自动连续工作
应用范围广	由于计算机的发展，计算机几乎被运用到了工作、生活的各个方面。各种不同功能的应用程序被开发出来，程序安装过程也比较简便，用户只用安装相应的应用程序，便可通过计算机得到想要的功能

（4）计算机的发展。

如图 2-10 所示，**早期计算工具（1946 年前）**虽然受科技发展的限制，但各个时代的人们都在充分利用环境资源的基础上，发挥自己的智慧，不断创造各种工具，提高计算速度和计算的准确性，追求更大规模的计算。这些计算工具对人类的发展具有重要意义，早期计算工具如表 2-2 所示。

表 2-2 早期计算工具

计算工具	说明
算盘	算盘是中国传统的计算工具，被发明后一直被广泛使用，尽管现在已有先进的计算工具，但算盘仍在被使用
计算尺	计算尺只需要拉尺子就可以得到结果。由于其操作方便，从 16 世纪诞生到第一次工业革命期间，在西方国家被广泛运用
帕斯卡计算器	第一次工业革命后，计算器进入机械时代，第一台手动计算器即加法计算器由布莱斯·帕斯卡发明。它是由多个齿轮组合成的装置，顺时针拨动齿轮做加法，逆时针拨动齿轮做减法
手摇计算机	手摇计算机由奥涅尔发明，利用了齿数可变的齿轮，用特定传动比的齿轮传动组作为运算单元进行数值计算。后经过多次改进，计算功能逐步增强，在二十世纪初的二三十年间，已经成为世界最主流的计算工具
分析机	查尔斯·巴贝奇提出了分析机的构想，并一生致力于研究分析机，但未成功。后来赫曼·霍勒瑞斯在分析机原理基础上利用穿孔卡发明了电动制表机
图灵机	1936 年，英国数学家阿兰·麦席森·图灵提出了一种抽象的计算模型——图灵机。图灵机将人类使用纸笔进行数学运算的过程进行抽象，由一个虚拟的机器替代人类进行数学运算。图灵机是将计算推理过程转化为简单机械运动的机器

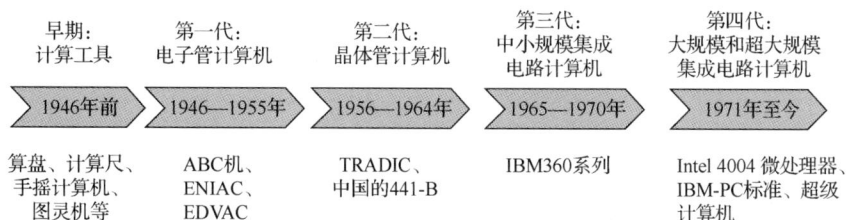

图 2-10 计算机的发展

图灵机的出现证明了通用计算理论，同时它给出了计算机应有的主要架构，对计算机的出现具有重大的历史意义。

第一代：电子管计算机（1946—1955 年）。主要以电子管作为计算机的逻辑元件，其中阴极射线管和水银延迟线是主存储器，由纸带、卡片进行输入和输出。计算速度每秒可达几千至几万次，使用机器语言或汇编语言进行程序设计。电子管计算机体积大、耗电量大、运行速度慢、存储容量小、价格昂贵，因此主要运用于实验室科学计算。其代表是埃尼阿克（ENIAC）和 ABC 机（Atanasoff-Berry Computer）。

第二代：晶体管计算机（1956—1964 年）。主要以晶体管作为计算机的逻辑元件，磁芯是主存储器，磁盘/磁鼓为外存储器。计算速度每秒可达 10 万至几百万次，使用高级语言（如 FORTRAN、COBOL、ALGOL60 等）进行程序设计，开始出现操作系统和编译程序。相比于电子管计算机，晶体管计算机在兼具电子管计算机功能的同时，具有尺寸小、重量轻、运算速度快、功耗低、价格相对较低等优点，除了被运用在科学计算方面，还开始被运用到数据处理与过程控制领域。其典型代表是于 1954 年在美国贝尔实验室诞生的崔迪克（TRADIC），世界上第一台晶体管计算机。

第三代：中小规模集成电路计算机（1965—1970 年）。主要以中小规模集成电路作为计算机的逻辑元件，半导体为存储器，使存取速度大幅度提高，计算速度每秒可达几百万至几千万次；在程序设计方面，出现了结构化程序设计，计算机的操作系统日趋成熟，开始进入文字与图形图像处理领域。这一时期计算机语言也相应发展，出现了 250 多种高级语言（如 BASIC 语言、FORTRAN、COBOL、C 语言、Pascal 语言、Ada 语言等）。第三代计算机使用中小规模的集成电路，使计算机的体积更小、重量更轻，耗电更省，寿命更长，成本更低，运算速度有了更大的提高。其典型代表是 20 世纪 60 年代初，IBM 公司推出的 IBM360 系列计算机。

第四代：大规模和超大规模集成电路计算机（1971 年至今）。主要以大规模和超大规模集成电路作为计算机的逻辑元件，使计算机体积、重量大幅度减小，成本大幅度降低，出现了微型机，由集成更大容量的半导体芯片为存储器；外存储器除广泛使用软、硬磁盘外，还引进了光盘。计算速度为每秒一亿至几十亿次。这一时期软件设计显示出系统工程化、理论化、程序设计自动化的特点。高级编程语言已经发展到 600 多种（如 C 语言、Java 语言、Python 语言、R 语言等）。软件产业迅速发展，出现各种实用软件。硬件方面出现了多种输入设备和输出设备，与此同时，计算机技术与通信技术相结合，研发了将万物紧密相连的计算机网络，多媒体技术崛起，计算机具备了集图像、声音、文字处理于一体的功能。计算机已经运用到航天航空、工业生产、社会生活等的方方面面，几乎成为现代人类生活最重要的工具。

1971 年 Intel 4004 微处理器发布，它在片内集成了 2250 个晶体管，晶体管之间的距离是 10μm，能执行 4 位运算，每秒运算 6 万次，运行的频率为 108kHz，而成本才不到 100 美元。这是大规模集成电路发展历程上的一个重大成果，也标志着第一代微处理器的问世。1981 年，世界上第一台个人计算机（PC）5150 由 IBM 公司推出，标志着计算机真正走进人们的工作和生活。个人计算机问世以后，计算机开始满足日常生活的微型化和满足专业需求的巨型化两个方向的发展，各类计算机产品迅速推出。

1975 年，美国克雷公司推出了世界上第一台超级计算机 Cray-1。这是一台向量计算机，既能做向量运算又能做标量运算。它平均每秒能够执行约 5000 万条指令，最高每秒可执行约 8000 万次浮点操作。作为一台超级计算机，它与同时期推出的大型计算机 IBM370 相比，速度提高了 5～10 倍，性价比则为其 3～4 倍。Cray-1 出现后，各国竞相研发超级计算机，超级计算机也在航天航空、天气预报、生命科学等领域做出重大贡献。1983 年 11 月，国防科学技术大学（现国防科技大学）推出了我国第一台"银河"巨型计算机系统。此后在超级计算机方向，我国不断取得重大突破，1992 年的"银河-Ⅱ"实现了从向量巨型机到并行处理巨型机的跨越，1997 年的"银河-Ⅲ"标志着我国的综合技术达到了当时国际先进水平，2013 年"天河二号"计算速度达到 3.39 亿亿次，位居当时世界第一。

2. 计算机与电子商务

近年来计算机技术迅速发展，在计算机的尖端领域涌现出云计算、物联网、大数据、虚拟现实、人工智能等前沿技术。其在电子商务领域的运用为电子商务活动提供了高效安全的技术保障；将人力从大量简单重复性高的工作中解放出来，提高了生产效率；建立在大数据基础上的数据分析为生产决策提供支持。

（1）物联网技术与物流网络建设。

物联网是互联网的扩展和延伸，主要是指在各种物品上通过安装信息传感设备，按约定的方式，将物体与网络相连接，实现物体间的信息交换与通信。

物联网在电子商务物流网络建设中有重要作用。物流网络中的仓储、运输、配送等环节通过物联网技术将物流信息实时上传到网络，让买家与商户可以随时了解物流信息，提高电子商务交易的信任度。

（2）大数据分析与生产决策支持。

大数据又称巨量资料，是以容量大、类型多、存取速度快、应用价值高为主要特征的数据集合，表现为用传统的软件工具已经不能对其进行抓取、管理和处理。为加工处理这些数据，获得价值信息的技术被称为大数据技术。

当电子商务通过交易积累大量交易信息后，如商户消费群体结构、消费者需求变动、消费水平和消费频率等，通过大数据技术，对这些信息进行分析，辅助商家进行生产、采购决策，让推出的商品更加符合消费者需求，实现利润最大化。

（3）人工智能与智能客服。

人工智能是研究、开发用于模拟、延伸和扩展人的智能的理论、方法、技术及应用系统的一门技术科学，它试图让机器能拥有与人相似的反应。

随着电子商务规模的扩大，对客服从数量和工作质量上提出了新的要求。传统客服已经难以适应会话规模巨大、不间断工作、同时多点会话的业务需求。人工智能技术的引入，使语音机器人、文本机器人大量出现，智能客服成为新的趋势。在传统客服在线坐席和客户诉求处理两个应用场景中，智能客服大大提高了工作效率，降低了企业成本。

2.3.3　会计学基础知识

近年来，互联网技术在社会各领域中得到广泛普及与应用，带来了各种新型的经济活动方式，如网络营销、网上支付、虚拟办公等，其对会计在理论和实务两个方面都产生了极大的冲击。会计学作为电子商务中不可或缺的基础环节，其在电子商务领域中的改革创新更是深刻影响电子商务的持续发展。

1. 定义与特点

（1）会计的定义。

会计是指为了满足决策和管理需要，对一个主体（如企业等组织）的经济信息进行确认、计量、记录和报告的过程。具体来讲，会计是为了决策和管理的需要而进一步产生的，会计的具体服务对象包括该会计主体的管理者、所有者、债权人、潜在投资者、公司员工、有关政府部门（如税务当局）等；会计的对象为会计主体发生的经济业务活动所生成的各种经济信息；会计的手段和工作过程包括确认、计量、记录和报告。

（2）会计的特点。

在电子商务环境下，会计呈现出 5 个显著特点，电子商务环境下会计的特点如表 2-3 所示。

表 2-3　电子商务环境下会计的特点

特点	说明
会计信息载体电子化	传统会计信息的载体均已实现无纸化，以电子数据的形式存于企业数据库中。劳动效率提高、失误率降低，避免了存储、传输上的麻烦，因而企业运行成本降低

续表

特点	说明
会计业务处理实时化	电子商务活动原始数据一经会计信息系统，即可与其他业务子系统实时共享，电子商务业务得到实时化处理
会计职能扩大化	利用电子商务网络化的特点建立高度集成的管理信息系统，使得会计职能的重心逐渐向事前计划、事中控制转变，其职能进一步被扩大
会计信息多元化	会计信息系统不断升级，借助会计信息系统强大的数据存储、处理及挖掘的功能即可获取多元化信息
会计设施智能化	可持续处理会计业务的智能化财务机器人被用于财会工作领域，先进的自动化设备可快速记录数据与财务信息，自行整理数据库内存储的数字化资源，可在部分领域的专业性工作中替代人工

2. 会计学与电子商务

随着电子商务的快速发展，出现了"电子商务会计"一词。电子商务会计强调在互联网的环境下进行会计处理，其中涉及各类交易和事项的确认、计量和披露等。电子商务会计实现了企业财务与各项业务的完美协同，同时可轻松解决远程报表、报账、查账、审计的处理工作。为适应电子商务发展需要，电子商务会计相较于传统会计发生的创新转变主要体现在反映、监督和参与经营决策这三大职能上。

（1）反映职能。

对于专为电子商务企业构建的新型会计信息处理系统，它不仅可以采集与整个企业所有财务会计相关的业务信息数据，还可以将各类财务信息和会计数据快速分析、整理、合并、存储、传输到整个会计信息处理系统中，更好地发挥反映职能。

（2）监督职能。

在电子商务环境下，会计信息实时化及自动化处理使得会计的监督职能愈发重要。电子商务会计主要是在监督会计信息处理系统的流程和结果上发挥其监督职能，监督形式多为网络远程实时监控，由此反映国家/地区财经法律法规和会计制度的执行情况。

（3）参与经营决策职能。

电子商务会计通过构建完整、强大的企业预测决策支持系统，快速实现以及实时参与整个企业预测决策的所有功能，帮助企业根据自身的会计信息对未来的财务状况做出合理的预测和正确的决策。

3. 中国会计信息化的发展历程

在中国会计信息化的发展中，先后经历了会计电算化、会计信息化（狭义）和会计智能化 3 个阶段，从时间维度对其进行详细划分。表 2-4 所示为中国会计信息化发展历程。

表 2-4　中国会计信息化发展历程

阶段名称	阶段内容及时间
会计电算化	会计电算化实验探索阶段（1979—1981 年）
	会计电算化定点化软件阶段（1982—1987 年）
	会计电算化商品化软件阶段（1988—1997 年）
会计信息化	会计信息化产生阶段（如 ERP）（1998—1999 年）
	会计信息化初步应用阶段（如网络财务）（2000—2004 年）
	会计信息化推进与发展（如会计信息化标准和财务共享）（2005—2015 年）
会计智能化	会计智能化初步阶段（即局部智能化）（2016 年至今）

（1）会计电算化。

对于会计电算化，其最显著的特征便是将最初的 PC、局域网等互联网技术运用到了会计工作之中，这样便借助会计软件的操作替代了传统的人工算账、记账、报账等过程。这番革新一方面在很大程度上提高了会计数据处理的高效性，有效地规避了人工操作时会出现的种种失误，另一方面也提高了会计数据处理的准确性。早期的软件算法、系统模型、数据库存储结构、系统安全等都是基于会计电算化的研究，此类研究的主要共同之处在于均将研究关注点落在了信息技术在会计工作中的实际应用。

在会计电算化这一关键阶段，互联网技术被充分植入会计之中，但并未对当前会计工作带来任何变革性直接影响，只是借助现代计算机技术实现了对会计核算处理过程的自动模拟和智能替代。就当前会计的基本业务逻辑和会计工作内容而言，并未因此发生任何本质性改变。

（2）会计信息化。

会计信息化的显著特征是：企业将"互联网"与会计应用场景进一步融合，巧妙地达到了核算业务和会计财务的信息一体化（简称业财一体化）。业财一体化具体体现在三大层面：第一层面主要指流程一体化，将业务处理过程、会计核算以及部分控制流程紧密地衔接融合，通过把会计处理过程嵌入业务处理的过程中，使得会计业务处理的自动化程度进一步提高；第二层面为数据一体化，全程会计数据只需一次自动采集，即可实现业财共享；第三层面为控制一体化，在对相关会计信息进行处理加工时，通过业务流程、会计业务监督以及部分控制管理职能的衔接，实现部分控制流程和部分业务流程互相融合。

会计信息化阶段对会计的改变主要是：一方面基于业财一体化的业务流程重组（Business Process Reengineering，BPR），实现了技术功能集成以及管理制度创新，在信息化的支持下，会计工作的时空范围不断扩展，会计信息系统将价值链上的会计信息建立统一的逻辑视图，以支持科学决策；另一方面，会计组织结构的变迁，从分散式会计组织到集中化会计组织，再到共享化和众包型会计组织，会计组织结构发生了明显变化。但若是从会计理论或会计方法层面来看，创新性仍然存在不足。

（3）会计智能化。

会计智能化的显著特征是：将人工智能运用到了会计工作中，尽管目前会计工作中所涉及的对人工智能的应用主要还停留在为会计提供智能化解决方案的"弱人工智能"阶段。

会计智能化的目标也不再仅限于提供支持决策的相关知识，而是实现组织和社会资源的优化配置。处理对象也从数据、信息、知识进一步延伸到微观及宏观价值运动。会计智能化将会计的应用领域扩展到社会化层面：一为会计信息资源的社会化，智能会计系统依托云计算和大数据等社会化技术平台的支持，随着云平台的丰富和完善共享社会信息资源；二为会计信息的生成、披露、鉴证、利用过程的社会化，企业及其他利益相关者获取会计信息的来源有编制会计报告的主体自身，除此之外，还包括涉及的交易伙伴、税务、银行、监管机构，值得一提的还有区块链技术，它的应用彻底改变了会计信息的供给方式；三为会计管理活动的社会化，随着价值链的进一步延伸，智能会计系统的资源优化与协同得以实现，随着价值生态圈的形成，系统又可实现生态圈内价值的优化配置以及最大化，随着监管要求的提高和大数据应用能力的提高，通过微观管理活动的观测来反映宏观经济活动成为可能，会计成为连接微观管理和宏观政策的桥梁和纽带，会计边界进一步扩展，逐步形成社会化应用的场景。

会计智能化对会计的影响，不是简单的技术叠加和应用范围扩展，而是能够带来模式创新和方法上的突破，实现在智能化环境下的会计系统重构。

2.3.4　管理科学与工程基础知识

电子商务是一个系统活动过程，这个系统的组成要素形成了若干个相互联系的子系统，各子系统运行机制与服务目标各不相同，但都统一于总目标下，受到总目标的制约。为实现总目标，需要对整个过程的计划、设计、实施、管理、控制进行最优选择，管理科学与工程为电子商务管理的整体过程提供了有效的理论、方法与工具。

1. 定义与特点

（1）管理科学与工程定义。

在我国的管理学科体系中，将管理科学与工程和工商管理并列为管理学下的一级学科。工商管理教育更加注重思辨思维，重理论和定性分析，而管理科学与工程偏重科学思维，重实证和定量分析。这一观点从早期的管理学科体系设计可以看出。管理学包括管理理论与管理工程，管理理论部分主要研究管理的本质理论及结构，管理工程部分主要研究管理的应用原理和方法。管理工程主要依托运筹学、预测技术、系统工程、信息技术、控制技术等，其被运用在军事、企业、科技以及行政等领域。

运筹学对管理科学与工程的知识体系建设具有奠基作用。运筹学借助数学工具，通过数学分析、逻辑判断、构建数学模型和算法，让企业的人、财、物达到最优配置。这与"管理"的本义一致，同时丰富了管理科学的方法论。

综上所述，管理科学与工程是一门运用数学工具，结合现代信息技术、系统科学思维引领管理活动及指导管理行为，注重运用数学语言与科学范式对管理问题进行分析、预测、决策优化和调控，并主要通过设计和构建"工程""类工程"等人造系统作为解决管理问题方案的学科。

（2）管理科学与工程特点。

管理科学与工程具有多学科交叉融合、重视技术管理、理论与实践相结合的特点。表 2-5 所示为管理科学与工程特点。

表 2-5　管理科学与工程特点

特点	说明
多学科交叉融合	涉及管理学、经济学、运筹学、数学等多个学科的知识，有明显的学科交叉和知识融合特征，研究领域广泛。多学科的理论、技术、方法基础为管理科学与工程发展提供支撑
重视技术管理	将管理理论与工程思想结合，擅长用工程的方法和技术指导管理工作。同时，重视将前沿科学技术，特别是信息技术、网络技术的创新成果运用到现代管理中，创造出新的管理理论、方法、工具与平台
理论与实践相结合	将管理理论、工程方法与技术、管理实践三者有机集合，重视现代生产、经营、科技、经济、社会等领域的问题，从实际出发凝练与发展适应的理论方法技术，并用理论指导实践。同时，丰富的经典实践案例又能促进理论的发展

（3）管理理论发展。

管理理论的发展如图 2-11 所示。

早期管理思想（1750—1900 年）。英国工业革命爆发后，企业中的管理问题更加突出，企业管理者与学者开始思考如何通过改进管理来提高效率，从而从市场中获取最大利润。古典管理思想开始萌芽，代表人物是亚当·斯密，他在自己的著作《国富论》中从"经济人"假设出发，提出了经济自由主义，提出了劳动分工可以提高效率，从而产生巨大经济效益的主张。

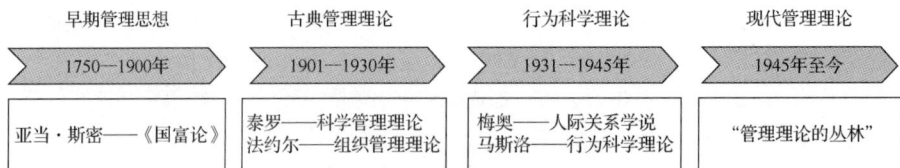

图 2-11　管理理论的发展

古典管理理论（1901—1930 年）。最重要的是泰罗的科学管理理论和法约尔的组织管理理论。科学管理理论围绕如何提高工作效率进行研究。组织管理理论以管理过程和管理组织为研究重点，提出了著名的企业六大活动与管理的五大职能。企业六大活动是技术活动、商业活动、财务活动、会计活动、安全活动、管理活动，其中管理活动处于核心地位。管理的五大职能是计划、组织、指挥、协调、控制。古典管理理论的共同特征有：第一，人是"经济人"；第二，注重技术，重视效率；第三，重视物质激励和严惩；第四，忽视了人的社会性。

行为科学理论(1931—1945年)。包括人际关系学说和行为科学理论。梅奥是人际关系学说的代表人物，通过霍桑试验，他提出了"社会人"观点，认为工人除了受工资影响外，工人还会受到社会、心理等影响，提高员工的满足感对提高生产率有重要作用。马斯洛的行为科学理论认为工人是"自我实现人"和"复杂人"，在工作中需要有成就感，实现自我满足，所以领导行为和组织发展对工人的生产效率有重要影响。

现代管理理论(1945年至今)。第二次世界大战之后，科学技术在生产中被广泛使用，并且先进科学技术发展迅速，生产的社会化程度越来越高，企业经营环境越来越复杂，充满机遇与挑战。为了寻求更高的利润，同时进行风险管理，很多企业开始了跨行跨界投资与生产，兼并购、跨国公司等越来越普遍。这一时期，也涌现出许多不同管理学派，他们从不同的角度，用不同的方法，结合自身独特背景对现代企业管理进行研究，这一时期被形象地称为"管理理论的丛林"，如表2-6所示。

表2-6 管理理论的丛林

学派	代表人物	研究内容与观点
决策学派	西蒙 马奇	主要研究决策制定，认为管理就是决策，管理者最重要的任务是决策制定，管理者要建立制度决策的人-机系统
权变学派	莫尔斯 洛西	认为组织、环境是复杂且变化的，因而没有普遍适用的管理理论，强调具体问题具体分析，不同的环境需要不同的管理理论和方法
系统学派	卡斯特 约翰逊	认为企业组织是一个系统，管理应从系统的角度出发，进行系统性管理，强调整体最优
经验学派	德鲁克 戴尔	注重经验教训对管理的作用，通过案例研究来提高分析能力和决策能力，从而使管理更加有效，即"案例教学"
管理科学学派	伯法 鲍曼	将数学引入管理中，注重计算机与定量分析技术的研究和运用，对管理中的问题提出解决的数学模型，以经济效果作为管理的评价标准
和谐管理理论	席酉民	将西方严谨的科学思维与东方的传统管理智慧有机结合，认为管理环境具有不确定性（Uncertainty）、模糊性（Ambiguity）、复杂性（Complexity）、快变性（Changeability），简称"UACC"，因此管理者应该"动态"地发现问题与解决问题，"迭代"地用管理理论对复杂管理现象进行透视

2. 管理科学及工程与电子商务

运筹学是管理科学与工程的基础，运筹学为管理活动提供许多理论方法与模型，比如著名的线性规划、整数规划、对策论（博弈论）、排队论等。电子商务是融合了资金流、物流、信息流的过程活动，从资金流、物流、信息流的视角，发现这些过程可运用运筹学理论与模型指导电子商务活动。

（1）供应链管理（物流）中的管理模型。

供应链管理是指对供应商、制造商、销售商以及库存采取科学的方法进行管理，目标是规划生产使生产的数量与需求匹配，精准配送，总成本最小。在电子商务活动中管理学所涉及的供应链，对电子商务交易的成功以及电子商务企业盈利与发展有重要作用。具体业务包括供应链设计、企业运营模拟、生产计划制作、流水机器调度、非流水机器调度等。在供应链设计中，通常采用整数规划（Integer Programming，IP）或者混合整数规划（Mixed Integer Programming，MIP）对问题进行描述和求解。模型归纳如下：

（IP or MIP） $\min_{y} wy$

s.t. $a_i y \leqslant r_i \ (i=1,2,\cdots,m)$

$e_j y \geqslant 0 \ (j=1,2,\cdots,n)$

式中：y 是 n 维决策变量；w 是成本系数变量；a_i 是 n 维技术变换向量；每个 r_i 是右端纯量系数；e_j 是第 j 个单位坐标向量。

在模型中目标函数 wy 可以是可变成本，如生产、库存、装运成本；也可以是固定成本，或者生产、运输时间等；还可以进一步包含原料与产品进出口的费用（关税、汇率变化等）。决策变量（向量）y 可以是连续变量、整数变量以及二进制变量，用以表示制造厂、仓库、分销中心的数量、选址、能力与类型、供应商的选择等。

（2）商品竞争及企业信用（信息流）中的管理模型。

在电子商务活动中，商品竞争过程中通常存在多对象、多目标的协商问题，即通过信息的快速流通，以期达到最佳的资源配置，其中涉及商品的竞争决策、商家与消费者之间的信用博弈、电子商务平台的定价。而研究此类问题的最佳管理理论就是对策论（Game Theory），亦称博弈论。它是研究对抗性或竞争性现象的数学理论和方法，也成为电子商务应用过程中，对多对象和多目标的协商问题进行处理的重要工具。在电子商务活动中，电子商务平台通过现代计算机系统建立买方与卖方之间对于商品信息、信用的博弈模型，通过现代信息技术将消费者和企业有机匹配，从而缩短交易时间和降低交易成本，极大地提高了双方的效率。典型的电子商务交易协商系统结构如图 2-12 所示。

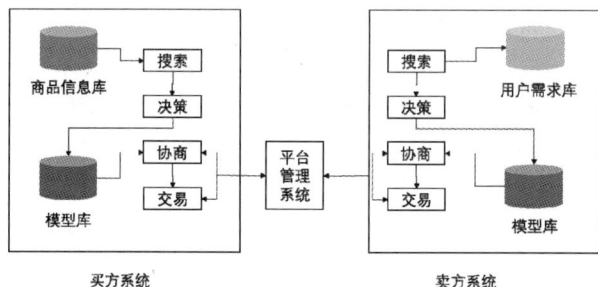

图 2-12　电子商务交易协商系统结构

在电子商务活动中，卖方、买方和平台方三方对互相之间的信用、商品信息及价格等多目标进行多重"博弈"。每一重的博弈过程，都会建立博弈模型进行协调分析，最终达到均衡目标。

（3）电子支付及订单处理（资金流）中的管理模型。

电子商务的发展，特别是各类购物节日对消费者消费需求的拉动，使电子商务企业需要处理大规模的客户需求订单及资金支付。企业的短时间的订单履行效率提高，是电子商务企业发展的基本能力。而解决此类问题的管理理论则是排队论，或称随机服务系统理论。它主要通过对处理对象产生和与之对应的服务时间进行统计研究，得到相关指标（如等待处理时间、对象排队长度、忙期长短等）的统计规律，根据统计规律，对原有的服务系统进行改进优化，提高系统的服务水平，最终达到系统费用最经济或者服务水平最高的最优解，如图 2-13 所示。

排队论中核心点理论模型符号表示为：$X / Y / Z / A / B / C$。

式中：X 是服务对象到达的间隔时间分布；Y 是服务时间的分布（可以有多种概率分布，如一般分布、指数分布等）；Z 是服务端口数；A 是系统服务的最大容量限制；B 是服务对象总数；C 是服务规则（如先到先服务规则、VIP 优先规则等）。

在电子商务活动中，电子商务平台需要闲时状态和忙时状态两种不同服务系统，用于处理订单及资金，使其服务系统的资源达到最优匹配。通常而言，为了减少服务对象的等待损失，需要提高系统的服务效率，但将导致服务系统的成本增加。在电子商务服务中，通过排队论的理论分析，以达到最优服务水平，同时使总成本费用最低。排队服务系统费用分析如图 2-13 所示。

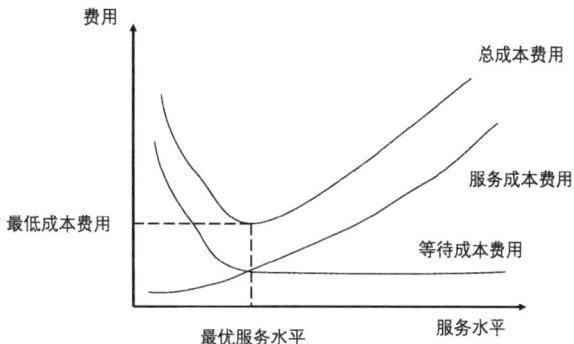

图 2-13 排队服务系统费用分析

2.3.5 电子商务法律基础知识

互联网信息技术在商业领域的应用促生了电子商务这一新型商业模式。电子商务在促进商业繁荣与经济发展的同时，也颠覆了传统的商业模式，更对现存的法律体系提出了新的挑战。电子商务法作为我国新兴的法律领域，是电子商务发展的重要保障。电子商务的进行主要涉及电子合同、电子支付、知识产权保护、消费者权益保护以及电子商务安全等问题。这些问题除了要有科学技术的支持外，还要通过法律来加以规范和保护。

近 20 年来，电子商务立法已经成为世界商事立法的重点。联合国国际贸易法委员会（United Nations Commission on International Trade Law，UNCITRAL）、WTO、OECD、世界知识产权组织（World Intellectual Property Organization，WIPO）以及国际商会（the International Chamber Commerce，ICC）等国际组织的相关立法在很大程度上推动了世界各国/地区的电子商务立法。

我国电子商务立法起步较晚，但发展迅速。2004 年由全国人大常委会通过的《中华人民共和国电子签名法》是我国电子商务与信息化领域内的第一部人大立法。2018 年出台的《中华人民共和国电子商务法》是我国电子商务领域的首部综合性立法，对我国完善电子商务法律规范体系有重要意义。目前，我国已经基本形成以《中华人民共和国电子商务法》为主导，以各部门法律法规为依托的电子商务法律规范体系。

1. 定义与特点

（1）电子商务法律法规定义。

广义的电子商务法包括所有以数据电文方式进行商务活动的法律法规。狭义的电子商务法是以数据电文作为交易手段，以电子商务交易形式所引起的社会关系的法律法规的总称。在中国，电子商务法不仅包括 2019 年施行的《中华人民共和国电子商务法》，还包括其他现有制定法中有关电子商务的法律法规，如《中华人民共和国个人信息保护法》等，见表 2-7。

表 2-7　电子商务相关法律法规

类型	法律法规	施行年份
综合性	《中华人民共和国电子商务法》	2019
	《中华人民共和国消费者权益保护法》	1994
	《中华人民共和国电子签名法》	2005
	《网络交易管理办法》	2014
	《网络交易监督管理办法》	2021
反垄断	《经营者反垄断合规指南》	2020
	《公平竞争审查制度实施细则》	2021
	《关于平台经济领域的反垄断指南》	2021

续表

类型	法律法规	施行年份
跨境 电子商务	《关于实施支持跨境电子商务零售出口有关政策意见的通知》	2013
	《中华人民共和国进出口关税条例》	2014
	《关于跨境电子商务零售进口商品退货有关监管事宜的公告》	2020
直播 电子商务	《关于加强网络直播营销活动监管的指导意见》	2020
	《网络直播营销行为规范》	2020
	《直播电子商务人才培训和评价规范》	2020

（2）电子商务法律法规发展特点。

在互联网时代，数据要素所反映的法律关系成为电子商务法律的关键，电子商务法律对构建公平有序的数据交易及竞争规则、正确认定网络平台的边界和责任等方面发挥了保障作用，司法机关对现有制度的运用和执行以及对新法规的探索表现出了4个特点，见表2-8。

表2-8　电子商务法律发展特点

特点	说明
不断完善网络空间下知识产权保护规则	为完善知识产权保护规则，划定新技术应用保护边界，加强创新成果司法保护，激发数字经济市场活力，《中华人民共和国专利法》《中华人民共和国民法典》《中华人民共和国电子商务法》等法律法规对网络环境中保护专利权做出了规定
不断确立网络交易规则	由于网络交易案件复杂多样，为规范互联网商业竞争秩序，优化数字经济营商环境，在《中华人民共和国电子商务法》的基础上，司法机关不断通过判例确立网络交易的规则
不断打击垄断与不正当竞争	电子商务行业中，不正当竞争时有发生。《中华人民共和国反垄断法》《中华人民共和国反不正当竞争法》等针对电子商务平台内和电子商务平台间的不正当竞争行为进行了约束和规范
不断加强个人信息和数据安全保护	近年来，为保护个人数据信息安全，规范数字经济数据要素市场，相关的法律法规密集出台，覆盖了中国法律体系中的各个层级，如《中华人民共和国个人信息保护法》《中华人民共和国网络安全法》等

（3）国际电子商务法律法规发展。

从20世纪80年代开始，国际组织和各个国家/地区开始关注电子商务相关法律问题。联合国为推动电子商务立法做出了突出贡献。1985年，联合国国际贸易法委员会第十八届会议上通过了《计算机记录的法律价值》，建议将数据电文等计算机记录纳入诉讼证据的范畴。1996年12月，联合国大会通过了《电子商务示范法》，为后续电子商务相关法律立法工作提供了重要借鉴。2000年9月正式通过了《电子签名示范法》，为各国/地区制定电子签名法提供了范本。国际经济合作与发展组织在1980年到1997年期间，先后出台了《保护个人隐私和跨国界个人数据流指导原则》《电子商务：税务政策框架条件》《电子商务：政府的机遇与挑战》等报告，填补了电子商务数据安全、税务问题以及政府职能等法律空白，为世界各国/地区电子商务的立法工作提供了指导。另外美国、欧盟、新加坡等国家/地区也陆续在20世纪90年代颁布了电子商务相关法律。

（4）中国电子商务法律发展。

目前中国电子商务立法包括《中华人民共和国电子商务法》（简称《电子商务法》）、《中华人民共和国网络安全法》（简称《网络安全法》）等法律法规。2005年4月，《中华人民共和国电子签名法》对数据电文、电子签名与认证等法律概念以及书面形式进行了规范。2009年8月，《快递业务经营许可管理办法》发布，电子商务立法从聚焦于电子商务本身扩展覆盖到产业链上下游。由此电子商务立法范围得以扩展。2010年7月，《中华人民共和国侵权责任法》实施，其中第三十六条被称为"网络专条"；2016年11月，《网络安全法》对个人信息保护、关键信息基础设施、网络运营者等都提出了较高的安全要求。2019年1

月，《电子商务法》作为中国电子商务领域的基本法正式施行。

2. 法律与电子商务

（1）电子合同。

电子合同是电子商务中最为主要的合同形式，它是通过数据电文、电子邮件等形式签订的明确双方权利、义务关系的一种电子协议，《民法典》明确了将电子合同视为书面形式。2021 年起开始生效的《民法典》中第四百六十九条规定："当事人订立合同，可以采用书面形式、口头形式或者其他形式。书面形式是合同书、信件、电报、电传、传真等可以有形地表现所载内容的形式。以电子数据交换、电子邮件等方式能够有形地表现所载内容，并可以随时调取查用的数据电文，视为书面形式。"这基本确定了电子合同的法律地位。事实上，早在 1999 年制定的《中华人民共和国合同法》中就承认了电子合同的合法地位，但是在具体细则规定方面还不够详尽。2018 年《电子商务法》就该问题做了较为详细的规定，并且明确了采用不同交付方式的合同标的的交付时间。《民法典》也同样明确了相关细节，第五百一十二条规定："通过互联网等信息网络订立的电子合同的标的为交付商品并采用快递物流方式交付的，收货人的签收时间为交付时间。电子合同的标的为提供服务的，生成的电子凭证或者实物凭证中载明的时间为提供服务时间；前述凭证没有载明时间或者载明时间与实际提供服务时间不一致的，以实际提供服务的时间为准。

"电子合同的标的物为采用在线传输方式交付的，合同标的物进入对方当事人指定的特定系统且能够检索识别的时间为交付时间。电子合同当事人对交付商品或者提供服务的方式、时间另有约定的，按照其约定。"

合同订立为合同履行的前提及基础，只有合同真正得到履行才能实现双方的利益且达到双方订立合同的目的。

当然，《民法典》中所规定的关于电子合同的条款是对其法律地位的明确。如遇涉及电子合同的实际问题时，我们还需结合如《电子商务法》《电子签名法》等相关特别法针对个案进行进一步探析。

（2）消费者保护相关法律。

互联网具有虚拟性、流动性、隐匿性以及无国界性等特点，因此在电子商务交易中，电子商务消费者权益的保护存在着较大的挑战。

我国已经建立了相对完善的消费者权益保护法律体系。就其法律规范而言，是以《消费者权益保护法》为核心，在民法、行政法、经济法、刑法等部门法中均有不同程度的涉及。电子商务领域消费者权益的保护规则主要体现在《消费者权益保护法》《合同法》《产品质量法》《广告法》《反不正当竞争法》等法律中。然而，由于电子商务的特殊性，这些法律规范并不能完全适应电子商务发展的要求。《电子商务法》的出台，很大程度上完善了电子商务领域对于消费者权益的法律保护。不过，《电子商务法》作为一部综合性法律，并没有用专门的一章来规定电子商务消费者的权利，而是通过约束电子商务平台经营者来间接地保障消费者权益，我们可以将电子商务消费者权益总结为 9 种权利：安全权、知情权、自主选择权、公平交易权、便利权、收货验货权、评价权、个人信息受保护权、依法求偿权。

除了《电子商务法》以外，其他法律都在从各种层面保护消费者的合法权益。例如，2021 年 8 月 20 日通过的《中华人民共和国个人信息保护法》（简称《个人信息保护法》），实际上更详细地对电子商务消费者个人信息保护提出了要求，其第二十四条："个人信息处理者利用个人信息进行自动化决策，应当保证决策的透明度和结果公平、公正，不得对个人在交易价格等交易条件上实行不合理的差别待遇。"就禁止了"大数据杀熟"行为，保护了电子商务消费者的公平交易权。

个人信息受保护权是消费者权益的一个重要方面。步入 21 世纪，电子商务迅猛发展，消费者出于网络交易的需要，往往会向各类网络经营者提供包括个人资料在内的隐私。此外，消费者在网络上的"行踪"，如个人浏览的网站、消费习惯、阅读习惯甚至信用记录等，也常常被记录下来。而这些个人资料又可能被搜集者转售给其他商业组织。这些商业组织可以利用功能强大的数据挖掘技术，从这些看似不关隐私的数据中挖掘出非常隐私的信息。因此，消费者对参与电子商务是否会暴露个人隐私持十分关切的态度。

除了中国以外，世界范围内各国/地区也都制定了相关法律来加强对消费者在互联网上隐私信息的保护。例如，美国制定了《消费者互联网隐私保护加强法》，根据该法的规定，电子商务经营者可以披露的消费者信息仅限于与电子商务经营者提供的商品或服务有关的信息以及依法可以披露的信息。如果电子商务经营者未按照规定而导致消费者个人信息的泄露，消费者可以向法院提起诉讼以得到赔偿。同时，该法还对电子商务经营者收集消费者信息的范围和方式进行了严格的规定。此外，美国还制定了《儿童在线隐私保护法》和《儿童在线隐私保护规则》，以加大对儿童隐私权的特别保护。

欧盟于 1995 年制定了《数据保护指令》，并在此基础之上又制定了《隐私与电子通信指令》《欧洲 Cookie 指令》《通用数据保护条例》等多部法律。《数据保护指令》主要规定了电子商务经营者收集消费者个人信息的条件。《隐私与电子通信指令》禁止了电子商务经营者在未取得消费者同意的情况下存储和使用其个人信息的行为，并规定电子商务经营者应采取适当的措施保障互联网服务安全，避免消费者个人信息泄露。《欧洲 Cookie 指令》明确了电子商务中 Cookie 的使用规则和相关信息的披露规则。2018 年 5 月生效的《通用数据保护条例》主要规定了个人信息数据处理的基本原则、欧盟居民就个人信息的基本权利以及企业收集和处理信息应承担的义务。此外，《通用数据保护条例》还明确了执行数据跨境转移的审批规则。一旦违反该规则，将要面临最高级别的行政处罚。

经济合作与发展组织在电子商务规范制定方面一直走在世界前列，其制定的规则在国际上起到了巨大的示范和推动作用。为加强对电子商务中消费者权益的保护，经济合作与发展组织制定了《电子商务中对消费者保护的指针》。《电子商务中对消费者保护的指针》在总原则上强调如何对消费者进行保护，而非如何保护商家不受有欺诈行为的消费者的侵害。客观来讲，这其实符合社会现实。在电子商务中，消费者与商家并非处于平等的权利地位之上，消费者往往处于不利地位。因此，保护处于弱势的消费者就显得非常必要。经济合作与发展组织发布的《电子商务行动计划》强调要加强用户和消费者的信任。此外，经济合作与发展组织还制定了保护消费者个人隐私权的具体措施，即支持成员方交换有关保护全球网络的个人隐私的信息，汇报它们在保护消费者个人隐私方面所做的努力和取得的经验，为其有关全球网络的"个人隐私指导方针"过程中出现的问题提供实际指导。与此同时，经济合作与发展组织也积极与其他相关的国际组织和地区性组织展开合作，以加强对消费者网络隐私的保护。

（3）电子支付相关法律。

电子支付以数字化信息替代货币的存储和流通，从而完成交易，主要当事人是从事电子商务交易的单位和个人，主要中介机构是银行、金融机构等。

2005 年 10 月，央行制定的《电子支付指引（第一号）》明确将电子支付业务纳入监管范畴。2010 年 6 月，央行发布《非金融机构支付服务管理办法》，对《支付业务许可证》的发放条件进行了规定。2016 年 7 月，《非银行支付机构网络支付业务管理办法》正式实施，详细说明了对交易金额、转账对象的限制等问题。《电子商务法》规定了包括电子支付服务提供者的义务以及支付损失的责任承担等电子支付相关问题。

（4）知识产权保护相关法律。

知识产权作为一种确认权利、保障权利的制度，要依据一定标准来确认是否授予某一项智力成果的专有权。依据传统的知识产权观念，智力成果是无形的，但是一项智力成果要获得知识产权保护，一般需要采用物质性载体表示。在电子商务技术开发和应用的过程中，大量的技术通过计算机数据表现和完成，具有技术的实质特性，可以帮助人们利用计算机完成创造性工作，对这些作为计算机语言的数据却不能采用传统知识产权法律进行保护。

《电子商务法》第四十一到第四十五条规定了权利人、电子商务平台以及平台商家在发生网络知识产权侵权案时通知与声明机制以及对应的权利与义务。第四十一条规定了电子商务平台经营者对知识产权保护的义务。根据该条规定，电子商务平台经营者应当建立知识产权保护规则，与知识产权权利人加强合作，依法保护知识产权。事实上，法律在为电子商务平台经营者设立有关建立知识产权保护规则的义务的同时，也赋予电子商务平台经营者通过制定规则来依法保护知识产权的权利。《电子商务法》第四十二条与第四十三条明确了在知识产权侵权中知识产权权利人的救济程序。知识产权权利人认为其知识产权受到侵害时，应当向电子商务平台经营者提供构成侵权的初步证据，并通知电子商务平台经营者采取删除、屏蔽、断开链接、终止交易和服务等必要措施。电子商务平台经营者接到通知后，应当及时采取必要措施，并将该通知转送平台内经营者。平台内经营者接到转送的通知后，可以向电子商务平台经营者递交不存在侵权行为的声明，该声明应当包括不存在侵权行为的初步证据。电子商务平台经营者接到声明后，应当将声明转送发出通知的知识产权权利人，并告知其可以向有关主管部门投诉或向人民法院起诉。电子商务平台经营者在转送声明到达知识产权权利人后十五日内，未收到权利人已经投诉或起诉通知的，应当及时终止所采取的措施。此外，根据《电子商务法》第四十四条的规定，电子商务平台经营者应当及时将以上通知、声明和处理结果进行公示。根据《电子商务法》第四十五条的规定，电子商务平台经营者知道或应当知道平台内经营者侵犯知识产权的，应当采取删除、屏蔽、断开链接、终止交易和服务等必要措施。如果电子商务平台经营者未采取必要措施，则应与侵权人承担连带责任。

另外，《关于涉网络知识产权侵权纠纷几个法律适用问题的批复》对在发生网络知识产权纠纷时，知识产权权利人、网络服务提供者和电子商务平台等法律主体应采取的措施以及时间期限进行了规定。

（5）网络安全相关法律。

电子商务交易对网络安全有极高的要求，尤其是保障交易主体真实性、防止资金盗用、交易行为不被抵赖等。一般来说，电子商务的安全要素主要有机密性、数据完整性、可靠性、可控性以及不可抵赖性。机密性是指保证信息不会泄露给非授权的人或实体。数据完整性是指保证数据的一致性，防止数据被非授权地输入、删除、修改或破坏。可靠性是指保证合法用户对信息和资源的使用不会遭到不正当的拒绝。可控性是指控制使用资源的人或实体的使用方式。不可抵赖性是指建立有效的责任机制，防止实体否认其行为。

20 世纪 80 年代，中国网络安全立法工作逐渐开始推进。公安部专门成立了计算机安全监察机构来研究和制定相关法律法规，包括《网络安全法》《数据安全法》《电子商务法》《国家安全法》《个人信息保护法》等。《网络安全法》明确了网络运营者维护网络信息安全的义务以及网络用户所享有的相关权利，是我国首部保障网络安全的基本法。2018 年出台的《电子商务法》则以《网络安全法》为基本依据，在其第三十条概括性地规定了电子商务平台经营者对交易系统的安全保障义务。根据该条规定，电子商务平台经营者应当采取技术措施和其他必要措施保证其网络安全、稳定运行，防范网络违法犯罪活动，有效应对网络安全事件，保障电子商务交易安全。此外，电子商务平台经营者还应当制定网络安全事件应急预案，发生网络安全事件时，应当立即启动应急预案，采取相应的补救措施，并向有关主管部门报告。《个人信息保护法》对"大数据杀熟"、数据爬虫、公开售卖隐私数据、一揽子授权、强制同意等行为进行了约束。

目前，电子商务乃至整个网络的安全问题日益受到各国/地区消费者的高度重视。从整体上看，电子商务的安全问题贯穿电子商务的全过程，其涉及面甚广。从本质上看，电子商务的安全问题既是管理问题，又是技术问题，更是法律问题。想要从根源上解决电子商务的安全问题，从而保证电子商务的安全，不但要克服技术障碍、强化技术支持，更为重要的是要完善法律制度，用有效的法律制度去加强管理和监督。

2.3.6　金融基础知识

1. 定义与特点

（1）金融的定义。

现在我们理解的"金融"概念源自西方，与英文的 Finance 对应。"Finance"原本是指货币资金及其管理，其主体有政府、企业、个人，根据主体的不同形成了政府金融、企业金融和家庭金融等不同的知识领域。《中国金融百科全书》对"金融"词条的注释是"货币流通和信用活动以及与之相联系的经济活动的总称"。该定义在"货币资金融通"的基础上扩展了金融含义的外延，把货币流通与信用活动和金融结合在一起。黄达的《金融学》是高校广泛使用的教材，其中对金融的界定是：凡是既涉及货币，又涉及信用，以及以货币与信用为一体的形式生成、运作的所有交易行为的集合。

（2）中国金融的发展。

中国金融的发展可分为3个时期，如图2-14所示。第一个时期为金融体系探索时期（1948—1978年）。这个时期中国的金融体系经历了从无到有的建立时期，以及不断向"大一统"模式改造的时期。

图2-14　中国金融的发展示意

中华人民共和国金融体系的建立（1948—1952年）。1948年12月1日中国人民银行成立。在中华人民共和国成立初期，逐步通过中国人民银行合并各个解放区银行，没收官僚资本银行，对私人银行和钱庄进行社会主义改造，在农村地区建立农村信用合作社，形成了中华人民共和国的金融体系。

"大一统"模式的金融体系（1953—1978年）。1953年开始，我国参照苏联模式对我国金融体系进行改造，形成高度集中的银行体系。虽然这一时期存在中国银行、中国建设银行、中国农业银行，但实质上，中国人民银行是这一时期唯一的国家金融管理和货币发行的机构，它既是管理机构也开展经营业务，中国人民银行拥有遍布全国的分支机构，各分支机构服从总行的统一安排。

第二个时期为中国特色社会主义金融体系建设时期（1979—2017年）。1978年年底，党的十一届三中全会揭开改革开放的序幕，我国金融体制迈开改革的步伐。通过对金融体系的恢复建立与拓展、金融体系市场化改革、金融体系全面深化改革，金融已成为经济体系的核心部分，为经济的发展做出了重要贡献。与此同时，中国金融深耕祖国大地，与国情紧密相连，走出了一条中国特色社会主义道路，形成了自己完整的理论、体系。

金融体系的恢复建立与拓展（1979—1992年）。十一届三中全会后，中国人民银行专职行使中央银行的职能，同时设立和恢复了一批专业金融机构，到1984年已经形成中、农、工、建4家专业银行，中国人保和中信公司两家辅助机构格局。1984年中国的经济体制改革从农村走向城市。"计划经济为主、市场调节为辅"是这个阶段经济改革与发展的总方针。这一时期主要实行了将财政对国有企业的拨款以及投资改为银行贷款，加强金融体系监管，发展股份制银行，开始股票交易试点工作，向外资开放保险市场。

金融体系市场化改革（1993—2012年）。为了实现在20世纪末建立社会主义市场经济体制的目标，中国加快对金融体系进行改革。这一时期改革从规范金融秩序开始，朝更加完善、更加开放的市场化方向前进。在金融监管方面，建立了一批政策性银行，出台了多部金融法律形成我国金融法律体系的框架，对金融业进行分业经营和监管，建立中国银行业监督管理委员会、中国保险监督管理委员会、中国证券管理委员会，形成了"一行三会"的金融监管格局。在国有银行经营方面，对各个大型国有银行进行股份制改革，完成上市。在利率汇率方面，建立上海银行间同业拆借利率，完善了我国汇率制度，利用现代信息技术完善了金融基础设施。

金融体系全面深化改革（2013—2017年）。2013年《中共中央关于全面深化改革若干重大问题的决定》发布，我国的金融体系改革进入全面深化改革新阶段。改革内容主要包括：加强金融法律建设；进一步完善和开放资本市场，完善上市公司退市指导，实施沪港通和深港通等；银行改革进入深水区，国内民营银行开业；我国金融国际影响力逐步提升，金砖国家新开发银行、亚洲基础设施投资银行成立，人民币取得国际货币基金组织特别提款权，央行数字人民币研发与应用走在世界前列。

第三个时期为现代金融体系构建时期（2018年以后）。党的十九大报告明确金融业要"着力加快建设实体经济、科技创新、现代金融、人力资源协同发展的产业体系"；要"健全金融监管体系，守住不发生系统性金融风险的底线"。围绕这些目标，金融业开展了多项改革行动，其中包括：完善金融风险防范力度，完善金融监管框架，将"一行三会"改为"一委一行两会"，调整资产管理业务机制，加快金融业对外开放步伐。

2. 金融与电子商务

电子商务是通过电子方式以商品交换为核心的商业贸易活动，正如传统的商贸活动需要金融的支撑，电子商务也一样，特别是近年来金融行业的不断发展与创新，不断加速促进电子商务发展。与此同时，电子商务的发展也对金融产生了新的需求。电子商务的范围十分广泛，包括连锁管理、异地银行、订货、购置、网络营销、广告，直至终端家庭购物。

（1）在线银行服务。

网上银行又称在线银行。在线银行服务是指银行利用互联网技术，通过互联网向客户提供开户、销户、查询、缴费、对账、行内转账、跨行转账、信贷、网上证券、投资理财等传统服务项目，使客户可以足不出户就能够安全、便捷地管理活期和定期存款、支票、信用卡及个人投资等。可以说，网上银行是在互联网上的虚拟银行柜台。网上银行为企业或个体工商户提供信息查询、货币支付、储蓄、结算、在线投资等服务。例如，发布金融信息，完成基本支票业务、货币市场服务、信用卡业务、基本储蓄业务等，也可提供客户信息查询、私人保密服务等多种金融服务。

企业在线理财可以实现的功能有：企业集团服务——集团客户可以通过网上银行服务查询集团各子公司的账户余额、交易信息，划拨集团内部各子公司之间的资金，进行账户管理等服务；对公账务实时查询——企业可以实时查询对公账户余额及交易历史；网上转账——企业可以通过互联网实现支付和转账；国际收支申报——企业客户可以通过互联网向外汇管理局进行对公汇入汇款申报，此项业务目前可以在总行申请办理。

（2）电子金融支付。

国家"十四五"规划报告提出，全社会要加快数字化发展，建设数字中国，打造数字经济新优势。近年来我国数字经济发展取得巨大进步，根据《数字中国发展报告（2020 年）》，我国数字经济总量已至世界第二，其中电子商务行业发展成效突出，我国电子商务交易额由 2015 年的 21.8 万亿元增长到 2020 年的 37.2 万亿元。电子商务是信息流、资金流、物流的融合，而资金流通过支付实现，支付是商品交易活动带来的债权债务清偿以及货币资金的转移。数字技术的进步推动了电子商务的迅速发展。

电子支付本质是不同账户之间采用数字化手段实现资金流动。参与电子商务活动的账户主要分为银行账户、网络账户、商户账户 3 类，各类账户内部又有各自的细分账户，如图 2-15 所示。

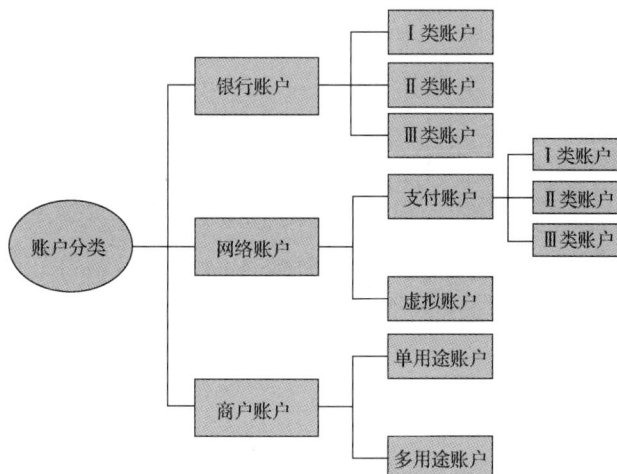

图 2-15　账户分类

银行账户。各大商业银行账户主要分为Ⅰ类账户、Ⅱ类账户、Ⅲ类账户。不同类型的账户定位不同、对实名程度要求不同，各商业银行对之各自赋予的功能也不同。

Ⅰ类账户相当于"金库"，安全性最高，用户的主要资金收入存放在该账户中。Ⅰ类账户主要用于大额转账、投资、公用事业缴费以及购买理财产品等。

Ⅱ类账户相当于"保险箱"，主要用于日常刷卡消费、网络购物、网络缴费等。

Ⅲ类账户相当于"钱包"，主要用于金额较小、频次较高的交易。

网络账户。从事支付业务的互联网企业有两种，一种是具有支付牌照的企业，另一种是不具有支付牌照，但可以开立虚拟账户，以特殊数字币（如腾讯 Q 币）进行支付的企业。其中支付账户分为Ⅰ类账户、Ⅱ类账户、Ⅲ类账户，由于账户的付款限额以及身份验证强度差异，不同的账户适用场景不同，支付账户细分如表 2-9 所示。

表 2-9　支付账户细分

账户类别	余额付款功能	余额付款限额	身份核实方式
Ⅰ类账户	消费、转账	自账户开立起累计 1000 元	以非面对面方式，通过至少一个外部渠道验证身份
Ⅱ类账户	消费、转账	年累计 10 万元	面对面验证身份，或以非面对面方式，通过至少 3 个外部渠道验证身份
Ⅲ类账户	消费、转账、投资理财	年累计 20 万元	面对面验证身份，或以非面对面方式，通过至少 5 个外部渠道验证身份

商户账户。商户账户分为单用途账户和多用途账户，单用途卡一般为特定机构发放的仅用于指定地方消费的卡，比如超市购物卡。多用途卡通常为特殊部门或多个商户联合发起的可跨多机构进行消费的卡，比如城市一卡通。

具体而言，基于不同类型的账户，有不同的电子支付方式。传统的支付方式有汇款支付、支票支付、汇票支付、转账支付，而电子支付的支付方式扩展为企业信用支付、借记卡、智能卡、电子支票支付、电子钱包、数字货币等。

信用支付。信用支付是一种在交易过程中，由第三方公司或者银行贷款提供的支付方式。信用支付最早出现于 19 世纪末的英国，是为了便于用户购买昂贵商品而推出的一种基于信用的制度，利用记录卡来允许短期赊借行为。20 世纪 50 年代，第一款针对大众的信用卡出现。信用卡是一种非现金交易付款的方式，即电子支付的一种，也是最常用的信用支付工具，它由银行或者信用卡公司根据用户的信誉和财力发给用户，用户使用信用卡消费时，便可以消费信用额度内的金额，而不需要支付现金，之后需要在账单日进行还款。当前国际上的发卡组织有 Visa、Master Card，中国的发卡组织有中国银联等。目前也有提供信用支付的第三方组织，比如蚂蚁花呗、京东白条等。

信用支付主要可以通过以下方式进行。

● POS 机刷卡，它通过刷卡联通银行等支付网关，然后确认交易金额，签字后核对无误即可完成交易。

● RFID 机拍卡，这种方式与 POS 机方式的不同在于不需要签字，更快捷方便。

● 手工压单，指的是操作员手动地将信用卡以及交易信息印到签购单上，然后拨打银行授权电话，得到授权码并书写到签购单上，再由持卡人签字确认。

● 网络支付，指的是用户在网络上填写信用卡以及交易信息，然后通过互联网来完成交易的一种方式。

借记卡。借记卡是由银行签发的一种支付卡，链接了银行账户。与信用卡不同，它没有信用额度，持卡人需要先存款，然后消费时将直接从链接的账户中扣款。在消费操作上，与上述的信用卡相同，比如用 POS 机刷卡，在网络上通过银行卡信息、输入支付密码等方式进行交易。

智能卡。智能卡属于赋予价值的支付卡，可以不记名。它可以追溯到 1974 年法国罗兰·莫瑞诺的一项专利（公开号：FR2266222），该项专利是智能卡的雏形。从硬件构成上讲，它由基片、接触面、集成芯片片构成，在硬件的基础上，配备了基本的软件，包括卡内操作系统（Chip Operating System，COS）和卡内程序，同时还存储了必要的数据。作为支付手段，智能卡可以用于存储小额款项，从而用于公交卡以及商店合作消费等方面。一般都需要在线下进行刷卡支付。我们常见的城市一卡通以及校园卡，就是典型的智能卡。

数字货币。数字货币指的是数字化的加密数字货币，包括法定数字货币和虚拟数字货币。法定数字货币一般指的是"具有法定地位，具有国家主权背书、具有发行责任主体的数字货币"。例如，中国的数字人民币（e-CNY），指的是人民银行发行的数字形式的法定货币，由指定运营机构参与运营，以广义账户体系为基础，支持银行账户松耦合功能，与实物人民币等价，具有价值特征和法偿性。虚拟数字货币一般是机构发行的在一定范围内使用的具有货币部分功能的数字资产，如比特币和各类游戏中充值的货币。目前，以比特币为代表的加密货币在全球市场上发展迅速，然而因为此类加密货币缺乏价值支撑、价格波动剧烈、能源消耗大以及存在威胁金融安全和社会稳定的风险，容易成为非法经济活动的支付工具，所以此类货币的交易在中国是被禁止的。

电子支票。电子支票具有传统支票的功能特点，它是一种电子化的支票，能够通过信息和数字传递把钱款由一个账户直接转移给另一个账户。这种利用电子支票进行的支付，一般采取密码的方式进行信息传递，多数会使用公用关键字对签名进行加密或者是用个人身份证号码代替手写签名。

电子钱包。电子钱包是电子商务中比较常用的支付方式，是一种计算机软件，可以存储电子货币，从而应用于线上小额消费，常见的有微信钱包、支付宝的零钱。用户可以事先通过链接银行卡来将钱存入电子钱包中，以用于线上交易。电子钱包实际上可以结合前面所讲到的信用卡、借记卡等工具，然后用数字钱包进行支付。在中国，最广泛使用的电子钱包是支付宝和微信钱包，消费者通过银行卡充值等方式往电子钱包中存钱，然后更方便、快捷地进行消费，也可以链接到银行卡来进行支付。PayPal 是国际上常用的一种电子钱包，在全球多个国家或地区使用。

除了上述的电子支付方式以外，目前在电子商务领域还流行着指纹支付、人脸识别支付等方法。这些方法与上述电子支付方式主要的不同是认证技术，而本质是相同的，都是以电子钱包等工具为基础，因此本文在此不赘述，具体的认证技术将在本书第 6 章的安全技术中进行介绍。

（3）供应链金融。

由于社会分工的细化，企业间分工逐渐替代企业内部分工，供应链上的核心企业在全球范围内开展外包与采购活动，供应链贸易也快速发展。供应链贸易主要采用赊销的方式进行，但这种方式财务成本太高，经营风险大，所以适应供应链贸易的金融便发展起来。供应链金融是在贸易金融的基础上发展而来的，但供应链融资突破了贸易金融的局限，不再依托买卖双方形成的贸易交易关系。供应链金融将生产商、供应商、第三方物流机构、金融中介机构、分销商以及消费者联结在一起，形成相互联系、相互影响、相互制约的网络，通过对供应链中资金流的管理优化资源配置，提高产业效率。

从供应链贸易的业务类型视角分析，有以下几类业务会产生供应链融资可能：一是销售商订货时向核心企业支付预付款；二是供应商向核心企业赊销产品，形成应收账款；三是销售商提货之后，存货出现。对应产生供应链金融的三大融资模式：预付账款类融资、应收账款类融资、存货类融资。

预付账款类融资，涉及供应链中的核心企业、物流企业、销售商（中小企业）和银行。在此融资模式中，利益相关方共同签署预付账款融资协议书，销售商将货款预付给上游核心企业。为缓解资金压力，销售商以支付保证金向银行融资，银行为融资企业开出银行承兑汇票并在承兑汇票到期时兑现，将款项划拨到核心企业账户。核心企业收到银行开具的承兑汇票后发货至仓储物流公司，货物入库后转为仓单质押，由物流企业开具仓单交给银行，银行根据销售商的付款进度发出提货通知书，销售商可凭借提货通知书提货。预付账款类融资模型如图 2-16 所示。

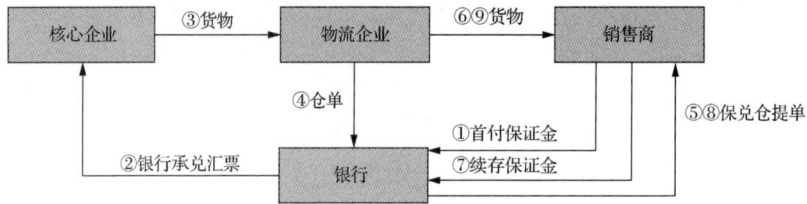

图 2-16　预付账款类融资模型

应收账款类融资，本质上是债权融资。核心企业与供应商签订真实的贸易合同，供应商取得核心企业的应收账款单据，供应商为缓解经营压力，以应收账款作为还款来源向银行融资，并将应收账款单据转让给银行，核心企业需对银行做出还款承诺。到还款期限时，核心企业再将应付账款支付给银行，银行核销供应商贷款。应收账款类融资模型如图 2-17 所示。

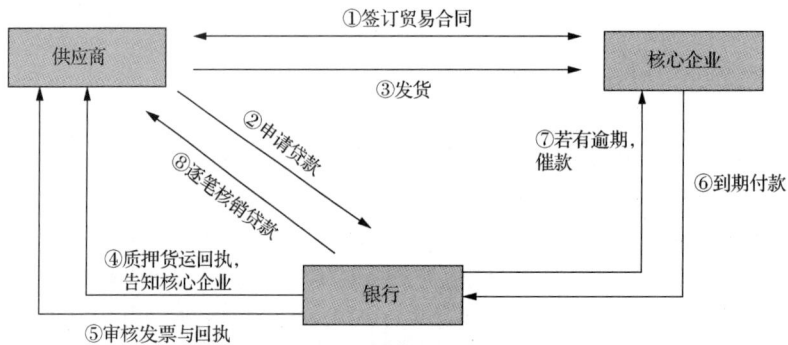

图 2-17　应收账款类融资模型

存货类融资，因为存货可以不以买卖双方订单为基础，独立地向银行做质押融资，所以从严格意义上讲，存货类融资并不符合供应链金融的定义，但由于仓储是供应链的重要组成部分，存货类融资也纳入供应链金融范畴。存货类融资是以资产控制为基础的商业贷款形式。目前，由于存货风险太大，特别是大宗商品物价波动以及动产以少充多等带来的不确定性风险，存货类融资没有大量开展，但未来由于技术发展，存货类融资可能成为供应链金融的一个重要渠道。

（4）消费金融。

电子商务环境要求商场、厂家、政府部门（税务、工商、海关等）、银行以及认证机构互相连接，形成通畅的信息流和资金流。消费者通过网上商场可进行商品预览、订货、支付等商务活动，也可以进行在线订票、购物、娱乐等消费。

消费金融是围绕消费者展开的金融活动，电子商务规模扩大为消费金融的发展带来了机会。消费金融的作用主要表现在支付、风险管理、投资储蓄方面。消费金融的目标是使消费者的消费活动更加便利、可持续。电子商务与消费金融相互成就，共同发展。消费金融的资金提供方根据消费者在电子商务平台上的日常消费数据和消费能力进行深度分析，从而为消费者提供一定数额的信用透支额度。信用透支额度与日常消费数据和消费能力正相关。消费者在平台上消费时，可以先利用平台给予的信用额度进行透支支付。电子商务与消费金融模型如图 2-18 所示。

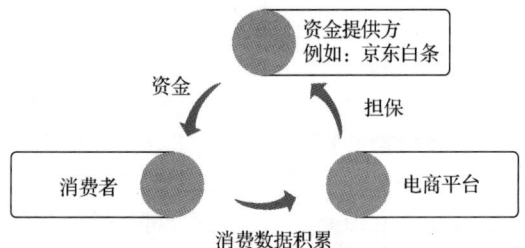

图 2-18　电子商务与消费金融模型

2.3.7 物流基础知识

信息流、资金流和物流存在于电子商务活动的始终。其中，物流是电子商务活动的重要保障。随着现代信息技术的发展，建设现代物流，使其协同信息流、资金流进行高效的系统化运作。已成为优化电子商务生态体系的一个重要方向。

1. 定义与特点

（1）物流的定义。

物流的概念处在不断发展变化的过程中。1915 年阿奇·萧在《市场流通中的若干问题》一书中首次提到"物流"一词，他提出"物流是与创造需求不同的一个问题"，并提到"物资经过时间或空间的转移会产生附加价值"。物流早期使用的英文短语为"physical distribution"，可从字面理解为实物配送，存在于流通过程。随着现代物流的形成与发展，物流逐渐突破流通领域，其概念从销售物流向采购物流和生产物流延伸，"physical distribution"一词也逐渐被内涵更加宽广的"logistics"所替代。

根据中国国家标准《物流术语》（GB/T 18354—2021），物流是指根据实际需要，将运输、储存、装卸、搬运、包装、流通加工、配送、信息处理等基本功能实施有机结合，使物品从供应地向接收地进行实体流动的过程。其他国家具有代表性的物流定义如表 2-10 所示。

表 2-10 其他国家具有代表性的物流定义

机构	内容
美国供应链管理专业协会（Council of Supply Chain Management Professionals，CSCMP）	物流管理是供应链管理的一部分，以满足客户需求为目的，对货物、服务和相关信息在原产地和消费地之间的正向和反向流动与存储进行规划、实施和控制
欧洲物流协会（European Logistics Association，ELA）	物流是在一个系统内人员或商品的运输、安排及与此相关的支持活动的计划、执行与控制，以达到特定的目的
日本日通综合研究所	物流是货物从供应者向需求者之间的物理位移，在这样转移的经济活动中创造了时间价值和场所价值。从物流的领域来看，包括包装、装卸、存储、库存管理、流通加工、配送和其他活动

（2）物流的发展。

现代物流的发展主要经历了产品配送阶段、综合物流阶段、供应链管理阶段和绿色智慧物流阶段 4 个阶段。

产品配送阶段。第二次世界大战时期，军队运送物资装备所形成的储运技术是现代物流的发源。1962 年，美国管理学大师彼得·德鲁克指出，商品价格中与流通活动相关的费用占比达到二分之一，降低物流成本将有效拓展企业的利润空间。因此，当时的物流管理活动主要集中于流通过程，即从产品到消费者的过程，这充分体现了时代特征。

综合物流阶段。在这一阶段，物流从流通领域延伸到生产领域。企业开始将物料管理和产品配送结合起来，运用跨职能的流程管理方式去解决原料采购、生产、加工、流通、消费、售后、废弃物回收整个过程的时效问题。与之相应，物料需求预测、生产计划、存货管理等开始广泛应用于物流领域，实现整体效应的优化。因此，综合物流阶段即以具有综合性的横向物流管理替代传统垂直职能管理，提高物流管理的效率，使其与大规模工业化生产相适应。

供应链管理阶段。物流内涵的不断扩充导致物流系统变得复杂、庞大，其功能要素往往难以由一个企业全部承担，而是分散到不同的企业。因此，在这一阶段，物流管理不再局限于单个企业内部，而是逐渐发展成为供应链上不同企业之间物流活动的组织与协调，供应链管理的思想也由此产生。

智慧绿色物流阶段。21 世纪以来，互联网、大数据、云计算、区块链、人工智能和物联网等现代信息技术得到较大发展，其在物流领域的应用推动物流逐渐从信息化阶段向智慧物流阶段转变。

同时，环境保护与物流产业可持续发展的要求也推动着物流产业向绿色物流方向发展。

（3）中国物流发展特点。

20 世纪 80 年代初，中国自日本引进物流的概念，中国物流业进入起步阶段。20 世纪 90 年代，中国市场经济体制进一步完善，顺丰速运、广州宝供物流企业集团等现代物流企业就诞生于这一时期。同阶段，中国政府开始出台与物流业有关的法律法规，引导物流发展建设。21 世纪以来，中国物流业进入了高速发展阶段。除受益于现代信息技术外，中国物流业还受益于中国经济总量的迅速增加和交通基建的不断完善。中国加入世界贸易组织等也为物流业的发展提供了外贸动力。近年来，尤其是在新冠疫情的影响下，电子商务成为经济发展的新"引擎"，物流也随之日益成为中国国民经济的重要组成部分。目前，中国物流发展主要具有以下几个特点。

物流运行稳中有进，社会物流总额保持良好增势，社会物流总额与 GDP 的比率稳中有降。2021 年中国社会物流总额为 335.2 万亿元，按可比价格计算，同比增长 9.2%。2021 年中国社会物流总额为 16.7 万亿元，同比增长 12.5%。社会物流总额与 GDP 的比率为 14.6%，比上年下降 0.1 个百分点。2011—2021 年社会物流总额如图 2-19 所示。2011—2021 年社会物流总额与 GDP 同比增速对比如图 2-20 所示。

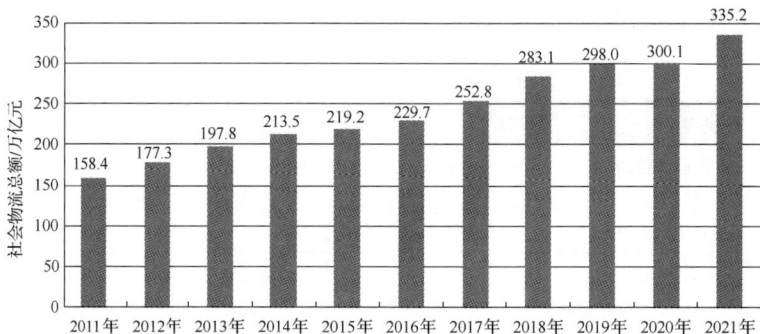

图 2-19　2011—2021 年社会物流总额

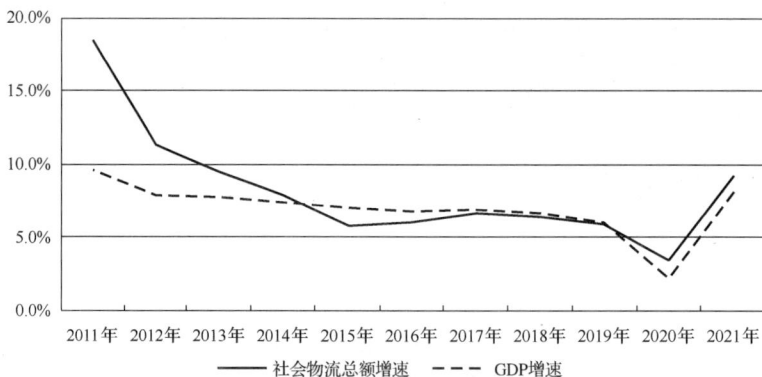

图 2-20　2011—2021 年社会物流总额与 GDP 同比增速对比

物流需求结构优化、内需对物流拉动增强。2020 年，全年实物商品网上零售额达 97590 亿元，按可比口径计算，比上年增长约 14.8%，约占社会消费品零售总额的 24.9%，比上年提高约 4.0%。

资本驱动物流业加快发展。物流仍是风险投资的重要关注领域，物流资产证券化步伐明显加快。融资对象主要集中在电子商务物流、快递、公路零担货运、国际物流、智慧物流、综合物流、生鲜电子商务等细分领域的新兴企业。

物流行业降本增效有所成效。如图 2-21 所示，2020 年社会物流总费用达 14.9 万亿元，同比增长约 2.0%，增速比上年回落约 5.2%。

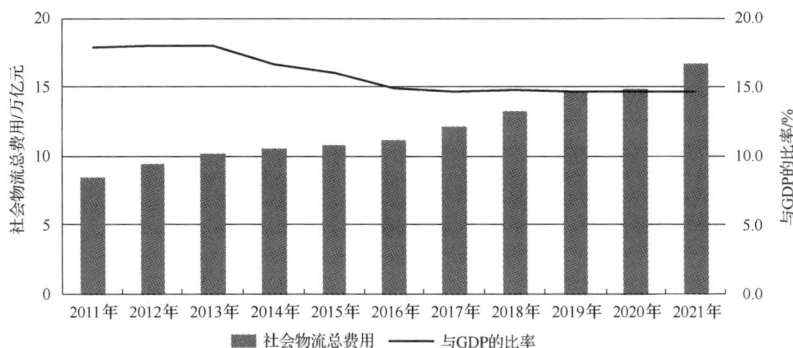

图 2-21 2011—2021 年社会物流费用及与 GDP 的比率

物流领域自动化与数字化变革持续推进。 5G、区块链、大数据、云计算和物联网等现代信息技术推动物流领域自动化与数字化变革。物流逐渐从信息化阶段向智能化阶段过渡。

物流行业进入整合阶段。 在中国产业结构向规模化和专业化发展的大背景下，以及电子商务迅速发展要求物流提出降本增效新要求的微观背景下，物流行业以现代信息技术为支撑，开始进入整合阶段。

（4）现代物流特点。

现代物流具有网络化、专业化、信息化、集约化、智能化、自动化等特点，如表 2-11 所示。网络化表现在物流配送系统使用网络进行通信，通过网络来建立物流配送中心、供货商、消费者之间的联系；专业化表现为对物流要素进行统一，并展开系统化运作；信息化表现为信息的数字化、信息处理的电子化以及信息传递的实时化，如条码技术的使用；集约化表现为建设物流园区等产业集群，整合资源，实现规模经济效益，如京东的国内外大型仓储；智能化表现在物流配送管理过程中的运筹与决策，如自动导向车的路径选择、作业控制等功能；自动化表现在机械化、无人化，也就是以机器代替人力来提高效率，如机械臂等的应用，如图 2-22 所示。

表 2-11 现代物流产业特点

特点	内容
网络化	完善、健全的物流网络体系，各网点之间进行系统有序的物流行为
专业化	物流要素的优化配置及系统化运作
信息化	物联网、云计算、大数据、区块链等新兴信息技术赋能物流，物流业务实现全链条在线化和数字化
集约化	通过建设物流园区等方式实现产业集群，整合资源；通过物流企业的兼并与合并等方式推动物流产业实现规模经济效益
智能化	在物流配送管理过程中的运筹与决策，如自动导向车的路径选择、作业控制等功能
自动化	对物流配送过程中的步骤进行机械化、无人化，以机器人代替人力提高效率，如机械臂等的应用

（a）JDT20 智能搬运车　　（b）分拣机器人　　（c）机械臂

图 2-22 JDT20 京东无人仓智能设备

2. 物流与电子商务

电子商务是物流最为广泛的应用领域之一。电子商务物流指的就是主要服务于电子商务的各类物流活动，它以互联网为基础，通过信息化、智能化等手段实现网络化物流服务。在电子商务交易活动中，电子商务平台与物流系统的高度协同，能够推动信息流、物流和资金流的有机结合，促使电子商务产生更大的经济效益。相对传统物流而言，电子商务物流具有时效性强、服务空间广、供应链条长等特点，同时电子商务物流除了具有现代物流的特点以外，还具有柔性化的特点，表现在以用户为中心，根据需求组织生产、流通，从而适应消费需求，即"多品种、小批量、多批次、短周期"，从而灵活地进行物流管理。

同时，电子商务物流有实体物流和虚拟物流两类物流，这主要是因为电子商务中的商品是虚拟商品，2.2 节中已经提到过虚拟商品分为两类，即虚拟化的有形商品与虚拟化的无形商品。这两类商品都需要电子商务物流来管理配送。对于可以通过网络传输的无形商品，电子商务物流通过互联网进行高速的信息传输来配送商品；而对于有形商品，就需要多个企业利用日益完善的空—地一体化网络系统，实现精准定位、精准管理、精准配送、精准评价等，构建一个大型物流支持系统，帮助物流任务快速、精确、稳定地完成，实现企业间资源共享、优势互补、风险共担等目的，满足电子商务物流市场的多频度、小批量订货需求。

总而言之，电子商务物流具有时空效应特征、大数据快速计算特征、可精准描述产品动态特征、实时快速响应可记忆的位置标注特征。可以说电子商务物流是电子商务的基础，而电子商务是促进电子商务物流产生和发展的重要推动力。

（1）虚拟物流。

针对没有实体的虚拟商品，如游戏手机充值、游戏币、数字多媒体商品、软件、应用会员服务等，不需要快递员配送，虚拟物流将实现高速且高度自动化的配送，其要素包括数字信息存储、账户管理以及自动发货收货管理等。其流程可以总结如下。

① 确认买家电子账户，如游戏账号、应用登录账号、设备识别号等。

② 发货。赋予买家用户会员权限、资源访问权限等，或者对其账号进行充值，对其账号给予虚拟物品拥有、使用权限。

③ 交易完成记录及确认。

无形虚拟商品的特殊性使得虚拟物流能够做到即买即到，因此当前虚拟物流一般不支持退换货。

（2）实体物流。

电子商务平台一般可视作电子商务企业与物流服务企业协同的信息服务平台，物流、信息流和资金流均汇集在该平台。电子商务企业根据平台所反映的信息进行采购、库存及销售管理。相对应地，物流服务企业完成入库、仓储、出货及配送等活动，见图 2-23。

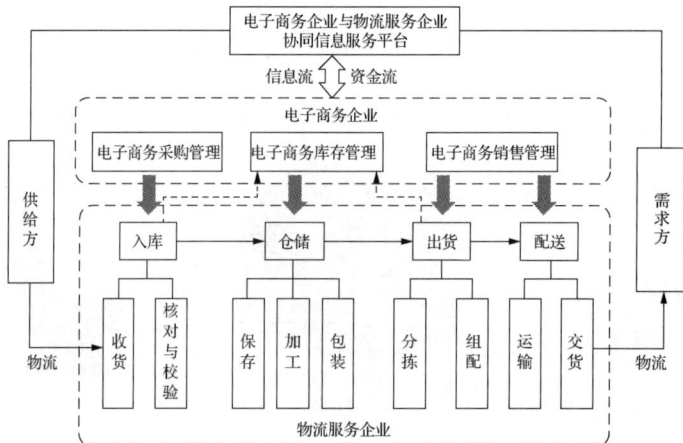

图 2-23 电子商务物流

第一阶段为入库，入库即指依据电子商务企业的采购信息对到库货物进行核对与检验。

第二阶段为仓储，物流服务企业采取科学方式保存在库货物，电子商务企业也可根据库存信息进行库存管理，保障商品在储存期的质量与安全，同时可对货物进行简单的加工以及包装。

第三阶段，物流服务企业根据平台获取的电子商务订单进行出货与配送服务。

3 个阶段依次递进，完成商品由供给方向需求方的流动过程。

我们可以把实体物流分为快递物流和跨境电子商务物流。

快递物流。快递物流与电子商务行业密切相关，优质的快递服务是电子商务平台降本增效的重要支撑。2013—2021 年快递业务收入与电子商务平台交易额如图 2-24 所示。2018 年 1 月，国务院发布《国务院办公厅关于推进电子商务与快递物流协同发展的意见》，指出中国电子商务与快递物流协同发展不断加深，推进了快递物流转型升级、提质增效，促进了电子商务快速发展。2019 年 6 月，为进一步推动快递物流和电子商务协同发展，中国国家邮政局和商务部发布《国家邮政局 商务部关于规范快递与电子商务数据互联共享的指导意见》。

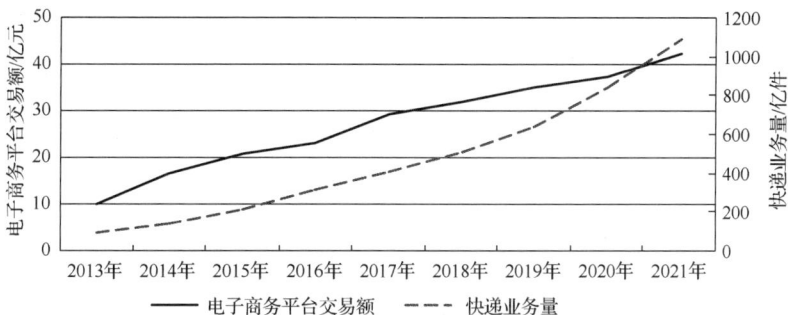

图 2-24　2013—2021 年快递业务收入与电子商务平台交易额

目前，中国快递保持高速发展，但行业竞争激烈，具有明显的马太效应，如图 2-25 所示。首先，头部快递企业规模效应突出，有继续扩大的优势。例如，顺丰发展特惠专配业务，低价争夺电子商务市场，"四通一达"通过菜鸟网络进行资源整合等。2016—2021 年快递与包裹服务品牌集中度指数如图 2-25 所示。其次，二、三线城市快递企业在激烈的市场竞争中受到强烈冲击甚至淘汰。最后，平台型企业向物流领域加速扩张，如京东大力发展第三方物流，美团推出美团配送以及饿了么推出蜂鸟即配等。

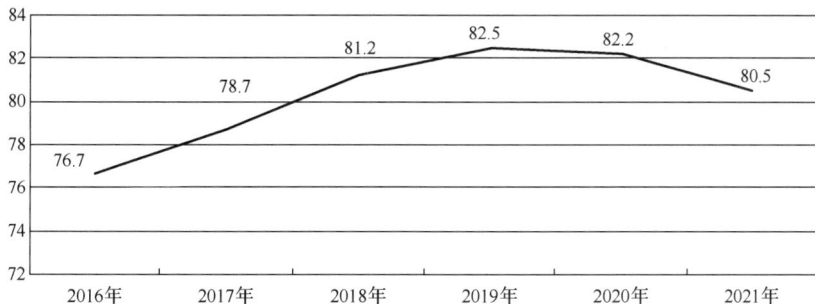

图 2-25　2016—2021 年快递与包裹服务品牌集中度指数

跨境电子商务物流。目前，跨境电子商务物流模式主要包括邮政小包、商业快递、国际专线 3 种直邮模式和海外仓模式。2016 年政府工作报告首次提出"海外仓"一词。海外仓模式是指跨境电子商务企业在目的国/地区建立仓库，实现目的国/地区本地发货、仓储、中转、代发、退货换标等一系列物流服务。该模式能够有效地解决直邮模式下的跨境电子商务物流的成本与效率问题。

2014 年，针对跨境电子商务 B2C 模式，中国海关总署制定了"9610""1210"两个海关监管代码，分别针对跨境贸易电子商务和保税电子商务。2020 年 7 月，针对 B2B 模式，中国海关总署发布《关于开展跨境电子商务企业对企业出口监管试点的公告》，增列海关监管方式代码"9810"和"9710"。其中，"9810"全称为"跨境电子商务出口海外仓"，适用于跨境电子商务出口海外仓的货物。这一举措意味着海外仓模式的进一步完善，也为跨境电子商务的优进优出提供了重要保障。

（3）智能配送。

随着电子商务交易规模的增大，电子商务物流也迎来了高速发展。传统的"到店式"配送逐步变成了"到家式"配送。云计算、物联网、人工智能、区块链等技术在智能配送过程中得以组合应用，实现了物流的信息化、仓储的机器化、配送的智能化。

物流信息化。物流信息化是物流行业全程可视化、透明化的必然趋势。目前，已经在全球范围内不断发展。电子商务完善的工程生态很大程度上提升了物流产业的信息化和数字化水平。

物联网技术和云计算技术可以实现及时、准确地获取并整理任意一件商品从生产到销售给客户这一过程之间的产地、存储的仓库、载运的车辆以及对应的时刻等数据，利用这些数据就可以实现价格预测、路线决策等。对于这些数据的使用、保护，保证交易双方信息透明，保障交易双方的信用，我们均可以通过区块链技术来实现。

通过多种技术的综合运用，整个物流信息化产业围绕物流数据形成了一个闭环，如图 2-26 所示。这个闭环会使得物流产业合作协同化、决策智能化、信息透明化等水平大大提高，同时还会大幅降低人力成本。下文将从仓储机器化和配送智能化两个角度论述智能技术在配送发货端和收货端的应用。

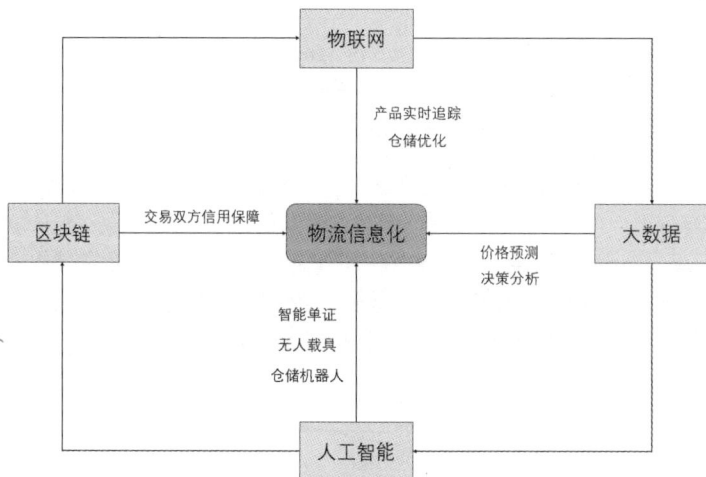

图 2-26　物流信息化闭环示意

仓储机器化。仓储管理一直是物流配送的核心，提高仓储管理效率、降低仓储管理成本是重点问题。随着人工成本的攀升，机器人逐步承担了仓储管理的重要角色。对一个机器人 R 而言，其有多个组成部分，包括主体 R_m、驱动系统 R_d、控制系统 R_c、末端检测和执行装置 R_v，它们分别用来支撑机器人的整体结构，提供机器人的动力，控制机器人的行动以及执行机器人的功能，如式（2.1）所示。

$$R = \{R_m, R_d, R_c, R_v\} \tag{2.1}$$

每一个部位对机器人而言都是必不可少的，其中 R_v 包含视觉感知模块、精细动作模块等复杂机械，帮助机器人完成其设计功能。式（2.1）仅仅是一个概念上的抽象表示，根据不同的功能需求，机器人还可以有其他的组成部分，诸如人机交互模块等。

在电子商务平台的仓库中，有一类机器人被称为搬运机器人，负责货物在仓库中的搬运工作。这些机器人在搬运过程中的运输调度和路径规划在寸土寸金的仓库中是十分必要的。假设构建一个仓储空间模型，如图 2-27 所示。记货架的集合为 $A = \{a_i \mid i = 1, \cdots, n_a\}$，理货口的集合为 $B = \{b_j \mid j = 1, \cdots, n_b\}$，纵向道路的集合为 $C = \{c_m \mid m = 1, \cdots, n_c\}$，横向道路的集合为 $D = \{c_n \mid n = 1, \cdots, n_d\}$。为方便处理，横向道路和纵向道路均为单行道。对于机器人 $R = \{r_k \mid k = 1, \cdots, n_r\}$ 中的一个机器人 r_k，其任务可以表示为从货架 $a_i \in A$ 运送到某个理货口 $b_j \in B$，待货物处理完后，送到一个货架位置 $a_i \in A$。

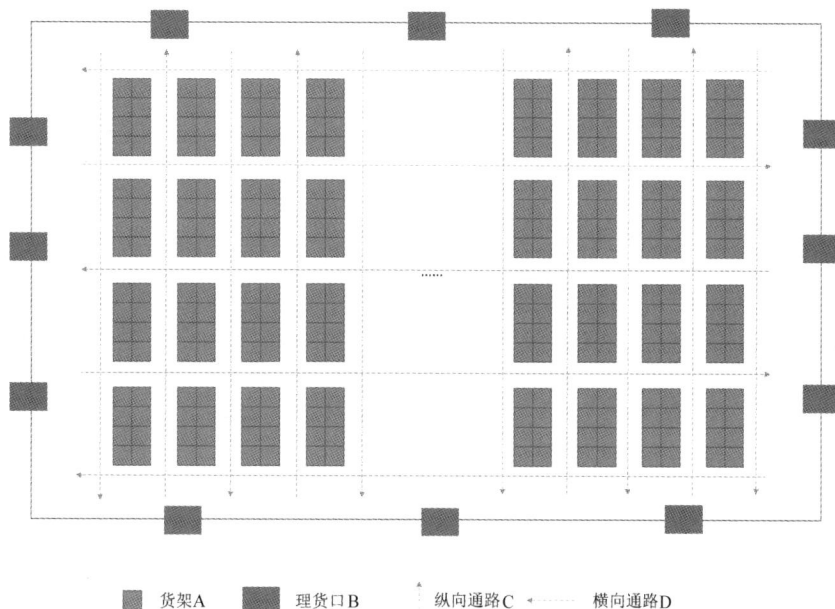

■ 货架A   ■ 理货口B   ▲ 纵向通路C   ◄---► 横向通路D

图 2-27 仓储空间模型

一个机器人 r_k 完成任务的时间 t_k 如式（2.2）所示。

$$t_k = t_{k1} + t_{k2} \tag{2.2}$$

其中 t_{k1} 表示 r_k 由当前位置移动到起始货架 a_i 的时间，t_{k2} 表示 r_k 由起始位置移动到理货口然后返回其他位置的时间。

仓储机器人调度的方案记为一个 k 维向量 w，则优化调度方案的目标如式（2.3）所示。

$$w^* = \underset{w}{\arg\min}\, wt \tag{2.3}$$

式（2.3）即为取能够使时间最短的调度方案 w^*，通过智能的调度方案，能够使仓储机器人高效运转，仓储货运的效率大幅提升，降低物流成本。

配送智能化。与仓库机器化类似，配送智能化也应用于物流的终端场景。配送问题又称为"最后一公里"问题。目前，解决这个问题的办法是通过人工将商品从接货仓送到客户手中。随着技术的发展，以无人机为代表的无人配送技术逐渐发展。

让诸多无人机进行货物配送，需要较为成熟的路径规划算法，无人机的路径规划算法和业界的路径规划算法类似，是一个非线性优化问题，目的是找出从起始位置到最终位置的一条路径，可以转化成在约束条件下的函数最优化问题。

首先对无人机的状态进行描述，包括无人机的机身外部位置和机身的内部状态。机身的外部位置有 6 个状态，记为 $\{x,y,z,u,v,w\}$，其中 x,y,z 表示无人机在 3 个轴线上的位置，而 u,v,w 表示无人机在 3 个轴线上的速度。机身的内部位置也有 6 个状态，记为 $\{a,b,c,p,q,r\}$，其中 a,b,c 表示无人机横滚、俯仰、偏航的角度，p,q,r 表示相应的角速度。

按照无人机的描述体系以及禁飞区域、危险区域、障碍物的约束条件，可以计算无人机通行的各种代价，诸如上升代价、危险代价、长度代价、燃料补充代价等，记为 $J_i(w)$。其中 w 表示飞行路径。

无人机智能配送的优化目标如式（2.4）所示。

$$w^* = \underset{w}{\text{argmin}}\, w\sum_{i=1}^{N} k_i J_i(w)$$
$$\text{s.t.} \sum_{i=1}^{N} k_i = 1 \tag{2.4}$$

式（2.4）即为取能够使代价最小的飞行路径 w^*，节省成本。然而目前受到法律的限制，无人机配送还没有大规模普及。但是"无人配送"的概念对于解决"最后一公里"问题，提升用户体验具有一定的意义。

本章小结

本章论述了电子商务基础知识。虽然各领域对电子商务的定义不同，但是从本质上讲，电子商务可以看作通过电子技术手段所进行的商业贸易活动。在此基础上，电子商务的概念是不断发展的，不仅赋予了贸易活动参与主体更丰富的内涵，还通过特有的信息化技术，对交易方式进行了变革。在这一过程中，形成了电子商务领域专业知识，诸如电子商务体系结构、电子商务基础模式等，同时也有相关领域的知识为电子商务的发展提供帮助，诸如计算机、管理、会计等。这些构成了电子商务生态环境，为电子商务高效、稳定、安全、合理地发展提供了不竭动力。

思考与讨论题

1. 试阐述你对电子商务的理解。
2. 虚拟商品有哪些类型？商品的虚拟化可以如何理解？
3. 试分析购物车在电子商务中的基本功能及其存在的必要性。
4. 电子商务的一般框架包括哪些组成部分？试阐述其整体运作过程。
5. 如何理解柔性体系结构的"柔性"？
6. 按照交易对象划分，电子商务有哪些模式？
7. 为什么说 B2B 模式占主要的优势地位？可以从哪几个方面理解？
8. 试结合案例说明 B2C 电子商务模式的实际应用。
9. C2C 模式的关键在于什么？
10. 当前 C2C 电子商务模式的主要应用特点和应用领域是什么？
11. 如何理解 O2O[n] 电子商务模式？它与 O2O 模式有什么区别？
12. 影响电子商务消费者购买行为的因素主要有哪些？
13. 试阐述电子商务消费者行为研究的意义。
14. 简述消费成瘾的危害。
15. 如何理解企业的数字化转型？数字化转型的难点主要包括哪些方面？
16. 电子商务企业主要可以分为哪几种类型？如何理解这几类电子商务企业？
17. 试结合实际案例分析电子商务企业的特点。
18. 请简述目前中国电子商务市场营销的发展趋势。
19. 请比较现代市场营销和传统市场营销。
20. 简要说明管理理论发展历程中的主要流派有哪些？
21. 请简述计算机技术的发展历程。

22. 列举现代计算机前沿技术在电子商务中的具体运用。

23. 会计发展先后经历了哪 3 个阶段? 请分别简述各阶段的特征。

24. 会计信息化与会计智能化对会计的改变分别是什么?

25. 现代市场营销过程主要包括哪些阶段? 请进行简单阐述。

26. 冯·诺依曼机的特点有哪些?

27. 请论述电子商务会计是如何发挥三大职能的。

28. 电子商务法律主要包括哪些?

29. 中国法律是如何保护电子商务消费者的,是从哪些方面来保护的?

30. 请简述供应链金融中预付账款类融资模式。

31. 请简述供应链金融中应收账款类融资模式。

32. 电子金融支付方式有哪些,可以如何分类?

33. 电子金融支付方式各有什么特点?

34. 供应链金融有哪几类融资?

35. 消费金融主要是为了支持哪些消费活动?

36. 请简述现代物流的发展阶段及特点。

37. 请简述目前中国快递物流发展的特点。

38. 请简述电子商务实体物流流程。

39. 什么类型的商品需要电子商务虚拟物流?

第3章
电子商务主要分类

📚 知识结构

第3章 电子商务主要分类
- 3.1 平台型电子商务
  - 3.1.1 平台型电子商务的定义
    - 基本定义
    - 电子商务交易平台
  - 3.1.2 平台型电子商务的运营模式
    - 市场定位
    - 营销手段
    - 支付方式
    - 供应链决策
    - 优惠消费者
- 3.2 移动电子商务
  - 3.2.1 移动电子商务的定义
    - 基本定义
    - 移动电子商务的特点
    - 移动电子商务的发展
  - 3.2.2 移动电子商务的运营模式
    - 运营模式
    - 移动电子商务服务
- 3.3 跨境电子商务
  - 3.3.1 跨境电子商务的定义
    - 基本定义
    - 跨境电子商务的种类
    - 跨境电子商务和传统电子商务的区别
  - 3.3.2 跨境电子商务的运营模式
    - 平台型跨境电子商务运营模式
    - 自营型跨境电子商务运营模式
    - 跨境电子商务的特色和优势
- 3.4 直播电子商务
  - 3.4.1 直播电子商务的定义
  - 3.4.2 直播电子商务的运营模式
- 3.5 农村电子商务
  - 3.5.1 农村电子商务的定义
    - 基本定义
    - 发展流程及政策
  - 3.5.2 农村电子商务的运营模式
    - 农村电子商务的集体合作社模式
    - 农村电子商务的可视化直播模式

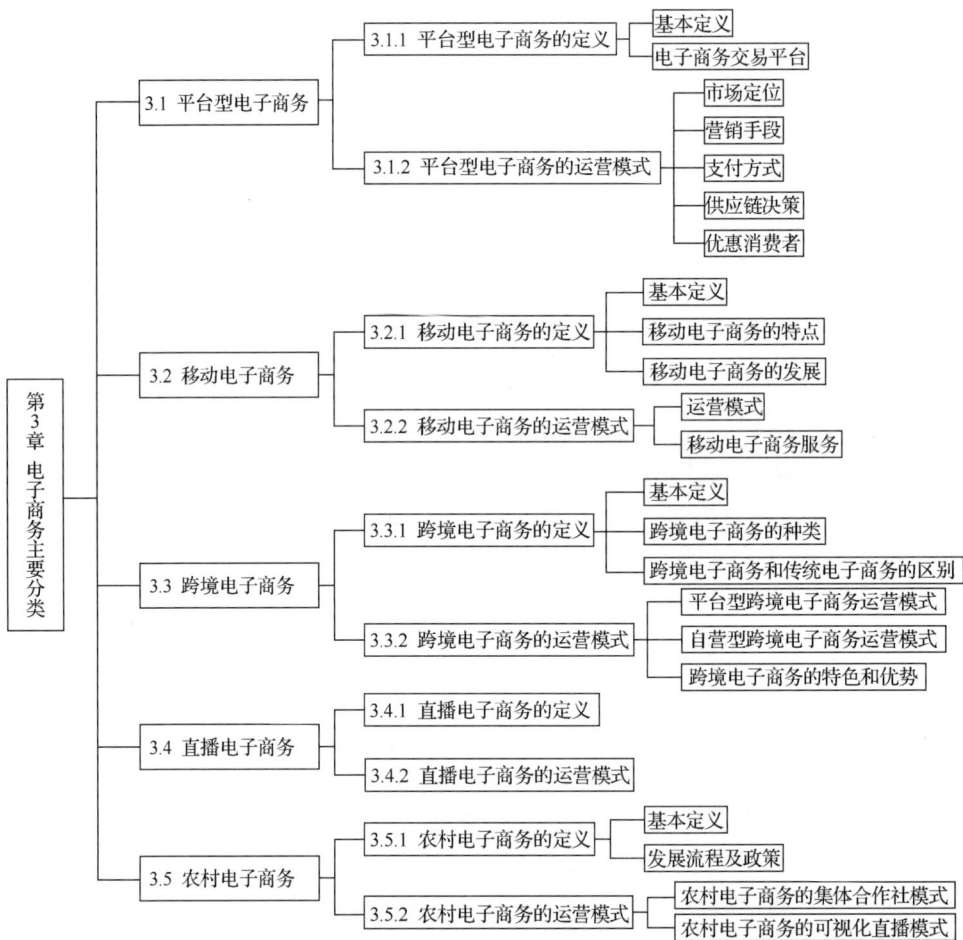

本章为电子商务主要分类，论述电子商务的分类概念。根据电子商务的定义以及电子商务的覆盖范围、电子商务平台等性质，将电子商务分为平台型电子商务、移动电子商务、跨境电子商务、直播电子商务、农村电子商务等 5 个主要类别。本章主要从这 5 个类别来介绍电子商务的主要分类的概念、内涵、

种类、模式等，并介绍各个电子商务细分类别的原理以及它们之间的区别。

3.1　平台型电子商务

3.1.1　平台型电子商务的定义

1. 基本定义

接受平台规则，对平台获取的数据进行分析，打造优质店铺进行销售获取盈利，通过第三方平台来进行电子商务交易的电子商务统称为平台型电子商务。根据定义，平台型电子商务依赖于电子商务平台，是个体或者集团经济体基于各式电子商务平台来销售获利的电子商务形式，因此平台型电子商务的一个显著特性就是由平台提供流量、由店铺来进行转化，最终达到商品销售的目的。常见的电子商务平台有淘宝、天猫、京东、苏宁、拼多多等。

除此之外，伴随着电子商务与国际贸易接轨，移动支付与移动通信技术的广泛发展应用，开始出现跨境电子商务平台、移动电子商务平台等多式多样的电子商务交易平台。

2. 电子商务交易平台

电子商务交易平台是基于互联网建立的虚拟网络交易空间，在进行"三流"（即信息流、物流、资金流）整合、促进"三流"高效流动上发挥了关键作用。电子商务交易平台为商家和消费者提供了展示查询、宣传推广、询价议价、支付购买等共享资源以及配套服务设施，帮助商家与消费者低成本、高效率地开展交易，进行商务活动。2008 年 5 月我国商务部在《电子商务模式规范（征求意见稿）》中将电子商务平台定为 6 类。

- 网上商厦，指提供给具有法人资质的企业在互联网上独立注册开设网上虚拟商店，出售实物或提供服务给消费者的由第三方经营的电子商务平台。
- 网上商店，指具有法人资质的企业或个人在互联网上独立注册网站、开设网上虚拟商店，出售实物或提供服务给消费者的电子商务平台。
- 企业网上交易市场，指提供给具有法人资质的企业间进行实物和服务交易的由第三方经营的电子商务平台。
- 网上商务，指具有法人资质的企业在互联网上注册网站，向其他企业提供实物和服务的电子商务平台。
- 个人网上交易市场，指提供给个人间在网上进行实物和服务交易的由第三方经营的电子商务平台。
- 政府采购，指政府或政府授权的机构在网上面向法人进行采购的电子商务平台。

这 6 类中的网上商厦、企业网上交易市场、个人网上交易市场和政府采购 4 种电子商务平台属于网络交易平台提供商所设立的，而网上商店和网上商务两种电子商务平台只是企业或个人所设立的，仅供自己进行网上商品或服务交易使用，不属于网络交易平台提供商所设立之列。

目前，除了传统电子商务交易平台以外，跨境电子商务、新零售电子商务、社交电子商务、内容电子商务等新电子商务形式发展迅速。这里重点对传统电子商务、跨境电子商务以及新零售电子商务进行介绍。

（1）传统电子商务交易平台。

传统电子商务是指通过互联网在电子商务平台上实现线上交易。商城、消费者、产品和物流是传统电子商务的四大要素。商家通过电子商务平台展示产品信息，提供商品；电子商务平台的消费者可以通过电子商务平台查找商家、浏览商品，并针对目标商品进行问价咨询、下单购买；电子商务平台进行商家和消费者引流，促进商家入驻，引导消费者购买，促使交易达成。交易达成后，物流服务商解决产品运输及配送问题，将产品从商家运送至消费者手中；待消费者收货并确认无误后，支付服务商解决资金流转及清算问题。

（2）跨境电子商务交易平台。

跨境电子商务是市场主体利用跨境电子商务平台开展跨境业务的一种商业贸易活动。根据交易对象和业务覆盖范围，跨境电子商务分为广义和狭义两种。广义的跨境电子商务是将电子商务运用在国际贸易领域，又称外贸电子商务，是指不同国境的交易主体利用网络技术、现代通信技术和计算机技术，完成传统进出口贸易中的货品展示、商业洽谈、合同签订及订单支付等环节，并进行配送、清关等，进而完成跨境交易的贸易活动。狭义的跨境电子商务又称跨境零售，是指不同关境的交易主体在线上完成交易、支付等贸易流程，并通过快件、小包等运输方式直连境外消费者的贸易活动。跨境电子商务的交易流程如图 3-1 所示。

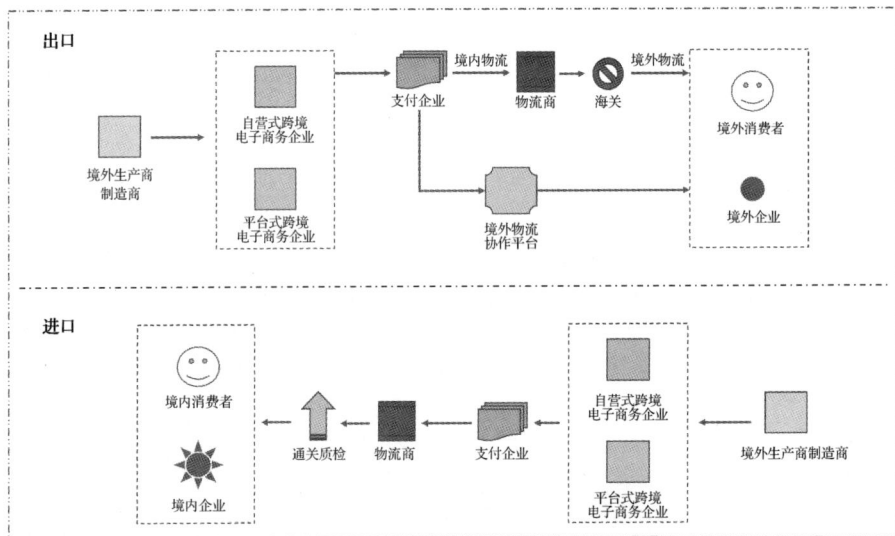

图 3-1　跨境电子商务的交易流程

在跨境电子商务交易过程中，跨境物流扮演了极其重要的角色。目前，进口跨境电子商务物流模式有以下 3 种。

① 海外直邮模式。跨境电子商务企业收到订单后，订单信息同时传给海外供应商，拣货、包装、出货操作由海外供应商物流中心统一完成，形成"单一"订单，以单件包裹形式采取邮件、快件运输入境，完成集中清关后直接派送至消费者手中。

② 保税备货模式。商家先在海外集中采购商品，通过空运或海运入境，备货至保税仓库，收到订单时利用电子清关，在保税仓库完成贴面单和打包，查验通过后直接进行国内配送。

③ 转运模式。国内消费者购买下单操作完成后，商家先将商品送至转运公司并打包贴条，集货后空运至国内进行清关，由国内物流企业进行配送。

出口跨境电子商务物流模式主要有以下 7 种。

① 国际空快模式。物流商在国内集货，由头程国际空运运输货物至目的国/地区，完成清关操作并缴纳关税后送至海外仓库，由尾程服务商完成最终派送。

② 国际海派模式。根据尾程派送方式分为海卡和海快。海派集货模式有整柜（Full Container Load，FCL）和散货（Less than Container Load，LCL）两种。整柜指整个集装箱货物发往同一地址，尾程由卡车运送入仓；散货指小批次货物，由物流商在国内揽货，集成整柜后安排出运，在海外仓库进行拆柜派送。

③ 国际快递模式。其是指两国或者地区间的快递、物流业务。目前 3 家国际快递巨头[UPS、DHL、FedEx（包含 TNT）]通过自有基础设施网络或者联合经营网络，在起运国完成集货并报关，头程空运安排自有运输机队及航班，到港后由快递商办理进口清关手续，并在中转站点进行分拨转运。

④ 国际邮政。其是指通过国际邮路进行运输，国内完成统一集货，按照渠道要求完成分拣打包，统一装袋后送至邮政处理中心，通过万国邮联旗下成员邮路网络进行转运，最终完成配送。

⑤ 国际专线。主要针对 B2C 电子商务小包，由物流商完成集货、分拣、装箱操作，通过头程空运运输货物，抵达后采用 B2C 商业清关，尾程交由本地服务商完成配送。

⑥ 国际铁派。分为铁卡和铁快，内在运转逻辑与"海派"相似，有整柜、散货两种类型；但在运输载体方面，海派是"货船+集装箱"，铁派是"火车+集装箱"。

⑦ 国际卡车。即中欧卡航或者中欧班车，指通过集装箱卡车将货物从国内运输至欧洲，同样有整柜、散货两种类型。

对企业而言，跨境电子商务进一步推动了国际贸易新模式的构建，形成了开放、多维、立体的合作新格局，开辟了外贸企业走向国际市场的新路径，进一步优化了国际资源配置，实现企业共赢；对消费者而言，跨境电子商务响应了消费者对更高生活质量的需求，丰富了消费者的选择，提高了消费者的福利水平。

（3）新零售电子商务交易平台。

近年来，互联网的高速发展使得用户增长及流量红利逐渐萎缩，传统电子商务发展速度放缓；同时，传统电子商务的线上消费体验无法满足消费者日益升级的高品质、个性化、多体验的消费需求，逐渐陷入发展瓶颈期。在此情况下，一种新的模式即"新零售电子商务"模式应运而生，该模式助推消费体验升级、消费方式变革，进而实现零售业渠道重构，成为传统电子商务变革之路的一次创新尝试。新零售电子商务是指以互联网为依托，运用人工智能、大数据、云计算等新兴技术，对线上服务、线下体验、现代物流进行整合，实现多场景融合，重构"人、货、场"三要素，提高零售效率的零售新模式。新零售电子商务架构如图 3-2 所示。

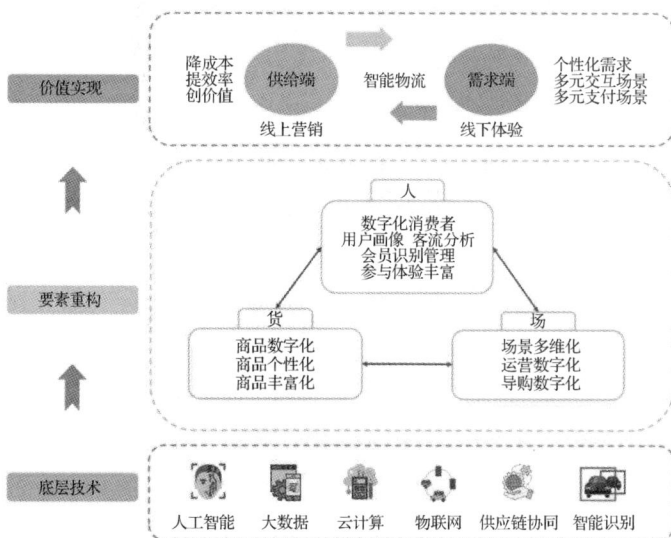

图 3-2　新零售电子商务架构

新零售电子商务与传统电子商务的区别在于内在推动力、消费场景以及消费体验。在内在推动力方面，传统电子商务的发展离不开互联网的支撑，主要解决交易供需对接问题；而新零售电子商务更依靠新技术支持，更侧重于深入供应链环节来提高行业效率。在消费场景方面，传统电子商务主要集中在线上，在线上完成交易；而新零售电子商务是"线上+线下+智能物流"的完整闭环。在消费体验方面，传统电子商务无法让消费者真实感受商品属性，且收货时间长；新零售电子商务则可以实现线上浏览，线下感受、提货，让消费者体验更加立体化。因此，新零售电子商务具有生态性、无界化、智慧型以及体验式四大特征。

3.1.2　平台型电子商务的运营模式

当今电子商务平台包括许多模式，其中以 B2B 即商家对商家的交易模式以及 B2C 即商家对顾客的交易模式为主。虽然这两种模式的服务对象不同，但是它们都是以全网、全站、全沟通为主要特点的一站式运营。近年来 B2B 以及 B2C 市场发展趋于稳定，它们也将进入用户细分的营运阶段。随着越来越多的电子商务企业以及厂家进入垂直细分的电子商务平台市场，我国电子商务的运营模式朝着多元化方向发展的势态越来越明显。我们对电子商务平台的运营模式进行分析，对我国电子商务的发展有着很大的推动作用。电子商务平台的运营模式分为以下 5 点。

1. 市场定位

市场定位是否准确对一个电子商务平台的发展与否起着决定性作用。当今定位比较准确的电子商务平台有阿里巴巴、京东商城等，他们的市场定位往往都是以开拓全面市场或者开拓相对冷僻市场为准则。以阿里巴巴为例，如图 3-3 所示，阿里巴巴的市场定位全面，其销售的商品涵盖范围广，分门别类细致，因此其顾客没有年龄、性别、职业的界限。

全面型市场定位的优势就是在于它的全面性，顾客可以在一家电子商务网站买到自己所需要的所有类别的商品。但是这种网站缺少鲜明的特点，往往会被顾客所忽略。单一型市场定位特点鲜明，常常会产生对某一类用户群的垄断，但是由于自身产品类别的限制，容易造成顾客类型单一的缺点。

图 3-3　阿里巴巴主页

2. 营销手段

营销手段的好坏决定着一个电子商务平台的销售成败。以往移动设备和网络通信不是非常发达，电子商务网站主要采用传统的搜索引擎以及广告营销带动微博、娱乐营销的综合营销手段。搜索引擎营销手段是最传统的、应用范围最为广泛的营销手段，以往大多数电子商务网站都把它作为一种主要的营销手段。随着移动设备的普及和 5G 等通信技术的发展，电子商务在技术、消费观念、消费心理和市场环境等多方面推动网络营销向社会化方向发展，线上以及线下结合的营销活动开始风靡。在本书的 2.3 节中，已经介绍过两种新型市场营销手段，即新媒体营销和精准营销，在电子商务中，采用的也是这类营销手段及其衍生的营销手段。

目前，电子商务企业纷纷把广告做上电视、报刊、地铁。以微博营销为例，微博营销手段是社会不断发展的产物，它开拓了微博这个网络用户群体数量极大的平台。具体的形式是：以企业的名字设立官方微博，把网站产品以及活动的信息实时更新，增加消费者对企业的了解，进而使消费者产生购买的欲望，这是当今电子商务企业的微博宣传模式。而随着直播平台比如抖音等的多样化发展，进行直播形式的营销也是各大电子商务平台现行的主要宣传手段，关于直播电子商务的具体形式将在 3.4 节进行介绍。

此外电子商务平台也存在共同发展的营销模式，比如由淘宝、京东等多家推出的联合团购的销售方式，可以点带面，促进整个电子商务市场的蓬勃发展。

3. 支付方式

基于电子商务平台的销售之所以如此成功，也因为它多样化、便捷化的支付方式在其中起到了重要的作用。大部分电子商务平台的支付方式都包括线上支付和线下支付两种类型。线上支付主要包括以支付宝、微信支付、苹果支付等（见图 3-4）为依托的平台支付，还有各大银行的网上银行支付等。线上支付的特点是方便、快捷，但是线上支付存在一定的安全隐患，因为消费者在支付的过程中很容易受到黑客的攻击，进而发生个人信息泄露或者账户被盗的危险事件。

图 3-4　线上支付实例（支付宝、微信支付、苹果支付）

线下支付就是所谓的货到付款，顾客收到货以后要对货物进行检验，检验合格后才会付款。货到付款的优势在于客户购买的货品的质量可以通过线下核实，但是这种支付方式由于涉及现金的交易，较为烦琐。

4. 供应链决策

供应链是电子商务网站的"生命线"，它主要包括商品的进购仓库与物流体系的建立、商品包装以及物流配送等。我国大多数电子商务平台都建立了自己的仓库，并且某些平台的仓库遍及全国各大城市，电子商务平台的迅速发展也带动中国物流产业快速发展。2018 年 1 月，国务院发布《国务院办公厅关于推进电子商务与快递物流协同发展的意见》（国办发〔2018〕1 号），指出中国电子商务与快递物流协同发展不断加深，推进了快递物流转型升级、提质增效，促进了电子商务快速发展。

有时候由于产品的特殊性，进行长距离运输容易造成产品损坏，容易给买卖双方造成麻烦。这就要求电子商务卖家在商品运输前对商品进行合理的包装，以保证商品在运输过程中的安全性。

5. 优惠消费者

消费者对于一个电子商务网站的重要性不言而喻，当今电子商务企业会从消费者的切实利益出发，开展一些线上、线下的活动，其中比较有代表性的是"用户体验"以及"买送"活动。当企业新进一批商品以后可以把它免费邮寄给会员客户，让消费者体验新产品，并对新产品进行评价，这就是"用户体验"活动。"买送"活动是现今较为常见的优惠消费者的活动，当消费者消费的金额达到一定额度的时候，商家会免费送给消费者网上代金券，使消费者在下次购物时可以得到优惠。

3.2　移动电子商务

3.2.1　移动电子商务的定义

1. 基本定义

移动电子商务（M-Commerce）是指通过手机、个人数字助理（Personal Digital Assistant，PDA）等便携移动终端从事的商务活动。它由电子商务（E-Commerce）的概念衍生出来，传统的电子商务以计算机为主要入口，是"有线的电子商务"；而移动电子商务就是利用手机、PDA 等无线设备进行特定模式（B2B、B2C、C2C、O2O 等）交易的电子商务，以前这些业务一贯是在有线的 Web 系统上进行的。与传统通过计算机（台式计算机、笔记本电脑）平台开展的电子商务相比，移动电子商务拥有更为广泛的用户基础。移动电子商务的崛起和普及，使得软件应用成为移动通信中的关键线索。

近年来各类智能便携设备（见图 3-5）的推广和普及，极大地催化了移动电子商务的蓬勃壮大，随之也带来了全新的用户习惯和消费模式。移动电子商务将互联网、移动通信技术、短距离通信技术及其他信息处理技术进行完美地结合，使人们可以在任何时间、任何地点进行各种商贸活动，实现随时随地、线上线下交易、在线电子支付以及其他各种交易活动、商务活动、金融活动和相关的综合服务活动等。通过各式各样的移动 App，不用去实体店铺，也不用坐在计算机前"淘货"，人们使用一部手机就可以完成逛商店、选购和支付的全过程，这就是移动电子商务的现实与魅力。后文将讲述移动电子商务的特点、移动电子商务技术、移动电子商务发展历程等。

图 3-5　各类智能便携设备

2. 移动电子商务的特点

与原有的电子商务系统相比，移动电子商务具有明显的特点与优势。

（1）移动接入。移动接入是移动电子商务的一个重要特性，也是基础。移动接入是移动用户使用移动终端设备通过移动网络访问互联网信息和服务的基本手段。移动网络的覆盖面是广域的，用户随时随地可以方便地进行电子商务交易。这种接入方式更具开放性、包容性。因为接入方式无线化，使得任何人都更容易进入网络世界，从而使网络范围延伸更广阔、更开放；同时，使网络虚拟功能更带有现实性，因而更具有包容性。

（2）更加方便。由于移动电子商务具有无处不在、随时随地的特点，所以更加方便。移动电子商务的最大特点是"自由"和"个性化"。传统电子商务已经使人们感受到了网络所带来的便利和快乐，但它的局限在于它必须有线接入，而移动电子商务则可以弥补传统电子商务的这种缺憾，可以让人们随时随地结账、订票或者购物，感受独特的商务体验。人们在排队时、坐车时，把玩手机时，只要动一动手指下个订单，接下来就可以坐等送货上门了。在交易的过程中，货款已经自动扣除，省去一手交钱一手交货的过程和麻烦。

（3）潜在用户规模大。目前我国的移动电话用户数量是全球之最。从电脑和移动电话的普及程度来看，移动电话远远超过了电脑。而从消费用户群体来看，手机用户中基本包含消费能力强的中高端用户，由此不难看出，以移动电话为载体的移动电子商务无论在用户规模上，还是在用户消费能力上，都优于传统的电子商务。

（4）定制化服务。由于移动电话具有比计算机更高的可连通性与可定位性，因此移动电子商务的生产者可以更好地发挥主动性，为不同顾客提供定制化的服务。例如，开展依赖于包含大量活跃客户和潜在客户信息的数据库的个性化短信息服务活动，商家可以通过具有个性化的短信息服务活动进行更有针对性的广告宣传，从而满足客户的需求。

（5）移动支付。移动支付是移动电子商务的一个重要目标，用户可以随时随地完成必要的电子支付业务。移动支付的分类方式有多种，其中比较典型的分类包括：按照支付的数额可以分为微支付、小额支付、宏支付等，按照交易对象所处的位置可以分为远程支付、面对面支付、家庭支付等，按照支付发生的时间可以分为预支付、在线即时支付、离线信用支付等。

（6）能较好确认用户身份。对传统的电子商务而言，用户的消费信用问题一直是影响其发展的一大问题，而移动电子商务在这方面显然拥有一定的优势。这是因为手机号码具有唯一性，手机 SIM 卡片上存贮的用户信息可以确定一个用户的身份，而随着手机实名制的推行，这种身份确认越来越容易，利用可编程的 SIM 卡，还可以存储用户的银行账号、CA 证书等用于标识用户身份的有效凭证，还可以用来实现数字签名、加密算法、公钥认证等电子商务领域必备的安全手段。对移动电子商务而言，这就有了信用认证的基础。有了这些手段和算法，就可以开展比传统电子商务领域更广阔的电子商务应用。

（7）信息安全。移动电子商务与传统电子商务一样，具有 4 个基本特征（数据保密性、数据完整性、不可否认性及交易方的认证与授权）的信息安全。由于无线传输的特殊性，现有有线网络安全技术不能完全满足移动电子商务的基本需求。移动电子商务的信息安全所涉及的新技术包括：无线传输层安全（Wireless Transport Layer Security，WTLS）、基于 WTLS 的端到端安全、基于可满足性问题（Satisfiability Problem，SAT）的三重数据加密算法（Triple Data Encryption Algorithm，3DES）短信息加密安全、基于 SignText 的脚本数字签名安全、无线公钥基础设施（Wireless Public Key Infrastructure，WPKI）、KJava 安全、蓝牙/红外传输信息传输安全等，不一而足。

（8）移动电子商务易于推广使用。移动通信所具有的灵活、便捷的特点，决定了移动电子商务更适合大众化的个人消费领域，如自动支付系统，包括自动售货机、停车场计时器等；半自动支付系统，包括商店的收银柜机、出租车计费器等；日常费用收缴系统，包括水、电、煤气等费用的收缴等；移动互联网接入支付系统，包括登录商家的无线应用协议（Wireless Application Protocol，WAP）站点购物等。

（9）移动电子商务领域更易于技术创新。移动电子商务领域因涉及 IT、无线通信、无线接入、软件等技术，并且商务方式更加多元化、复杂化，因而在此领域内很容易产生新的技术。随着我国 5G 网络的兴起与应用，这些新兴技术将转化成更好的产品或服务。所以移动电子商务领域将是下一个技术创新的高产地。

3. 移动电子商务的发展

（1）移动电子商务的发展历程。

移动电子商务在 2020 年市场规模达到 3700 亿元，目前电子商务已走过了以 PC 端为交易入口的电子商务购物和以移动端 App 为流量入口的电子商务购物 1.0、2.0 阶段，正开始进入以移动社交为切入点的电子商务购物 3.0 阶段。随着消费者个性化消费需求的提升，电子商务的新逻辑是"社群流量—口碑推广—电子商务流量"，顺应"去中心化""碎片化""场景化"购物潮流，在移动端寻求多样流量入口，打造特定购物场景，强调社区互动交流，促使流量沉淀，并通过在社群中建立口碑，有效地将流量转化为重复购买行为。

移动社交电子商务之所以壮大，离不开火爆的移动社交网络。移动电子商务通过社交的方式，可以激发碎片化的移动互联网流量，自发地形成网状商业流，从而达到聚合移动流量的目的。移动电子商务的模式还可以促使运营的高效化。以京东与微信、手机 QQ 的合作为例，微信、手机 QQ 除了基础的通信功能外，还推出各种公众号并开放各种接口，允许第三方软件接入。对商家而言，这种方式既可以根据自己的需求灵活运用各种工具，以提升用户的购物体验，同时又可以实现自动导购、客服、数据统计分析，从而进行针对性运营。

移动电子商务的发展与移动通信技术的发展有着非常密切的关系，因此从某种意义上来说，移动通信的历史就是移动电子商务的历史，因为移动通信技术一出现，就被广泛应用于商业领域，也就是移动电子商务。但是最初的移动通信设备由于设备的存储能力的限制，只能用于商业信息沟通，作为商业活动的辅助手段而不能建立完整的移动电子商务系统。随着移动通信技术的发展，移动终端功能不断丰富，移动电子商务已经从以短消息、WAP 技术为基础的移动电子商务"2G 时代"大跨步发展到融合 3G/4G/5G、智能移动终端、虚拟专用网络、大数据、人工智能、虚拟现实等多种技术的移动电子商务。

我国移动电子商务的发展机遇有以下 4 个方面。

① 技术。"5G 商用时代"开启，为移动电子商务的发展提供了良好的平台基础。

② 政策。国家移动电子商务试点示范工程的实施将推动移动电子商务创新探索。

③ 用户。手机用户数量，使移动电子商务拥有庞大的潜在用户。

④ 应用。移动定位、二维码及移动支付为移动电子商务提供技术支持。移动通信设备的功能将更加丰富。

（2）移动电子商务的发展前沿。

移动设备的普及极大地方便了人们的生活，与人们生活紧密联系的打车服务、物流服务这类"共享经济型"移动服务就是随移动电子商务的发展而逐渐流行的。"共享型经济"从字面意义上来讲就是将用户的闲置资源通过互联网共享利用起来。牛津英语词典将"共享型经济"定义为："在一个经济体系中，通过免费或收费的方式，将资产或服务在个人之间进行共享。信息一般以互联网的方式进行传播。"结合现在互联网信息流通的发展趋势来看，"共享型经济"是在特定场景下共享用户关系和内容关系，提高资源利用率，实现用户和内容的增值。这种"共享型经济"就是传统服务朝移动电子服务发展的一个实例，现在已经在交通、旅行住宿、配送物流、教育、家政服务、金融领域广泛应用。

2016 年 8 月 1 日，被认为"共享型经济"打车"鼻祖"的 Uber（见图 3-6）中国和国内的滴滴出行合并。滴滴出行的创始人在邮件中提到："如果我们把目光放在每天十亿人次出行用户身上，感受大家的出行困难，而不是盯着竞争对手，就会发现智能出行的变革才刚刚起步。"随着移动电子商务的发展，以 Uber/滴滴为例，移动服务逐渐摆脱"倒贴钱"的模式，而是向资源利用率进一步提高，实现真正的信息共享方面进步。比如，在订车时设计的分配算法不是单单检索空车，而是检索车上的座位，进一步压缩过剩资源；利用大数据技术和机器学习算法更合理地规划路线等。

图 3-6　Uber Logo

另一个"共享型经济"发展的前沿阵地就是快递行业。在国内有顺丰、申通、圆通等大小几十家公司，每一家公司都有自己的物流体系，导致物流资源不能得到充分的利用。传统的点对点型和中心辐射型运输已经不再适应越来越快的时代节奏。借助移动服务的"共享"理念，可以利用互联网把供需双方整合到平台上，然后第一个司机将货物运到线路上的一个中心，然后拉起另一车货物返回，下一个司机再将货物运到下一个中心，直至货物到达目的地。这种新的模式在顺丰物流等快递公司已经得到实践，互联网工具可以在不开发新资源的情况下将过剩的资源高效分配，进而创造价值。

以顺丰为例，顺丰始终以客户需求为核心，提供 24 小时的即时服务，率先在国内推出"航空即日到"产品，如图 3-7 所示，可实现当日收取当日派送业务，并能承诺多项业务的服务时效。顺丰能够实现如此高效率的快递服务是由于其采用了自建物流网点，以自建物流网点的形式拓展业务，从而保证对运营网络的控制，以及快递产品流转过程中的作业标准化和信息透明化。正是这样的措施保证了顺丰能够提供高质量的服务，能够做到以质取胜。

第十二届全国人大三次会议政府工作报告提出"新兴产业和新兴业态是竞争高地"，同时还强调"制定'互联网＋'行动计划，推动移动互联网、云计算、大数据、物联网等与现代制造业结合，促进电子商务、工业互联网和互联网金融健康发展，引导互联网企业拓展国际市场。"由此可见，移动电子商务在推荐系统、工业互联网、跨境电子商务等领域已得到大规模应用，并且有广阔的发展前景。

图 3-7　顺丰物流的运输汽车与飞机

电子商务中推荐系统历来被视为引导消费者消费的有效途径。从最早由电子商务向全部用户根据销量、排行榜进行的非个性化推荐到结合用户历史消费行为、个人信息的个性化推荐，推荐系统越来越受重视。图 3-8 和图 3-9 分别展示了非个性化推荐和个性化推荐的不同模式。

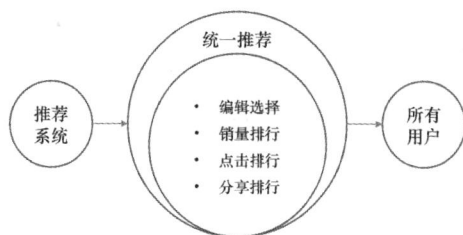

图 3-8　非个性化推荐

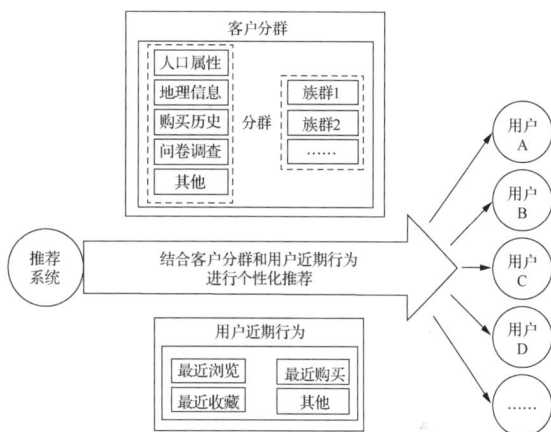

图 3-9　个性化推荐

移动电子商务的发展带来了两个重要的影响：一个是大量的商品信息集中于较小的移动设备屏幕上，用户会出现选择困难的情况；另一个是商家不能像在实体商店中那样与消费者直接沟通。推荐系统就充当了商家和用户之间的桥梁，既提高了电子商务的销售量，又帮助商家维护客户关系。推荐系统研究领域顶级实验室 GroupLens 的创办人、美国明尼苏达大学教授约翰·里德尔曾经称：推荐系统将成为未来十年里最重要的变革，社会化网站将由推荐系统所驱动。

工业互联网是与移动电子商务结合十分紧密的热点领域，在本书 1.1.2 节中已经介绍过，在此不赘述。除此之外，与传统的实体平台不同，依托移动设备的数字平台最大的特征就是广域性。在移动平台之上，不同国家、不同地区的商家与消费者均可以实现信息的交换与商品的销售，这也使跨境电子商务的实现成为可能。跨境电子商务是移动电子商务当下发展的前沿话题，G20 峰会于 2016 年 9 月在杭州召开，"促进全球贸易增长"是其重要议题之一。跨境电子商务是其中一个重要增长点。跨境电子商务最早在国内是以"海淘"的形式兴起的。"海淘"刚出现时，国内直接购买国外的产品缺乏运输渠道也缺乏产品信息，"海淘"借助互联网大数据综合分析、全球化的物流管理和电子商务平台信用评价等优势大幅度提升了用户的购买体验，降低了贸易成本。《中国跨境电商发展报告（2022）》统计数据显示，2021 年我国跨境电子商务进出口 1.98 万亿元，增长 15%；其中出口 1.44 万亿元，增长 24.5%。在亚马逊封店事件的影响下，跨境电子商务出口仍保持高速增长，充分验证了跨境电子商务出口的市场活力和增长韧性。我国现存跨境电子商务相关企业 3.39 万家。近 5 年来，我国跨境电子商务相关企业注册量逐年上升。从全球角度看，阿里巴巴和埃森哲公司联合发布的《2020 全球跨境电子商务趋势报告》中提到，全球跨境 B2C 电子商务市场规模从 2014 年的 2300 亿美元增长至 2020 年的 9940 亿美元，全球网购人数 2020 年突破 20 亿，年增长率突破了 30%。

自 2012 年以来，我国出台了关于跨境电子商务相关政策规定十余项，广义的跨境电子商务的概念也不断明晰：分属不同关境的交易主体通过电子商务手段达成交易的跨境进出口贸易活动。2016 年，阿里巴巴集团提出建立世界电子贸易平台（electronic World Trade Platform，eWTP），旨在实现"促进普惠贸易发展、促进小企业发展、促进消费全球化和促进年轻人发展"的目标。在全球跨境电子商务生态中，中国拥有刺激产能的广阔市场，还拥有众多对外援助平台以及自贸区，具有很大的发展潜力。

（3）移动电子商务的发展趋势。

移动电子商务的发展趋势主要关注以下两个大方向。

一是性能方面。对于移动电子商务，快速、畅通的移动互联网是生存和发展的根本。移动互联网以极高的数据传输速度和丰富多彩的多媒体业务为主要特征，满足了移动电子商务对带宽和速度的基本要求，为提高移动电子商务服务质量、开拓增值业务创造了条件。如图 3-10 所示，5G 的出现标志着移动电子商务新一轮变革的来临。5G 强大的技术支持让移动电子商务变得更方便、快捷，也让移动电子商务的发展如虎添翼。

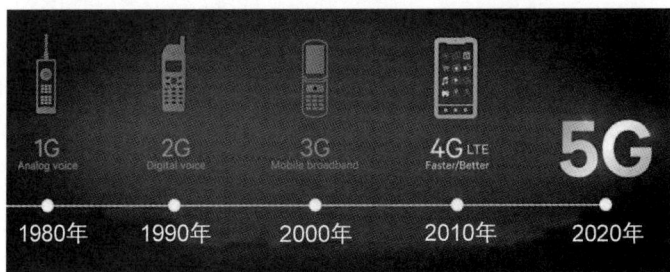

图 3-10　通信技术发展示意

二是业务内容方面。移动电子商务最初以移动支付应用为主，如电信运营商的"手机钱包""手机银行"等业务。随着移动电子商务应用的实效越来越明显，移动电子商务产业链上的各个行业都跃跃欲试，开始参与到电子商务应用中，并已经渗透到人们生活的各个方面，提供订票、购物、娱乐、交易、银行业务等服务（见图 3-11），基本满足了人们的日常所需。随着通信技术的不断发展，行业的逐渐成熟，移动电子商务应用将有更大的发展空间。

移动电子商务的发展也将带动移动电子商务平台的发展，以导购、垂直为主的个性化电子商务将首先崛起。2015 年 10 月，口袋购物获得了 3.5 亿元的巨额融资，一款主打个性化和精准化的商品推荐的移动购物应用软件能得到资本的认可，足见移动电子商务市场的广阔前景。

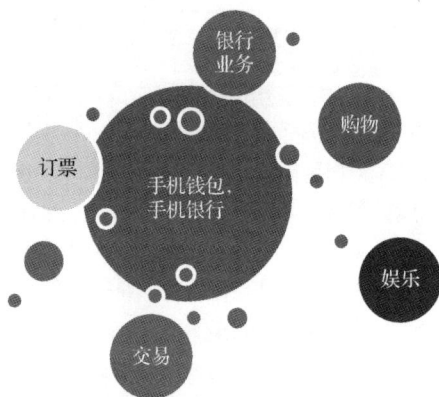

图 3-11　移动电子商务业务扩展示意

未来导购类、垂直类的电子商务要想体现本身的差异化，更重要的是积累用户对平台的信任和社会化分享的习惯。当人们形成这种分享和获取分享的习惯之后，这种平台就会变成一种购物的决策平台，这个时候盈利模式就会有更多想象空间。"编辑引导+用户生成内容（User-Generated Content，UGC）"式的移动电子商务平台将更具发展空间，一方面由"达人"、买手推荐引导；另一方面用户又可以自己去上传分享自己的商品。如此一来，导购、垂直类的个性化电子商务才会有较大的发展空间。

其次是社交电子商务的崛起。关于移动电子商务，近两年最大的看点在微信。2014 年中国移动购物用户规模突破 3 亿，增长速度超过 35%，高于 PC 购物用户 25%的增长速度。移动购物的交易规模接近 10 万亿元，增长率达到 270%。2015 年移动购物在整个网上零售中所占的比例达 40%。2018 年以来，中国移动电子商务用户规模持续不断扩大。2019 年中国网络购物市场移动端占比达 85.9%，移动电子商务用户体量趋于饱和，中国网络购物市场移动端渗透已经基本完成，成为消费者进行网络购物最主要的渠道。2020 年中国移动电子商务用户规模达到 7.88 亿人，2022 年中国移动电子商务用户规模约达 8.69 亿人。

是先有电子商务后有社交，还是先有社交后有电子商务，这好比是先有鸡还是先有蛋。对用户来说关心的不是先有谁，而是谁能够带来更多的价值就会选择谁。对各种平台来说，交易首先要解决的是信任问题，微信的封闭性注定了它在解决信任问题的同时，要更加注重它在商业引流上的另外两重属性：推荐和分享。社交和商务的融合，使得移动电子商务的人性化和商业化做到了统一，衍生出新的社交和商务模式。

总之，移动电子商务有着不可限量的发展空间和进步潜力，与此相辅相成的电子交易、电子银行、电子金融、电子信贷、电子综合一体化服务等也将不断衍生，催生出新的生活、生产和工作模式。

3.2.2　移动电子商务的运营模式

1. 运营模式

移动电子商务借助互联网技术的不断发展而进一步发展完善。目前，我国移动电子商务运营模式主要包括基于位置的服务（Location-Based Service，LBS）的 O2O 模式、App 商用模式、微信营销模式、手机支付模式等 4 种。4 种运营模式开展工作都需要借助移动互联网技术的发展。中国移动、中国联通和中国电信是移动电子商务运营的主要支持者和引导者，对于移动电子商务运营模式的发展具有重要的影响。随着移动手机功能的不断更新完善，移动电子商务将得到有效的发展，移动电子商务将更广泛地深入到人们的生活中，更好地满足人们的工作和生活需要。

① 基于 LBS 的 O2O 模式。就当下的移动电子商务而言，基于 LBS 的 O2O 模式是其中较为常见的模式，一般情况下，O2O 是线下机构与线上平台紧密合作的形式，是借助互联网技术的一种企网联合模式，在新时期的社会发展中，这种电子商务模式得到了极大的普及。而且移动电子商务可以通过无线网络实现信息传播和获取，从而给群众带来极大的便利。所以说，在具体运用地理信息系统（Geographical Information System，GIS）之后，实体商家可以对一些线上移动业务实行筛选，从而在网上给客户提供消费、支付业务，让客户依照其自身的需要选择合适的模式。这种模式较为突出的优势就是信息服务相对准确，智能化较为显著，能够给客户提供更多的便利条件。

② App 商用模式。在新时期的社会发展进程中，App 类型的商务模式占据着整个移动电子商务发展进程，这种模式主要依赖于移动终端的发展，以及各种具有现代化特征的 App 研发和发展。社会调查研究表明，当下线上平台的 App 商用模式运用众多，主要是淘宝、京东等，在这些商业模式的运用中，线上 App 模式可以给客户带来诸多消费选择，并且丰富了客户的日常工作和生活。也就是说，移动电子商务的未来发展占据着整个线上平台，强化了 App 商用模式的运用效果。

③ 微信营销模式。微信营销模式在我国的移动电子商务发展进程中占据着重要的地位，在人们生活中的使用较为频繁，主要有 3 种表现模式：其一是可以搜索附近的人，用户能够通过对微信周边人物的搜索了解周边人物的微信动态，附近的用户可以显示一些基本的信息，所以说，这种模式大多数运用在品牌的推广中，或者是一些商品的广告宣传；其二是品牌活动式的微信营销，在微信营销模式的推广和使用下，一些品牌的广告宣传会选择在微信中进行，以增强品牌在整个社会中的影响力；其三是 O2O 折扣式。这种模式主要是针对一些商品的促销活动，比如在一家品牌实体店中，产品价位较高，而在微信营销活动中，用户能够得到一些优惠，极大地便利了人们的日常消费生活。

④ 手机支付模式。在我国移动电子商务应用模式的应用进程中，手机支付模式给人们的日常消费和工作带来了极大的便利，并且手机支付模式也是移动电子商务模式中较为显著的一个优势，主要是借助

网上资源运行。假如移动电子商务模式的运用失去了网上支付的黏性，那么就会严重影响线上客户的消费安全性。因此，在一些线上平台的发展进程中，手机支付给人们带来了极大的便捷性，让人们能够足不出户就可以购买产品。因此，在人们的日常生活和工作中，手机支付模式应该被广泛地提倡，规模也需要逐步扩大。并且在信息技术的迅猛发展进程中，移动线上支付模式逐步壮大，在商业行业中的运用越来越广泛。换句话说，手机支付模式的运用极大地推动了我国商业行业的健康发展进程。

与传统电子商务相比，移动电子商务的优势主要表现在以下 3 个方面。第一，移动电子商务可以使交易活动更为便捷和灵活。在传统的电子商务中，人们是借助单一的电脑手段，借助电脑平台终端进行各种电子交易的。在移动电子商务中，人们可以借助手机、笔记本电脑等多种移动设备开展交易活动。因此，移动电子商务能够使交易活动变得更为便捷和灵活高效。第二，移动电子商务更方便人们购物。移动电子商务在购物方面增加了一项新的功能，它设置有商品条形码扫描功能。通过扫描条形码，人们能够对所需要购买商品的价格进行了解，并且可以利用移动设备对同类产品价格进行了解，从而确定购买哪个产品。移动电子商务的这种比价功能对用户而言，是非常实用的。用户可以根据自己的需要选择商品，丰富购物体验。第三，移动电子商务更新换代速度更快，并且移动电子商务的更新费用低，投入成本小，这也是其重要优势。

2. 移动电子商务服务

本节主要从移动短信服务和微信、移动定位服务、手机游戏服务、移动音乐服务和移动电子商务营销 5 个方面详细介绍移动电子商务服务。

（1）移动短信服务和微信。

短信（Short Message Service，SMS）是用户通过手机或其他电信终端直接发送或接收的文字或数字信息。随着手机的日益普及，从 1998 年开始，中国移动、中国联通先后大范围拓展短信业务：2000 年，中国手机短信发送量突破 10 亿条；2001 年，中国手机短信发送量达到 189 亿条；2004 年，中国手机短信发送量飞涨到 900 亿条。2008 年初，我国手机短信发送量为 5900 多亿条，同比增长 37.8%。彼时，手机短信市场孕育出了巨大的商机，短信平台软件为服务业、软件制造业等产业带来了巨大的发展机遇。

2012 年，国内手机用户共发送 9000 亿条短信。然而，这一数字竟成为国内短信业务量最后的高峰。此后，国内的短信业务量便开始持续下滑。

2013 年，移动短信业务量同比下滑 0.6%，业务收入同比下滑 1.7%；2014 年，移动短信业务量同比下滑 14%，业务收入同比下滑 14.2%；2015 年，移动短信业务量同比下滑 8.9%，业务收入同比下滑 12.7%；2016 年，移动短信业务量同比下滑 4.6%，业务收入同比下滑 10.3%；2017 年，移动短信业务量同比下滑 0.4%，业务收入同比下滑 3.2%。而中国电信的公众类全网彩信、WAP 增值业务、新闻早晚报、天翼快讯及天翼 VIP 专刊手机报业务在 2018 年 6 月 30 日下线，停止向用户提供相关服务。大多数基于短信的手机报业务也都开始停刊，用户数量下滑而失去影响力。

2018 年，全国移动短信业务量同比增长 14%，收入完成 392 亿元，同比增长 9%。2019 年移动短信业务量增长 32.2%，收入下降 0.8%，2020 年移动短信业务量增长 18.1%，收入增长 2.7%，2021 年移动短信业务量增长 6.3%，收入下降 1.0%。上述数据意味着，自 2013 年起，移动短信业务在经历了连续五年的下滑态势后，在 2018 年迎来了首次年度回升。2021 年，全国移动短信业务量比上年增长 6.4%，收入增长 2.7%。

短信已经成为移动通信最重要的一项附加价值服务。据此前 IDC 公司统计，文字短信仍是亚太地区手机用户普及率最高的一项移动服务，在发达国家/地区的市场，如西欧短信服务的使用率也达到了 90%。Acision 公司的市场部经理表示：“短信对于这个星球上的几乎所有移动网络服务商的收入都起到了至关重要的作用，在短消息服务中心系统的 18 年发展历程中，短信取得了全面的成功。不过，任务仍然没有完成，Acision 将坚持对系统的进一步提升，提供更新、更尖端的技术以保持在这一行业 18 年来的领先地位。”

短信与平面媒体的比较优势：与平面媒体相比，用手机短信发送广告信息具有明显的价格优势，而且不需要入门费（门槛费）。一份普通的市级报纸在头版刊登三分之一版面的广告费用大约为 6 万元/期，而手机短信每条信息只需 0.04～0.07 元，以日发送量 20 万条计，每日投入只需 8 千元至 1 万多元。发行量为 25 万份的报纸，阅读量约为 40 万人次，据统计整版广告的浏览率约为 20%（8 万），半版广告的浏览率约为 5%，其他小版面广告的浏览率不足 2%，重复浏览率一般为 0。而短信广告，如果选择精华号段及收集的实号段，浏览率可以达到 95% 以上，普通号段浏览率可以达到 85% 以上。与平面媒体相比浏览率要高得多。对于报纸，人们一般"看过便忘"，记忆度很差，而手机短信广告方式新颖，重复浏览率达 50% 以上，让人记忆深刻。报纸广告申请手续多，制作周期长，发布时间固定，内容修改难，发布区域窄，内容限制多。手机短信广告不需要管理部门审批，发布时间、周期、数量、内容及区域可以任意调整和修改，管理方便。报纸广告从设计制作到发布周期长，难以达到冲击性效果。手机短信广告可以随时编辑、随时发送，信息瞬间到达，时效性强。

但短信广告也有缺点，主要表现如下。首先，信息容量小、对人的吸引力小。短信平台因为只能用文字编辑，缺乏相应的图像资料，所以相对让人略感乏味，并且现在短信广告泛滥，阅读率不一定太高。彩信的发送成本又太高。其次，终端资料难收集。短信平台需要有相应的号码才可以发送，而具体这些号码怎么收集，以及收集后应该发给哪些客户就成为一个很重要的问题，所以短信平台的客户覆盖率不一定高。最后，发送数量和时间受到一定限制。一般短信平台的发送数量都有一定的限制，都在几千甚至几万条以上；对于发送时间，晚上八点以后基本不能发短信。

利用短信服务开展电子商务活动有广泛的前景，在这方面的创新也只受到人们思维的限制，不受技术条件的限制。短信服务电子商务有它的优势，也有它的劣势，我们要做的就是发挥优势，避开劣势，充分利用短信的特点开展基于短信的电子商务。

而腾讯微信，则将短信与电子商务的结合上升到了另一个层次，见图 3-12。微信（英文名：WeChat）是腾讯公司于 2011 年 1 月 21 日推出的一个为智能终端提供即时通信服务的免费应用程序，微信支持跨通信运营商、跨操作系统平台通过网络快速发送免费（需消耗少量网络流量）语音短信、视频、图片和文字，同时，也可以使用通过共享流媒体内容的资料和基于位置的社交插件"摇一摇""朋友圈"等服务插件。

微信提供公众号、朋友圈、消息推送等功能，用户可以通过"摇一摇""附近的人"、扫二维码等方式添加好友和关注公众号，同时用户可通过微信将内容分享给好友以及将看到的精彩内容分享到微信朋友圈。而各大品牌则将微信平台定位为精准营销的核心。所谓精准营销，就是将需要传达的信息直接推送给潜在用户。而对于微信的公众号，因为是用户自主关注电子商务的品牌微信公众号，用户对品牌有一定的认知度，针对这些用户定向推送内容，必将会有高转化率，所以微信是企业精准营销的核心之一。微信以语音、图片、文字等进行社交活动，可实现社交流、信息流、资金流和物流四流合一。

图 3-12　微信

除了精准营销，微信的功能正越发强大，不管是新年的送红包活动、微信支付还是 O2O 模式，都在用户群体中得到了积极的反馈。可以想见的是，未来将有更多的移动通信产品将电子商务提升到更高的水平。

（2）移动定位服务。

随着移动技术的发展，手机不仅具有通话功能，还可以将它当作一个定位系统。我们日常生活中常常会外出，现在的大城市可能经常让你迷失方向，找不到自己所在的位置。这时如果你带了智能手机的话，就可以使用手机定位来寻找自己所在位置，当你和你的朋友互相授权之后，也可以使用手机定位找到他们。利用这项服务，手机用户可以方便地获知自己目前所处的准确位置，并用手机查询或收取附近各种场所的资讯。手机定位服务的巨大魅力正是在于能在正确的时间、正确的地点把正确的信息发送给正确的人。

移动定位是指通过特定的定位技术来获取移动手机或终端用户的位置信息（经纬度坐标），在电子地图上标出被定位对象的位置的技术或服务。定位技术有两种，一种是基于全球定位系统（Global Positioning System，GPS）的定位，即卫星定位；另一种是基于移动运营网的基站的定位，即基站定位。基于 GPS 的定位方式是利用手机上的 GPS 定位模块将自己的位置信号发送到定位后台来实现手机定位的。基站定位则是利用基站对手机的距离的测算来确定手机位置的。基站定位不需要手机具有 GPS 定位能力，但是精度很大程度上依赖于基站的分布及覆盖范围的大小，有时误差会超过一公里。卫星定位的精度较高。此外，还有利用 Wi-Fi 在小范围内定位的方式。

手机定位系统按照提供服务的方式可以分为两种：自有定位系统与公用手机定位系统。

自有定位系统主要是某个企业或者政府部门自己建设的供内部使用的定位系统，主要用于对人员、事件、物品和车辆等的定位。这种定位方式广泛地用于公安执法、城管部门定位、物流行业、长途车定位、紧急救援定位等。

公用手机定位系统一般由移动运营商来提供，这种手机定位有两种版本，一种是 WAP 版的，还有一种是短信版的。短信版的手机定位使用起来相对简单一些，WAP 版的手机定位可以通过地图显示出你的具体位置。

短信版的手机定位可以在全国范围内使用，一般在省区市内能定位到较精确位置，出省区市后可以定位到具体的地区名（按照区号来区别）。另外，只要拥有一部支持 WAP 功能的手机，开通 WAP 功能后，可以通过无线方式直接连入互联网，获取自己当前的位置。假如你在浙江省，当在手机上启动自己的 WAP 浏览器后，在浏览器中输入网址，然后点击一系列菜单进入"浙江风采→手机导航→找自己"业务就可以找到自己的位置。

全球移动通信系统（Global System for Mobile Communications，GSM）主要由 4 个部分组成：用户手机、GSM 网络、短消息服务中心和应用服务器。用户手机发送一个需求信息经 GSM 网络传送到短消息服务中心，由短消息服务中心将用户信息发送到应用服务器进行用户手机位置和需求信息查询，查询结果通过短消息服务中心经 GSM 网络反馈到用户手机。

无线定位系统建立在移动跟踪和通信处理软件之上，它具备强大的数据处理能力，并以丰富准确的地理信息数据和完备的信息搜索引擎为基础，集跟踪、监控、定位以及报警于一体，可以广泛应用于政府车辆管理、交通管理、公安、银行、铁路、邮政以及出租货运等众多行业。由于借助互联网为载体，无线定位系统可以支持大容量的用户同时使用，同时提供多级别的用户保密协议。

移动定位服务是指通过无线终端（如手机、PDA 等）和无线网络的配合，确定移动用户的实际位置信息（经纬度坐标数据），从而提供用户所需的与位置和方向相关的增值服务。移动定位服务又叫作移动位置服务，它是通过电信移动运营商的网络（如 GSM 网、CDMA 网）获取移动终端用户的位置信息（经纬度坐标），在电子地图平台的支持下，为用户提供相应服务的一种增值业务。移动定位服务最早是从美国开始的。早在 1996 年，美国联邦通信委员会（Federal Communications Commission，FCC）要求移动运营商为手机用户提供紧急求助服务，即提供呼叫者的位置以便及时救援，他们将这种移动定位服务命名为 E911。此后，日本、德国、法国、瑞典、芬兰等国家纷纷推出各具特色的商业化的位置服务。目前，世界许多国家/地区都以法律的形式颁布了对移动定位服务的要求，如美国"US FCC E 911"以法律的形式规定了运营商为 911 用户提供的定位服务精度标准，而欧盟也颁布法律，遵循"US FCC"标准，并于 2003 年 1 月 1 日开始实施。顺便提及的是，移动定位服务已引起人们对隐私权的关注。无线通信公司和监管者必须研究政策允许用户在输入地址信息时其个人隐私权受到保护。

除上述法律规定的移动定位服务以外，手机定位还有以下的典型应用。（1）出于安全和关心的需求，家庭可能需要定位系统确定老人、儿童所处的位置。（2）企业可能出于对车辆的管理，需要定位企业的运输工具。因为 GPS 成本高以及地下室等无信号，有些物流企业采用了手机 GSM 定位技术方案。这种方案的成本是 GPS 的 1/3，但受移动基站网络资源的限制，其在连续定位方面的成本较高。企业也可以应用定位系统对企业员工进行管理，提供对于有多个分部的销售公司，对销售人员上班时间工作的管理。（3）可能出于跟踪的需要对手机进行远程解码，通过对方号码所在手机内部程序，绑定他的号码，绑定完后就可以进行不限制距离的监听、拦截、定位功能。这可用于对犯罪分子进行监控、跟踪等。（4）遇到抢劫、遇到困难、迷路、走失、急性病（心脏、高血压）突发、遇灾可能的，需紧急报警求助人群及儿童、老人、智障等需监护人群也可以利用移动定位服务，迅速确定位置，迅速救助。

手机定位业务有一个超出传统增值业务的庞大产业链阵容，由移动运营商、系统设备提供商、终端厂商、GIS 开发商、应用提供商、中间件提供商等多个环节产业组成，综合运用了包括移动通信、卫星导航、互联网、地理信息系统、综合信息服务等多方面的技术和应用，是多个产业、多项技术交汇和融合的产物。手机定位服务需要持续和巨大的投入，尤其是在网络升级和电子地图方面。手机定位服务也有巨大的商业应用前景与巨大的经济价值。

（3）手机游戏。

手机游戏是指运行于手机上的游戏软件。目前用来编写手机游戏用得较多的是 Java 语言，以及 C 语言。随着科技的发展，现在手机的功能也越来越多，越来越强大，这使得在手机上运行复杂的游戏成为可能。而手机游戏也远远不是我们印象中的《俄罗斯方块》《贪吃蛇》之类画面简陋、规则简单的游戏，而是发展到了可以和掌上游戏机媲美、具有很强的娱乐性和交互性的复杂形态游戏。一部手机已经足够满足你在路途中的大部分娱乐需求了。

手机游戏可以根据游戏本身的不同而分成文字类游戏和图形类游戏两种。

文字类游戏：文字类游戏是文字交换形式的游戏。这种游戏是通过玩家按照游戏本身发给你的手机的提示，来回复相应信息进行的游戏。例如，目前很知名的短信游戏"虚拟宠物"就是典型的文字类游戏。在游戏中，游戏服务商会给你一些短信提示，比如游戏服务商可能会给你发送以下短信"你的宠物饥饿度为 70，饥渴度为 20，疲劳度为 20，喂食请回复'1'，喂水请回复'2'，休息请回复'3'……"，那么，你回复数字"1"之后，游戏会给你回一个信息"你的宠物已经喂食完毕，你的宠物的饥饿度变为 20"，以此类推，你便可以通过手机短信的方式来进行游戏了。由于短信游戏的整个游戏过程都是通过文字来表达的，造成短信游戏的娱乐性较差。但是短信游戏却是兼容性最好的手机游戏之一。只要你的手机可以发短信，你就可以畅快地享受短信游戏给你带来的快乐了。

文字类游戏还有 WAP 浏览器游戏。WAP 是一种手机拨号上网的网络服务。而 WAP 浏览器游戏就好像我们用电脑上网，并通过浏览器浏览网页来进行的简单游戏一样，属于一种文字类游戏。其进行方法和短信游戏的类似，玩家可以根据 WAP 浏览器浏览到页面上的提示，通过选择各种不同的选项的方法来进行游戏。WAP 浏览器游戏也有短信游戏不够直观的缺点。

文字类游戏都有着一个共同的特点，即游戏是通过文字描述来进行的。在游戏过程中，需要玩家进行很多的想象，游戏功能相对比较单调。虽然目前已经有了彩信等特殊服务可以让这类游戏更加人性化，但是其本质依然无法改变。而且，对文字类游戏来说，其不低的价格门槛依旧是制约其发展的一大瓶颈。

图形类游戏：图形类游戏更接近我们常说的"电视游戏"，玩家通过动画的形式来发展情节进行游戏。由于游戏采用了更为直观且更为精美的画面直接表现，因此图形类游戏的游戏性往往较文字类游戏高，更受玩家们的欢迎。图形类游戏主要分为：嵌入式游戏、Java 游戏、Brew 游戏和手机网络游戏。

嵌入式游戏是一种将游戏程序预先固化在手机芯片中的游戏。由于这种游戏的所有数据都是预先固化在手机芯片中的，因此这种游戏无法进行任何修改。也就是说，你不能更换其他的游戏，只能玩你的手机中已经存在的游戏，并且你也不能将它们删除。诺基亚早期手机中的《贪吃蛇 1》《贪吃蛇 2》就是嵌入式游戏的典型例子。

Java 是一种程序语言，具体是什么程序语言我们完全没有必要知道。作为游戏一族，我们只需要知道两件事：自己的手机是否支持 Java，这可以查阅手机的说明书或者直接询问经销商。Java 游戏是否支持自己的手机，这可以参阅"为什么手机游戏也会有兼容性问题"以及"如何从游戏网站下载符合你手机型号的手机游戏"部分。

Brew 是一种程序语言。要玩 Brew 游戏，必须要你的手机支持 Brew 才行。目前，只有 CDMA 的手机才支持 Brew，CDMA 的手机也支持 Java，于是为了减小成本，一般开发商还是愿意选择基于 Java 的游戏进行开发。因此，Brew 支持的游戏还不是很多。

在中国移动百宝箱以及数量巨大的手机上网及游戏用户消费需求刺激下，手机用户对手机网络游戏的需求欲望空前高涨，用户数量快速上升。目前的市场已经非常可观，随着 5G 的到来，手机联网游戏将很快达到 PC 网络游戏的在线用户规模和运营收益。

目前，在手机网络游戏产业中，以 MMORPG（大型多人在线角色扮演网游）类型和休闲类游戏占主导地位。手机网游 MMORPG 类型由于游戏本身的剧情、任务、角色、地图、道具等丰富的内容，使得玩家很容易"沉迷"于游戏，有可能长时间地浸泡在游戏中，进而容易产生付费冲动。

手机休闲类游戏，只需很少网络流量的网络环境，通过少量多次的游戏形式带给玩家流畅的游戏体验，满足玩家瞬间提升的快感，但同时却很难具有长期的"沉迷"性，从而较难提升用户的付费冲动。开发商们似乎也都意识到了这一点，纷纷都在大张旗鼓地打产品创新牌与运营创新牌的新鲜概念。

手机休闲类游戏可以说是与 PC 网络游戏完全脱离开来的，并且充分发挥着手机终端自身的优势。手机斗地主类的手机休闲类游戏完全是秉承手机终端随时随地娱乐的优势，玩家可以在等公交、等地铁等闲暇时间玩这些游戏。随着技术发展和 5G 带来的网速提升，下一代手机网络游戏产品无论是娱乐性、网络连接速度还是画面，都将有很大的提升。

手机游戏具有以下特点。

① 用户数量大。截至 2018 年年底，全球共有 51 亿人使用移动服务，占全球人口的 67%。自 2013 年以来的 4 年里，新用户增加了 10 亿（平均每年增长 5%），但增长速度正在放缓。《GSMA：2021 年移动行业影响报告》显示，尽管经济衰退及其对消费者收入有影响，移动设备的使用在 2020 年继续增加。到 2020 年年底，有 52 亿人（占全球人口的 67%）使用手机。而到了 2021 年，全球移动用户已达到 52.7 亿。

② 便携性。在控制台游戏时代，GameBoy 热销的一个原因就是便携性——人们可以随时随地沉浸在自己喜欢的游戏中。和游戏控制台或者 PC 端相比，手机虽然可能不是一个理想的游戏设备，但毕竟人们总是随时随身携带，这样手机游戏很可能成为人们消遣时间的首选。

③ 支持网络。因为手机是网络设备，在一定限制因素下可以实现多人在线游戏。

手机游戏也存在一些不足与制约其发展的因素，这些因素包括：手机游戏市场潜力大，投入成本少，吸引了很多市场进入者，竞争激烈。目前手机游戏开发商、游戏应用及服务提供商不重视市场宣传和推广工作，忽视对于游戏产品用户的体验和习惯培养的重要性。另外，手机屏幕小、存储小、速度慢，影响玩家的体验。娱乐游戏市场的主要消费群体大多为年轻人，收入水平不高。目前移动运营商所推出的 Java 百宝箱中的手机游戏，偏重于低端的娱乐游戏，但能够支持 Java 程序下载使用的手机数量不多，而且大多为高端产品。这就使目前手机游戏产品的目标用户与手机终端用户存在矛盾，喜欢玩游戏的用户终端产品消费能力弱；终端支持游戏功能的用户对游戏的接受度和使用率不高。因为追求低成本和短期利益，所以目前游戏产品的质量粗糙，在产品品质上下功夫的企业相对较少。

目前流行的手机游戏程序语言是 Java。由于大多数的手机都内置了 Java 的运行环境，加上 Java 语言自身的跨平台特性，Java 成了编写手机游戏时最常使用的语言之一。用于在手机上运行的 Java 一般按照 J2ME 标准进行编程。

未来的手机游戏平台因为 ATI 和 NVIDIA 两大专业级水准 PC 显示芯片厂商的加入而更为热闹。在 ATI 推出手机和 PDA 手机 3D 多媒体芯片（包含专用的媒体处理器及 3D 加速器）后，NVIDIA 也毫不示弱，公布了他们的 3D 多媒体芯片，并且应用于三菱和神达 MiTAC 的智能手机上。这些芯片在植入手机后能够有效地提升图形显示性能，使手机在进行多媒体演示和游戏时能够有更出色的显示效果。

不过这些厂商提供的都是硬件芯片，要完全发挥其 3D 图形的表现能力还需要相应支持的应用程序接口（Application Program Interface，API）才能相辅相成，而目前主要的 API 是 OpenGL 的嵌入式版本，该版本是为嵌入式系统而开发的小型标准 3D 图形 API，并受到那些意图将 3D 游戏引入移动设备的游戏开发商、手机厂商、游戏引擎供应商和 3D 图形芯片公司的热烈追捧。目前已知 NVIDIA AR10 与 ATI Imageon 23xx 3D 芯片符合 OpenGL ES 1.0 的标准。而 Symbian OS 8.0 版本也将支持 OpenGL ES API。相信不久后，用户在手机上也能玩像 *CS*、*DOOM*、*Quake* 一样的第一人称射击（First-Person Shooting，FPS）游戏了。

微软推出的 Direct3Dm，是微软专为移动设备开发的，其中 m 就是 mobile 的意思。目前 Direct3Dm 尚在制定阶段，NVIDIA 在法国夏纳举行的 3GSM 世界年会上发布的 AR10 就是支持 Direct3Dm 的新产品。Direct3Dm 的意义在于未来游戏厂商如果要把游戏移植到移动平台会变得比较容易，无须再用新的平台去设计游戏，以降低游戏的开发、移植成本。

（4）移动音乐。

现在，人们的生活节奏越来越快，整段的长休闲时间成为奢侈品，空闲时间越来越碎片化。在这种契机下，以互联网为依托的移动音乐不仅能够填充人们的碎片化时间，也让人们的身心得到放松和调剂以缓解压力，随时随地更好地享受音乐正成为现代人生活的重要需求。

① 数字音乐巨大市场竞争待破局。

数字音乐产品日益丰富，与其他行业及产品的融合不断加深，新的服务模式和新的应用加速涌现，市场规模进一步攀升。数字音乐作为移动互联网入口的蓬勃活力也促使"巨头们"纷纷发力，网易、阿里巴巴、腾讯、百度等互联网巨头们纷纷涉足互联网音乐。

数据显示，在 2019 年上半年中国手机各类应用使用时长占比中，网络音乐类应用占比达 10.7%，排在第四位，是为数不多保持长青的应用。根据中国互联网络信息中心数据，截至 2020 年 12 月，我国网络音乐用户规模达 6.58 亿人，较 2020 年 3 月增长 2311 万人，占中国网民整体的 66.6%。截至 2021 年 6 月，中国网络音乐用户规模达到 68098 万人，占中国网民整体的 67.4%。在短视频、网络直播等新兴娱乐方式的冲击下，网络音乐手机应用能保持长青得益于其在互联网市场上发展时间较长、受众规模广泛。

但从提供的功能看，目前市面上大多数音乐软件产品提供的仍是同质化内容，多是单向的、一对多的，在用户体验上缺少个性化体验。但随着移动互联网、云计算技术逐渐成熟，用户的体验和消费方式正在转向移动端、互动化，这意味着音乐的传播、体验和消费方式发生革命性变化，需要新的数字音乐产品、平台。

移动化、社交化将使数字音乐市场发生巨变。于 2013 年 4 月发布的网易云音乐（见图 3-13）以"移动音乐社区"为独特定位，则对市场形成破局。网易云音乐支持手机号、新浪微博，以及网易通行证登录，终端也逐渐扩展到 Web 网页及电脑客户端、手机客户端等，实现真正的"一云多屏"。调查显示，网易用户使用移动客户端听音乐黏性很大，半数以上的用户每天都听音乐，且每天多次听音乐，约 71.6% 的用户花在听音乐上的时间每天大概半小时以上，其中约 34.6% 的用户每天听音乐的时间在 1 个小时以上。

2013 年   2018 年   2019 年

图 3-13 网易云音乐 Logo 历史演变

与同类产品相比，云音乐"主打音乐社交"。网易云音乐以发现和分享好音乐作为核心诉求，用户可导入原有手机通信录、社交网络服务（Social Networking Service，SNS）关系或者借助云音乐自身基于位置的服务（LBS）功能构建音乐社交圈，用户也可拥有属于自己的主页，可以互相关注、分享音乐，用户的动态可以在这个圈子里即时呈现。从调查看，有60%以上的网易用户表示愿意通过音乐进行分享交友，用户在听到好听的音乐时乐于推荐给自己的朋友，从而形成以用户社交互动为特征的新型音乐社区。

"专业化"也成为网易云音乐的特定标签。网易云音乐面向两大类用户：一是需要听音乐的用户，二是音乐内容生产者。目前，网易云音乐已有大量歌手入驻，面向用户分享、推荐歌曲。与市场上其他音乐产品相比，网易云音乐是首家完全以用户创造的歌单为基本线索，将音乐从单曲、专辑全面带入"歌单时代"的音乐应用产品。歌单拥有天生的 UGC 特性和多样的玩法，无论是大牌明星、音乐人、专业DJ，还是普通用户，都可以创建、分享、交流歌单。这种可以更好地发现、分享音乐的模式受到用户和市场的关注。网易云音乐的运营数据表明，在歌单、单曲、专辑和歌手 TOP50 等多种音乐形式中，约80%的用户选择收听歌单，足见用户对歌单的喜欢。

调查还显示，最常使用网易云音乐的用户在挑选音乐软件时，相对其他用户更看重"拥有正版版权""可进行音乐分享"和"拥有社交功能"，这些都表明网易云音乐的"社交性""专业化"等特性得到了用户的认同。再从网易云音乐用户的转化率来看，网易云音乐用户从使用到最常使用的转化率达到48.6%，较其他音乐软件的转化率更高，位居第一，说明网易云音乐的实力一旦被用户发现，更容易得到用户认可，用户更容易成为忠诚用户。

② 率先吸引"重度音乐爱好者"。

移动化、社交化使音乐爱好者可以更便捷地发现与分享音乐，因而重度音乐爱好者往往对于可以进行音乐分享、拥有社交功能更为看重。从对用户的分析角度看，重度音乐爱好者对于网易云音乐也更偏爱。

以用户对音乐的喜欢程度和音乐对用户生活的重要程度打分，将打分均在 4 分以上的用户定义为"重度爱好者"，网易云用户中音乐重度爱好者占比达到74.7%。音乐重度爱好者对播放音质、音乐分享更为看重，而非音乐重度爱好者更看重的是界面、操作和播放器功能。从调查数据看，对播放音质、音乐分享更加看重的音乐重度爱好者对网易云音乐的喜好更明显，选择网易云音乐的比例远远高于非音乐重度爱好者。

网易云音乐率先以用户为中心的音乐生态圈，给用户差异化的音乐体验。这种模式使音乐更具魅力，让音乐爱好者可以更好地享受到互联网化音乐的乐趣，网易云音乐因此受到市场欢迎。上市一周，网易云音乐就位居 App Store 新品推荐第一位，并在免费类音乐 App 的排名中冲到了第三位，用户好评率极高，被评为上市年度最佳应用。此外，"移动音乐社区"模式也为音乐内容的制作方、发行方等音乐产业链的相关参与者提供了一个新的面向终端用户的渠道。当音乐人、作品与用户融合，音乐与社交的界限将被彻底打通，歌手、用户和网易云音乐形成多赢局面，全新的音乐社会和生活方式也就离我们越来越近。

（5）移动电子商务营销。

一个新的商业领域的开拓，最重要的是创造需求。而创造需求的关键是挖掘客户潜在的需求。移动电子商务就是要充分开发移动通信技术与移动通信设备在商务活动中的应用。对移动通信用户来说，即时信息是用户使用移动通信设备的主要目的，但同时也有许多亟待开发的潜在需求。

在乘火车旅行过程中，熬过漫长的乘车时间是一个艰苦的过程。移动游戏的开发，使得人们有了独自消磨时间的工具，从而满足了人们消磨时间的需求。从网络游戏的开发情况看，这是一块巨大的"蛋糕"，因为它具有极强的互动性。移动游戏迫切需要解决趣味性和传播性问题。趣味性是指移动游戏的内容必须具有吸引力，能够让用户感兴趣。只有"好玩"的游戏内容才能"抓住"用户，移动网络市场才能形成。而传播性则要求解决信息在移动网络上的传播速率问题。畅通的网络才能保证用户轻而易举地获得游戏快乐的感受。

移动电子商务有其自身的特点，抓住这些特点才能有效地开展网上交易。移动性是移动电子商务服务的本质特征。无线移动网络及手持设备的使用，使得移动电子商务具备许多传统电子商务所不具备的"移动"优势，使很多与位置相关、带有流动性质的服务成为迅速发展的业务。利用移动金融工具，用户不再为携带大量现金而恐惧，也不再为找不到银行或自动柜员机（Automatic Teller Machine，ATM）而烦恼。用户可以在任何地方、任何时候购买自己所需要的物品，并提供即时支付。而移动电子商务在股票交易上的应用更是体现了其移动性的优势。

移动电子商务大大加强了厂商与客户之间的联系。利用移动通信手段,买卖双方可以直接沟通,大大节约了交易时间。在移动物流领域,通过对货物、服务甚至人的位置跟踪,帮助决策者决定货物的送达时间和地点,直接将货物送达客户手中,从而缩短了送货时间,减少了库存,降低了运送费用。但目前对于移动电子商务的开发大部分还是移动通信公司的行为,比如移动通信运营商主动地编写一些有意义的、公众感兴趣的短信,发送到用户的手机中,用户如果觉得有意义就可以转发,移动通信运营商就从转发过程中收取一定的转发费用。而其他领域的企业则涉足较少。实际上,旅游、交通、运输、保险等流动性较强的行业都可以结合自身的特点,开发移动网络上的移动服务,发挥其时效性和个性化的优势,拓展自己在移动电子商务领域的业务。

① 加强"移动"宣传。从理论上说,移动广告具有与一般网络广告类似的特点,它具有很好的交互作用、可测量和可跟踪特性。同时,移动广告还可以提供特定地理区域的直接的、个性化的广告定向发布。所以,移动广告具有许多新的网络直销方式和创收方式。现在已经有许多房地产商以及一些实行会员制的企业定期向会员发送一些商业信息,这样的广告与 Google 的广告如出一辙,广告成本是很低的,而且可以群发。传统广告是单向的,用户如果不喜欢观看或收听,可以略过这些信息;跳出广告可以在浏览网页的同时强制性跳出;而移动设备接收信息的形式使用户不得不阅读任何收到的信息并加以清除,这就为营销人员提供了获得用户注意力的新方法,并且提供了客户关系管理和建立顾客忠诚度的新方法。但这种强制还是不利用为好,因为利用这一点强制给用户发送广告,对用户是极大的不尊重,不符合人性化的理念,与 Google 的广告理念完全相反。

移动广告可以提供非常有针对性的广告服务。撰写精彩的移动广告可以给用户带来丰富的知识和极大的乐趣。利用移动广告还可以收集大量的商务信息,这些信息包括用户历史消费记录、用户的位置信息、用户正在进行的活动等。移动广告可以广泛地应用于购物、餐饮、娱乐等行业。移动电子商务在移动电子服务方面有独特的优势,比如出行的旅客与司机很需要得到实时的路况信息、天气信息等;满足游客在旅游区域、在旅行途中临时产生的一些需求,如订餐、租车、购票、订房、更改旅游路线等,提供无处不在的个性化、实时的贴心服务。在旅游点旅游的过程中,移动电子商务也可以为游客提供更多的旅游参观信息,比如哪个景点目前比较拥挤、哪个景点人流适度、比较适宜参观等。

从移动网络运营商的角度看,面临网络竞争威胁的移动运营商不仅可以使用移动广告留住重要的老用户,而且也可以使用这些方案来吸引具有复杂需求的新用户。未来移动电子商务市场的竞争将日趋激烈。现在不仅许多厂商纷纷推出移动电子商务解决方案,而且有些国家的运营商已经开始提供许多增值服务。随着竞争的加剧,移动网络运营商市场将重新洗牌,新用户群将成为各运营商争夺的焦点。

移动广告领域目前还没有完善的理论和方法体系,也缺乏足够的实践经验支持。不过,一些网络广告的思路仍然可以在移动广告中发挥作用。比如,邮件列表营销、病毒性营销,但具体操作方式可能会有一定的差别,这些都需要在实践中逐步探索和积累经验。

② 开发"小额"项目。从目前情况看,利用移动电子商务主要集中在"小额"领域,即支付金额不大的小额购物和服务、小额支付。这是和移动通信设备的特点相关联的。人们在使用移动通信设备的过程中很难做出金额较大的购买决策,而利用移动通信设备进行小额物品的购买,决策容易又节省时间,因而成为移动电子商务的首选。

由于消费者需求的特殊性增强,不同消费者在消费结构、时空、品质诸多方面的差异自然会衍生出"特殊的、合适的目标"市场,这些市场规模较小,但其购买力并不会相对减弱。目标市场特殊性的强化预示着消费者行为的复杂化和消费者的成熟,也为移动电子商务提供了极好的市场机遇。

小商品市场是现阶段市场经济的重要组成部分,能够满足人们生活中对于各种小商品的需求。汇集规格品种较多的小商品城,以质优、价廉、一流的服务吸引客户。"小额"项目具有广阔的市场空间。虽然从每笔交易额看,小额购买和服务的金额不大,但这方面的交易数量极大,所带来的利润也比较高。

厂商应当对这方面的问题有所认识。

③ 简单化。把简单问题复杂化似乎人人都可以做到，把复杂问题简单化是少数人才能做到的。移动行业应用产品的简单化是指企业用户使用的简单化、功能的简单化，其背后的技术仍是复杂的。对使用者而言，用户体验的简单化决定了市场，简单化是 Google 的原则，人们在使用 Google 引擎进行搜索时，输入关键字即可。复印机也是简单化的设备，人们只要按一下按键就可以复印了，其他部分的复杂结构人们是不关心的。

"5G 时代"的来临，必然使手机用户对数据使用的认识和感受极大地加深、加强，又将会迫使企业注重他们的需求而建立移动电子商务平台。基于移动互联网的移动电子商务凭借其能随时随地提供个性化服务能力的优势，成为当前电子商务领域的热点。相对于传统电子商务，移动电子商务增加了移动性和终端的多样性，用户可以访问移动网络覆盖范围内任何地方的服务，并以其特有的移动支付和基于位置的服务大大扩展了传统电子商务的服务范畴。

移动电子商务将是未来企业进行营销推广最先进的平台，它可以用很低的成本直接把信息呈现到每一个人手中，这是移动电子商务得以风靡的基础。与传统电子商务相比，使用移动电子商务营销可大大降低营销成本，正好满足了企业的需求，是低成本、高回报的移动营销新潮流。

3.3 跨境电子商务

3.3.1 跨境电子商务的定义

1. 基本定义

跨境电子商务是一个国际商业活动领域的专有名词，主要是指分属于不同国家/地区的各个交易主体通过国际性电子商务平台达成相关业务的交易和电子支付结算，通过跨境电子商务的物流模式以及异地仓储实现商品的送达，进而完成跨国交易的一种国际性商业活动。网络空间是一种相对于物理空间而存在的新空间，主要指由网址、密码等虚拟要素组成，但又客观存在的一个虚拟化世界。而跨境电子商务基于网络技术而产生，是存在于网络空间的一种虚拟性商业模式。

2. 跨境电子商务的种类

按照电子商务网站经营商品的品类进行划分，可将跨境电子商务分为垂直型电子商务与综合型电子商务两类（见图 3-14）。其中，垂直型电子商务专注于某些特定的领域或某种特定的需求，提供该领域或该需求全部的深度信息与服务，如专注于女性用品特卖的唯品会等；综合型电子商务是一个

图 3-14　跨境电子商务分类

与垂直型电子商务对应的概念，它不像垂直型电子商务那样专注于某些特定的领域或某种特定的需求，它所展示和销售的商品种类繁多，涉及多种行业，如淘宝网、京东商城等。

按照电子商务网站开发与运营主体进行划分，可将跨境电子商务分为第三方平台型电子商务（或称为"平台型电子商务"，详见 3.1 节）和自营型电子商务两类。其中，平台型电子商务开发和运营第三方电子商务网站，吸引商品卖家入驻平台，由卖家负责商品的物流与客服并对买家负责，平台型电子商务并不亲自参与商品的购买与销售，只负责提供商品交易的媒介或场所，如淘宝网、天猫国际等；自营型电子商务是一个与平台型电子商务对应的概念，自营型电子商务不仅开发和运营电子商务网站，而且自己负责商品的采购、销售、客服与物流，同时对买家负责，其代表性企业有京东全球购（其在发展初期为自营型电子商务，后来开始向综合型电子商务发展）、1 号店、海尔商城、当当网（当当网也在逐渐向综合型电子商务转型）等。跨境电子商务自营与平台分类如图 3-15 所示。

跨境电子商务的业务包括进口业务和出口业务，同样，跨境电子商务也包括进口跨境电子商务和出口跨境电子商务。据《中国跨境电商发展报告（2022）》统计，2021 年我国跨境电子商务进出口 1.98 万亿元，增长 15%；其中出口 1.44 万亿元，增长 24.5%。

目前除头部电子商务企业外，出口领域做得比较好的有 Shopee、Akulaku、Lazada 等，该类型电子商务的运营模式其实可以完全参考国内主流电子商务的操盘思路（店群或精细化运营），同时结合所在站点的用户习惯；进口领域主要集中在头部电子商务平台，如天猫国际、京东国际、网易考拉等，同时垂直领域的洋码头做得也不错。

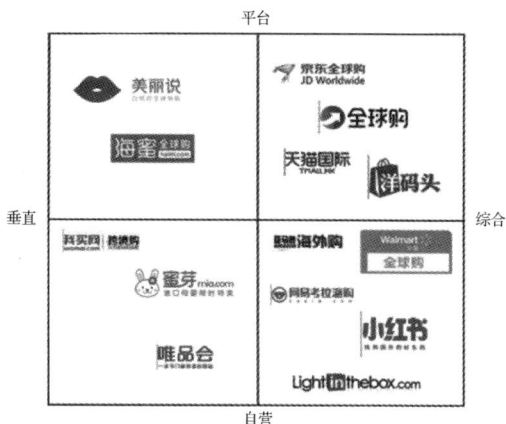

图 3-15　跨境电子商务自营与平台分类

以洋码头为例，"买手商家制"是其最核心的优势。洋码头主打全球化商品，覆盖约 83 个国家和地区的约 80 万件不同商品，拥有高达 6 万名的专业买手，他们当中不乏一些网络红人和专业买家。这些人都为洋码头实现全球个性化的消费推荐提供了一个更好的载体，同时也是捍卫商品源头品质、提升海外购物体验的重要后盾。

3. 跨境电子商务和传统电子商务的区别

传统电子商务的买卖双方一般属于一个国家/地区，如国内的卖家在线销售给国内的买家；而跨境电子商务是不同国别或关境地区间的买卖双方进行的交易，从业务模式上来看，多了国际物流、出入境清关、国际结算等业务。

（1）运营环境不同。

跨境电子商务运营是一种对外贸易运营环境。首先，这种环境可能不仅使用英语。如果你去日本，你可能需要使用日语；或者你可能需要使用德语和法语来运营欧洲站点；等等。其次，你需要考虑文化差异，如外国人喜欢什么样的产品。再次，有很大的时差。最后，你必须考虑国外的许多节日，外国人通常也在节日期间购物。例如，美国的"黑色星期五"类似于中国的"双十一"。因此，你必须了解和熟悉外语环境和外国文化。这是跨境电子商务运营的第一个挑战。你必须适应不同的运营环境。

（2）业务环节的差异。

跨境电子商务业务环节更加复杂，需要经过海关通关、检验检疫、外汇结算、出口退税、进口征税等环节，跨境电子商务发货流程如图 3-16 所示。

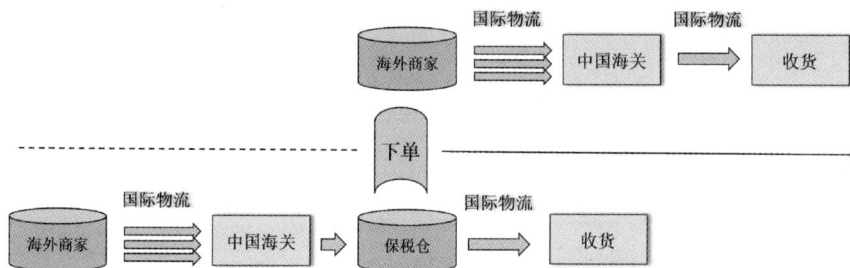

图 3-16　跨境电子商务发货流程

在货物运输上，跨境电子商务通过快递方式出境，货物从售出到送至国外消费者手中的时间更长，因路途遥远，货物容易损坏，且各国/地区快递派送能力相对有限，急聚增长的邮包也易引起贸易摩擦。国内电子商务也以快递方式将货物送达消费者，但路途相对较近，到货速度相对较快，货物损坏概率相对较低。

与国内电子商务相比，跨境电子商务最大的问题在于仓储和物流。虽然数字平台可以实现数字化信息的线上互通，但实体商品仍需要进行跨国运输。

（3）交易主体差异。

跨境电子商务交易的主体跨关境，可能是国内企业对境外企业、国内企业对境外个人或者国内个人对境外个人等。交易主体遍及全球，有不同的消费习惯、文化心理、生活习俗，这要求对各国/地区流量引入、各国/地区推广营销、国际消费者行为、国际品牌建设等有更深入的了解，其复杂性远远超过国内的电子商务。

（4）交易风险差异。

在商业环境和法律体系较为完善的国家/地区，很容易引起知识产权纠纷。国内电子商务行为发生在同一个国家/地区，甲乙双方对商标、品牌等知识产权有统一的认识，侵权引起的纠纷较少，即使产生纠纷，处理时间也较短，处理起来也比较方便。

3.3.2 跨境电子商务的运营模式

本节主要结合交易主体类型分析各类型跨境电子商务运营模式的流程。

1. 平台型跨境电子商务运营模式

B2C 平台型跨境电子商务业务内容如图 3-17 所示。B2C 平台型跨境电子商务在网站流量、商品品类方面具有显著优势，但在品牌招商方面存在一定困难，需要在规模与质量之间进行平衡。

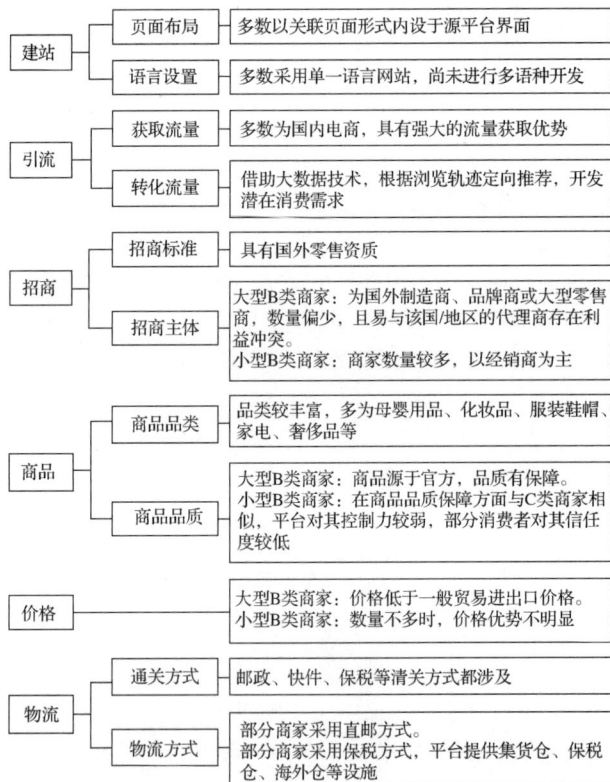

注：B类商家指以企业或组织形式存在的商家；C类商家指以个人形式存在的商家

图 3-17　B2C 平台型跨境电子商务业务内容

这主要是因为，目前规模较大的商家数量较少，而且平台型跨境电子商务企业之间的竞争与资源争夺，导致规模较大的商家引入难度较高，而规模较小的商家尽管数量众多，但平台又面临商家与商品质量把控难题。

C2C 平台型跨境电子商务业务内容如图 3-18 所示。

C2C 平台型跨境电子商务最大的优势在于商品种类丰富，但由于入驻商家多为个人，且数量庞大，导致 C2C 平台型跨境电子商务对卖家与商品控制能力偏弱，容易引发商品质量等方面的风险，这也是目前消费者对 C2C 类电子商务平台信任度偏低的主要原因。

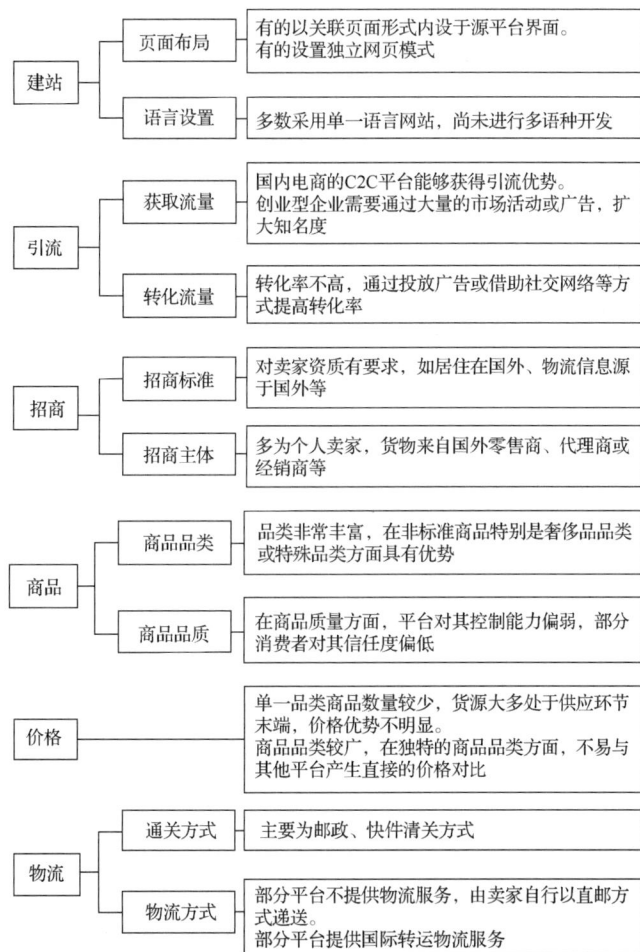

图 3-18　C2C 平台型跨境电子商务业务内容

2. 自营型跨境电子商务运营模式

不同于平台型跨境电子商务企业，自营型跨境电子商务企业更类似于传统的零售企业，只是将商品交易场所从线下转移到了线上。如图 3-19 所示，自营型跨境电子商务企业需要全面参与商品的整个供应链，包括所销售商品的选择、供应商开发与谈判、电子商务平台运营等，并深度介入物流、客服、售后等服务环节。由于自营型跨境电子商务在交易主体属性分类上归属于 B2C 模式，此处不再采用交易主体属性模式对其进行细分，而是根据商品种类的多寡将之细分为综合自营型跨境电子商务、垂直自营型跨境电子商务两种。

综合自营型跨境电子商务业务内容如图 3-20 所示。其商品来源大多与品牌商较为接近，对商品加工能力较强，加之省去了中间环节的诸多成本，其商品在价格上优势显著。但其商品数量要远远少于综合类平台型跨境电子商务，在进行商品品类扩展时难度较大，成本增加比较显著。

而对于垂直自营型跨境电子商务最大的优势在于对利基市场的定位与深挖、对目标群体的了解以及服务的深入，在商品选取能力与销售转化率方面均表现优异。由于其市场定位是利基市场，导致其商品品类单一，且受政策因素影响较大。此外，由于垂直自营型跨境电子商务企业在规模、实力、流量、管理水平等方面表现较弱，与商品供应商特别是一些大型品牌商合作时存在一定的难度，导致商品在价格上的优势要弱于综合自营型跨境电子商务企业。

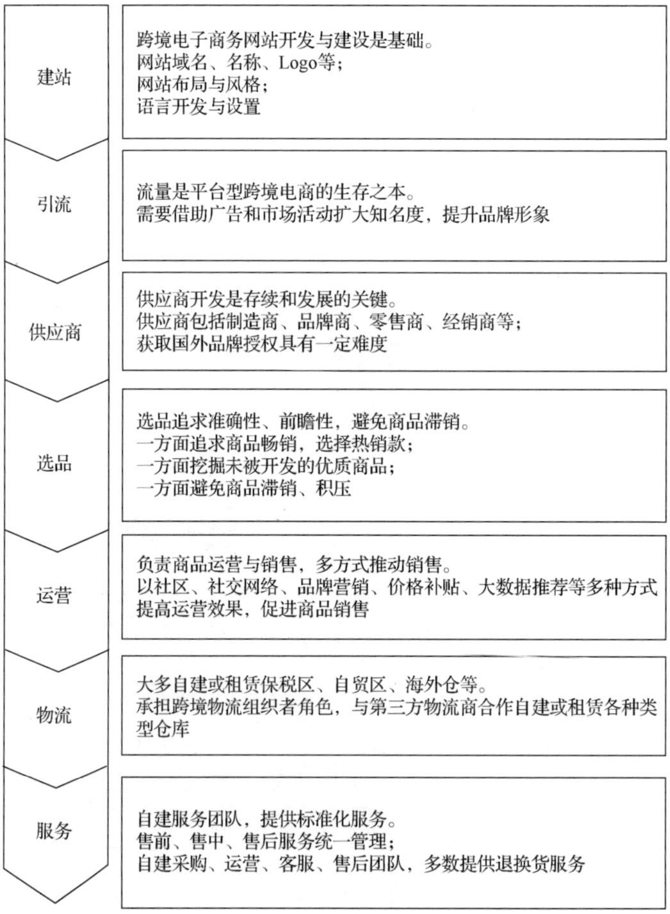

图 3-19　自营型跨境电子商务业务内容

3. **跨境电子商务的特色和优势**

（1）全球化经济的需要。各国/地区政府积极鼓励跨境电子商务的发展，我国更是如此。各地跨境电子商务综试区，还有各类资金扶持，都体现了我国大力发展跨境电子商务的决心，而且这些利好政策还在不断提出和完善中。

（2）广阔的外贸前景。国内市场的竞争非常激烈，国内电子商务的竞争已经白热化。然而，跨境电子商务总体来说仍然是一片蓝海。而电子商务改变了消费者的购物习惯，跨境电子商务则可以突破区域限制，满足定制要求，这些都不是传统的外贸模式可以做得到的。

（3）丰厚的利润。跨境电子商务现阶段正处在红利期，由于国内外人均收入、消费水平差异较大，因此把产品卖到国外能够赚取丰厚的价差和利率差。举个例子，在国内电子商务平台价格为 10 元的产品，通过跨境电子商务出售至美国或许可卖到 10 美元，其中的利润十分可观。此外，跨境电子商务投入低，我国有一系列扶持跨境电子商务的政策，因此也有越来越多的企业开始进军跨境电子商务。

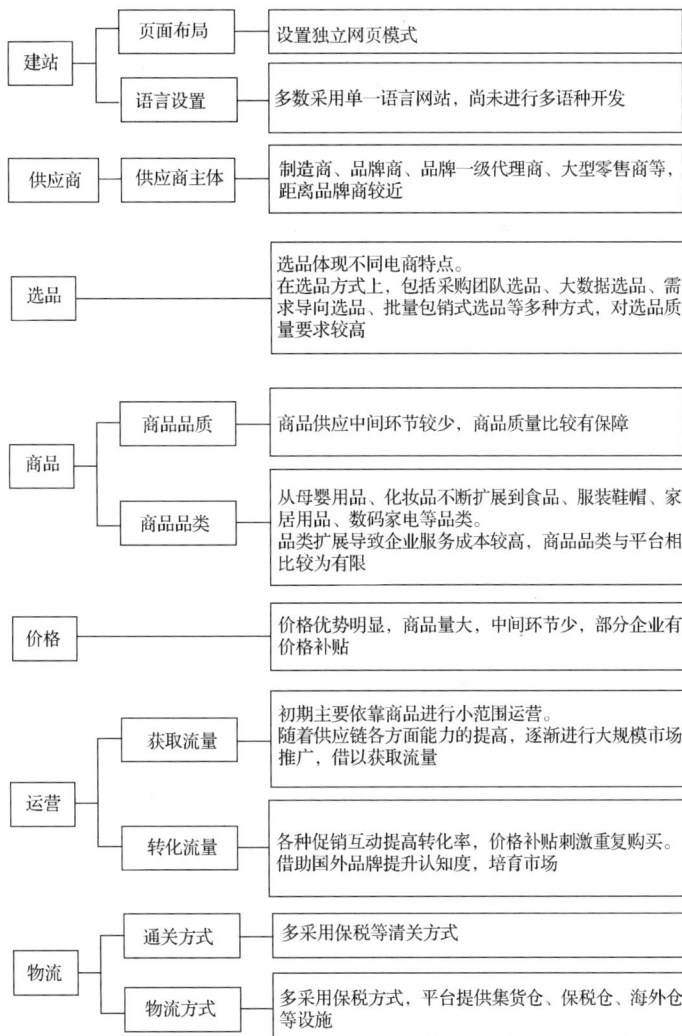

图 3-20 综合自营型跨境电子商务业务内容

3.4 直播电子商务

3.4.1 直播电子商务的定义

直播电子商务指主播借助视频直播形式进行带货，向观看用户介绍产品并推荐购买，以实现"品效合一"的新电子商务形式。与传统电子商务相比，直播电子商务模式下品牌商可以雇请网络主播在各渠道的内容平台或电子商务平台上直播、生产分发内容，通过直播形式实现与消费者的直接交互，是"数字化时代"电子商务与直播的深度融合，具有强互动性、强 IP 属性以及高度去中心化的特点。

3.4.2 直播电子商务的运营模式

直播电子商务其实是一个打通线上线下的过程，凭借在提升用户交流互动体验、激活公域和私域流量、营造实时购物场景方面的天然优势，有效地实现了新零售"人、货、场"要素重构，是新零售的重要切入点之一。由此看来，直播电子商务不单是直播与电子商务的结合，更是上游厂商、供应商、线下实体店、消费者的结合，是对新零售电子商务的一次落地实践和探索尝试。从严格意义上来说，"直播+

电子商务"主要有 3 种形式（见图 3-21）。

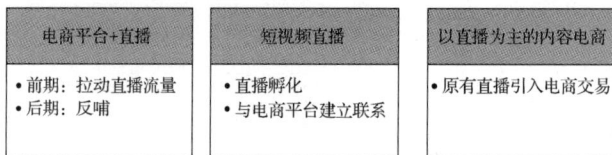

电商平台+直播	短视频直播	以直播为主的内容电商
• 前期：拉动直播流量 • 后期：反哺	• 直播孵化 • 与电商平台建立联系	• 原有直播引入电商交易

图 3-21 "直播+电子商务"的 3 种主要形式

一是在电子商务平台中加入直播功能作为平台附属品。在前期主要由电子商务平台的流量拉动直播流量，后期实现直播流量反哺电子商务平台流量；二是短视频直播模式，通过短视频平台做直播孵化，通过商品链接与电子商务平台建立联系；三是以直播为主的内容电子商务平台，在原有生产直播内容的基础上引入电子商务交易功能，该形式是真正意义上的直播电子商务。在直播电子商务模式下，电子商务平台和直播平台是整个链条运作的核心，为整个交易过程提供了营销推广服务以及技术支持。同时，平台之间的相互连通合作推动了各大平台公域流量与主播、商家自有的私域流量间的转化，进一步提升了流量经济效益。直播电子商务所具有的实时、富媒体形式特点以及强互动性、强专业性与高转化率等优势，进一步丰富了消费者的购物体验。目前，直播电子商务在多方服务商的支持下，已形成完整产业链。直播电子商务的快速发展离不开供给端与需求端的变革升级。在供给端，多元化的品牌价值需求推动了直播形态的分层升级，直播电子商务形态呈现多元化发展趋势，主要体现在直播类型、主播及组货类型以及直播形式方面，如图 3-22 所示。此外，供应链外部资源整合、C2M 以销定产赋能直播电子商务，搭建了需求驱动供应的拉式供应链，可更精准快速地进行需求预测与需求反馈。在

图 3-22 直播电子商务业态多元化

需求端，用户行为决策结构化推动传统电子商务流量分发方式迭代升级，内容生态成为重要板块，"图文+短视频+直播"的组合营销方式地位凸显。此外，消费者追求极致性价比，推动带货品质效应升级，培养用户直播消费习惯、挖掘引致需求成为未来的发展关键。

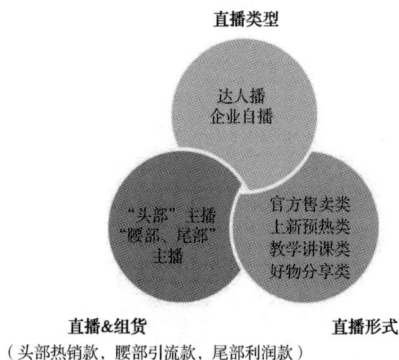

3.5 农村电子商务

近年来，随着我国农村经济的发展和互联网等信息技术的普及，农村电子商务市场规模迅速扩大。互联网与"三农"的融合发展，提高了销售效率，降低了采购成本；扩大了农村地区大众创业、万众创新机会；为扶贫提供了有效的手段；推动了农村地区就地城镇化，助力传统企业转型升级，为全球农村扶贫指明了一条新的路径。

3.5.1 农村电子商务的定义

1. 基本定义

农村电子商务是相对城市电子商务而言的，即与"三农"相关联的电子商务，主要是工业品下乡和农产品进城双向流通的电子商务，包括农村日用品电子商务、农产品电子商务、农资电子商务、农村服务业电子商务和农村扶贫电子商务等。

2. 发展流程及政策

近年来，我国政府在农村电子商务政策支持方面保持了较好的连续性和稳定性，2014—2019 年，连续 6 年的中央"一号文件"均明确提出发展农村电子商务。2019 年《关于坚持农业农村优先发展 做好

"三农"工作的若干意见》中提出"实施数字乡村战略,继续开展电子商务进农村综合示范,实施'互联网+'农产品出村进城工程",并将县乡村物流网络和冷链物流体系等作为"村庄基础设施建设"的重要内容加以推动;同年 5 月,中共中央办公厅、国务院办公厅印发《数字乡村发展战略纲要》,强调数字乡村是乡村振兴的战略方向,也是建设数字中国的重要内容。2020 年中央网信办、农业农村部、国家发展改革委、工业和信息化部联合印发《2020 年数字乡村发展工作要点》,部署了 8 个方面 22 项重点任务。国家有关部委也陆续出台了《多渠道拓宽贫困地区农产品营销渠道实施方案》《2019 年网络扶贫工作要点》《关于开展 2019 年电子商务进农村综合示范工作的通知》《关于推进邮政业服务乡村振兴的意见》《关于推动农商互联完善农产品供应链的通知》《关于实施"互联网+"农产品出村进城工程的指导意见》等政策文件,分别从脱贫攻坚、综合示范、快递物流、产销对接等方面,全面全力推动我国农村电子商务发展。各地也将电子商务作为乡村振兴、脱贫攻坚、数字乡村发展、供给侧结构性改革、大众创业万众创新等战略部署的重大举措,大力推动农村电子商务发展的政策体系和管理机制不断强化,我国农村电子商务政策体系更加完善,发展环境持续优化。

随着 5G、物联网、大数据、云计算、区块链、人工智能等各种信息技术深入应用,数字技术快速渗透到各行各业,已成为推动经济增长的重要力量,是我国经济转型升级和高质量发展的必由之路。

据中国互联网络信息中心数据,截至 2020 年 3 月,我国网民规模为 9.04 亿,其中农村网民规模为 2.55 亿。据中国互联网络信息中心(CNNIC)在京发布第 49 次《中国互联网络发展状况统计报告》统计,截至 2021 年 12 月,我国网民规模达 10.32 亿,较 2020 年 12 月增长 4296 万,互联网普及率达 73.0%。其中,农村网民规模已达 2.84 亿,农村地区互联网普及率为 57.6%,较 2020 年 12 月提升 1.7 个百分点,城乡地区互联网普及率差异较 2020 年 12 月缩小 0.2 个百分点。如图 3-23 和图 3-24 所示。我国农村网民规模逐年稳步提升,农村网民规模占比越来越大,农村地区网络普及率也越来越高。

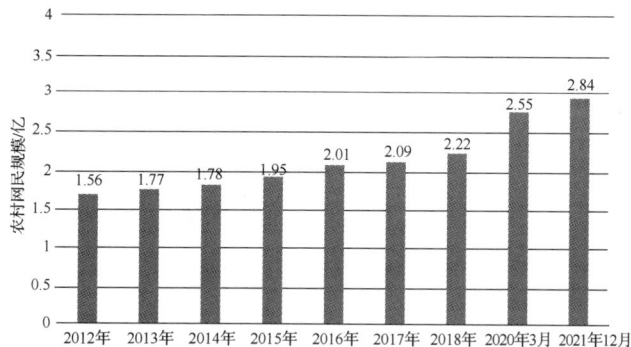

图 3-23　2012—2021 年中国农村网民规模

图 3-24　2017 年 6 月—2020 年 6 月城乡地区互联网普及率

农业农村部信息中心数据显示，我国县域数字农业农村发展总体水平已达33%，数字技术与农业农村加速融合。2019年在国际经济环境复杂严峻、国内发展任务艰巨繁重的背景下，我国数字经济依然保持了较快增长，各领域数字经济稳步推进。2020年我国数字经济依然保持蓬勃发展态势，规模达到39.2万亿元，较上年增加3.3万亿元，占GDP的38.6%，同比提升2.4个百分点，有效支撑疫情防控和经济社会发展。而至2021年年底，我国数字经济规模达到45.5万亿元，同比名义增长16.2%，占GDP比重达到39.8%。数字经济以较高的速度和规模发展，目前我国有各类涉农电子商务平台30000多个，其中农产品电子商务平台有3000多个。我国农产品电子商务形成了B2B电子交易等各种网络零售交易同时并存的电子商务模式，有综合型电子商务、垂直型电子商务、社交电子商务、跨境电子商务、体验电子商务、产业互联网电子商务等，以及各种物流配送供应链、各种支付结算和网络金融等多种多样的农产品电子商务体系。我国农产品电子商务已进入"数字化发展"新阶段，图3-25为2014—2021年3月农村网络零售额情况，图3-26为2019年全国各类农产品网络零售额占比及同比增速。

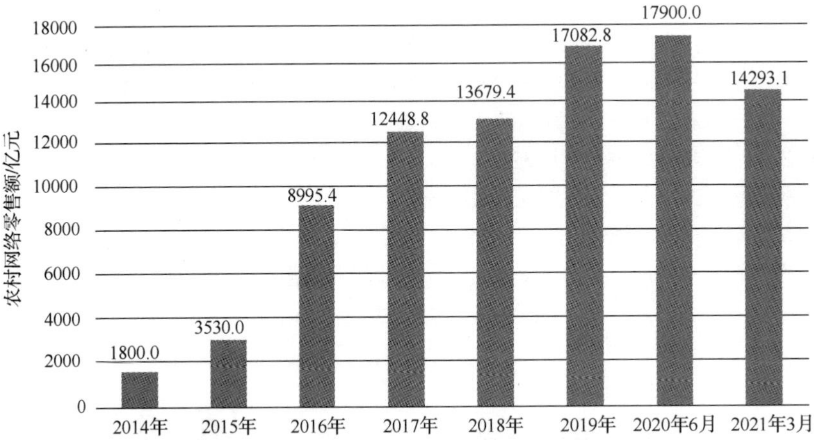

图3-25　2014—2021年3月农村网络零售额

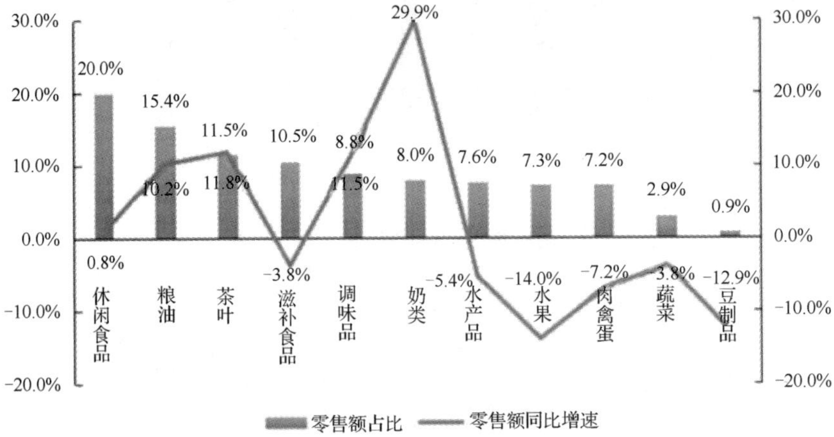

图3-26　2021年全国各类农产品网络零售额占比及同比增速

目前，产业互联网已成为行业新宠。随着用户消费方式和消费习惯逐渐从线下转移到线上，简单地以流量获取和去中间化的方式来提高行业运行效率的做法开始遭遇越来越多的挑战。随着互联网人口红利逐步消失，消费互联网已接近"天花板"，而与此同时，企业级服务市场正在不断被发掘，互联网与产业的融合愈来愈受到重视。未来十年是从消费互联化到产业互联化的全面协同升级，产业互联网将成为互联网的主战场。我国产业互联网正在快速崛起，成长空间巨大，图 3-27 所示为 2021 年前三季度消费情况。

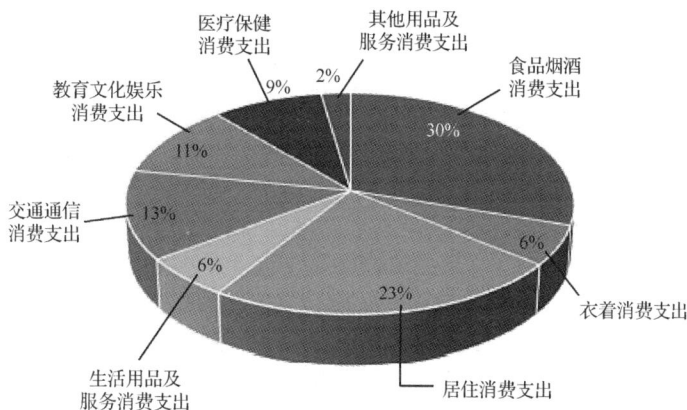

图 3-27　2021 年前三季度消费情况

中投产业研究院发布的《2021—2025 年中国产业互联网深度调研及投资前景预测报告》显示，2019年中国产业互联网规模达到 47.8 万亿元。2020 年上半年，中国产业互联网市场规模达 25.3 万亿元。2021年我国互联网行业增长势头强劲，新型基础设施建设成效显著，关键核心技术不断创新，信息技术融合应用加速落地，网络安全保障能力持续提高，国际交流合作不断拓展，网络治理体系建设获得丰硕成果。通过改造 B 端行业的生产方式和供应方式来提高行业运行效率正在成为行业发展的共识。以京东、阿里巴巴等为代表的头部互联网公司都已加入产业互联网的新战役当中。随着 C 端供应链往 B 端供应链倾斜，越来越多的行业将互联网平台看成一个全新的渠道，产业互联网已是大势所趋。产业互联网为农批市场提供了新机遇，紧抓机遇，农批市场将迎来新的发展高峰。

3.5.2　农村电子商务的运营模式

1. 农村电子商务的集体合作社模式

"电子商务+合作社"模式在推动乡村振兴可持续性发展中具有现实意义。政府可以运用合作社的组织模式，组织农户合作生产，形成农产品生产基地；进行统一的播种培育、配方施肥，防控病虫害；有食品安全认证，采用体系化标准化生产，由电子商务部门统一销售。合作社拥有自己的品牌，不断提供给消费者优质的农产品，逐渐扩大消费市场，提高市场占有率，实现农民增收，促进乡村振兴。

2. 农村电子商务的可视化直播模式

（1）可视化直播农村电子商务的应用。

电子商务直播的突飞猛进，推动了以直播电子商务为代表的新业态、新经济的发展。农村电子商务直播的快速跟进，在推动农村产业升级、帮助县区级农民增收脱贫、促进返乡创业就业、助力乡村振兴中发挥了重要作用。受农村电子商务基础条件、人才支撑方面的影响，农村电子商务直播发展存在着缺乏特色品牌、平台设施落后和农村主播不专业等问题。

在乡村振兴战略背景下，电子商务成为高速度增长的乡村振兴新动能，电子商务发展环境不断改善。作为电子商务新模式、新业态的代表，直播带货快速兴起。电子商务直播可实现消费者以更直观、直接的方式完成线上购物，同时满足消费、社交、娱乐等多方的购物体验需求，其潜移默化地影响着消费追求及购物理念，使得消费者线上购物成为一种体验、一种享受，同时也让直播电子商务商户得到可观的收益，这促使更多的农村电子商务商户加入直播电子商务的队伍。农村电子商务借助淘宝直播、京东直播、抖音等网销平台，培养了一批具有乡土特色的本地"网红"和主播，促进了特色农产品上行。电子商务直播将农村原生态的生产场景、特色农家产品资源以全新视角呈现给消费者，实现对消费者的有效引流、农产品上行渠道的拓展，越来越多的农村网商参与到直播电子商务队伍中，农村电子商务正由传统电子商务向社交电子商务等模式转变，带动了农村经济快速发展。

（2）农村电子商务直播推动乡村振兴发展现状。

商务部数据显示，2020年全国农村网络零售额达1.79万亿元，同比增长8.9%。电子商务加速赋能农业产业化、数字化发展，一系列适应电子商务市场的农产品持续热销，有力地推动了乡村振兴和脱贫攻坚，电子商务直播成为农村电子商务转型升级探索的有效途径。总体来看，农产品网络直播主要表现出以下几个方面的特征。一是营销宣传方式简便、技术门槛低。二是通过直播平台使得展现大量乡村好景、好物的内容流动起来，从而带动相关农产品的流动。三是直播上手容易，产业一线农业经营主体直接对接消费者，破除了销售链路的"中梗阻"。四是有效解决了农产品的去库存问题，还激发了乡村文化旅游及非遗文化产业等新业态活力。农产品网络直播可以将小规模经营的分散农户通过网络有机组织起来，成为连接结构化商户规模的桥梁，有利于边远山区农民的脱贫致富，也有利于实现"小农户"与农产品"大市场"的有机衔接。农产品网络直播将"点对点"精准扶贫、消费扶贫、产业扶贫有效结合，带动农村电子商务产业链、生态链的变革，有助于实现一、二、三产业的有机融合。

根据《2020中国淘宝村研究报告》数据，2020年，全国淘宝村开启淘宝直播的共计4755个，通过直播模式实现销售额约120亿元。开启直播活动的淘宝镇共计1750个，实现400多亿元的直播销售额。约9万名农民主播来到淘宝直播间参与农产品的直播营销活动，保障了农民的收入稳定，凸显了社交电子商务助力滞销农产品上行的潜力。

（3）农村电子商务直播取得的主要成效。

① 助农增产增收。农村电子商务直播带动的新业态发展迅速，为乡村振兴战略的深入实施提供了战略契机。越来越多的农村网商和特色农产品主播成为"网红"，从事村播的主播更熟悉农产品，直播场景就在生产劳作的原产地。同时，充分利用直播电子商务全景呈现、引流带货、实时互动等特点，实现了消费端模式的创新，通过打造农村直播电子商务新模式，带动农村传统电子商务产业地区转型增收。根据《2020全国县域数字农业农村电子商务发展报告》，2019年3月至2020年7月，全国31个省区市的2000多个县参与阿里巴巴的淘宝直播"村播计划"，实现约240万直播场次，带动约80亿元的优质农产品上行。

② 助农创业就业。运用直播电子商务平台销售农特产品，能够产生拉动就业的积极效应。在直播带货模式下，带动的是包括生产加工、销售、物流等全产业链的协同，在一定程度上提高了当地的就业率。直播助农模式在一定程度上增加了农村地区的就业机会，也缓解了传统销售模式人力成本高等问题，有效地提高了农产品销售力度。并且这种模式的盛行还能带动当地农村电子商务的发展，让更多农民知道电子商务、懂得电子商务，并知道怎么操作电子商务来帮助家乡的人销售农产品，让助农队伍更加浩大。农村电子商务直播创业新模式在带动农村产业升级的同时，也吸引更多人返乡就业，让年轻的新农人越来越喜欢留在家乡。根据《灵工时代：抖音平台促进就业研究报告》，2020年抖音带动灵活就业机会共计3671万个，为县域级的农民群体带来了创业、就业机会。

③ 助农电子商务升级。农村电子商务直播是当前农村经济发展转变的新要求，通过发展农村电子商务直播，农产品销售信息的发布和接收更加便捷高效。从传统电子商务找客户提升至有效增加客户黏性，推动农业生产经营向由消费需求驱动农业生产转变，推动传统农村电子商务转型升级。同时，农村电子商务直播的方式，既降低了生产销售成本，又提高了农民的经济收益，有利于形成完整价值链，聚集产业，有效推动农村电子商务县域经济发展。

本章小结

在新经济模式下，电子商务在创新的路上不断地探索着新模式。从传统的 B2B、B2C、C2C、O2O 等基本电子商务模式，到 O2O^n 等新型电子商务模式，再到平台型电子商务、跨境电子商务和农村电子商务等新型模式，电子商务发展势头迅猛，技术革新快。这些电子商务新模式的应用离不开新技术的工程应用，诸如虚拟市场和现实市场的融合、多模态数据融合、基于大数据的征信等。从工程应用中可以进一步发现创新机会，产生了很多创新问题，诸如高可用软件体系结构、高性能计算、网络安全、移动计算、网格计算、防伪技术等。

本章主要介绍了电子商务的主要分类，按照电子商务的原理、平台特性以及技术将电子商务分为平台型电子商务、移动电子商务、跨境电子商务、直播电子商务、农村电子商务 5 个类别。在"加快构建以国内大循环为主体、国内国际双循环相互促进的新发展格局"背景下，电子商务作为"双循环"的加速器，深刻变革了内贸流通形态和外贸运作方式。只有深刻理解电子商务基本原理，了解电子商务的发展历程，以及各个发展模式的特点特性和技术革新，掌握电子商务运作模式，才能保障经济活动中生产、交易、流通、消费的畅通无阻，完成产业基础再造和产业链创新，真正推动供给端的改革创新、中间环节的赋能升级以及需求端的提质扩容。

思考与讨论题

1. 什么是电子商务？电子商务的主要分类有哪些？
2. 电子商务的主要分类考虑了哪些因素？
3. 什么是传统电子商务？
4. 传统电子商务的种类有哪些？
5. 传统电子商务的运营模式有哪些？各自的特点是什么？
6. 什么是平台型电子商务？
7. 线上线下一体化的电子商务的特点有哪些？
8. 线上线下一体化的电子商务的"三驾马车"是什么？
9. 什么是跨境电子商务？
10. 请简述传统电子商务和直播电子商务之间的异同。
11. 简述跨境电子商务的主要分类及分类依据。
12. 请简述传统电子商务和跨境电子商务之间的异同。
13. 请简述跨境电子商务的特色与优势。
14. 结合自身实际，举例说明跨境电子商务的优势。
15. 什么是农村电子商务？
16. 简述农村电子商务的发展特点。
17. 简述农村电子商务的发展趋势。
18. 结合生活实际简述农村电子商务的应用。
19. 请简述农村电子商务产品的类型，并对其发展特点及未来发展趋势进行说明。
20. 请简述平台型电子商务的优势。
21. 请结合生活实际说明可视化视频电子商务的应用案例。
22. 结合现代网络技术发展举例说明农村电子商务的新趋势。
23. 简述可视化直播农村电子商务的优点和缺点。
24. 根据五大分类的定义和原理分析淘宝、京东、抖音等分别属于何种电子商务。

第4章
电子商务体系结构

知识结构

```
                                                          ┌─ 定义
                                    ┌─ 4.1.1 分层结构 ──────┼─ 案例
                                    │                     └─ 优缺点
                                    │                     ┌─ 定义
                                    │                     ├─ 工作流程
                                    ├─ 4.1.2 面向对象结构 ──┼─ 案例
                                    │                     └─ 优缺点
              4.1 电子商务系统的主流结构 ┤                     ┌─ 定义
                                    │                     ├─ 工作流程
                                    ├─ 4.1.3 事件驱动结构 ──┼─ 案例
                                    │                     └─ 优缺点
                                    │                     ┌─ 定义
                                    │                     ├─ 工作流程
                                    └─ 4.1.4 数据共享结构 ──┼─ 案例
                                                          └─ 优缺点
第4章
电子商务   ┤── 4.2 电子商务的云体系结构 ┬─ 4.2.1 云体系结构的原理与定义
体系结构                             │
                                    └─ 4.2.2 云体系结构的优缺点
                                                          ┌─ 定义
                                    ┌─ 4.3.1 微服务体系结构的原理 ─┼─ 组成部分和工作流程
              4.3 电子商务的微服务体系结构 ┤                     └─ 优点和挑战
                                    │
                                    └─ 4.3.2 微服务体系结构的工作方式
```

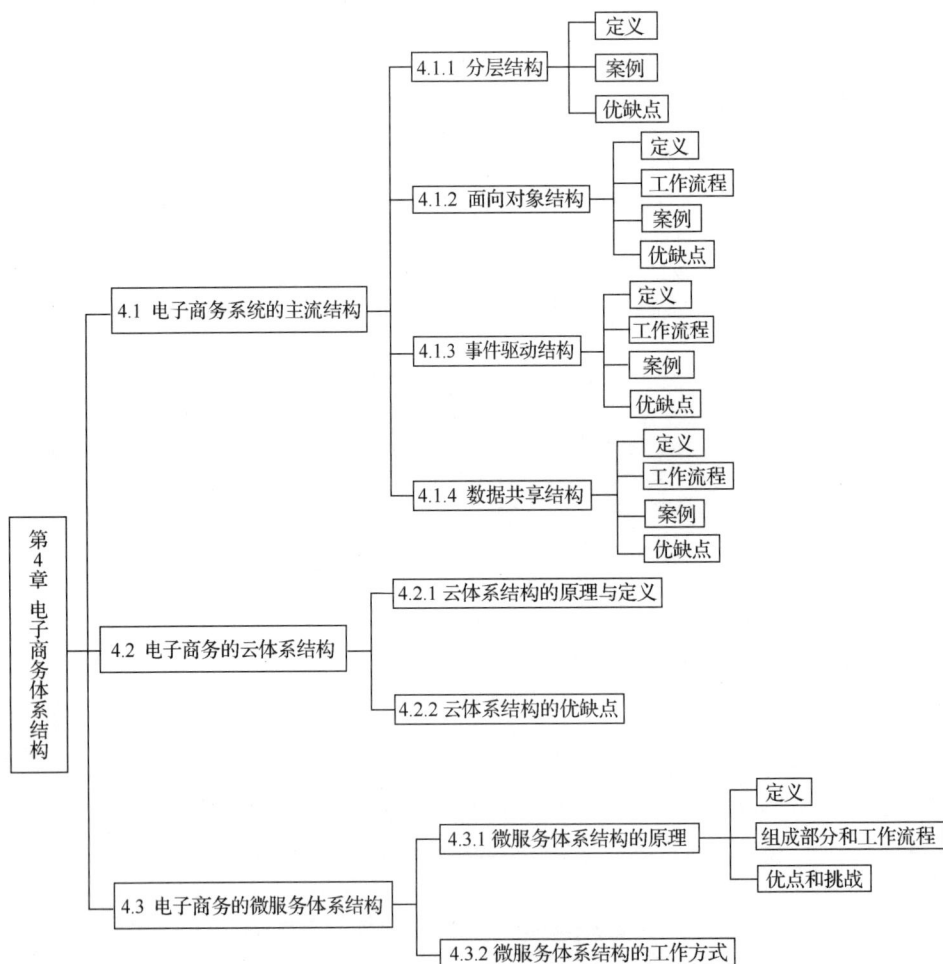

　　体系结构是一个内涵丰富的概念，其不但包括一系列结构部件，还涉及各部件之间的联系。电子商务体系结构是软件体系结构在社会生产生活中的一次重要应用，是从理论到实践再到生活的过程。本章

主要从定义、流程、案例、优缺点等角度介绍常见的几种电子商务主流体系结构，并在此基础上研究适合电子商务发展的体系结构。

电子商务体系结构的基本原理是对软件体系结构以及其他科学思想的应用。软件体系结构是电子商务系统创建的重要部分，因此应对软件体系结构进行了解，并以此为基础进一步引出对电子商务的深入研究。

体系结构的概念最早出现在 20 世纪 60 年代后期。由于当时软件设计并没有统一的规范，软件系统在大数据量和快速动态变化的业务需求中变得难以更新和维护，软件开发产生的风险在全球软件公司中蔓延。因此，德国在 1968 年召开的北约软件工程大会上提出了软件体系结构的概念，并在后续的工作和学术讨论中达成了共识：软件系统的体系结构是对形成系统的约束，主要构件通过体系结构的组合形成了系统。

软件体系结构的出现为系统的实现提供了约束条件，否则随心所欲的架构和编码都可能会导致软件系统开发缓慢、系统维护困难等问题出现。软件体系结构决定了系统分解之后的结构、运行时的结构以及模块与模块之间的交互机制。体系结构模型能够很好地帮助理解软件体系结构及其应用，即如何合理、有效地建立体系结构模型系统。值得注意的是，在本书中，软件体系结构模型只是学习体系结构的工具和方法，不应受具体形式的限制，使之成为进一步科学研究的绊脚石。

4.1 电子商务系统的主流结构

4.1.1 分层结构

分层结构将系统分为自上到下多个层次结构，每个层次执行相对简单的功能，上层、下层通过通信完成协同工作。这对于提升复杂的电子商务系统的稳定性和可扩展性有着十分重要的作用。简洁有效、分工明确的设计方式也使得分层结构在电子商务系统中得到广泛的应用。

1. 定义

电子商务体系结构中的分层结构主要是由核心层 LS^K、功能层 LS^F、应用层 LS^A 这 3 个基本层共同组成（见图 4-1）。3 个基本层之间通过协同和通信来共同完成既定功能。我们将分层结构定义为：$LS = LS^K + LS^F + LS^A$。每一层又由诸多的子层组成：

$$LS^K = \sum_{i=1}^{n} LS_i^K, n \in \mathbb{N}_+$$

$$LS^F = \sum_{i=1}^{n} LS_i^F, n \in \mathbb{N}_+$$

$$LS^A = \sum_{i=1}^{n} LS_i^A, n \in \mathbb{N}_+$$

其中，核心层 LS^K 作为最底层，包含的部分子层不能调用其他服务，只能响应上一层的需求或者来自子层的请求，是信息传送的载体和用户接入的手段，包括各种物理传送平台和传送方式；核心层作为最底层的结构，为电子商务系统提供最基础也是最重要的系统服务，其主要包括以下几个部分。

（1）网络计算服务：主要处理电子商务体系运作过程中海量商务数据在网络传输介质上的传播，包含各种网络通信协议、传输算法、安全加密算法和分布式并行计算等内容。

（2）数据存储服务：负责管理电子商务交易过程中的海量商业数据，主要采用基于面向对象（Object Oriented，OO）技术和关系数据模型的大型数据库管理系统（如 Oracle、MS SQL Server、Sybase SQL Server 等）和传统的文件系统。

（3）可扩展标记语言（eXtensible Markup Language，XML）服务：包含 XML 编译器和基于 XML 的重构等。

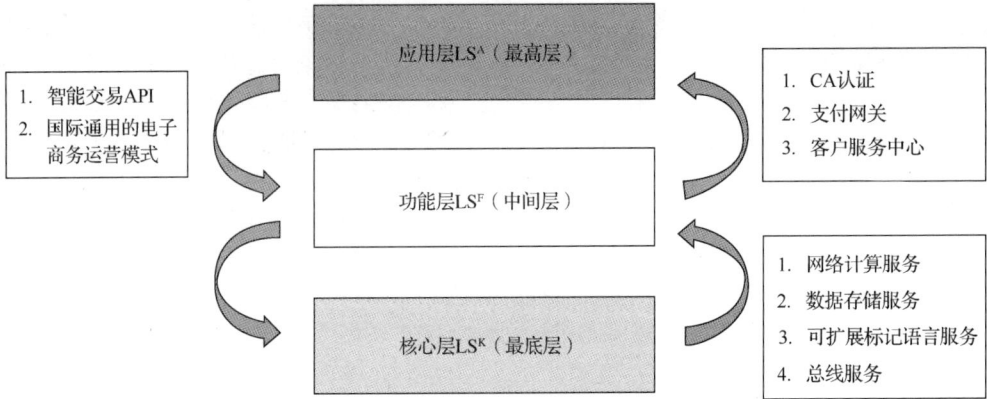

图4-1 分层结构及数据流通示意

（4）总线服务：负责整个结构的应用控制和数据流控制，其中通用对象请求代理结构（Common Object Request Broker Architecture，CORBA）和分布式组件对象模型（Distributed Component Object Model，DCOM）技术等分布式应用体系承担控制流总线的任务；与超文本标记语言（Hyper Text Markup Language，HTML）同源于标准通用标记语言（Standard Generalized Markup Language，SGML）的 XML 承担了数据流总线的任务。

功能层 LS^F 作为整个系统的中间层，介于最底层和最高层之间，为上层的应用层提供功能，也为访问核心层提供服务，执行自己的功能。功能层 LS^F 是电子商务基础平台，包括 CA（Certificate Authority）认证、支付网关（Payment Gateway）和客户服务中心 3 个部分，其真正的核心是 CA 认证。由于电子商务用电子方式和网络进行商务活动，通常参与各方是互不见面的，因此身份的确认与安全通信变得非常重要，解决方案就是建立中立的、权威的、公正的电子商务认证中心——CA 认证中心，给个人、企事业单位和政府机构签发数字证书——"网上身份证"，用来确认电子商务活动中各自的身份，并通过加密、解密的方法实现网上安全的信息交换与安全交易。但是，需要强调的是，由于国情的特殊性，CA 认证中心需要政府的授权，但实际上，CA 认证中心只是根据政府机构已签发的身份、资质证明文件进行审核，并没有增加新的内容，是一种更为安全的会员制，因此 CA 认证中心的商业运作性质更高，除非以后真正由 CA 认证中心来发放电子身份证、电子营业执照等。

最高层（即应用层）LS^A 为用户的应用程序（例如电子商务软件、电子商务平台）提供网络服务，本质上是各种各样的电子商务应用系统 $\sum_{i=1}^{n} LS_i^A$，包括电子商厦、远程医疗、股票交易和视频点播，其是电子商务的实际应用模型，包含基于交易、非交易和智能交易的应用程序接口（Application Programming Interface，API）；现有基于国际通用的电子商务运营模式——B2B、B2C、B2G 和 C2G 的网络应用。由电子商务安全体系负责商务交易过程中的信息安全，对于整个系统向外部提供的访问接口，用户可以通过和最高层进行交互使用整个系统所使用的功能。应用层直接向用户提供服务，完成用户希望在电子商务平台上完成的各种相关工作。应用层负责完成网络中电子商务相关软件与网络操作系统之间的联系，建立与使用者之间的联系，并完成电子商务用户提出的各种网络服务及应用所需的监督、管理和服务等各种协议。此外，该层还负责协调各个应用程序间的工作。

2. 案例

在电子商务体系中，用户和电子商务系统进行交互，电子商务系统在应用层作为和用户的第一交互组件，为用户提供电子商务体系中的功能，如购买商品功能；购买商品作为功能层的一部分，主要作用是响应电子商务系统的购买商品的业务需求，同时向核心层中的组件发出购买商品的业务请求；商家和物流作为核心层的重要构件，响应来自上层功能层的购买商品功能的需求；商家负责提供商品，物流负责将商品送到用户手中。

3. 优缺点

分层结构需要采用不同层次完成业务，因此层与层之间的通信，需要额外编写层之间的交互代码，这是完全值得的。分层结构由于设计理念方便、结构明确，受到了不少系统设计者的喜爱，在电子商务系统中被广泛应用。除此之外，分层结构还有其他的优点。

（1）分层结构并非一开始就决定好，而是在系统的抽象过程中逐渐被分解，非常适合不能一开始就确定系统结构的情况。

（2）由于高度的功能分解和解耦合，分层结构的 3 个子层可以并行开发，可大大提高电子商务系统的开发效率，对电子商务系统的实现与落地十分友好。

（3）分层结构具有良好的可扩展性。当 3 个子层中的某些子层或子结构发生变化时，对其他部分影响不大。相对独立的设计理念使系统易于进行功能扩展。

（4）分层结构相对独立的设计为复用性奠定坚实的基础，一个组件能够在不同业务中同时被实例化产生应用。

同时，分层结构也有相应的局限性。

（1）分层结构降低了系统的性能。很多业务可以直接造访数据库，以此获取相应的数据，使用分层结构后必须通过中间层来完成，影响了系统整体的响应速度。

（2）分层结构有时会导致级联的修改。在自上而下的体系方向中，如果在应用层中需要增加一个功能，为保证其设计符合分层结构，可能需要在相应的功能层和核心层中都增加相应的代码。

4.1.2 面向对象结构

面向对象的概念的本质是抽象的思维过程和面向对象的建模方法。其使用模型来抽象事物的特点和变化规律，并描述对象的特征。

面向对象的结构设计理念以对象为核心，该结构认为电子商务系统由一系列对象组成。是对电子商务系统的抽象，包括表示静态属性的数据和对数据的操作，对象是类的实例化。对象间通过消息传递相互通信，来模拟电子商务系统中不同实体间的联系。

面向对象结构有较高的灵活性，用户可以确定求解问题中有哪些实体，并从实体中抽象出层次关系，进而设计类和包。

1. 定义

在电子商务体系结构中，将面向对象结构（Object Oriented Structure，OOS）定义为若干个面向对象单元（Object Oriented Unit，OOU）的总和。定义如下：

$$OOS = \sum_{i=1}^{n} OOU_i, n \in \mathbb{N}_+$$

面向对象结构中，整个体系由至少一个面向对象单元 OOU 组成，一个面向对象的单元由多个对象属性 OOU^A 和对象方法 OOU^F 构成，定义如下：

$$OOU = \sum_{i=0}^{m} OOU_i^A + \sum_{i=0}^{n} OOU_i^F, m,n \in \mathbb{N}_+$$

而每一个面向对象单元都遵循面向对象结构的特性。

（1）封装。独立模块只暴露对外接口，封装内部实现，保证了系统的安全性和简洁性，即抽象的数据属性 OOU^A 和对象方法 OOU^F，都被保存在面向对象单元 OOU 内部，程序的其他部分只有通过被授权的操作即成员方法才能对数据进行操作，定义如下，令 $F\left(OOU^F \middle| OOU^A \middle| F\right)$ 表示面向对象单元和方法的权限，取值有 public、protected、无修饰符和 private 这 4 种，令 Φ 表示当前访问对象属性和方法的权限集合，即只有通

过访问 $F\left(F\left(\mathrm{OOU^F|OOU^A}\right)\right)\in\Phi$ 的属性、方法才能对数据进行操作。

（2）抽象。例如，抽象出来业务需求表象之下的履约规则层。

（3）继承。实现通用逻辑抽取，所有子类具有父类实现的功能，实现系统代码模块的复用。

（4）多态。基于接口实现，有利于系统的扩展。

需要强调的是，组成电子商务体系的面向对象单元数量是不确定的，一个体系并没有固定数目的面向对象单元，单元的数量取决于电子商务体系架构者的体系结构分解。从理论上说，一个人将自己的东西与自己交易是可以的，但是在实际生活中，这种现象不存在，因此不建议电子商务体系架构者仅用一个面向对象单元承载电子商务整个体系。另一个需要强调的是，面向对象单元不可以有 0 个属性和 0 个方法，因为这样的单元是没有存在意义的。

2. **工作流程**

在面向对象结构中，需要设计类、对象、方法，要明确一个类的对象需要属性、方法。例如，在电子商务体系结构中，用户作为一个不可再分的单元（见图 4-2），具有的属性包括用户 ID（唯一标识符）、钱包余额、购买记录等，具有的功能包括购买、付款、接收货物等。

图 4-2 电子商务体系用户类单元

需要强调的是，用户的属性和功能组成并不是固定或千篇一律的。以衣服销售领域为例，用户的身高、体重、肩宽等身体数据是必不可少的；而在鞋类销售领域中，用户的肩宽属性属于无用属性，在鞋类交易中，给用户建模的用户单元不应该出现肩宽这种无用属性。

3. **案例**

面向对象数据库将面向对象的编程概念与关系数据库原理相结合。类为用户定义的各种基本构建块和结构体提供模板，其中定义了类所含有的各个数据的类型，也即数据类型、bool 类型等，指针是其中一种数据类型，有助于访问对象数据库的元素并建立对象之间的关系。对象是类的具体化实例化的结果，是类的一个实例。图 4-3 所示是面向对象数据库的设计概念示意。

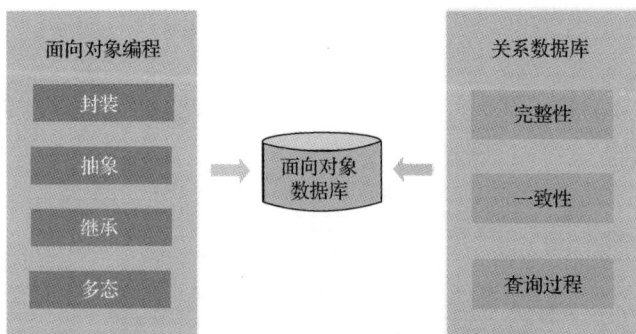

图 4-3 面向对象数据库的设计概念示意

在项目或应用程序中创建的对象按原样保存到数据库中。面向对象的数据库直接将数据作为完整的对象来处理。所有信息都来自一个即时可用的对象包，而不是多个表。

面向对象的数据库设计伪代码如下：

```
#Contain three classes, person, item and relation in the electronic commerce
    CREATE TABLE Persons (
        PersonID int,
        ItemID int,
        LastName varchar(255),
        FirstName varchar(255),
        Address varchar(255),
        City varchar(255)
    );
    CREATE TABLE Item (
        ItemID int,
        ItemNamevarchar(255),
        Price float(32),
        Origin varchar(255)
    );
    CREATE TABLE Relations (
        RelationID int,
        PersonID int,
        ItemID int,
        Content varchar(255),
    );
```

4. 优缺点

由于面向对象结构有着强内聚、低耦合等特性，避免了电子商务系统设计过程中的"僵化"问题，即需要更改某一系统功能时，会导致有依赖关系的模块中的连锁改动。而面向对象结构将系统的功能高度解耦合，设计成一个个独立封装的模块，避免了设计过程中的僵化问题，同时大大提高了系统功能模块的可移植性，使得系统简洁有效，便于功能模块的分离和复用。因此，基于面向对象结构设计出来的电子商务系统具有诸多优点：（1）易扩展，由于功能之间的高度独立和解耦合，易于增加新的功能；（2）更强壮，不容易被粗心的程序员破坏；（3）可移植，能够在多样环境下运行；（4）更简单，容易理解，容易维护；（5）复用性好，功能模块的分解和复用是十分方便的。

同时，缺点也有如下：（1）接口具有耦合性。虽然面向对象结构有利于对象修改自己的内部实现，但是其所用的方法、调用连接机制使得它无法消除接口的耦合性。（2）副作用。面向对象结构借鉴了面向对象的思想，也引入了面向对象的副作用，因此更难实现程序的"正确性"。例如，如果 A 和 B 都使用对象 C，那么 B 对 C 的修改可能会对 A 产生未预期的影响。

4.1.3 事件驱动结构

电子商务系统接收到外部输入之后，形成对应的事件。以物流系统为例，接收到买家的购买输入之后，发货、跟踪、收货 3 个子系统进行事件响应，通过消息传递机制完成卖家发货到买家收货的过程。

1. 定义

在电子商务体系结构中，将事件驱动结构（Event Driven Structure，EDS）定义为主要子系统 EDS^{MS} 和一系列子系统 EDS^S 的总和。

$$EDS = EDS^{MS} + \sum_{i=0}^{n} EDS_i^S, n \in \mathbb{N}_+$$

$$EDS^S = EDS_E^S + EDS_M^S$$

其中，执行子系统 EDS_E^S 不可以继续分解，而管理子系统 EDS_M^S 可以分解为更次一级的执行子系统 EDS_E^S 和更次一级的管理子系统 EDS_M^S。

管理子系统 EDS_M^S 的任务就是管理下属的执行子系统 EDS_E^S 和管理子系统 EDS_M^S，但最底层的管理子系统 EDS_M^S 不能继续划分出更次一级的管理子系统 EDS_M^S，只能包含执行子系统 EDS_E^S。因为管理子系统 EDS_M^S 作为功能的管理者，承担的任务是响应上一级管理子系统 EDS_M^S 的调用请求，每一个执行子系统 EDS_E^S 作为基本的功能承载单元，具有完成特定任务的能力，这个管理子系统没有自我管理和调节功能，所以必须依赖上一层管理子系统 EDS_M^S 的调用才能为整个电子商务体系服务。

在事件驱动结构中，整个结构整体为一个系统，这个系统的所有行为都源自外部发生的事件，其组成至少需要一个主要子系统（Main Subsystem，MS），在实际中也会有许多其他子系统和主要子系统一起构成整个系统；一个子系统往往可以分解成一个执行系统和管理系统，执行系统属于不可再分系统，管理系统则可以继续分解成更次一级的管理系统和执行系统，最后一层的管理系统只能分解为执行子系统，作为协调业务完成的基本单元。分解并不是任意的，而是根据当前事件需要来进行的。一个子系统需要对应整个事件的一部分或者全部的响应，为了满足协作和并行的需要，可将事件中可以同步响应的部分进行划分。

主要子系统的主要任务是协调其他子系统对外部的事件进行响应，在大多数情况下，主要子系统都是本系统中外部事件的第一接收者。其他子系统可以根据事件的需要进行次一级的系统划分。这里需要强调的是，无论系统的规模是大是小，每个系统都有事件收集和处理机制，并且通过此机制和外界进行通信。这就意味着每个系统具有一定的独立性和集成性，子系统们通过消息和通信机制进行事件的处理，响应输入的外部事件。

2. 工作流程

系统接收到外部输入之后，形成对应的事件，这个事件就是对整个电子商务体系结构的外部激励，属于事件驱动类型。根据设计原则，系统则必须要对这个事件进行响应，图 4-4 所示为事件驱动工作流程。

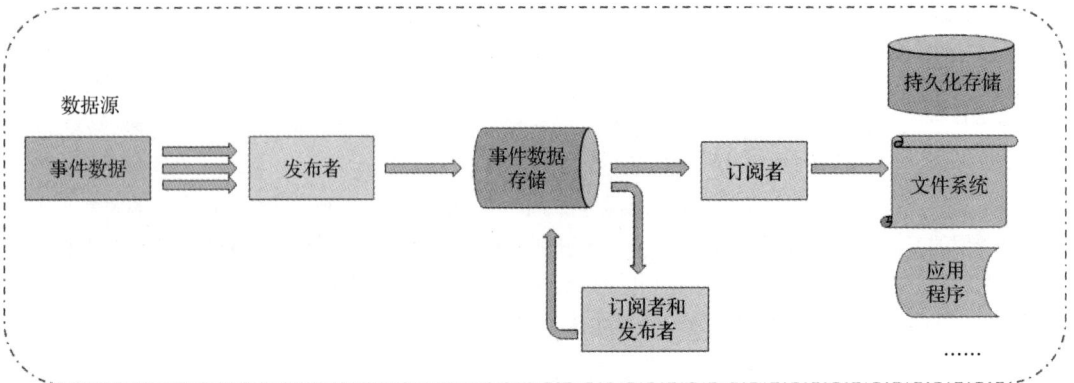

图 4-4　事件驱动工作流程

根据事件驱动模型的设计，系统需要一系列相应的外部激励，需要对事件产生影响、进行反馈。整个工作流程如下。

（1）系统接收到外部事件数据。

（2）通过发布者的方式将数据送到事件数据存储中。

（3）通过订阅—推送机制，将数据进行推送。

（4）如果事件没有被订阅者接收到，将持续存储在事件数据存储中，等待被响应。

（5）当事件被响应之后，订阅者要根据事件的需求调用对应模块。

（6）调用数据库进行数据读取和存储；调用文件系统进行分布式的处理；调用应用程序对数据进行加工和反馈。

3. 案例

在电子商务体系中，如果把用户的购头事件当作外部的触发事件，那么电子商务中的电子商务平台作为事件响应的主要子系统，商家和物流两个子系统通过消息传递机制，实现和用户沟通以及分别安排商品的发出和送达。在物流子系统中，可以再分解为物流跟踪执行子系统、发货子系统、运输子系统以及收货子系统，上述 4 个子系统合作完成物流子系统对事件的响应。

图 4-5 所示为亚马逊事件驱动概念模型。用户在零售网站上购买东西时，会产生新的订单状态，发生查询事件，并且需要接收系统反馈，新的订单状态就是对整个电子商务体系结构的外部激励，属于购买事件驱动类型。经过中间的事件驱动路由，将事件传达到系统的相应模块。

根据事件驱动模型的设计，系统相应模块需要响应所负责处理的外部激励，系统需要对用户的查询需求做出反馈，需要对用户产生的订单、查询或者其他需求进行响应。事件驱动路由将事件传递到后台之后，系统后台会在服务器上运行，程序需要响应用户请求，调用数据库、逻辑处理等模块，将事件进行持久化存储，形成确定的事件状态。并且反馈到前台，展示给用户和商家，完成对事件驱动的响应。

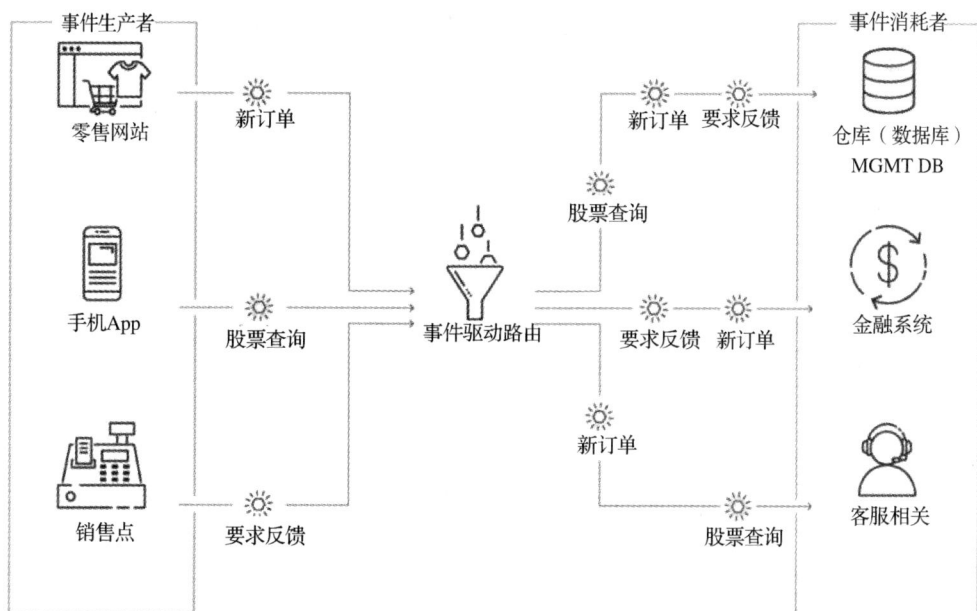

图 4-5　亚马逊事件驱动概念模型

4. 优缺点

事件驱动结构为电子商务体系结构的形成提供了新的解决思路和方法。这种结构适合从系统分解递归的角度来描述电子商务结构，与现在的一些公司结构比较相似，虽然结构复杂，但是层次明确，能够明确业务和责任，以及更适合开拓新业务服务。如果原有子系统的组合并不能满足新业务的需求，可以很方便地添加新的子系统来针对该业务。但是事件驱动结构也有其不足：

（1）当一个子系统向其他子系统发出事件时，不能保证其他子系统能够及时进行响应，能够响应也不能保证能连续响应，因为其他子系统可能在发出类似的事件时需要该子系统响应；

（2）由于事件驱动结构中系统具有独立性，每个子系统的数据可以内部分享但不对外部开放，这就为数据的请求带来了许多困难，对于一些子系统需要共同访问的数据容易出现访问难、不同步的问题。

4.1.4　数据共享结构

1. 定义

数据共享结构的系统是一个由中央数据单元和各种相互依赖的组件构成的系统。该结构被许多知识库系统以及专家库系统广泛采用。在这种设计体系之下，系统被分成中央数据单元和外部构件组。中央数据单元包含当前系统运行状态下的所有信息，而外部构件则包含多种多样的功能，且相互之间存在依赖关系。因此，一个极其关键的问题是中央数据单元和外部构件之间的通信交流问题。根据不同的场景需求，中央数据单元与外部构件之间的交流方式也各有差异。

不同的场景需求决定了数据共享结构中两种组件的控制策略各不相同。总体上，数据共享结构中的控制策略主要分成输入数据流驱动和结构库当前状态驱动两种。如果是输入数据流驱动，则中央数据单元会随着数据流的信息不断更新自身的状态，这一方式可以理解为应用传统数据库结构的系统。结构库当前状态驱动则基于黑板式结构的应用系统，即系统本身根据中央数据单元的状态去运行相应的进程，如图4-6所示。

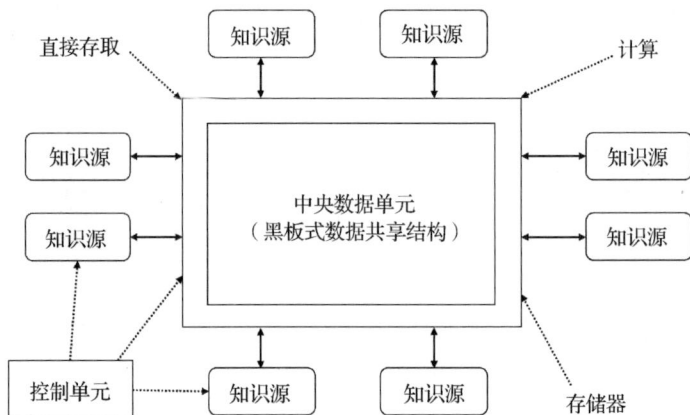

图4-6　黑板式数据共享结构系统

数据共享结构的特点可以概括成渐增性和机遇性。如图4-6所示，对黑板元素的求解并非一蹴而就的，求解的过程中黑板元素之间相互作用，形成新的黑板元素，这些处于不同区域的黑板元素又相互性地协作生长形成解。黑板元素的求解没有固定模式。如果将黑板元素作为一整片海，那么每一个黑板元素都可以看作其中的一个岛。在求解的整体过程中不断有新岛产生，这些相邻的岛会并在一起生长，最后成为完整的解。此外，提供数据信息的知识源由控制单元选出，知识源可以是候选集中的任意一个，因此也存在很大的不确定性。

由此可见，数据共享的系统具有智能程度高、灵活性高的特点，因而该种方式非常适合应用于大型、复杂、动态的场景和问题，是当前的国际研究热点。

2. 工作流程

黑板式数据共享结构系统的流程构成主要有3部分。第一部分是知识源。知识源是整体系统中最为重要的部分，是整个系统的信息来源。每个知识源之间相互独立，只作用于产生它们的应用。知识源之间的协作与通信通过中央数据单元进行。中央数据单元对各个知识源来说相当于一块黑板，知识源可以在其上做各种运算操作，算出的结果将直接存储在中央数据单元中。第二部分是中央数据单元，相当于系统的"大脑"。它负责记录系统运行时出现的所有状态，以及存储一些包括计算结果的信息。大部分的系统功能在此得以实现。第三部分是控制单元。知识源作为信息源头不断往知识库中输入新的数据信息，由此系统的状态也在不断改变。控制单元会根据改变的状态做出相应的处理，进而实现对整体系统的控制。人工智能专家系统是数据共享的经典案例。专家系统的实现理念是，通过模拟人类专家的思维方式，从某个特定领域的知识库里去获取信息、学习信息，并通过这些信息去完成类似于专家判断的推理工作，最终使得该系统能够真正应用于实际，针对某一个问题，提出高水平的解决方案。

3. 案例

（1）案例一。

该部分将以专家系统为例，来说明数据共享结构的应用。典型的专家系统是很好的数据共享结构的应用。在当今世界上，人工智能是发展极为快速的技术之一。而在人工智能的应用中，专家系统是较成熟的领域。它与模式识别、智能机器人共同构成人工智能技术 3 个最活跃的领域。知识库就是专家系统的基础，而知识库是结构库的一个完美实例。事实上，专家系统是一组程序，从功能角度可以把它定义为：在某个特定的领域，具有专家解题能力的程序系统。该系统能像这个领域的专家一样，用卓有成效的经验和专家知识，在较短的时间内提供解决具体问题的高水平的方案。从结构方面可以将之定义为：用于解题的程序系统，由特定领域的知识库和可以获取和运用知识的构件组成。研究专家系统的新课题——知识工程，主要研究知识获取、知识表示以及知识推理。

专家系统的工作流程如下：通过获取人们长期总结的特定领域中的知识和经验，模仿人类专家的思维规律和思维过程模式，利用某些推理机制和控制策略，用计算机进行推理，使专家的经验成为共享资源，以克服专家缺乏的困难。专家系统的核心内容是知识库和推理机制，主要包括人机接口、知识获取结构、知识库及其管理系统、推理机、数据库及其管理系统、翻译结构等。专家系统的基本结构如图 4-7 所示，以下将简要介绍专家系统的主要构件。

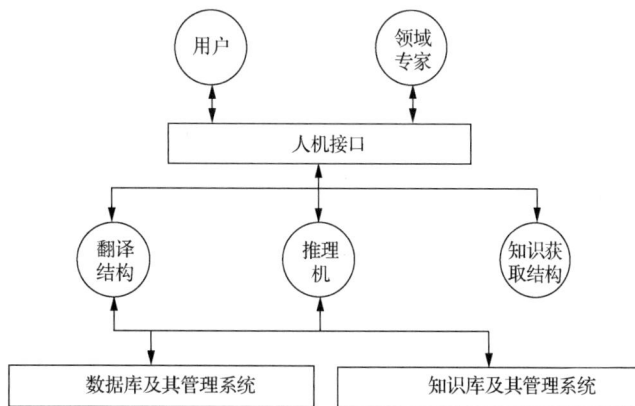

图 4-7 专家系统的基本结构

第一个构件是人机接口。人机接口是专家系统和领域专家、知识工程师及一般用户的接口，由一套程序和相应的硬件组成，完成输入和输出工作。通过人机接口，领域专家或知识工程师可以输入、更新和完善知识库。通过人机接口，普通用户可以输入要解决的问题或向专家系统提出问题，系统可通过人机界面输出运行结果，回答问题或向用户请求进一步的事实。在输入与输出的过程中，人机接口必须改变信息的表示，从内部的形式变换成外部的形式。比如，当输入数据时，他们可能把领域专家、知识工程师或一般用户的输入变换成系统内部的表示，然后交给不同的结构；当输出数据时，他们把内部的表示变换成外部的容易理解的表示，并且把它们展现给相应的用户。

第二个构件是知识获取结构。专家系统中的知识获取结构由组程序组成。知识获取结构的基本任务是把知识输入知识库，并保证知识的一致性和完整性。在不同的系统，系统采集的功能和其相应的实现方法不同。在有些系统中，知识工程师首先从专家手里获取知识，然后使用知识编辑软件把知识输入知识库。另外一些系统本身具有学习能力，能直接从领域专家获取知识或通过系统的操作实践总结新的知识。

第三个构件是知识库及其管理系统。知识库是知识的存储机构，用来存储领域的基本知识、专家的知识经验以及一些相关的事实等。知识库的知识是通过知识获取结构获得的，同时，知识获取结构也为推理机提供了所需的知识。知识库管理系统则负责组织、检索和维护知识库。在专家系统中，任何部门如果要和知识库通信，就必须请求该管理系统。因此，知识库管理系统可以实行统一管理和使用知识库。

第四个构件是推理机。推理机是专家系统的"思维"机构，是专家系统的核心部分。推理机的主要任务是模仿领域专家的思维过程，控制和操作预期问题的解决进程。根据已知的事实，运用知识库中的知识，它可以根据某推理方法和控制策略，得到问题的解决方案或证明某个假设的正确性。推理机的性能与知识表示和组织方式有关，但和知识的具体内容无关，这有利于保证推理机和知识库之间的独立性。也就是说，当知识库发生变化时，人们不需要修改推理机。但必须面对的问题是，如果推理机的搜索策略和领域问题绝对没有关系，系统性能将大大降低，尤其是当领域的问题规模非常大时，解决问题的过程有可能成为一场"灾难"。为了解决这个问题，一方面，专家系统使用了一些启发知识；另一方面，专家系统利用变换知识代表启发知识，保证了推理机和知识库的独立。

第五个构件是数据库及其管理系统。数据库也被称为"黑板"或"综合数据库"，它是用来存放初始事实和在推理过程中进行的每一步结果。根据数据库中的内容，推理机从知识库选择适当的知识，并将它们进行整理，然后将该执行结果输入数据库。从这个过程中可以发现，数据库是推理机不能缺少的一个工作空间，因为它可以在推理过程中记录详细信息，这便为翻译结构回答用户的咨询提供了一个基础。数据库是由数据库管理系统管理的，这与一般的程序设计中的数据库管理没有本质区别，但必须保证数据表示样式和知识表示样式间的一致性。

第六个构件是翻译结构。翻译结构由一套程序组成，可以跟踪并记录推理过程，当用户要求解释时，它将按照问题的要求进行处理，最后通过人机接口用约定的方式向用户提供翻译答案。

当构建一个真正的专家系统时，不仅要考虑这些构件，而且还要根据领域问题的特色考虑其他附加构件。举例来说，当构建专家决策系统时，还必须加上决策模型库；当构建具有复杂计算工作的专家系统时，还必须加上算法库等。

最后介绍专家系统的通信方法。知识库是专家系统的核心，在专家系统的通信中，主要过程由推理机控制对知识库进行操作。这个推理过程依靠知识，因为专家必须实时控制以修改和补充知识库。以下部分将使用一个简单实例来描述这一过程，如图 4-8 所示。

首先，用户提交要解决的问题，人机接口使推理机能够了解到问题的描述并控制系统开始检索知识库，请求需要的知识。如果没有可用的知识，则须提供专家知识，否则，系统可以直接根据有关知识和推理规则，推理机判断问题，开始在数据库中搜寻资料。其次，根据现有的知识和获得的数据，推理机解决问题，得到结果，接着结果被翻译机翻译。最后，把翻译结果通过人机接口提交给用户。在这个过程中，知识库的知识应用于各个阶段，如问题的判断、解决和解释，推理机使用知识执行真正的操作。控制知识库通信主要通过推理机实现。同时，知识库可以动态调整推理机的内容和机制，以达到持续学习的目的。

（2）案例二。

分布式文件系统是另一种数据共享结构的典型案例，在此以成熟且成功的文件系统——Hadoop 分布式文件系统（Hadoop Distributed File System，HDFS）为中心展开介绍。随着数据速度的增长，数据大小很容易超过机器的存储限制，一种流行的解决方案是通过机器网络存储数据，这种文件系统被称为分布式文件系统。由于数据存储在网络中，因此网络的所有复杂性都会体现。

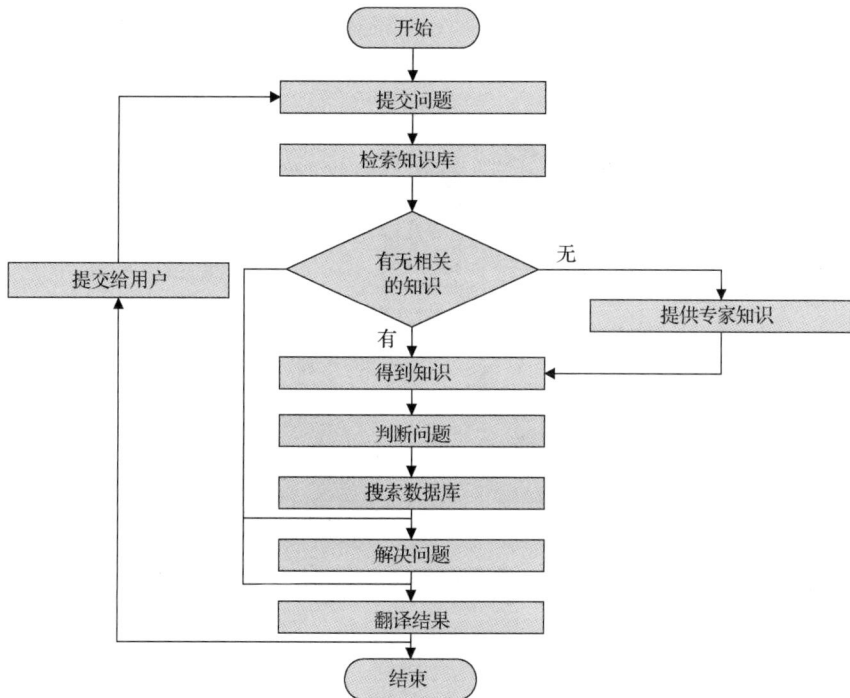

图 4-8 专家系统通信流程

HDFS 是一款商业化较为成功的分布式文件系统，是能提供可靠服务的文件系统之一。HDFS 是一种独特的设计，为具有流式数据访问模式的超大文件提供存储，在硬件上运行。这里的超大文件讨论的是 PB 级的数据。流式数据访问模式指 HDFS 是按照一次写入多次读取的原则设计的，在写入数据后，可以处理大部分数据集。HDFS 使用的是价格低廉且易于在市场上买到的硬件，这是将 HDFS 与其他文件系统区分开来的特性之一。HDFS 的结构示意如图 4-9 所示。

主从节点通常构成 HDFS 集群。其中主节点

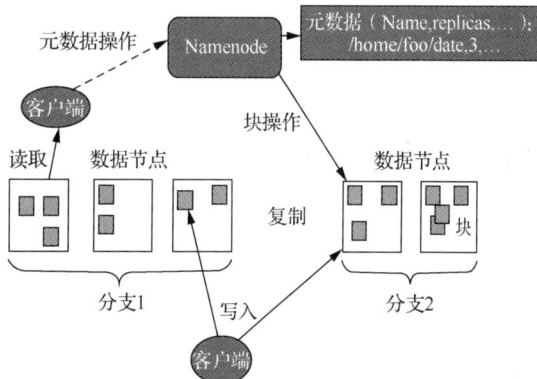

图 4-9 HDFS 的结构示意

负责管理所有从节点并为其分配工作，执行文件系统命名空间操作，如打开、关闭、重命名文件和目录。主从节点应该部署在具有高配置的可靠硬件上，而非在商品硬件上。名称节点是实际工作节点，负责执行实际工作，如读取、写入处理（见图 4-10、图 4-11）等。它们还根据主节点的指令执行创建、删除和复制，可以部署在商品硬件上。在主节点上运行的名称节点存储元数据（有关数据的数据），如文件路径、块数、块 ID 等，因此需要大量内存。它将元数据存储在内存中以进行快速检索，即减少查找时间，尽管它的永久副本保存在磁盘上。数据节点从节点上运行需要大量的内存，因为数据实际上都存储在这里。

举一个数据插入的例子，假设插入了 100TB 的文件，主节点首先将文件分成 10TB 的块（Hadoop 2.x 及更高版本中的块默认大小为 128MB），然后这些块存储在不同的数据节点上，数据节点在它们之间复制块，并将包含的块的信息发送给主节点。默认复制因子为 3，意味着为每个块创建 3 个副本。在配置文件中，可以增加或减少复制因子，即可在此处编辑其配置。假设系统不对数据进行划分，现在在一台机器上存储 100TB 的文件是非常困难的。即使能够存储，整个文件的每次读写操作也将花费非常长的寻道时

间。但是，如果将数据分成多个大小为 128MB 的块，那么读写操作就变得容易许多。所以 HDFS 分割文件能够获得更快的数据访问，即减少查找时间。

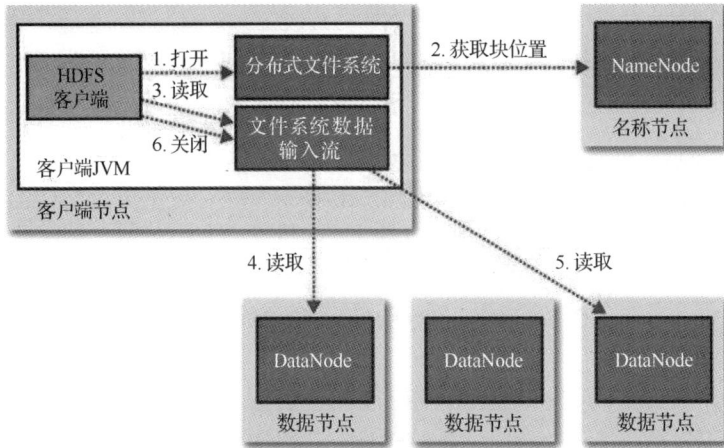

图 4-10 客户端读取 HDFS 中的数据

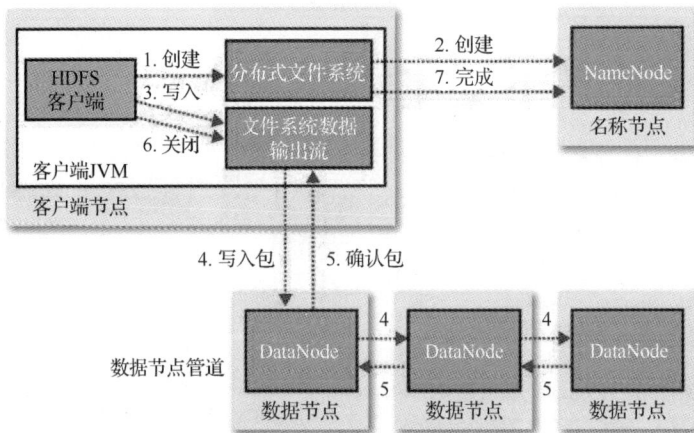

图 4-11 客户端将数据写入 HDFS

总之，HDFS 具有以下特点：通过分布式形式实现数据存储；通过分块减少了寻址时间；由于同一块存在于多个数据节点上，因此数据是高度可用的；即使多个数据节点宕机，系统仍然可以完成所有工作，具有高可靠性；具有高容错性。

4. 优缺点

数据共享结构具有以下优点：（1）该结构便于多客户共享大量数据；（2）该结构便于将构件作为知识源添加到系统中。与此同时，数据共享结构存在如下的缺点：（1）对于数据共享结构，不同知识源要达成一致，因为要考虑各个知识源的调用问题，数据共享结构的修改困难；（2）需要同步机制和加锁机制来保证数据的完整性和一致性，增大系统设计复杂度。

4.2 电子商务的云体系结构

云体系结构也被称为共享体系结构，是当今网络时代基于云生态背景下发展出来的一种新型体系结构。这种体系结构依托于云平台的强大的计算能力和大数据处理能力，已经在当下社会生产环境中得到了广泛的应用。随着云这一概念逐渐深入人心，将云体系结构思想应用于电子商务体系中已经成为电子商务的发展趋势之一。云计算和云体系结构作为近几年来的热点研究方向之一，由于其安全性和便捷性，云得到广泛地追捧和使用。此部分将重点介绍电子商务中的云体系结构的设计结构、实现和优缺点。

4.2.1 云体系结构的原理与定义

云的崛起并不是一夜成名，也不是单纯概念上的炒作，云体系结构的发展离不开云计算。云计算随着技术的发展，各种不同计算模式不断地演变、优化，如图 4-12 所示，形成我们现在所看到的"云"。它的发展不仅顺应当前计算模型，也为企业真正地带来效率和成本方面的诸多变革。

图 4-12 云计算的发展历程

在电子商务体系结构中，云体系结构包含用户访问层 CS^U、应用层 CS^A、平台层 CS^P、资源层 CS^R、管理层 CS^M，如图 4-13 所示。

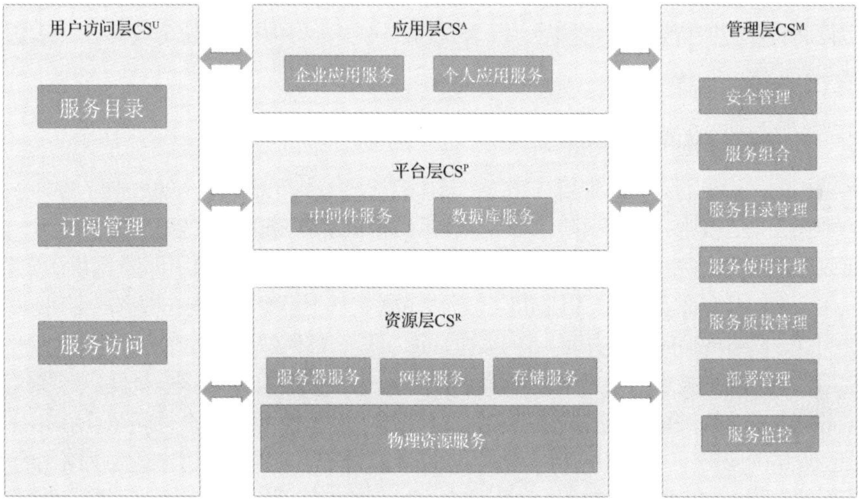

图 4-13 云体系结构

总的云体系结构 CS 定义如下：

$$CS = \{CS^U, CS^A, CS^P, CS^R, CS^M\}$$

其中，用户访问层 CS^U 功能是针对用户不同层需求对每一层提供的访问支撑服务接口，由服务目录 CS_1^U、订阅管理 CS_2^U、服务访问 CS_3^U 这 3 个部分组成，即 $CS^U = \{CS_1^U, CS_2^U, CS_3^U\}$。服务目录模块聚合了所有已经在系统中注册过的服务，用户可以直接从服务目录模块中了解系统中已经有的功能服务并且选择对服务进行订阅。订阅管理模块集中管理用户已经订阅的服务，可以对已经订阅的服务进行调整。服务访问模块则为用户使用功能提供支持，针对每一层提供访问结构，供用户对服务进行调用。

应用层 CS^A 是直接面对用户的结构，由于企业用户和个人用户的具体需求差别较大，为此，抽象成

企业应用服务 CS_1^A 和个人应用服务 CS_2^A 两大模块，分别响应企业用户和个人用户两种用户类型。例如，为企业用户提供财务管理、客户关系管理、商务智能等电子商务服务；为个人用户提供电子邮件、信息存储、个性化推荐等电子商务服务。

平台层 CS^P 作为次一级的响应单位，负责对来自应用层的请求进行整合，为多种应用服务提供可以复用的资源响应接口。平台层分为中间件服务 CS_1^P 和数据库服务 CS_2^P 两种：中间件服务负责提供消息处理、事务处理等业务的中间件；数据库服务为应用层的请求进行持久化存储，保障用户的数据安全等业务提供中间件服务。

资源层 CS^R 作为最底层的响应层，不直接和用户产生交互，只负责为其上层提供资源，资源有以下4 种类别。一是服务器服务 CS_1^R，负责提供计算资源，对电子商务数据进行计算、处理等。二是网络服务 CS_2^R，负责提供网络通信资源，为电子商务中的交流提供网络支持。三是存储服务 CS_3^R，负责对数据进行处理以及持久化的存储，可以用多种框架进行数据存储，如数据库（Oracle、MySQL 提供支持和管理）、HDFS（HBase 提供支持和管理）等。四是物理资源服务 CS_4^R，物理资源服务不同于上述 3 种以数据形式进行提供服务，且提供的接口不是虚拟化之后的资源，而是真正的实际资源。

管理层 CS^M 是提供对所有层云计算服务的管理功能：安全管理提供对服务的授权控制、用户认证、审计、一致性检查等功能。服务组合提供对已有云计算服务进行组合的功能，使得新的服务可以基于已有服务创建。服务目录管理提供服务目录和服务本身的管理功能，管理员可以增加新的服务，或者从服务目录中除去服务。服务使用计量对用户的使用情况进行统计，并以此为依据对用户进行计费。服务质量管理提供对服务的性能、可靠性、可扩展性进行管理。部署管理提供对服务实例的自动化部署和配置，当用户通过订阅管理增加新的服务订阅后，部署管理模块自动为用户准备服务实例。服务监控提供对服务的健康状态的记录。

4.2.2 云体系结构的优缺点

云体系结构的优点显而易见，主要有：（1）云体系结构提供可靠、安全的数据存储中心，个人用户不需要担心数据丢失、病毒感染等风险；（2）云体系结构对用户端设备性能要求低，使用方便；（3）云体系结构可以轻松实现设备间的数据与应用共享；（4）云体系结构为人们使用网络提供了无限可能。

尽管云体系结构具有许多优点，但是也存在一些问题，其不足主要表现在数据隐私问题、安全问题、软件许可证问题、网络传输问题等方面。（1）数据隐私问题：如何保证存放在云服务提供商的数据隐私，不被非法利用，不仅需要技术的改进，也需要法律的进一步完善。（2）数据安全性：有些数据是企业的商业机密，数据的安全性关系到企业的生存和发展。云体系结构数据的安全性问题若解决不了会影响云体系结构在企业中的应用。（3）用户使用习惯：改变用户的使用习惯，使用户适应网络化的软硬件应用是长期而艰巨的挑战。（4）网络传输问题：云体系结构服务依赖网络，网速低且不稳定的环境，会影响云应用的性能。云体系结构的普及依赖网络技术的发展。

4.3 电子商务的微服务体系结构

4.3.1 微服务体系结构的原理

1. 定义

"微服务体系结构"是将软件应用程序设计为可独立部署的服务套件的特定方式。虽然这种体系结构没有精确的定义，但围绕业务能力、自动化部署、端点智能以及语言和数据分散控制等领域，Fowler 和 Lewis 将微服务（Microservices）的体系结构定义为"将应用程序作为一组小服务的开发方法，每个小服务都在自己的进程中工作并与轻机制进行通信"。本书认为微服务是将应用程序构建为围绕业务领域建模的小型自治服务的集合的一种结构。

2. 组成部分和工作流程

微服务的目标是低耦合、高内聚。其中有两种方式用于模块和模块的通信：通过轻协议（例如 REST）和消息/事件（通过消息/事件总线）的直接通信。设计微服务体系结构的步骤如下。一是理解单体：研究单体的操作并确定它执行的组件功能和服务。二是开发微服务：将应用程序的每个功能开发为一个自治的、独立运行的微服务。这些通常运行在云服务器上的容器中。每个微服务都实现一个单一的功能，比如搜索、运输、支付、会计、工资单等。三是集成更大的应用程序：通过 API 网关松散地集成微服务，以便它们协同工作以形成更大的应用程序。四是分配系统资源：使用 Kubernetes 等容器编排工具来管理每个微服务的系统资源分配。

微服务体系结构一般包含以下组件。一是客户：该体系结构从不同类型的客户端开始，来自不同的设备，尝试执行各种管理功能，如搜索、构建、配置等。二是身份提供者：来自客户端的请求被传递给身份提供者，身份提供者对客户端的请求进行身份验证并将请求传达给 API 网关，然后通过定义良好的 API 网关将请求传送到内部服务。三是 API 网关：由于客户端不直接调用服务，API 网关充当客户端将请求转发到适当微服务的入口点。使用 API 网关的优点包括：所有服务都可完成自动更新；服务可以使用消息传递协议；API 网关可以提供安全性、负载平衡等。收到客户端的请求后，内部架构由微服务组成，微服务通过消息相互通信以处理客户端请求。四是消息格式：它们通过两种类型的消息进行通信。其一是同步消息：在客户端等待服务响应的情况下，微服务通常倾向于使用描述性状态迁移（Representational State Transfer，REST），因为它依赖于无状态、客户—服务器和超文本传送协议（Hyper Text Transfer Protocol，HTTP）。使用此协议是因为它是一个分布式环境，每个功能都用资源表示以执行操作。其二是异步消息：在客户端不等待服务响应的情况下，微服务通常倾向于使用诸如高级消息队列协议（Advanced Message Queuing Protocol，AMQP）、简单文本定向消息协议（Simple Text Orientated Messaging Protocol，STOMP）、消息队列遥测传输（Message Queuing Telemetry Transport，MQTT）协议等。五是数据处理：每个微服务都拥有一个私有数据库来捕获它们的数据并实现各自的业务功能。此外，微服务的数据库仅通过其服务 API 进行更新。微服务所提供的服务，被各种支持不同技术栈的进程间通信的远程服务所继承。六是静态内容：在微服务内部进行通信之后，它们将静态内容部署到基于云的存储服务，该服务可以通过内容发布网络（Content Delivery Network，CDN）将它们直接交付给客户端。七是管理：该组件负责平衡节点上的服务并识别故障。八是服务发现：充当微服务的指南，以查找它们之间的通信路径，因为它维护节点所在的服务列表。

3. 优点和挑战

将应用程序分解为不同的较小服务的优势很多。一是模块化：微服务具有低耦合、高内聚的特点，这使应用程序更易于理解、开发、测试。与单体架构的复杂性相比，这种优势经常被争论。二是可扩展性：由于微服务是彼此独立实现和部署的，即它们可以在独立的进程中运行，它们可以被独立监控和扩展。三是便于异构和遗留系统的集成：微服务被认为是对现有单体软件应用程序进行现代化改造的可行手段。多家公司已经成功地用微服务替换（部分）其现有软件。遗留应用程序的软件现代化过程是使用增量方法完成的。四是分布式开发：它通过使小型自治团队能够独立开发、部署和扩展各自的服务来并行开发。它还允许通过持续重构出现单个服务的体系结构。基于微服务的体系结构有助于持续集成、持续交付和部署。

当然，微服务体系结构也面临着一些挑战。一是在网络延迟和消息处理时间方面，网络上的服务间调用比单体服务进程中的进程内调用具有更高的成本。二是部署更加复杂。三是在服务之间转移职责更加困难。它可能涉及不同团队之间的交流、用另一种语言重写功能或将其安装到不同的基础设施中。然而，微服务可以独立于应用程序的其余部分进行部署，而处理单体应用的团队需要同步才能部署在一起。

四是当内部模块化的替代方案可能导致更简单的设计时，将服务的大小视为主要的结构化机制可能会导致服务过多。这需要了解应用程序的整体架构和组件之间的相互依赖关系。五是如果许多服务是使用不同的工具和技术构建的，那么它们的开发和支持将更具挑战性——如果工程师经常在不同技术栈支撑的项目之间更换，这将会出现许多开发协作的问题。

4.3.2　微服务体系结构的工作方式

世界上一些具有创新性和盈利能力的企业，如亚马逊、Netflix、Uber、eBay 和爱奇艺等，将其 IT 计划成功的原因部分归功于对微服务的采用。随着时间的推移，这些企业拆除了它们的单体应用程序，将之重构为基于微服务体系结构。这有助于快速实现扩展优势、更高的业务敏捷性和难以想象的利润。本书将对此进行剖析，介绍部分企业如何通过微服务来解决关键的扩展和服务器处理问题。

（1）案例一。

20 世纪初期，亚马逊的零售网站表现得像单一的单体应用程序。构成亚马逊单体应用的多层服务之间和内部的紧密联系，意味着开发人员每次想要升级或扩展亚马逊系统时都必须仔细厘清依赖关系。2001 年，开发延迟、编码挑战和服务相互依赖性抑制了亚马逊满足其快速增长的客户群的扩展需求的能力。面对从头开始重构系统的需求，亚马逊将其单体应用程序分解为小型、独立运行、特定于服务的应用程序。

具体来说，亚马逊的解决办法是：开发人员分析源代码并提取出服务于单一功能目的的代码单元；将这些单元封装在一个 Web 服务接口中，如为产品页面上的"购买"按钮、税收计算器功能开发了一个单一服务等。

亚马逊将每项独立服务的所有权分配给了一个开发团队。这使团队能够更细致地查看开发瓶颈并更有效地应对挑战，因为少数开发人员可以将所有注意力集中在单个服务上。

对于如何连接微服务以形成更大的应用程序，亚马逊的解决办法是：创建一个规则解决单一用途函数问题，开发人员必须遵守该规则，即函数只能通过自己的 Web 服务 API 与世界其他地方进行通信。这使亚马逊能够创建一个高度解耦的架构，只要这些服务遵守标准的 Web 服务接口，这些服务就可以彼此独立地迭代，而不需要在这些服务之间进行任何协调。

亚马逊的"面向服务的架构"很大程度上是微服务的开端。这促使亚马逊开发了许多支持微服务体系结构的解决方案，如亚马逊网络服务（Amazon Web Service，AWS）和阿波罗，这些产品目前销售给世界各地的企业。

（2）案例二。

Netflix 于 2007 年开始提供电影流媒体服务，到 2008 年，它遭受服务中断和扩展挑战的困扰，数据库遇到了严重的损坏，并且连续 3 天无法向会员运送 DVD。从那时起，Netflix 开始从垂直扩展的单点故障（如数据中心的关系数据库）转向高度可靠、水平可扩展的云分布式系统。它们选择 AWS 作为云提供商，因为其可以提供最大的规模和最广泛的服务及功能。2009 年，Netflix 开始逐步将其单体架构服务逐个重构为微服务，如图 4-14 所示。第一步是将其非面向客户的电影编码平台迁移到作为独立微服务在 AWS 云服务器上运行。Netflix 在接下来的两年中将其面向客户的系统转换为微服务，并于 2012 年完成了这一过程。

微服务使 Netflix 能够应对其扩展挑战和服务中断。到 2015 年，Netflix 的 API 网关每天可处理 20 亿次 API 边缘请求，由 500 多个云托管微服务管理。截至 2019 年，Netflix 已拥有 1.67 亿订阅用户，每个季度新增 500 万订户，服务覆盖全球 200 多个国家和地区。Netflix 用户每天在 4000 多部电影和 47000 多集电视剧上花费超过 1.65 亿小时的时间。

此外，Netflix 从微服务中还获得了另一个好处：由于每次启动的流媒体只是数据中心的一小部分，所以能大幅降低成本。

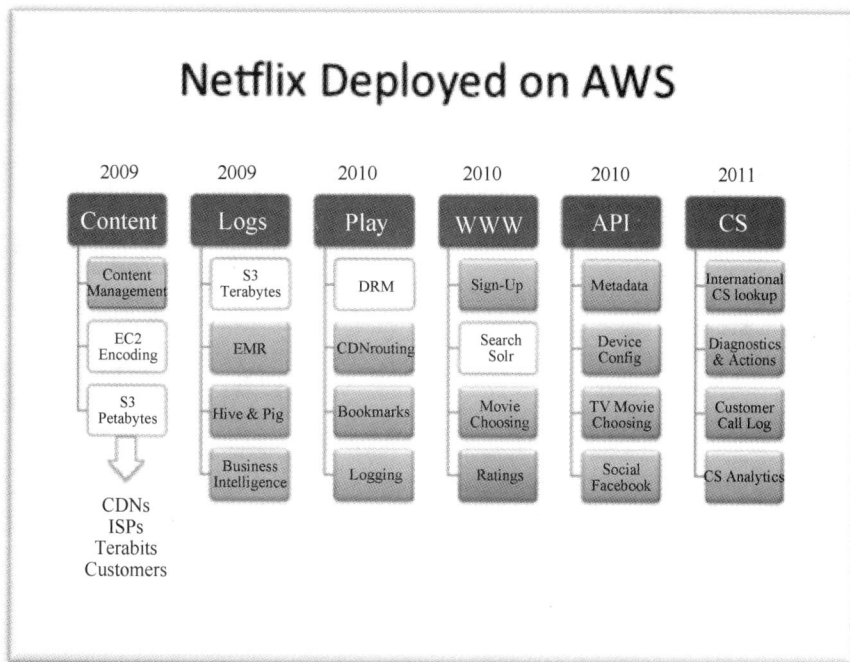

图 4-14　Netflix 逐步过渡到微服务的示意

（3）案例三。

在早期，Uber 和许多初创公司一样，Uber 的旅程始于为单一城市中的单一产品而构建的整体架构。拥有一个代码库在当时效率很高，解决了 Uber 的核心业务问题。然而，随着 Uber 开始向全球扩张，他们在可扩展性和持续集成方面面临各种问题。

早期，Uber 的整体结构运作方式如下：乘客和司机通过 REST API 连接到 Uber 的整体结构；带有用于计费、支付和短信等功能的嵌入式 API 来进行司机与乘客之间的匹配，同时一个 MySQL 数据库来存储他们的所有数据。Uber 最初的整体架构如图 4-15 所示。

乘客管理、计费、通知功能、付款、行程管理和司机管理等，都在一个架构内。当 Uber 开始在全球扩张时，这种架构带来了各种挑战：一是所有功能都必须一次又一次地重新构建、部署和测试，以更新单个功能；二是由于开发人员不得多次更改代码，导致在单个存储库中修复错误变得极其困难；三是在全球范围内引入新功能的同时扩展功能很难一起处理。

为了应对其现有应用程序结构的挑战，Uber 决定将单体拆分为基于云的微服务。随后，开发人员为乘客管理、旅行管理等功能构建了单独的微服务。与上面的 Netflix 示例类似，Uber 通过 API 网关连接其微服务，如图 4-16 所示。

在这里观察到变为微服务体系结构后，主要变化是引入了 API 网关，通过它可连接所有的司机和乘客。API 网关连接所有内部节点，如乘客管理、司机管理、行程管理等。这些都是独立的可部署单位，执行不同的功能。例如，如果你想更改计费微服务中的任何内容，那么你只需部署计费微服务，而不必部署其他微服务。现在所有的特征都被单独缩放，即每个特征之间的相互依赖被删除。例如，人们都知道寻找出租车的人数比实际预订出租车和付款的人数要多，据此可以推断出，处理乘客管理微服务的进程数量多于处理支付的进程数量。转向这种架构后，Uber 可以将特定服务的明确所有权分配给各个开发团队，从而提高开发的速度、质量和可管理性。Uber 可以通过允许团队只关注需要扩展的服务来促进快速扩展。这种结构还让 Uber 能够在不中断其他服务的情况下更新单个服务，并实现更可靠地容错。

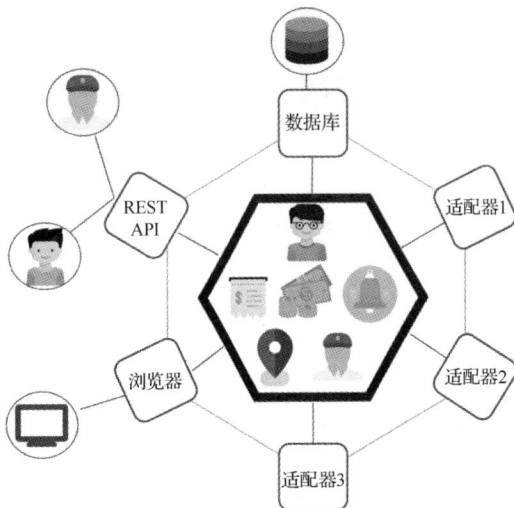

图 4-15　Uber 最初的整体架构

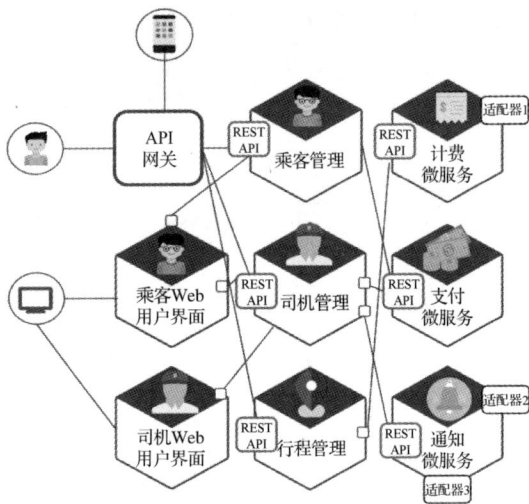

图 4-16　Uber 的微服务体系结构

本章小结

电子商务体系结构是软件体系结构在电子商务领域中的重要应用。本章首先引出体系结构的基本工作原理，并从定义、内容、工作流程以及相关案例对常见的 6 种适合电子商务发展的电子商务体系结构，即分层结构、面向对象结构、事件驱动结构、数据共享结构、云体系结构以及微服务体系结构进行了重点介绍，并分析了各种结构在电子商务中的实际应用。同时，本章对电子商务的 9 大通用构件、4 大特有组件、体系结构进行了重点介绍，帮助读者对电子商务的系统构成形成更加全面的认识。电子商务体系结构与系统为电子商务相关活动的开展提供了基础，后续我们将对电子商务生产、交易、流通、消费活动进行更为详细的介绍。

思考与讨论题

1. 管道—过滤器模型中的分时处理批次模型和实时处理批次模型的区别是什么，两种模型各自强调的部分是什么？

2. 请简述体系结构中分层结构的内容及优缺点。

3. 数据共享结构常见的应用场景是什么？请简述数据共享结构中的控制策略及工作流程。

4. 解释器结构的整体流程是什么，这种结构的优缺点是什么？

5. 反馈控制环结构包含哪 5 个基础部分，流程是什么，它在机器学习的场景下有什么样的应用？

6. 大数据结构包含哪些结构组件，什么是流处理？

7. 为什么微服务体系结构能够被广泛地应用？述微服务体系结构的优缺点及适用范围。

8. 虚拟商家和虚拟客服二者的不同之处是什么？

9. 交易反馈信息都包含哪些内容，为什么电子商务需要交易反馈信息？

10. 搜索引擎是如何和深度学习结合在一起的，如何给予用户最佳的搜索建议？

11. 推荐系统为什么对电子商务有重要意义，基于内容的推荐算法和基于协同过滤的推荐算法有什么样的区别？

12. 请分析为什么云体系结构在电子商务中得到了广泛的应用？

13. 电子商务分层结构都划分成了哪几层，这几层都负责什么样的任务以及层和层之间是如何交互的？

14. 柔性体系结构的核心是什么，基于这样的理念，基于柔性体系结构的电子商务系统都包含了哪些特殊的设计？

15. 电子商务体系结构中的面向对象结构的工作流程是什么，面向对象数据库设计都有哪些要求？

16. 请简述电子商务体系结构中的事件驱动结构的工作流程，订阅者这一角色在整个事件驱动结构中起到了什么样的作用？

17. 电子商务体系结构中主要应用了哪几种协议，HTTPS 相对于 HTTP 有什么样的改进，这样的改进有什么好处？

18. 共享协议需要公开哪些内容，请简述共享协议的形成过程。

19. 实际案例中，业务架构设计需要遵循电子商务提携结构的哪些设计原则？

20. 数据架构设计为什么需要实现数据读写分离，这样有什么好处？

21. 在电子商务系统案例中，都存在哪些电子商务体系结构的身影？请具体说明为什么该体系结构适合当前的电子商务系统。

22. 请简述 SSL 协议的通信过程，通信明文存在哪几个阶段？

23. 在电子商务系统中，客服存在的意义是什么？

24. 请描述云体系结构都包含哪些分层，每一层分别负责什么样的功能。

25. 在电子商务系统中，过滤器、信息分别指的是什么组件，基于管道—过滤器结构的定义，请说明整个信息流动的过程。

26. 为什么电子商务系统需要容错协议？列出 3 个在电子商务系统中应用分布式容错的算法。

27. 请简述电子商务系统技术架构分层的好处。

28. 哪种推荐算法会遇到冷启动的问题？

29. 请简述搜索引擎发展过程中，几个时代的核心特点。

30. 虚拟商店都有哪些构成部分，物流在其中起到了什么样的作用？

31. 面向对象体系结构具有哪些特点？请同时列举适用的场景。

32. 请从体系结构设计的角度比较面向对象结构和事件驱动结构。

33. 事件驱动的体系结构具有哪些特点？请同时列举其适用的场景。

34. 分层结构被广泛应用于各大系统中，其中最出名的分层结构是计算机网络分层结构，请列举出计算机网络中的一种分层方式并阐明其特点。

35. 数据共享的体系结构具有哪些特点？请同时列举其适用的场景。

36. 请用自己的语言描述数据共享结构中的黑板式共享结构。

37. 面向对象结构的系统在测试阶段难度更大，请简述其原因。

38. 事件驱动结构又被称为"订阅结构"，请从自己对事件驱动结构的理解出发，简述这个别称的内涵。

39. 请简述事件驱动结构的基本原则。

40. 概括数据共享结构的工作流程。

41. 解释器结构流程有哪些特点？

42. 除了书中介绍的，解释器结构的案例还有哪些？你能简述一下它们的流程吗？

43. 反馈控制环结构的特点有哪些？

44. 机器学习中有很多模型的训练都需要使用反馈控制环结构，能列举一些这样的模型吗？

45. 以逻辑回归为例，讲述一下该模型是如何利用反馈控制环结构进行训练的。

46. 请用自己的语言概括云体系结构的特点。

47. 请查阅资料介绍云体系结构在其他云服务商（Amazon 云、腾讯云）上的应用。

48. 请用自己的语言概括微服务体系的适用场景。

49. 请简述设计微服务体系结构的步骤。

第5章
电子商务基本原理

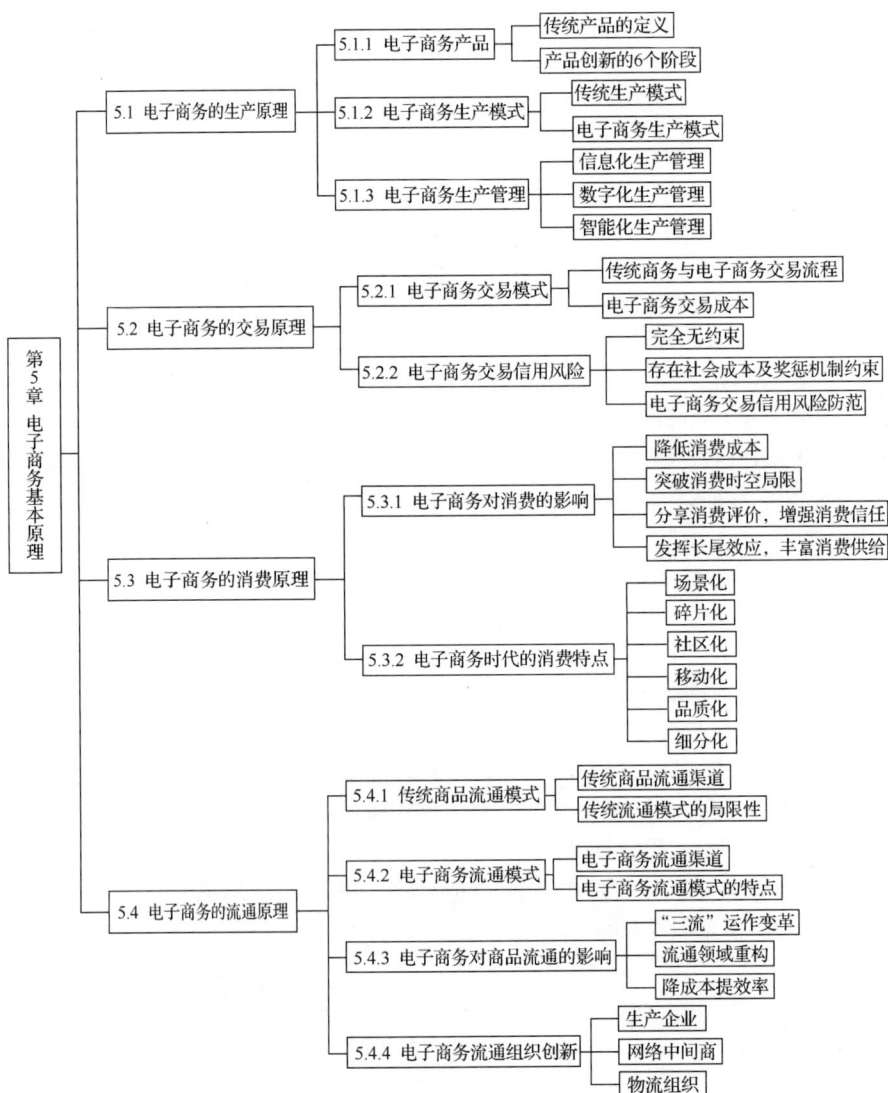

知识结构

5.1 电子商务的生产原理

5.1.1 电子商务产品

1. 传统产品的定义

商业的对象是所有的经济资源。传统意义上的产品是指能够以商品的形式进入市场并满足人们需求的东西，可以分为有形产品和无形产品两大类。本书 2.1 节已经从虚拟商品的角度给出了有形商品和无形商品的定义以及虚拟化的定义，这里我们进一步从产品本身的角度展开论述。

美国市场学家菲利普・科特勒提出了"产品三层次"理论：基于生产者主导视角，任何产品都可以分为核心产品、有形产品以及附加产品。

核心产品（Core Product）的使用价值或核心价值是消费者购买该产品的真正需求。产品存在的本质都是为了满足消费者的需求，为了解决存在的问题。因此，可以在市场上流通和被销售的商品都必须具有满足消费者需求的基本效用或利益。

有形产品（Formal Product），又称形式产品，是核心产品实现的载体形式，即向市场提供的实体和服务的形象。有形产品的效用一般具有 5 个影响因素，即产品包装、产品商标、产品品质、产品样式以及产品特征，以上 5 个因素共同存在且相互影响。

附加产品（Extra Product），又称外延产品，是顾客购买产品时的额外服务或超出顾客原本期望的利益价值，即附加产品的效用由附加服务决定，两者的关系为正相关关系。附加产品包括产品说明书、安装维修、送货、技术培训等。

任何产品都包含核心产品、有形产品和附加产品三个层次。以手机为例，核心产品用于通信，如打电话、发短信、使用社交软件等。当然，随着人们需求的不断变化，检索信息、拍照录音、游戏娱乐等需求逐渐占据主导地位，也可视为核心产品。有形产品代表手机的品牌、触摸屏感觉、屏幕尺寸、系统界面等。手机购买后的保修服务和教学服务属于附加产品。

此外，科特勒在生产者视角的基础上还引入了消费者的视角，进一步丰富完善了"产品三层次"理论，提出了"产品五层次结构"，如图 5-1 所示。"产品五层次结构"理论为产品的研发和营销提供了进一步的指导。

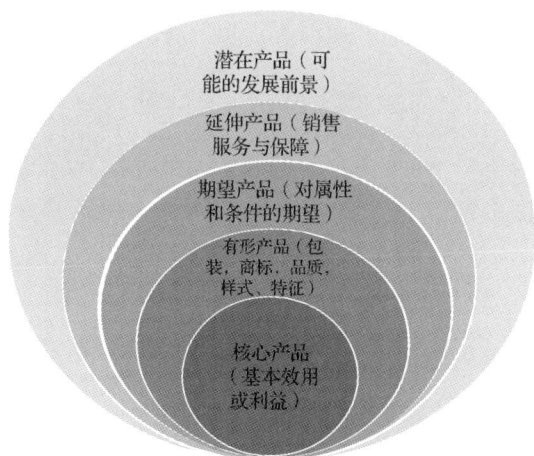

图 5-1 产品五层次结构

2. 产品创新的 6 个阶段

产品创新（Product Innovation）是指对某一产品的既有功能进行升级、创新，或研发、创造出一种现有市场上不存在的新产品，以满足消费者需求或开辟新市场的过程。产品创新共包含 6 个阶段，每一个阶段都包含相同的几个组成部分。

产品概念阶段。产品的存在就是为了满足消费者的需求，产品概念阶段就是站在消费者的角度提出其内心深处所关注的问题并用消费者的语言进行阐述，提出足够清晰的概念以吸引消费者。因此在该阶段，企业需要通过市场调研，研究产品的市场机会以及市场中消费者的需求，从而形成产品概念。

产品定义阶段。对产品的定义就是要明确产品的用途，并融入前期市场调研阶段的成果，确定产品各项指标和特点，确定产品的五层次，确定消费者兴趣点以及产品的盈利点，并对该产品的轮廓进行描绘。

以上两个阶段最为关键，产品概念及产品定义阶段所花费的成本虽然可能不及项目总成本的20%，但对整个产品是否成功可能有着80%的决定作用。这两个阶段决定了产品定位是否清晰、客户需求是否真实，同时也决定了实施风险的大小。

产品设计阶段。这一阶段的主要活动是对生产中需要被使用的工具和设备进行购买和开发，以及对已完成产品定义阶段的产品进行原型的设计和制造，即对已成型的产品定义进行量化和图纸化，设置产品相关的具体指标，形成可设计的产品功能以及产品模型，纳入开发计划。

样品研制阶段。将已设计好的图纸化产品进行物理化，进行小规模样品生产，协调一切资源，利用一切技术设计出符合客观标准且具有实际价值的产品样品。

试验推广阶段。将初步制造出的产品样品投入市场，选择内测用户，通过收集用户使用后的反馈意见，整理出具备可行性的修改意见，对样品进行修改完善，经过修改阶段，得到最终成品。

成品促销阶段。将已经通过修改完善的成品进行规模化生产，并将成品投放市场，并由营销者提供相关信息进行宣传和吸引消费者进行购买，从而达到扩大产品销售量的目标。

当前进行产品创新，不仅仅局限于以往的"正向设计"过程，而是可以利用物联网、大数据、云计算等新兴技术实现对产品的"逆向设计"，即根据已有的产品反向推出产品设计数据，得到新产品。

5.1.2 电子商务生产模式

生产模式是指企业体制、经营、管理、生产组织和技术系统的形态和运作方式。随着科学技术的发展及市场化程度状况的变化，生产模式也在不断升级，生产模式的发展过程如图5-2所示。总的来说，生产模式的发展过程可以概括为以下几个阶段。

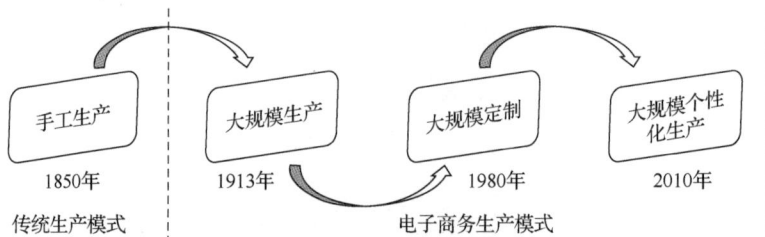

图5-2 生产模式的发展过程

1. 传统生产模式

传统经营模式下的生产方式是流水线生产，特点是生产规模批量化、生产产品规格化以及生产流程固定化。传统生产模式加工工序较少，原材料固定配比并经过相应生产流程得到固定成品。因此，将此生产过程看作一个映射，即原材料 $q_1, q_2, q_3, \cdots$ 构成的非空集合 A 到相应成品 $v_1, v_2, v_3, \cdots$ 所构成的非空集合 B 的映射，其中的对应关系即为传统的生产流水线，映射关系如图5-3所示。

一般情况下，生产的产品品种多、数量变化大，企业往往会采取库存监

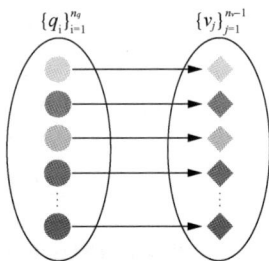

图5-3 映射关系

视的方法，依据库存量的变化及时调整生产，保持生产的连续性，即限制原材料集合 A 的元素个数。当原材料种类、数量充足时，流水生产线正常运行；而当原材料种类、数量不足时，生产线则会停止运行，此时需要立即补货，才能恢复生产线，继续生产。但是，当企业生产情况复杂时，该方法将产生一定的局限性，容易造成库存占用过高、资金利用率较低的问题。

2. 电子商务生产模式

（1）大规模生产模式。

工业经济的特点是大规模生产，对标准化的零部件进行大批量的流水线式生产、组装。整个生产过程属于机械式重复劳动，生产结果属于"一对多"，用一种标准产品满足不同消费者的需求。在电子商务时代，通过大规模生产模式生产标准化产品并通过互联网进行宣传售卖，仍属于生产拉动型。这一方式容易导致供需信息不对等、供需数量不匹配、资源浪费等问题出现，买卖双方均无法实现利益最大化。

（2）大规模定制模式。

在电子商务的时代，大规模生产模式已经不再适用，批量生产的标准化产品无法有效满足消费者的需求、帮助企业获取利润，根据具体需求生产定制产品（Customized Product）、提供定制化服务成为新的方向。企业的生产方式开始转向大规模定制，在原产品的基础上根据消费者需求进行定制，当定制过程结束时，将所得定制产品投入大规模生产模式中进行复制生产，得到成品。

大规模定制生产模式旨在运用一系列先进制造技术、现代设计方法以及管理技术，实现产品和过程重组，在拥有大规模生产低成本、高速度、高效率等优点的同时，能够为用户或小规模市场提供定制化产品。美国经济学家 B. 约瑟夫·派恩提到，大规模定制的核心是产品品种的多样化和定制化急剧增加，而不相应增加成本；范畴是大规模生产定制产品；优点是提供战略优势和经济价值。

基于电子商务的大规模定制生产模式，以定制企业为核心，通过电子商务平台将定制企业、供应商、客户和物流公司等密切联系起来。定制企业通过互联网把企业各部门有机联系起来，同时，客户通过电子商务平台向定制企业阐述自身需求，以便企业提前制定生产规划，并向供应商反馈信息；供应商根据信息及时为定制企业提供所需原材料和零部件，满足生产需要；物流公司快速准确地将原材料和零部件从供应商处输送给定制企业，并在生产完成后将定制产品送到客户手中，大规模定制生产流程如图 5-4 所示。

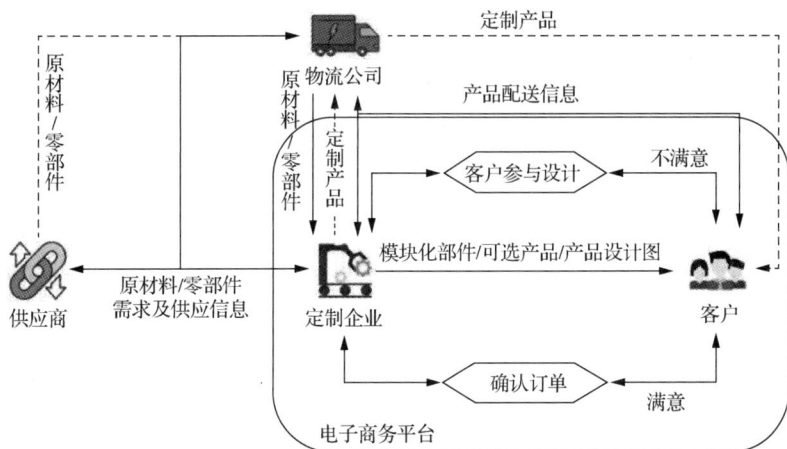

图 5-4　大规模定制生产流程

（3）大规模个性化生产模式。

21 世纪以来，经济水平的显著提升催生了部分极具个性化、多样化的消费需求，尤其是在一些特殊消费领域如医疗健康器械、配饰配件、智能化穿戴产品等方面，客户具有完全独特性，对于产品的个性化要求极高，现有大规模定制生产方式无法充分满足这一需求。因此，急需一种与客户高度个性化需求相适应，且能够保持高效率、低成本的生产模式，这就是大规模个性化生产（Mass Personalized Production），主要是通过与客户进行一对一交互为基础，激发客户对产品的潜在需求，由专业人员进行辅助设计，通过向客户提供"个人化产品"和积极的服务体验来满足客户对产品的个性化需求。再将所得定制产品投入大规模生产模式，得到成品。根据大规模个性化生产的特点，依托工业 4.0 的相关技术，构建大规模个性化生产架构，该架构从设备、控制、执行和计划 4 个层面实现对产品的个性化生产，如图 5-5 所示。

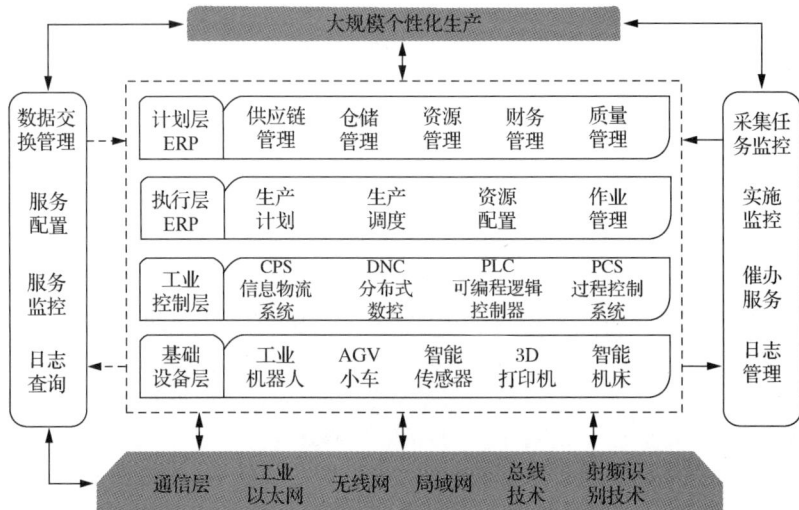

图 5-5　大规模个性化生产架构

以网络为手段的电子商务改变了传统的生产理念，在竞争手段、生产导向、产品内涵、更新速度等方面发生了巨大变化，这些特点可以概括为创新驱动、消费拉动、知识融合、文化贯穿以及迭代加快 5 个方面。目前，人工智能技术与先进制造技术深度融合形成了智能制造技术，电子商务生产模式向智能化转变。同时，"有形产品+无形服务"的个性化趋势日益明显，满足了客户的多样化需求。

5.1.3　电子商务生产管理

在电子商务产品生产过程中，企业为了在提供高水平优质客户服务的同时，达到低产品库存量及高生产效率的目的，通常要采取更加合理的生产管理方式。这个不断优化的过程一般分为信息化生产管理、数字化生产管理、智能化生产管理 3 个阶段。这 3 个阶段不是完全的递进发展关系。随着人工智能技术和智能传感技术的发展，企业在新阶段可以攻克从前的技术难题，从而实现对资源的充分调用，提高产品的生产效率。

1. 信息化生产管理

信息化资源是信息化生产管理的根本。生产过程信息化包括数控技术、柔性制造系统、分布式数控、快速成型制造技术、制造执行系统等内容。运用现代信息技术，企业可以充分获取市场、行业以及生产过程中的各类信息，并采取信息手段进行深度挖掘信息价值，快速、高效地做出市场反映，实现信息化生产管理。

2. 数字化生产管理

数字化生产是企业将各类信息数字化技术融入产业实际制造技术之中，运用大数据、云计算、虚拟现实等支撑技术，基于客户需求，实现对资源信息的快速收集、分析、规划、重组，从而得出最佳的实施方式，以完成对各类产品的设计、功能的开发以及原型的制造，快速生产出满足客户需求的产品的整个过程。

3. 智能化生产管理

智能化是建立在信息化与数字化基础上的全面升级，是在互联网、计算机网络、大数据、智能技术的支持下满足客户需求的属性，是人类文明发展的必然趋势。智能化生产是企业在生产制造过程中充分利用各种现代化智能技术，实现企业生产、管理的自动化，达到规范企业生产管理、降低生产中随机失误的概率、填补各种过程漏洞、提高生产效率等目的。

5.2 电子商务的交易原理

5.2.1 电子商务交易模式

1. 传统商务与电子商务交易流程

交易流程是指在一次商务交易中，企业之间或企业与消费者间所需进行的操作步骤和处理过程，主要由 4 个环节构成：交易准备、贸易磋商、合同签订、支付清算，如图 5-6 所示。

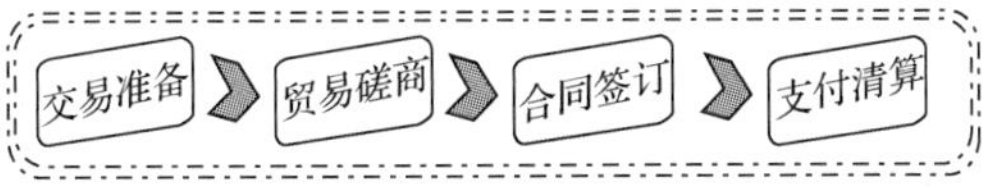

图 5-6 交易流程的 4 个环节

（1）交易准备阶段。该阶段是指买卖双方通过互联网或电子商务平台发布交易信息、寻找交易机会和交易伙伴、了解交易规则以及条件等。

（2）贸易磋商阶段。该阶段是指买卖双方就交易细节进行谈判确认，双方可以通过电子通信设备或互联网通信方式对双方在交易过程中的权利及义务、交易的商品种类、价格、数量、交货方式、运输方式、售后服务等信息进行详细规定。消费者整理已得信息，选定购买商品。

（3）合同签订阶段。该阶段指买卖双方落实文本框架协议，最终以书面形式或电子文件形式形成合同，包括消费者与厂商双方形成的传统书面合同以及双方形成的电子合同。

（4）支付清算阶段。在该阶段，根据合同中所列条款，根据双方的合同履行情况，如买方付款完成、卖方发货、买方确认收货等过程，处理双方收付款并进行结算，最终完成所有交易阶段，获得交易结果。交易结果包括买方获得的传统商务结果和买方获得的电子商务结果。

2. 电子商务交易成本

凡有经济活动的地方，就有成本的存在。在生产环节，生产成本包括直接材料成本、直接人工成本、其他直接支出成本以及制造费用成本；在交易环节，交易成本包括搜寻成本、谈判成本等；在流通环节，流通成本包括时间成本、信息成本、资金成本等；在消费环节，消费成本包括货币成本（消费价格成本、购买成本、使用成本）以及非货币成本（消费时间成本、消费体力成本、消费精神成本）。电子商务活动重点在交易环节，因此，这里主要对电子商务交易成本进行深入介绍。与传统线下交易相比，电子商务交易在互联网上进行，所有交易环节以及整个交易过程都在信息平台中完成，大大降低了交易成本。

1937 年，罗纳德·科斯首次提出"交易费用（交易成本）"思想，他在《企业的性质》一文中指出，交易成本是"通过价格机制组织生产的最明显的成本，也就是所有发现相对价格的成本"，"市场上发生的每一笔交易的谈判和签约费用及利用价格机制存在的其他方面的成本"。杨小凯等一批经济学家提出了新兴古典主义经济学，将交易成本分为外生交易成本和内生交易成本，外生交易成本是在交易过程中直接或间接发生的客观存在的实体费用；内生交易成本则是需要以概率和期望值来度量的潜在损失可能性，包含道德风险、逆向选择等。学术界对交易成本进行了广义和狭义的定义，广义交易成本是一切非鲁滨孙经济中出现的费用，狭义交易成本是市场交易成本（外生交易成本），包括搜寻成本、谈判成本和实施成本。本书主要对狭义交易成本进行讨论。

对市场交易两大主体即厂商和消费者而言：

$$交易成本=搜寻成本+谈判成本+实施成本 \qquad (5.1)$$

其中：搜寻成本、谈判成本、实施成本均对交易成本有正相关影响。

（1）搜寻成本。

搜寻成本是指消费者为了获取某一商品的相关信息所需要付出的成本，或厂商捕捉潜在消费者并对其进行产品宣传的成本。搜寻成本主要由两部分组成：搜寻空间成本和搜寻时间成本。搜寻空间成本受消费者与厂商（店铺）间的距离影响，而搜寻时间成本受搜寻、购买所需时间的影响。

电子商务交易依托互联网进行，时空局限性较低，搜寻信息或产品的过程中距离和所花费的时间大幅减少。

（2）谈判成本。

谈判成本指的是消费者和商家就商品价格进行谈判所需的成本，主要由谈判空间成本和谈判时间成本两部分组成。谈判空间成本受消费者与商家间的距离影响，谈判时间成本受交易双方谈判间的时间影响。对电子商务而言，谈判依托于平台和网络进行，谈判空间成本极低，时间成本相对于实体经营也低很多。

（3）实施成本。

实施成本是交易不同时发生而产生的仓储物流成本以及店面货架放置成本。在电子商务交易环节中，交易双方通过网络可以完成实时交易、实时发货，可大大减少甚至避免仓储物流成本和店面货架成本。

综上所述可见，电子商务交易突破了传统商务及交易模式，较少受时间和地域的限制，具有互动性、即时性、全球性及低成本性，流程可实现交易虚拟化，提高交易效率，大幅降低交易成本。

5.2.2　电子商务交易信用风险

电子商务交易过程存在着各类风险，主要可以归为3类：信用风险、管理风险以及法律风险。管理风险指交易流程及业务技术管理风险，如交易过程中的错误管理方式、网络信息安全技术（网络支付技术、数据存储技术等）落后等。法律风险指对市场交易环境和主体的制度约束，包括买卖双方合法权益的保护，如个人隐私信息保护、知识产权保护等，以上两类风险主要是交易风险产生的外在因素。信用风险是交易主体风险产生的内在因素，网络环境中的信息不对称加剧了交易双方在虚拟环境中的信任危机，进而造成交易障碍，交易过程中双方的信用遵守或违约行为成为随机决策行为。

市场经济是信用化的商品经济，在经济全球化的浪潮中，信用可谓国际市场的通行证。电子商务作为新型商业活动，信用更是其存在和发展的基础。交易双方的信任在电子商务交易活动中的作用远远大于其在传统交易活动中所起的作用。因此，本书重点对信用风险进行分析。

电子商务交易可以看作一场博弈，在交易过程中，买卖双方都可以采取诚信或欺诈行为，若至少一方发生了欺诈行为，则会产生信用风险。本书试从博弈论的角度分析电子商务交易过程中的策略选择以及信用风险防范。为简化分析，做出以下假设：

（1）一次电子商务交易活动中有两个主体：买方A和卖方B，双方掌握完全信息且行为理性；

（2）交易双方的行为策略 $U_A=\{诚信 U_A^I, 欺诈 U_A^C\}$，$U_B=\{诚信 U_B^I, 欺诈 U_B^C\}$。假设在交易过程中，买方A选择诚信的概率 $P_A^I=p_1$，卖方B选择诚信的概率 $P_B^I=p_2$，则有 $P_A^C=1-p_1$，$P_B^C=1-p_2$；

（3）在交易过程中，设定以下参量：交易物价值 V，交易成本 C_1，毛利润 π，社会成本 C_2，惩罚 S 及奖励 W；其中，$V>\pi\geq 0$，$\pi\geq C_1\geq 0$，$V\geq C_2\geq 0$，$C_1\geq 0$，$C_2\geq 0$，$S\geq 0$。

1. **完全无约束**

完全无约束指交易双方不受约束，其行为策略选择不考虑社会成本、惩罚及奖励，守信或失信均不会有额外收益以及成本。假设双方会采取混合战略来获得最大收益,完全无约束条件下的信用博弈矩阵如表 5-1 所示。

表 5-1 完全无约束条件下的信用博弈矩阵

卖方 B	买方 A	
	诚信 U_A^I (p_1)	欺诈 U_A^C ($1-p_1$)
诚信 U_B^I (p_2)	$\pi-C_1$, $\pi-C_1$	$-V-C_1$, $V-C_1$
欺诈 U_B^C ($1-p_2$)	$V-C_1$, $-V-C_1$	$-C_1$, $-C_1$

若买方 A 选择诚信的概率 $P_A^I = p_1$ 既定,有以下两种情况。

(1)当卖方 B 选择诚信 U_B^I 时,卖方 B 的期望收益 R_B^I :

$$R_B^I = p_1(\pi-C_1)+(1-p_1)(-V-C_1)$$
$$= p_1(\pi+V)-V-C_1 \tag{5.2}$$

(2)当卖方 B 选择欺诈 U_B^C 时,卖方 B 的期望收益 R_B^C :

$$R_B^C = p_1(V-C_1)+(1-p_1)(-C_1)$$
$$= p_1V-C_1 \tag{5.3}$$

由于 $0 \leqslant p_1 \leqslant 1$, $V > \pi \geqslant 0$,则

$$p_1(\pi+V)-V-C_1 < p_1V-C_1 \tag{5.4}$$

即

$$R_B^I < R_B^C \tag{5.5}$$

所以不存在混合战略纳什均衡,只存在纯战略纳什均衡。卖方 B 总会选择"欺诈"策略;同理,买方 A 与卖方 B 选择的策略一致。

综上所述,在完全无约束条件下,交易双方都会选择"欺诈"策略。

2. 存在社会成本及奖惩机制约束

将社会成本以及奖惩机制纳入交易行为中进行考虑,在此状态下,交易双方将考虑采取混合战略以获得最大收益,存在社会成本及奖惩机制条件下的信用博弈矩阵如表 5-2 所示。

表 5-2 存在社会成本及奖惩机制条件下的信用博弈矩阵

卖方 B	买方 A	
	诚信 U_A^I (p_1)	欺诈 U_A^C ($1-p_1$)
诚信 U_B^I (p_2)	$\pi+W-C_1$, $\pi+W-C_1$	$W-V-C_1$, $V-C_1-C_2-S$
欺诈 U_B^C ($1-p_2$)	$V-C_1-C_2-S$, $W-V-C_1$	$-C_1-C_2-S$, $-C_1-C_2-S$

若买方 A 选择诚信的概率 $P_A^I = p_1$ 既定,有以下两种情况。

(1)当卖方 B 选择诚信 U_B^I 时,卖方 B 的期望收益 R_B^{I*} :

$$R_B^{I*} = p_1(\pi+W-C_1)+(1-p_1)(W-V-C_1)$$
$$= W+p_1(\pi+V)-V-C_1 \tag{5.6}$$

(2)当卖方 B 选择欺诈 U_B^C 时,卖方 B 的期望收益 R_B^{C*} :

$$R_B^{C*} = p_1(V-C_1-C_2-S)+(1-p_1)(-C_1-C_2-S)$$
$$= p_1V-C_1-C_2-S \tag{5.7}$$

假设存在混合战略纳什均衡,则有:

$$R_B^{I^*} = R_B^{C^*} \qquad (5.8)$$

即

$$W + p_1(\pi + V) - V - C_1 = p_1 V - C_1 - C_2 - S \qquad (5.9)$$

解得

$$p_1 = \frac{V - W - S - C_2}{\pi} \qquad (5.10)$$

当 $V - W - S - C_2 \geqslant \pi$ 时，即 $p_1 \geqslant 1$ 时，只存在纯战略纳什均衡，卖方 B 将采取"欺诈"策略。

当 $0 < V - W - S - C_2 < \pi$ 时，即 $0 < p_1 < 1$ 时，存在混合战略纳什均衡，卖方 B 将以 $\frac{V - W - S - C_2}{\pi}$ 的概率采取"诚信"策略，将以 $1 - \frac{V - W - S - C_2}{\pi}$ 的概率采取"欺诈"策略。

当 $V - W - S - C_2 \leqslant 0$ 时，即 $p_1 \leqslant 0$ 时，只存在纯战略纳什均衡，卖方 B 将采取"诚信"策略。

同理，买方 A 与卖方 B 采取的策略相同。

综上，有成本约束及奖惩机制约束条件下，当 $V - W - S - C_2 \geqslant \pi$ 时，交易双方都选择"欺诈"策略；当 $0 < V - W - S - C_2 < \pi$ 时，交易双方都以 $\frac{V - W - S - C_2}{\pi}$ 的概率选择"诚信"策略，以 $1 - \frac{V - W - S - C_2}{\pi}$ 的概率选择"欺诈"策略；当 $V - W - S - C_2 \leqslant 0$ 时，交易双方都选择"诚信"策略。

3. 电子商务交易信用风险防范

由上述分析可知，电子商务交易过程中，要使交易双方都选择"诚信"策略，则必须满足 $V - W - S - C_2 \leqslant 0$。由于交易物价值 V 既定，所以需要在电子商务交易过程中提高社会成本以及完善交易平台奖惩机制，从而防范电子商务交易信用风险。

5.3 电子商务的消费原理

消费是消费主体出于延续和发展自身的目的，有意识地消耗物质资料和非物质资料的能动行为，通常包括 3 种互相关联的活动过程：需要产生的活动过程、商品购买的活动过程以及商品体验的活动过程。

5.3.1 电子商务对消费的影响

电子商务出现前，传统消费模式是由消费者基于自身消费需求，对商品或服务信息、购买途径进行搜寻，并到店询价谈判、检查商品，一般还会在线下经过多家比对后，才做出购买行为，如图 5-7 所示。传统消费模式的所有环节都在线下开展，消费者需要花费大量的时间、精力、金钱在空间移动、商品搜寻以及价格比对上。同时，受制于空间限制，消费者的选择范围较小，需求偏好匹配度不高，容易降低消费所获得的效用水平。此外，信息流动效率及透明度低，共享性差，难以形成消费者信任和消费者黏性。

消费者需求 ➤ 搜寻商品/服务信息 ➤ 现场询价 ➤ 货比三家，购买消费

图 5-7 传统消费模式

信息技术的革新促成了电子商务的出现，使得人们的消费方式发生了巨大变革。电子商务聚合各类信息，将搜寻、询价比价、确认消费等步骤在电子商务网站或平台上完成，如图 5-8 所示。

由于电子商务在信息传递方面更加全面、周密，并且实现了跨越空间进行交易，因此其在很大程度上解决了可能存在的信息不对称等问题，尽最大可能挖掘并满足了消费者的需求，主要包括以下 4 个方面。

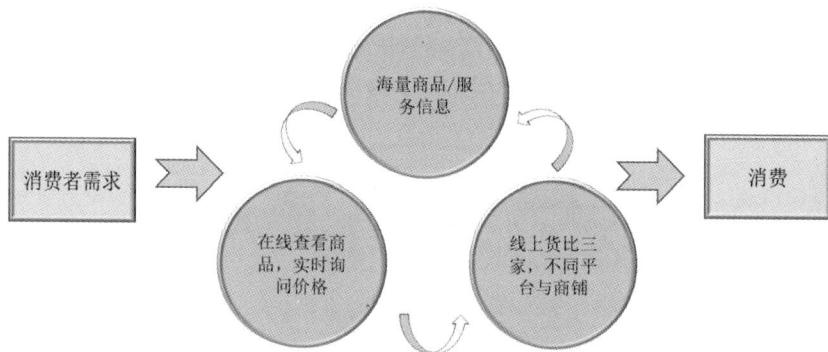

图 5-8　电子商务消费模式

1. 降低消费成本

电子商务从 3 个角度降低了消费成本。一是搜寻成本。由于电子商务的发展建立在互联网技术的基础上，因此消费者几乎不用耗费什么成本就可以获取与自身需求相关的大量信息，使得寻找商品、对比商品的成本大大降低。二是获得成本。由于电子商务减少了流通渠道中的环节，缩短了流通过程，降低了流通成本，还去除了零售终端成本，可以提供快递寄存以及送货上门等服务，在降低成本的同时提高了消费者的购物体验。三是支付成本。新型电子支付平台的广泛使用，实现了支付方式的多样化和便捷化，同时提高了支付效率。

2. 突破消费时空局限

电子商务平台采用 "24 小时营业" 模式，可以全天候地为消费者提供服务，消费者的行为不再受到营业时间的限制；同时，电子商务突破了地理空间的限制，充分满足消费者的需求，消费者可以足不出户在全球范围内挑选产品。

3. 分享消费评价，增强消费信任

除了消费者行为影响因素之外，商家口碑以及消费评价也是重要的影响因素，因此电子商务可以充分利用口碑以及评价信息，在凸显信息价值的同时吸引更多消费者。第一，电子商务可以与社交网络形成互联，利用口碑营销的方式，锚定核心用户，锁定潜在消费者，促进更多消费。第二，电子商务可以收集消费者评价，按商家或者商品进行分类展示，为潜在消费者提供购买参考，在虚拟环境下增强消费者对目标商品的信任，进而影响最终的消费者决策。

4. 发挥长尾效应，丰富消费供给

电子商务消除了传统商务行为的空间阻隔，使得市场边界进一步扩大，也因此产生了集聚效应，将众多消费者的小众个性化需求集聚起来并形成相应的个性化市场，使得需求曲线中长尾部分的消费力得以释放，同时也丰富了消费市场中的商品类别。图 5-9 所示的长尾区域图，展示了需求曲线中巨头产品与长尾产品的分布，曲线下方的右侧长尾部分，是电子商务将小众个性化市场实现规模化的部分。

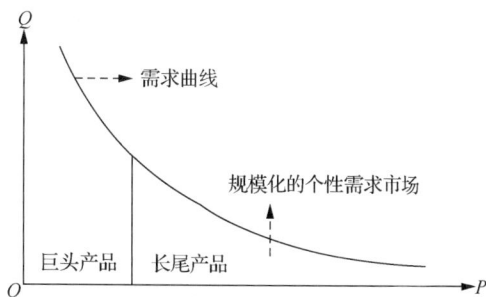

图 5-9　长尾区域图

5.3.2 电子商务时代的消费特点

随着消费社会走向成熟，电子商务消费主体在各年龄、性别和社会阶层等方面更加多样，快乐原则影响逐渐加强，消费者开始追求个性、追求自我，消费多样化成为消费市场最基本的特征，重点表现在消费多元化、消费个性化和消费短周期化3个方面。同时，电子商务时代下的消费几乎不受时空约束，市场碎片化形成，消费社区化凸显。电子商务消费逐渐形成了场景化、碎片化、社区化、移动化、品质化以及细分化六大特点，电子商务时代消费特点如图5-10所示。

图5-10 电子商务时代消费特点

1. 场景化

电子商务时代下的消费几乎不受到空间的约束，因此电子商务可以在研究消费者心理的基础上预判消费者的行为，并设置相应的场景将消费者引入消费的心理状态，从而更加容易发生消费行为。消费场景可以是一张图、一篇文章、一个视频或者是现实中的某场活动、某种氛围。

2. 碎片化

互联网时代下的生活形成碎片化格局，碎片化、超媒体化使人们追求"效率"与即时性，从而对消费者心理产生一定的影响，催生了消费者的碎片化需求。电影开场前、餐厅下单等餐时、上班乘车后等碎片化场景成为电子商务消费的天然时机。

3. 社区化

电子商务消费的社区化通常是指虚拟社区和实体社区相互融合的一种新社区，新社区的出现是电子商务应用的深度演绎过程，它能够使消费者在线上、线下同时分享消费产品给用户带来的益处。

4. 移动化

区别于传统商务，基于移动端的电子商务具有可识别、可触达和可反馈的特点，相对于传统商务在选取目标用户时更具精准化和差异化。移动电子商务用户规模的增长是消费移动化最明显的表现，2014年至2021年12月，移动电子商务用户规模从2.36亿增长至11.74亿，未来规模仍将扩大。

5. 品质化

随着电子商务的逐步成熟，消费者对网络购物的态度由猎奇心态逐渐向日常习惯转变，对购买商品也从追求更低价格到追求更高品质。也正是由于消费者的需求转变，促使电子商务不断发展进步，不断由"品质化"向"精选化"靠拢。未来，精选会成为电子商务服务品质升级的发展方向。

6. 细分化

电子商务时代为消费者提供了更多选择。对年轻消费者而言，消费者开始重视产品带来的自我认同感，自我认同、个性化潮流以及体验感变得尤为重要。为了满足众多消费者的个性化消费需求，产品细分程度也将不断深化。

5.4 电子商务的流通原理

5.4.1 传统商品流通模式

商品流通（Commodity Circulation，CC）即商品的交换，是在货币作为媒介的基础上，商品或服务由生产方向消费方的转移过程，构成了第三产业的基础和主体部分，涉及餐饮业、通信业、交通运输业、邮政业、仓储业、批发零售业等多个领域，是商业的延伸与扩展，也是逐步产业化的进程。在本节中，读者应当注意：第一，货币的存在是商品流通过程的充要条件；第二，只有商品交换的总体全过程才能称作商品流通，即"连续进行的整体"。

商品的流通过程实质上是商品到货币再到商品的过程，由于商品交易涉及所有权或使用权的转移，因此包含以下变化过程。一是发生商品价值的运动过程，即商流（Market Distribution，D^M），指在交易过程中商品的所有权和价值形态发生变化；二是商品的实物配送过程，即物流（Physical Distribution，D^P），指在流通过程中实体商品的空间位置发生变化或虚拟商品通过虚拟物流达至消费者。因此商品流通过程包括两个元素，即商流和物流。

在流通过程中承担各项商品交换活动的主体即商业经营组织，同样构成了商流和物流的基础，在推动商品的价值形态变化过程（即 W—G 和 G—W 的变化过程）中起了极大的推动作用，促进了商品或服务从生产方向消费方的转移。从纵向角度看，每一个商业经营组织都是流通过程中的一个环节，这些环节与环节之间共同形成了商品流通渠道。因此，了解各类商品流通渠道对于电子商务流通原理的掌握起着关键性作用，以下将依次进行阐述。

1. 传统商品流通渠道

（1）传统商品流通的直接渠道。

直接渠道又称传统直销模式，这种流通渠道实现了生产者与消费者的直接对接，商品的生产者也是商品的销售者，商品不通过商场、超市等传统的销售渠道进行分销，没有中间商的参与，也没有任何商业环节的形成。

（2）传统商品流通的间接渠道。

商品交换以商业为媒介，随着商业内部分工的发展，社会分工继续在商业流通领域延伸，逐渐形成产销分离的间接流通。首先是分工成批发商和零售商；然后，批发商内部又分化出产地采购批发商、销售地批发商、中转地批发商。将这些环节组合起来，形成完整的商业整体实现运作，才能最终完成媒介商品交换的职能。

直接流通渠道和间接流通渠道共同构成传统商品流通渠道，正是这两种渠道的共同存在与相互支撑，才使得市场经济得以蓬勃发展。

2. 传统流通模式的局限性

由于生产方式变革与行业变迁，传统商品流通渠道的劣势日渐凸显。流通效率低、商品储存与管理困难、物流与资金流分裂、价格泡沫形成以及信息不对称等各种短板逐渐出现。传统商品流通模式的局限性具体表现如下。

第一，传统商品流通观念与卖方市场态势相适应，无法满足经济发展中商品销售处于社会再生产主导地位的需要。

第二，传统商品流通模式中生产者、经营者的竞争观念，无法适应交易各方通过合作实现社会再生产整合的新市场环境。

第三，物流、信息流与资金流沿着流通链条逐级传递的传统运作模式，造成了交易成本增加、信息失真与耗减不对称，导致产品滞销和库存积压，阻碍了流通效率的提高。

5.4.2　电子商务流通模式

1. 电子商务流通渠道

电子商务流通渠道与前文所述传统商品流通渠道在本质上已经存在明显的区别，主要包括以下 5 个方面。第一，开放性。电子商务流通渠道不再局限于传统模式，随着全面开放新格局的建设，流通产品呈现出多样性，流通交易呈现出全球化趋势。第二，直接性。在互联网的基础上，电子商务为生产者和消费者提供了更加直接、高效、及时的交易流通体系。第三，专业性。流通渠道的专业化程度不断提高，流通效率也与日俱增。第四，灵活性。电子商务流通企业在发展过程中不断创新经营模式，在发展变化中展示出极强的适应能力。第五，信息性。信息是电子商务渠道中不可或缺的部分，信息的运动有利于电子商务渠道中各参与者对商品的流动进行规划。

电子商务流通渠道 C^E 作为新型商品流通渠道，本节对 " $X^E 2C_E^r$ " 模式的零售渠道进行讨论，X^E 指流通过程中商品到达消费者前所经历的环节。这类渠道既包含消除了传统中间商直连消费者的直接流通渠道 CC_d^E，也包含通过网络中间商 M^I 介入连接消费者的间接流通渠道 CC_i^E，用有序集合表示即 $CC^E = CC_d^E \cup CC_i^E = \left\{ X^E, C_E^r \right\}$。其中，$X^E = X_d^E \cup X_i^E = \left\{ P_E^r \right\} \cup \left\{ P_E^r, M^I \right\}$，$X_d^E$ 和 X_i^E 分别指直接流通渠道和间接流通渠道中商品到达消费者前所经历的环节。

在 " $X_d^E 2C_E^r$ " 模式的电子商务流通渠道中，生产商 P_E^r 可以选择不通过网络中间商 M^I，直接利用联机网络、计算机通信和数字交互式媒体与消费者构成联系，这种跳过所有中介环节的流通方式即 "B–C" 模式的直接流通渠道，又称 "网络直销模式"，即 "电子商务生产商 P_E^r →电子商务消费者 C_E^r"，用有序集合表示即 $CC_d^E = \left\{ P_E^r, C_E^r \right\}$。依托互联网的直接流通渠道在助推产业升级、驱动品牌创新、促进上游产能资源高效配置等方面发挥了重要作用。同时，基于互联网的网络直销模式为企业内部信息系统和外部物流网络变革创新指出了新的方向：利用大数据分析技术实现生产决策数据化，通过分散配送方式以及升级反向物流来适应当下的网购需求等。

而在 " $X_i^E 2C_E^r$ " 模式的电子商务流通渠道中，由于网络中间商 M^I 的介入，即生产商 P_E^r 通过网络购物平台取得与消费者 C_E^r 之间的联系，构成 "B–B–C" 模式的间接流通渠道，同样用有序集合表示：$CC_i^E = \left\{ P_E^r, M^I, C_E^r \right\}$。电子商务流通渠道如图 5-11 所示。

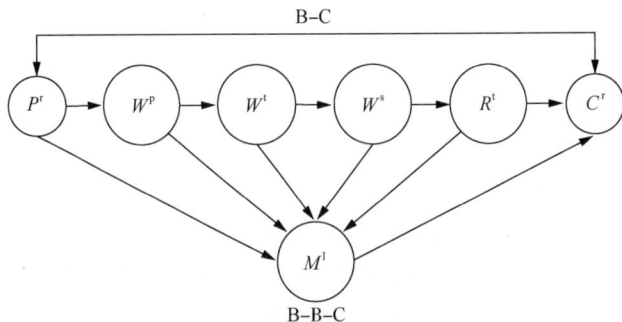

图 5-11　电子商务流通渠道

在此类流通渠道中，网络中间商 M^I 的存在使得商品的流通过程以互联网平台为基础并在虚拟市场中完成，因此也可称作网络流通渠道。此类流通渠道既可以为商品提供网络直销的渠道，还可以对第三方物流进行组织、控制及监督。

2. 电子商务流通模式的特点

电子商务流通模式形成了依托互联网直连消费者或以网络中间商为中介平台的新流通渠道，其特殊形态和运行原则构成的现代流通模式具有以下特点。

（1）电子商务流通模式实现了生产商与消费者的跨空间互动，搭建了生产者与消费者直接沟通的网络平台，充分体现了消费者的主观意愿。

（2）电子商务流通模式采取产销结合与供应链管理一体化相结合的方式，在生产商与消费者之间实现"快速反应"和"即时生产"。

（3）电子商务流通模式以互联网或局域网平台为基础，以网络中间商为中枢，促使流通框架扁平化程度增加，同时也提高了流通效率。

（4）电子商务流通模式实现了"三流合一"，运用互联网技术整合物流、信息流以及资金流数据，简化商品流通的中间环节，缩短了商品流通的距离。

（5）电子商务流通模式突破了企业交易的空间限制，形成了全球性电子商务交易平台与信息化物流支持系统，与经济全球化趋势相适应。

5.4.3　电子商务对商品流通的影响

电子商务整合了互联网资源和商品流通资源，在以电子商务活动为中心的交易双方及其他的参与者之间建立了一个商品交易网络，并整合了资金流、信息流、物流等供应链资源，对商品"三流"运作变革、流通领域重构、降成本提效率，都产生了十分积极的影响。

1. "三流"运作变革

电子商务的任何一笔完整交易，都包含几种基本的"流"，即信息流、资金流、物流。信息流是指商品相关信息、资金信息等；资金流主要指付款、转账等资金的转移过程；物流则是指物质实体（商品或服务）的流动过程。电子商务的互联网特性，将流通领域中的经济行为进行了分化，信息流、资金流和物流相较于传统的商品流通也出现了新的特征。

首先，传统的线下商品或服务通常会有相对固定的物理空间，其辐射的服务范围有限，同时消费者对商品或服务的搜索能力也有限，传统商品或服务的信息流通常在较小范围内传播。而电子商务以互联网为基础，使得商品或服务的信息流脱离传统市场，信息通过网络平台进行流通不仅突破了传统信息流的时空限制，同时还突破了信息的层级限制，实现了点对点直接传递和信息共享。

其次，传统流通模式的资金流通常采用现金结算或银行卡转账结算，而电子商务流通模式的资金流更多通过网络进行流通，逐渐脱离传统市场，且电子支付结算的广泛使用，颠覆了传统的面对面资金流交易。电子商务资金流以数字符号形式存在，依靠网络平台支付，具有数字化、全球化、标准化、直接化以及透明化的特点，资金流通范围更广、周转效率更高、成本更低。传统流通模式与电子商务流通模式下的资金流向如图 5-12 所示。

传统流通模式
下的资金流向　消费者　零售商　批发商　经销商　生产商

电子商务流通模式
下的资金流向　消费者　支付服务商　生产商

图 5-12　传统流通模式与电子商务流通模式下的资金流向

最后，电子商务物流已经不再完全依靠传统物流统一配送方式，而是出现了信息化、网络化和自动化的新特点。物流的核心是"货物的流动"，它不是单纯的"货物运输"，还包括货物的时间状态和空间状态。现代电子商务物流通过信息化、网络化、自动化手段，将运输、仓储、配送各个环节紧密结合起来，实现物流各链条的高效一体化。信息化是指物流在运用信息技术的基础上，在物流信息收集、存储、处理、传递方面体现出标准化和代码化，使得物流信息反馈及时，提高企业服务水平；网络化是在信息化的基础上，物流企业内部不断融合采购、储存、销售、配送等物流功能，实现供应链上下游融合、线上线下融合，最终达到全供应链化；自动化是指在运用自动化技术后，实现物流的省力化以及无人化，发展自身生产能力、提高劳动生产率、扩大业务范围、减少经营问题等。因此，电子商务物流不仅能够创造时间价值、空间价值和形态价值，还能够创造信息价值，使价值增值。

2. 流通领域重构

在对商品流通领域的经济行为进行分化的同时，为了适应新的经济发展，电子商务也重新构建了新型商品流通模式。

一方面，流通企业业务流程重构。不同于传统流通企业业务流程，如验收入库、人工分拣、结算出库等，如今电子商务流通企业已经广泛将人工智能技术、信息技术运用于商品流通，同时也在积极探索区块链和云计算技术的应用。电子商务流通企业的业务流程已经完成了从人工到信息化的转变，正在向数字化和智能化变革。

另一方面，流通市场组成重构。互联网的蓬勃发展使得传统市场地位下降，物流的作用逐渐凸显，在流通过程中举足轻重，而随着信息流、资金流从传统市场中逐步剥离出来，物流拥有广阔的发展前景。人工智能技术、大数据技术广泛运用于商品流通，商品流通模式正在向数字化和智能化变革。在未来，区块链技术和云计算技术也将会被积极地运用于商品流通领域。

在电子商务环境下，"三流"的运作具有协同交互性、实时动态性和运作整体性，能够实现资源的有效配置，实现效益最大化。

3. 降成本提效率

电子商务的发展使得流通去除了原有供应链中的冗余环节，不仅降低了商品流通的成本，还提高了商品在流通过程中的效率。商品流通的成本包含时间成本、信息成本和资金成本，即：

$$流通成本 = 时间成本 + 信息成本 + 资金成本 \tag{5.11}$$

其中，时间成本、信息成本、资金成本均对流通成本有正相关影响。

在传统商品流通渠道 CC^T 中，CC_{ti}^C 是指第 i 个流通环节所耗费的时间，全部流通环节需耗费时间成本 $C_t^C = \sum C_{ti}^C$，$i = 1, 2, \ldots$。而电子商务流通渠道 CC^E 以互联网服务为基础，实现了消费者 C_E^r 与商品生产者 P_E^r 之间的直接联系，省略了中间的代理、批发、零售等中间的冗长环节，即 $C_{t代理}^C = C_{t批发}^C = C_{t零售}^C = \cdots = 0$，那么电子商务中的流通时间成本远小于传统商务中的流通时间成本。商品流通的环节数进一步减少，使得电子商务流通的时间成本很大程度上降低，且流通效率大幅提高。

同时，电子商务实现了点对点直接传递和信息共享，因此，电子商务中商品交易和流通过程中的交易主体如生产商、流通企业、消费者、支付平台等可以直接、高效地实现信息交流与沟通，甚至在线上成功完成交易过程，并通过线下物流配送环节得到商品，且消费者可随时通过物流网络平台查询物流信息。这种供需双方点对点的交易，降低了商品流通的信息成本 C_I^C。

此外，电子商务的商品物流具有规模优势。一方面，电子商务降低了流通渠道过长抬高的价格，资金成本 C_F^C 与时间成本 C_T^C、信息成本 C_I^C 仍存在正相关关系，因此流通环节的减少以及信息的共享会大幅度降低物流资金成本；另一方面，电子商务的资金成本 C_F^C 与其流通速度 v_F 和流通总量 g_F 有关，即：

$$C_F^C = C_F(v_F, g_F) \tag{5.12}$$

其中，流通速度 v_F 和流通总量 g_F 对资金成本 C_F^C 有正相关影响。

因此在电子商务流通渠道中，随着商品流转过程中积压资金的减少以及资金流通速度的增加，导致物流的资金成本降低。且在互联网环境下，流通环节数的减少使得新型商品流通模式可以对需求市场的变化做出迅速反应并进行合理规划，不需要像传统流通模式那样，在中间环节进行大量商品库存，这种点对点的流通模式产生了更高的流通效率。

5.4.4 电子商务流通组织创新

流通组织是物流、信息流与资金流运动的具体执行者，其日常经营活动就是关于"三流"的运营。流通组织创新主要体现在流通业的组织形式变化上，是制度创新和技术创新的组织依托。流通组织的演进一方面随着商品和市场的发展而变化，另一方面其也随着生产分工的发展而发展。在电子商务连接生产与消费的过程中，网络信息技术的发展加速了流通组织变革，演化出新的流通业态。流通组织的创新表现在商品流通的全过程，本节将从生产企业、网络中间商和物流组织 3 个方面进行介绍。

1. 生产企业

在电子商务环境下，互联网技术解决了信息不对称问题，信息传递速率提高，信息获取成本降低，传统批发商、零售商在流通市场中的地位降低，流通组织结构去中间化、扁平化趋势明显，呈现出零层级组织结构。渠道中的流通组织充当生产企业内部分工的外化角色，模糊生产企业的业务边界。互联网基础上的新型的网络直销模式，支持生产商与消费者的直接联系，可更加直接、及时、准确地对市场需求进行了解判断和及时反应，并且生产企业利用这种方式充分实现了柔性生产制造，在价值链上可获取更大利润。

2. 网络中间商

电子商务对中间商组织的功能产生了潜移默化的影响，一方面表现在电子商务对中间商在渠道中的传统功能的影响，另一方面还表现在电子商务环境下中间商功能的创新。在市场没有进行完全信息化的条件下，只要生产商与消费者间的交易成本不为零，中介组织就必然存在，只是在不同时代下具有不同的使命。

电子商务催生了新型网络中间商的出现，如网络经销商和网络代理商。网络经销商的主营业务是通过网络平台将商品销售至消费者以实现网上交易，还可以为商品开拓新的销售市场，最大限度地满足消费者的需求；而网络代理商运用网络技术传输信息，将传统营销转为线上营销方案，实现销售产品的目的。除此之外，还存在其他基于互联网的中间商，如内容提供商、虚拟市场、网络金融机构、智能代理等，为信息传递提供了更加丰富的渠道甚至完整的交易支撑。

3. 物流组织

随着电子商务的蓬勃发展，物流组织的地位逐渐凸显，组织的外包发展不断壮大，现存供应链在此环境下的短板日益突出。因此，第四方物流应运而生并在物流体系中处于领导地位。第四方物流更像是供应链的组织管理者，尽管没有实质性物流资源，但却可以对所有的资源、技术、设施等进行调配和管理，为整个供应链提供相对完善的解决方案，还可以通过电子商务将所有程序集结，为消费者提供更多的增值服务，具有集约化、信息化、综合性的特点。此外，第四方物流可以通过模块化创新，构建高效而灵活的服务创新模式，在发挥自身服务专业化优势的同时，也为供给侧结构性改革下的生产商提供物流创新条件，这是电子商务环境下一种重要的流通组织模式创新。

本章小结

电子商务为生产、交易、消费以及流通 4 个领域注入了新的活力，使其内部运作要素发生了巨大变革创新。在生产端，企业依托现代通信技术、数字技术、网络技术等新兴技术，运用大数据、云计算、物联网等工具，实现了电子商务生产模式自我革新以及产品迭代创新，满足了消费者的个性化、多样化需求。在交易环节，电子商务平台与各类技术服务商形成互联，为生产者与消费者搭建了新的信息桥梁与交易渠道；同时，技术融合不断催生新的电子商务交易模式，电子商务生态圈不断扩大。在消费端，新电子商务模式推动消费社会成熟，消费心理发生变化，形成新消费特点；同时技术进步推动了消费模式创新，改变了传统消费行为方式；两种变化共同作用于生产端，为生产模式与产品提出新的要求。在流通环节，电子商务重塑流通链路，变革"三流"模式，推动流通组织创新，流通环节降费增效明显。综上，电子商务经济活动形成闭环。

在"加快构建以国内大循环为主体、国内国际双循环相互促进的新发展格局"背景下，电子商务作为"双循环"的加速器，深刻变革了内贸流通形态和外贸运作方式。只有深刻理解电子商务基本原理，掌握电子商务运作模式，发挥电子商务特征优势，才能保障经济活动中生产、交易、流通、消费的畅通无阻，完成产业基础再造和产业链创新，真正推动供给端的改革创新、中间环节的赋能升级以及需求端的提质扩容。

思考与讨论题

1. 请简述有形产品和无形产品之间的异同，并举例说明。
2. 根据产品三层次理论，简要论述电子商务产品对消费者效用的影响。
3. 请选择某个电子商务产品，利用数学公式简述其产品创新的6个阶段。
4. 什么是"逆向设计"，它与"正向设计"的主要区别在哪里？
5. 请简述电子商务产品的类型，并对其发展特点及未来发展趋势进行说明。
6. 请简述电子商务生产方式如何弥补传统生产模式的不足。
7. 请分别说明大规模生产、大规模定制以及大规模个性化生产的定义及运作原理。
8. 请对比3种电子商务生产模式的不同之处。
9. 请简述电子商务生产理念的五大特点。
10. 什么是智能化生产管理？这种生产管理方式是如何促进企业迭代升级的？
11. 谈谈你了解的电子商务生产管理方式。
12. 请简述交易流程的4个环节，并对比传统商务与电子商务交易流程的不同。
13. 什么是交易成本？请简述内生交易成本和外生交易成本。
14. 相较于传统商务，电子商务的交易成本会发生什么变化？
15. 请列举电子商务交易过程中存在的风险，并简要说明。
16. 请尝试用博弈论的知识推导电子商务交易信用风险的产生过程。
17. 根据自己的理解，谈谈如何有效防范电子商务交易风险。
18. 请简述传统电子商务交易流程的组成部分，并解释各个部分之间的关联。
19. 什么是跨境电子商务？请从广义和狭义两个方面进行简述。
20. 简要分析跨境电子商务与传统电子商务的区别和联系。
21. 跨境电子商务的交易流程是什么？试从进口和出口两个方面简述。
22. 跨境电子商务的物流模式有哪些？试从进口和出口两个方面简述。
23. 新零售电子商务与传统电子商务的区别是什么？新零售的四大特征是什么？
24. 请简述新零售电子商务的架构。
25. 什么是直播电子商务，它的特点是什么，它具有什么优势？
26. 简要分析"直播+电子商务"的3种形式。
27. 试从产业链的视角出发，分析直播电子商务对供给端和需求端的影响。
28. 什么是商品流通，商品流通的实质是什么？
29. 请简述传统商品流通的直接渠道和间接渠道。
30. 请简述电子商务流通渠道。

31. 请分析传统商品流通模式与电子商务流通模式之间的区别和联系。

32. 相比于传统商品流通渠道，电子商务流通渠道的特点及优势有哪些？

33. "三流"包括哪些，具体的含义是什么？

34. 请从"三流"的角度依次阐述电子商务是如何影响流通过程的。

35. 电子商务重新构建了新型商品流通方式，请对此进行分析说明。

36. 电子商务是如何降低流通成本的，尝试从"三流"的角度进行说明。

37. 什么是流通组织，流通组织创新体现在哪些方面？

38. 电子商务的出现对流通过程中的生产企业产生了怎样的影响？

39. 网络中间商在电子商务流通过程中承担着怎样的角色？

40. 什么是第四方物流，第四方物流在电子商务物流中有着怎样的地位和作用？

41. 什么是消费？什么是消费者需求？

42. 简述马斯洛需求层次理论的内容。

43. 结合马斯洛需求层次理论，谈谈你对电子商务消费需求层次的理解。

44. 请举出例子，对电子商务消费需求层次理论的 3 个特点进行说明。

45. 请简述网络消费的购买过程。

46. 什么是"S-O-R"模型？试举例说明该模型在消费者行为分析中的应用。

47. 对比传统消费模式和电子商务消费模式，谈谈它们的异同。

48. 电子商务对消费的影响有哪些？

49. 什么是长尾理论？谈谈长尾理论在电子商务消费中的应用。

50. 请简述电子商务时代的消费特点。

51. 你认为未来电子商务消费的发展趋势是什么？

第6章
电子商务主要技术

知识结构

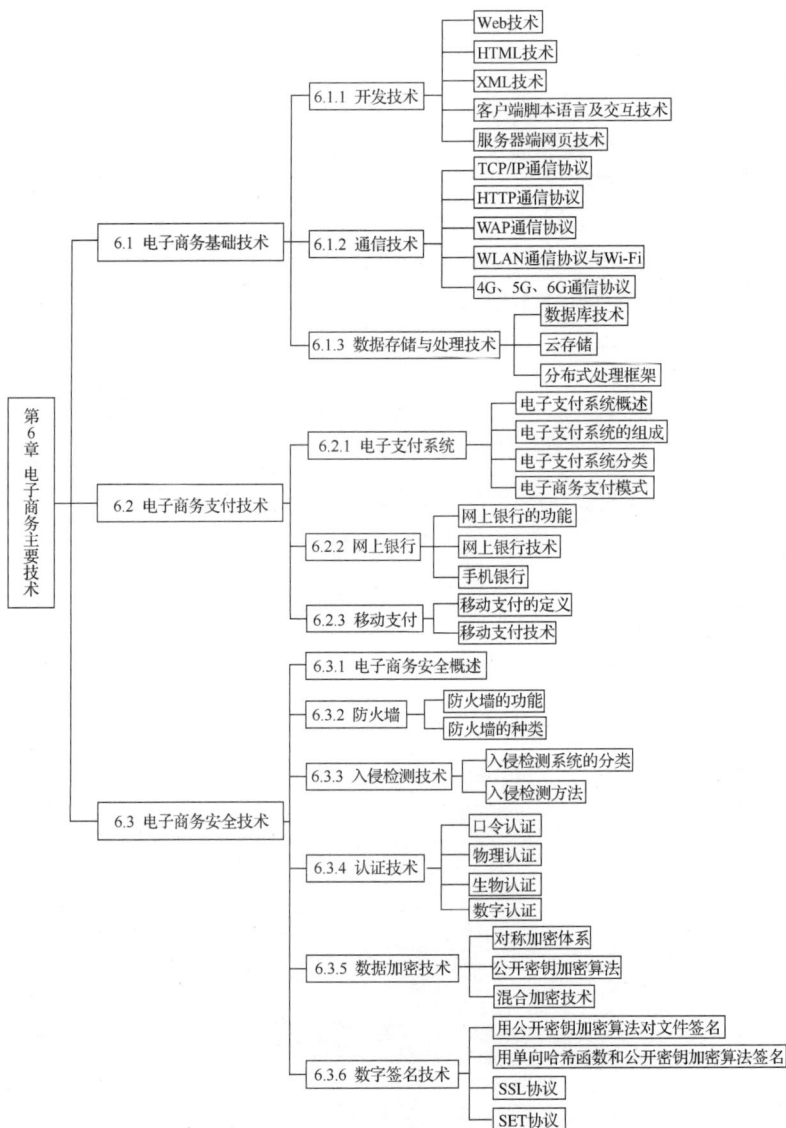

		6.1.1 开发技术	Web技术
			HTML技术
			XML技术
			客户端脚本语言及交互技术
			服务器端网页技术
	6.1 电子商务基础技术	6.1.2 通信技术	TCP/IP通信协议
			HTTP通信协议
			WAP通信协议
			WLAN通信协议与Wi-Fi
			4G、5G、6G通信协议
		6.1.3 数据存储与处理技术	数据库技术
			云存储
			分布式处理框架
第6章 电子商务主要技术	6.2 电子商务支付技术	6.2.1 电子支付系统	电子支付系统概述
			电子支付系统的组成
			电子支付系统分类
			电子商务支付模式
		6.2.2 网上银行	网上银行的功能
			网上银行技术
			手机银行
		6.2.3 移动支付	移动支付的定义
			移动支付技术
	6.3 电子商务安全技术	6.3.1 电子商务安全概述	
		6.3.2 防火墙	防火墙的功能
			防火墙的种类
		6.3.3 入侵检测技术	入侵检测系统的分类
			入侵检测方法
		6.3.4 认证技术	口令认证
			物理认证
			生物认证
			数字认证
		6.3.5 数据加密技术	对称加密体系
			公开密钥加密算法
			混合加密技术
		6.3.6 数字签名技术	用公开密钥加密算法对文件签名
			用单向哈希函数和公开密钥加密算法签名
			SSL协议
			SET协议

6.1 电子商务基础技术

6.1.1 开发技术

开发技术主要指的是开发面向消费者、用户的电子商务平台时，所使用的前后端开发基础技术。

1. Web 技术

目前广泛使用的是 Web2.0，Web2.0 技术结构如图 6-1 所示。在这个结构中，Web 客户机是指安装了浏览器的客户端，Web 服务器是用以存放多媒体数据资源和执行 Web 服务的主机。中间件可以调用 Web服务器中的数据库和其他应用程序，常用的中间件有公共网关接口（Common Gateway Interface，CGI）、Java 数据库互连（Java DataBase Connectivity，JDBC）、Web API 等。

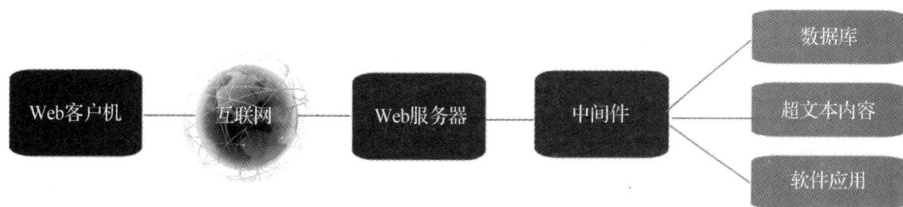

图 6-1 Web2.0 技术结构

Web 通信的基本原理是：由浏览器向 Web 服务器发出 HTTP 请求，Web 服务器接到请求后，进行相应的处理，将处理结果以 HTML 文件的形式返回给浏览器，客户浏览器对其进行解释并显示给用户。Web服务器要与数据库服务器进行交互，必须通过中间件来实现。

浏览器是客户端计算机上的应用软件，用户在屏幕上看到的网页是浏览器对 HTML 文档的翻译。由于浏览器使用图形用户界面（Graphical User Interface，GUI），用户在使用计算机时不必用键盘输入各种操作命令，只需用鼠标选择相应的图标来进行操作，较为方便。

Web 浏览器工作时首先使用 HTTP 向 Web 服务器发送请求以访问指定的文档或服务；相应地，Web服务器会发回请求的响应文档，浏览器阅读、解释其中所有的标记代码并以正确的格式显示。浏览器一般具有统一资源定位符（Uniform Resource Locator，URL）定向、超级链接、离线浏览、查找、存储和打印等功能。

2. HTML 技术

HTML（超文本标记语言）是一种用来制作超文本文档的简单标记语言。用 HTML 编写的超文本文档称为 HTML 文档，它能独立于各种操作系统平台（如 UNIX、Windows 等）运行。自 1990 年以来，HTML 就一直被用作互联网上的信息表示语言，用于描述页面的格式设计和它与 Web 上其他页面的连接信息。

HTML 文档（即页面的源文件）是放置了标记的采用美国信息交换标准代码（American Standard Code for Information Interchange，ASCII）的文本文件，通常它带有 .html 或 .htm 的文件扩展名。生成 HTML 文档的途径有 3 种。

（1）手动直接编写（如用你所喜爱的 ASCII 文本编辑器或其他 HTML 的编辑工具）。

（2）通过某些格式转换工具将现有的其他格式文档（如 Word 文档）转换成 HTML 文档。

（3）由 Web 服务器（或称 HTTP 服务器）实时动态地生成。

HTML 是通过利用各种标记来标识文档结构以及超链接信息的。虽然 HTML 可描述文档的结构格式，但并不能精确地定义文档信息必须如何显示和排列，而只是建议 Web 浏览器（如 IE、Netscape、360 浏览器等）应该如何显示和排列这些信息，最终在用户面前的显示结果取决于 Web 浏览器本身的显示风格及其对标记的解释能力。这就是为什么同一文档在不同的浏览器中展示的效果可能会不一样。我们所见到的电子商务网页基本框架就是通过 HTML 技术搭建的。

3. XML 技术

所谓的 XML，就是 eXtensible Markup Language，翻译成中文是"可扩展标记语言"。很多人认为 XML 为 HTML 的简单扩展，这实际上是一种误解。

第一，XML 是一种元标记语言，所谓"元标记"就是开发者可以根据自己的需要定义自己的标记，比如开发者可以定义标签<book>、<name>，任何满足 XML 命名规则的名称都可以标记，这就为不同的应用程序打开了大门。HTML 是一种预定义标记语言，它只认识诸如<html>、<p>等已经定义的标签，对于用户自己定义的标签是不认识的。第二，XML 是一种语义/结构化语言，它可描述文档的结构和语义。

从上面的内容可以看出，XML 的文档是有明确语义并且是结构化的。XML 是一种通用的数据格式，从低级的角度看，XML 是一种简单的数据格式，是 100%的 ASCII 文本，而 ASCII 文本的抗破坏能力是很强的，不同于压缩数据和 Java 对象的只要破坏一个数据，文件数据就不可阅读。从高级的角度看，XML 是一种自描述语言。XML 可用于数据交换，主要是因为 XML 表示的信息独立于平台，这里的平台既可以理解为不同的应用程序也可以理解为不同的操作系统。它描述了一种规范，利用 Microsoft 的 Word 文档可以和 Adobe 的 PDF 文档等交换信息，还可以和数据库交换信息。

4. 客户端脚本语言及交互技术

脚本语言的概念源于 UNIX 系统，应用于 Web 页面设计的脚本语言主要有 JavaScript、VBScript 等，交互技术主要有 AJAX、JSON、jQuery 等。脚本语言及交互技术的使用提高了客户端的交互效率。

（1）JavaScript。

JavaScript 是一种直译式脚本语言，代码不需要进行预编译。它的解释器是 JavaScript 引擎，是浏览器的一部分。JavaScript 是一种广泛应用于客户端的脚本语言，最早在 HTML 网页上使用，来给网页添加动态效果。1995 年由网景公司的 Brendan Eich 实现。JavaScript 由 ECMAScript、文档对象模型（Document Object Model，DOM）及浏览器对象模型（Browser Object Model，BOM）组成，其中 EMCAScript 描述了该语言的语法和基本对象，DOM 描述了处理网页内容的方法和接口，BOM 描述了与浏览器进行交互的方法和接口。

网景公司最初将该语言命名为 LiveScript，后来网景公司与 Sun 公司合作之后将其改名为 JavaScript。JavaScript 与 Java 的语法类似，是受到 Java 的启发而设计的，目的之一就是使 JavaScript "看上去像 Java"。

JavaScript 这种客户端脚本语言不同于服务器端脚本语言。JavaScript 主要作为客户端脚本语言在用户浏览器上运行，不需要服务器的支持。由于 JavaScript 存在着一定的安全性问题，现在开发界更偏向于使用服务端脚本语言。

（2）AJAX。

AJAX 的全称为 Asynchronous JavaScript And XML，是一种用于创建快速动态网页的技术。通过与服务器进行少量的数据交互，可以实现网页的异步更新。AJAX 的核心是 JavaScript 的对象 XmlHttpRequest，这是一种支持异步请求的技术。

AJAX 不是一种新的编程语言，而是一种用于创建更好、更快以及交互性更强的 Web 应用程序的技术。AJAX 在 1998 年前后得到了应用，允许客户端脚本发送 HTTP 请求的第一个组件由 Outlook Web Access 小组完成。该组件原本属于微软的 Exchange Server，后来成了 IE 4.0 的一部分。部分人认为，Outlook Web Access 是第一个应用了 AJAX 技术的商业应用程序。2005 年开始，AJAX 得到大众的支持，Google 在地图、搜索、Gmail 等应用中使用了 AJAX 的技术。

（3）JSON。

JSON 的全称为 JavaScript Object Notation，是一种轻量级的数据交换格式。它是基于 JavaScript 的一个子集。JSON 采用完全独立于语言的文本格式。简单来说，JSON 就是 JavaScript 中的对象和数组。JSON 可以将 JavaScript 对象中表示的一组数据转换为字符串，然后在函数中传递这个字符串。

JSON 与 XML 的可读性可谓不相上下，JSON 具有简单的语法，而 XML 具有规范的标签形式。在可扩展性上，XML 拥有很好的可扩展性，JSON 不仅有良好的可扩展性，也可以存储 JavaScript 复合对象，有着 XML 不可比拟的优势。XML 有丰富的编码工具，比如 DOM4j、JDOM 等，JSON 也有提供的工具。在无工具的情况下，相信熟练的开发人员一样能很快地写出想要的 XML 文档和 JSON 字符串，不过相比之下，XML 文档有许多结构字符。

5. 服务器端网页技术

（1）Java。

Java 是一种简单的、面向对象的、分布式的、解释的、鲁棒的、结构中立的、可移植的、多线程的语言。Java 的开发环境有不同的版本，如 SUN 公司的 Java Developers Kit（简称 JDK）。后来微软公司推出了支持 Java 规范的 Microsoft Visual J++开发环境（简称 VJ++）。Java 的特点如下。

① 平台无关性。平台无关性是指 Java 能运行于不同的平台。Java 引进虚拟机原理，Java 虚拟机（Java Virtual Machine）建立在硬件和操作系统之上，实现 Java 二进制代码的解释执行功能，提供不同平台的接口。

② 安全性。Java 的语法类似于 C++的，学习过 C++的读者可以很快掌握 Java 的精髓。Java 舍弃了 C++的指针对存储器地址的直接操作，程序运行时内存由操作系统分配，这样可以避免病毒通过指针侵入系统。Java 对程序提供了安全管理器，以防止程序的非法访问。

③ 面向对象。Java 吸取了 C++面向对象的概念，将数据封装于类中，利用类的优点实现了程序的简洁性和便于维护性。类的封装性、继承性等有关特性，使程序代码只需一次编译，然后通过上述特性反复利用。程序员只需把主要精力用在类与接口的设计和应用上。Java 提供了众多的一般对象类，通过继承即可使用父类的方法。在 Java 中，类的继承关系是单一的、非多重的，一个子类只有一个父类，子类的父类又只有一个父类。Java 提供的 Object 类及其子类的继承关系如同一棵倒立的树，根类为 Object 类，Object 类功能强大，它及其派生的子类经常会被使用到。

④ 分布式。Java 建立在扩展传输控制协议/互联网协议（Transmission Control Protocol/Internet Protocol，TCP/IP）网络平台上。库函数提供了用 HTTP 和文件传送协议（File Transfer Protocol，FTP）传送和接收信息的方法。这使得程序员使用网络上的文件和使用本机文件一样容易。

⑤ 鲁棒性。Java 致力于检查程序在编译和运行时的错误。类型检查帮助检查出许多开发早期出现的错误。Java 操纵内存减少了内存出错的可能性。Java 还实现了真数组，避免了覆盖数据的可能。这些功能特征大大缩短了开发 Java 应用程序的周期。

电子商务是当今的热门话题，然而传统的编程语言难以胜任开发电子商务系统。电子商务要求程序代码满足基本的要求：安全、可靠，同时要求能与运行于不同平台的全世界客户开展业务。Java 以其强安全性、平台无关性、硬件结构无关性、语言简洁同时面向对象特性，在网络编程语言中占据无可比拟的优势，成为实现电子商务系统的优选语言之一。

（2）.Net 技术。

微软公司首席执行官的鲍尔默说："Microsoft.NET 代表了一个集合、一个环境、一个可以作为平台支持下一代互联网的可编程结构。"这句话基本上简明扼要地表述了.NET 的外在特性。

.NET 首先是一个环境。这是一个理想化的未来互联网环境，微软的构想是一个"不再关注单个网站、单个设备与互联网相连的互联网环境，而是要让所有的计算机集群、相关设备和服务商协同工作"的网络计算环境。简而言之，互联网提供的服务，要能够完成更高程度的自动化处理。未来的互联网，应该以一个整体服务的形式展现在最终用户面前，用户只需要知道自己想要什么，而不需要一步一步地在网上搜索、操作来达到自己的目的。这是一种理想，但确实是互联网的发展趋势所在。

.NET 谋求的是一种理想的互联网环境。而要搭建这样一种环境，首先需要解决的问题是针对现有互联网的缺陷，来设计和创造一种下一代互联网结构。这种结构不是物理网络层次上的拓扑结构，而是面向软件和应用层次的一种有别于浏览器静态浏览的可编程互联网软件结构。因此.NET 把自己定位为可以作为平台支持下一代互联网的可编程结构。

.NET 的最终目的就是让用户在任何地方、任何时间，以及利用任何设备都能访问他们所需要的信息、文件和程序。而用户不需要知道这些东西存在什么地方，甚至连如何获得等具体细节都不需要知道。他们只需要发出请求，然后接收就是了，而所有后台的复杂性是完全屏蔽起来的。所以对企业的 IT 人员来说，他们也不需要管理复杂的平台以及各种分布应用之间的工作是如何协调的。

总的来说，.NET 可以分为 3 个部分。（1）.NET 框架：一个全新设计的开发环境，使开发者更容易建立网络应用程序和网络服务。（2）.NET 产品：基于.NET 平台的 Microsoft 开发的应用软件，包括 Office 和 Visual Studio。（3）.NET 服务：协助第三方开发者创建.NET 平台服务。

（3）PHP。

页面超文本预处理器（Page Hypertext Preprocessor，PHP）是一种通用开源脚本语言。其吸收了 C、Java 和 Perl 的特点，具有易于学习的优点，主要用于 Web 开发领域。PHP 可以比 CGI 或者 Perl 更快速地执行动态网页。与其他的编程语言相比，PHP 是将程序嵌入文档中去执行，执行效率比完全生成 HTML 标记的 CGI 要高许多。PHP 还可以执行编译后代码，编译可以达到加密和优化代码运行，使代码运行更快。

6.1.2 通信技术

电子商务的应用与发展离不开通信技术，它是企业与用户之间沟通的桥梁，也是电子商务各个组成部分通信的桥梁。目前，主流的通信技术有 TCP/IP 通信协议、HTTP 通信协议、WAP 通信协议、WLAN 通信协议、4G 通信协议和 5G 通信协议等。

1. TCP/IP 通信协议

TCP/IP 是最流行的通信协议之一，它可以在各种各样的信道和底层协议之上运行。TCP/IP 模型侧重于互联设备间的数据传送，而不是严格的功能层次划分。它使跨平台或称为异构的网络互联成为可能。举例来说，一个 Windows NT 网络可以包含 UNIX 和 Macintosh 工作站，甚至可以包含 UNIX 网络或由 Macintosh 组成的网络。

2. HTTP 通信协议

HTTP 是一个属于应用层的面向对象的协议，由于其快速的方式，适用于分布式超媒体信息系统。它于 1990 年被提出，经过多年的使用与发展，得到不断的完善和扩展。

HTTP 的主要特点可概括如下。

（1）支持客户—服务器模式。

（2）简单快速。客户向服务器请求服务时，只需传送请求方法和路径。请求方法常用的有 GET、HEAD、POST 等。每种方法规定了客户与服务器联系的类型。由于 HTTP 简单，使得 HTTP 服务器的程序规模小，因而通信速度很快。

（3）灵活：HTTP 允许传输任意类型的数据对象。正在传输的类型由 Content-Type 加以标记。

（4）无连接：无连接的含义是限制每次连接只处理一个请求。服务器处理完客户的请求，并收到客户的应答后即断开连接。采用这种方式可以节省传输时间。

（5）无状态：HTTP 是无状态协议。无状态是指协议对于事务处理没有记忆能力。无状态意味着如果后续处理需要前面的信息，则它必须重传，这样可能导致每次连接传送的数据量增大。另外，在服务器不需要先前信息时它的应答就较快。

3. WAP 通信协议

无线应用协议（Wireless Application Protocol，WAP）的提出基于在移动中接入互联网的需求。WAP提供了一套开放、统一的技术平台，用户使用移动设备很容易访问和获取以统一的内容格式表示的互联网或企业内部网络信息和各种服务，WAP 体系结构如图 6-2 所示。

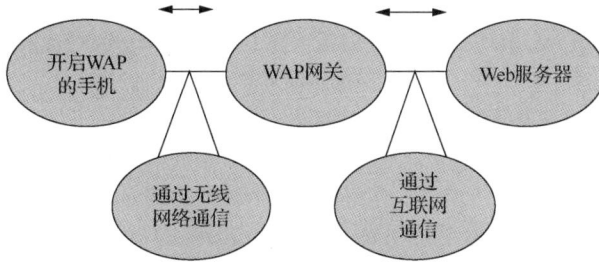

图 6-2 WAP 体系结构

WAP 标准定义了一种应用环境，让设计人员能够开发独立于设备的用户界面，然后使用 WMLScript（WML 脚本）的 WAP 编程语言，把可执行的逻辑嵌入移动终端。这样，在移动终端上实际运行了一种微型浏览器，它非常像在普通计算机上使用的浏览器。

WAP 应用环境是一种普遍意义上的应用开发框架，它支持在不同无线通信网络上方便高效地开发和运行 WAP 应用服务。这个框架主要基于现有的互联网技术。

4. WLAN 通信协议与 Wi-Fi

随着互联网的飞速发展，通信网络从传统的布线网络发展到了无线网络，作为无线网络之一的无线局域网（Wireless Local Area Network，WLAN）正逐渐从传统意义上的局域网发展成为"公共无线局域网"，成为互联网宽带接入手段。

WLAN 是利用无线通信技术在一定的局部范围内建立的网络，是计算机网络与无线通信技术相结合的产物，它以无线多址信道作为传输媒介，提供传统局域网（Local Area Network，LAN）的功能，能够使用户真正实现随时、随地、随意的宽带网络接入。

由于 WLAN 是基于计算机网络与无线通信技术，在计算机网络结构中，逻辑链路控制（Logical Link Control，LLC）层及其之上的应用层对不同的物理层的要求可以是相同的，也可以是不同的。因此，WLAN 标准主要是针对物理层和介质访问控制层（Medium Access Control，MAC），涉及所使用的无线频率范围、空中接口通信协议等技术规范与技术标准。WLAN 技术标准如图 6-3 所示。

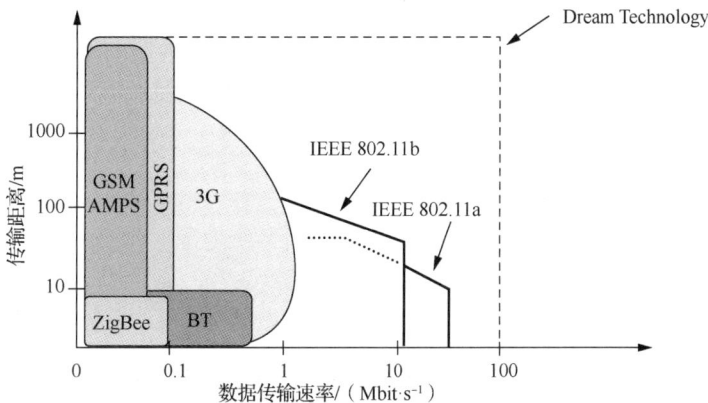

图 6-3 WLAN 技术标准

1990 年 IEEE 802 标准化委员会成立 IEEE 802.11 WLAN 标准工作组。IEEE 802.11[别名：Wi-Fi（Wireless Fidelity）]是在 1997 年 6 月由大量的局域网以及计算机专家审定通过的标准，该标准定义物理层和媒体访问控制规范。物理层定义了数据传输的信号特征和调制，定义了两个射频（Radio Frequency，RF）传输方法和一个红外线传输方法，RF 传输标准是跳频扩频和直接序列扩频，工作在 2.4000～2.4835GHz 频段。跳频扩频采用 2～4 电平高斯频移键控（Gaussian Frequency-Shift Keying，GFSK）调制技术，支持 1Mbit/s 数据传输速率，共有 22 组跳频图案，包括 79 信道；直接序列扩频采用二进制相移键控（Binary Phase-Shift Keying，BPSK）和差分四相相移键控（Differential Quadrature Phase-Shift Keying，DQPSK）调制技术，支持 1Mbit/s 和 2Mbit/s 数据传输速率。红外线传输方法工作在 850～950nm 段，峰值功率为 2W，支持数据传输速率为 1Mbit/s 和 2Mbit/s。

IEEE 802.11 是 IEEE 最初制定的一个无线局域网标准，主要用于实现办公室局域网和校园网中用户终端的无线接入，业务主要限于数据访问，速率最高只能达到 2Mbit/s。由于它在速率和传输距离上都不能满足人们的需要，所以 IEEE 802.11 标准很快被后来的 IEEE 802.11b、IEEE 802.11a、IEEE 802.11g、IEEE 802.11i、IEEE 802.11e/f/h 等所取代。

5．4G、5G、6G 通信协议

4G，即第四代移动电话行动通信标准，包括分时长期演进（Time Division Long Term Evolution，TD-LTE）和频分双工长期演进（Frequency Division Duplex Long Term Evolution，FDD-LTE）两种制式。4G 集 3G 与 WLAN 于一体，能够快速、高质量传输数据，如音频、视频和图像等。4G 能够以 100Mbit/s 以上的速度下载，是非对称数字用户线（Asymetric Digital Subscriber Line，ADSL）（传输速率 4Mbit/s）的 25 倍以上，并能够满足几乎所有用户对于无线服务的要求。此外，4G 可以在数字用户线（Digital Subscriber Line，DSL）和有线电视调制解调器没有覆盖的地方部署，然后扩展到整个地区。很明显，4G 有着不可比拟的优越性。目前，国际上很多国家都已经将 4G 列入常规移动互联手段当中。

5G，第五代移动电话行动通信标准，亦名第五代移动通信技术，目前已投入使用，正在世界范围内扩大部署。5G 网的关键技术涉及超密集异构网络、自组织网络、内容分发网络、D2D 通信、M2M 通信、信息中心网络、移动云计算、软件定义网络/网络功能虚拟化（Software Defined Network，Network Functions Virtualization，SDN/NFV）、软件定义无线网络以及情境感知技术等。

6G，预计将在 2030 年左右投向市场，到那时，究竟市场将会迎来一个什么样的 6G，这是整个产业界要共同回答的问题。华为无线 CTO 童文博士在 2021 年 9 月 16 日举行的中国第一届 6G 研讨会的大会演讲中曾说到："6G 不再只是一个万物连接的平台，而是一个通感一体、通算一体的智能平台。千行万业，通过这个平台提供的智能服务和智能应用，来产生更大的社会价值。在 6G 网络中，传输信息并不是唯一的功能。我们将利用电波的各种传播特性，如反射、散射、折射、多径等来重构和描绘物理世界。这样 6G 网络同时也是一个感知网络。6G 的终端也是一个感知终端。当网络感知与终端感知一起运作时，我们就可以基于 6G 网络对整网覆盖的物理世界进行建模。这将提供两个新功能，第一是感知辅助通信，第二是全网众筹 AI 大数据。"未来通信技术的发展，势必会推进新的技术的产生和发展，促进社会的发展，改变人们的日常生活。

6.1.3 数据存储与处理技术

1．数据库技术

数据库技术产生于 20 世纪 60 年代末到 20 世纪 70 年代初，其主要目的是有效地管理和存取大量的数据资源。数据库技术主要研究如何存储、使用和管理数据。

近年来，数据库技术和计算机网络技术相互渗透、相互促进，已成为当今计算机领域发展迅速、应用广泛的两大领域。数据库技术不仅应用于事务处理，并且进一步应用到情报检索、人工智能、专家系统、计算机辅助设计等领域。

数据库管理系统（DataBase Management System，DBMS）是一种操纵和管理数据库的大型软件，用于建立、使用和维护数据库。它对数据库进行统一的管理和控制，以保证数据库的安全性和完整性。用户通过 DBMS 访问数据库中的数据，数据库管理员也通过 DBMS 进行数据库的维护工作。它提供多种功能，可使多个应用程序和用户用不同的方法在同一时刻或不同时刻去建立、修改和查询数据库。它使用户能方便地定义和操纵数据，维护数据的安全性和完整性，以及进行多用户下的并发控制和恢复数据库。按功能划分，数据库管理系统大致可分为 6 个部分。

（1）模式翻译：提供数据描述语言（Data Definition Language，DDL）。用它书写的数据库模式被翻译为内部表示。数据库的逻辑结构、完整性约束和物理存储结构保存在内部的数据字典中。数据库的各种数据操作（如查找、修改、插入和删除等）和数据库的维护管理都是以数据库模式为依据的。

（2）应用程序的编译：把包含访问数据库语句的应用程序，编译成在 DBMS 支持下可运行的目标程序。

（3）交互式查询：提供易使用的交互式查询语言，如 SQL、DBMS 负责执行查询命令，并将查询结果输出。

（4）数据的组织与存取：提供数据在外围存储设备上的物理组织与存取方法。

（5）事务运行管理：提供事务运行管理及运行日志、事务运行的安全性监控和数据完整性检查、事务的并发控制及系统恢复等功能。

（6）数据库的维护：为数据库管理员提供软件支持，包括数据安全控制、完整性保障、数据库备份、数据库重组以及性能监控等维护工具。

2. 云存储

云存储是在云计算（Cloud Computing）概念上延伸和发展出来的一个新的概念，是指通过集群应用、网格技术或分布式文件系统等功能，将网络中大量各种不同类型的存储设备通过应用软件集合起来协同工作，共同对外提供数据存储和业务访问功能的系统。本书中云存储也可被理解为大数据存储。最典型的大数据存储技术路线共有 3 种。

（1）采用 MPP 架构的新型数据库集群：重点面向行业大数据，采用 Shared Nothing 架构，通过列存储、粗粒度索引等多项大数据处理技术，再结合大规模并行处理（Massively Parallel Processing，MPP）架构高效的分布式计算模式，完成对分析类应用的支持，运行环境多为低成本服务器，具有高性能和高扩展性的特点，在企业分析类应用领域获得极其广泛的应用。这类 MPP 产品可以有效支撑 PB 级别的结构化数据分析，这是传统数据库技术无法胜任的。MPP 数据库是对企业新一代的数据仓库和结构化数据分析的最佳选择。

（2）基于 Hadoop 的技术扩展和封装：围绕 Hadoop 衍生出相关的大数据技术，用于应对传统关系数据库较难处理的数据和场景，如针对非结构化数据的存储和计算等。充分利用 Hadoop 开源的优势，伴随相关技术的不断进步，其应用场景也将逐步扩大，目前最为典型的应用场景就是通过扩展和封装 Hadoop来实现对互联网大数据存储、分析的支持。这里面有几十种 NoSQL 技术，也在进一步细分。对于非结构化、半结构化数据处理，复杂的抽取、转换、装载方法（Extract Transformation Load Method，ETL 方法）流程，复杂的数据挖掘和计算模型，Hadoop 平台更擅长。

（3）大数据一体机：大数据一体机是一种专为大数据的分析处理而设计的软、硬件结合的产品，由一组集成的服务器、存储设备、操作系统、数据库管理系统以及用于数据查询、处理、分析而特别预先安装及优化的软件组成。高性能大数据一体机具有良好的稳定性和纵向扩展性。大数据一体机采用全分布式新型体系结构，突破大数据处理的扩展瓶颈并保障可用性；采用全分布式大数据处理架构，将硬件、软件整合在一个体系中，采用不同的数据处理的架构来提供对不同行业应用的支撑。此外，大数据一体机覆盖软硬一体全环节，满足个性化定制需求。目前国外厂商 IBM、Oracle 和国内厂商浪潮等都推出了不同型号的大数据一体机。

3. 分布式处理框架

在大数据处理技术领域，Hadoop 几乎成了大数据处理的代名词，本节主要讲解 Hadoop 的概念及应用。一般提起 Hadoop 就会提到 MapReduce，实际上 MapReduce 是一种模式，Hadoop 是一种框架，具体来讲 Hadoop 是一个实现了 MapReduce 模式的开源的分布式并行编程框架。

MapReduce 是云计算的一种核心计算模式，一种分布式运算技术，也是简化的分布式编程模式，它主要用于解决问题的程序开发模型，也是开发人员拆解问题的方法。其主要思想是将要解决的问题（如程序）拆解成 Map（分解）和 Reduce（合并），MapReduce 的工作原理如图 6-4 所示。

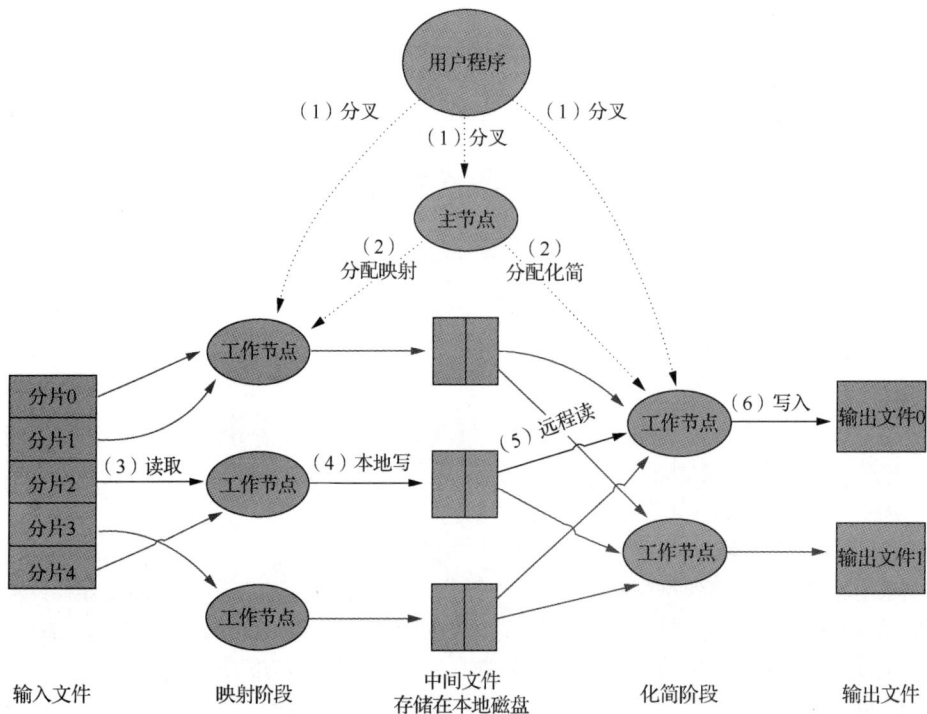

图 6-4　MapReduce 的工作原理

MapReduce 其实是先分后合的数据处理方式。Map 即"分解"，把海量数据分割成了若干部分，分给多台处理器并行处理；Reduce 即"合并"，把各台处理器处理后的结果进行汇总操作以得到最终结果。如果采用 MapReduce 来统计不同几何形状的数量，它会先把任务分配到多个节点，由多个节点分别并行统计，然后再把它们的结果汇总，得到最终的计算结果。

MapReduce 适合进行数据分析、日志分析、商业智能分析、客户营销、大规模索引等业务，并具有非常明显的效果。通过结合 MapReduce 技术进行实时分析，某家电公司的信用计算时间从 33 小时缩短到 8 秒。

接下来，程序员可以借助 Hadoop 框架来编写程序，将所编写的程序运行于计算机集群上，从而实现对海量数据的处理。此外，Hadoop 还提供一个分布式文件系统（HDFS）及分布式数据库（HBase）用来将数据存储或部署到各个计算节点上。图 6-5 所示是 Hadoop 系统的基本处理流程与各个组成部分。

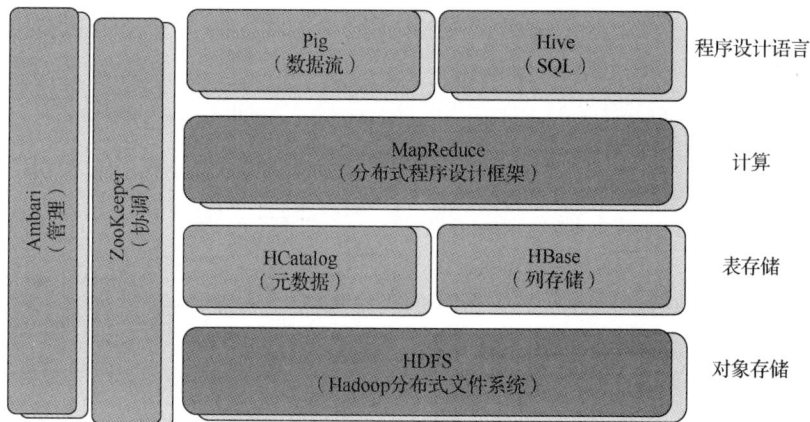

图 6-5　Hadoop 系统的基本处理流程与各个组成部分

从图 6-5 可以看出 Hadoop 的主要组件如下：

（1）Hadoop：Java 编写的软件框架，以支持数据密集型分布式应用；

（2）ZooKeeper：高可靠性分布式协调系统；

（3）Ambari：分布式架构的软件，可以创建、管理、监视 Hadoop 整个生态圈的集群；

（4）MapReduce：针对大数据的灵活的并行数据处理框架；

（5）HDFS：Hadoop 分布式文件系统；

（6）HCatalog：Hadoop 的表存储管理工具；

（7）HBase：Key-Value 数据库；

（8）Hive：构建在 MapRudece 之上的数据仓库软件包；

（9）Pig：Pig 是架构在 Hadoop 之上的高级数据处理层，Pig Latin 语言为编程人员提供了更直观的定制数据流的方法。

Hadoop 框架在许多公司的系统架构中都是计算层的主力军，其中有 Facebook、Google 等多家公司。Hadoop 在电子商务领域的应用就更为广泛，如使用 Hadoop 对数据进行调研分析、挖掘用户行为特征等。

6.2　电子商务支付技术

支付是电子商务中资金流的重要过程，它的发展好坏直接决定电子商务的成败。电子支付技术，是实现网上购物与实时支付的关键所在。本节的知识要点主要包括电子商务支付系统（简称电子支付系统）、网上银行等。

6.2.1　电子支付系统

1. 电子支付系统概述

电子支付系统是采用数字化、电子化形式进行电子货币数据交换和结算的网上银行业务系统，它是实现网上支付的基础。电子支付系统的发展方向是兼容多种支付工具，但目前的各种支付工具之间存在较大差异，分别有自己的特点和运作模式，适用于不同的交易过程。因此当前的多种电子支付系统通常只是针对某一种支付工具而设计的。Mondex 系统、First Virtual 系统和美国金融服务技术联合会（Financial Service Technology Consortium，FSTC）系统是目前使用的几种主要的电子支付系统。电子支付系统是指由提供支付服务的中介机构、管理货币转移的法规以及实现支付的技术手段共同组成的，用来清偿经济活动参加者在获取实物资产或金融资产时所承担债务的一种特定方式与安排。电子支付系统是重要的社会基础设施之一，是社会经济良好运行的基础和催化剂，因此，电子支付系统现代化建设受到市场参与者、货币当局，特别是中央银行的高度重视。

2. 电子支付系统的组成

电子支付系统是指把新型支付手段（包括电子现金、信用卡、借记卡、智能卡等）的支付信息通过网络安全地传送到银行或相应的处理机构，来实现电子支付。

基于互联网的电子支付系统由客户、商家、认证中心、支付网关、客户银行、商家银行和金融专用网络7个部分组成。

（1）客户。客户一般是指利用电子交易手段与企业或商家进行电子交易活动的单位或个人。其通过电子商务交易平台与商家交流信息，签订交易合同，用自己拥有的网络支付工具进行支付。

（2）商家。商家是指向客户提供商品或服务的单位或个人。在电子支付系统中，其必须能够根据客户发出的支付指令向金融机构请求结算，这一过程一般是由商家设置的一台专门的服务器来处理的。

（3）认证中心。认证中心是交易各方都信任的公正的第三方机构，其主要负责为参与电子交易活动的各方发放和维护数字证书，以确认各方的真实身份，保证电子交易整个过程安全、稳定进行。

（4）支付网关。支付网关是完成银行网络和互联网之间的通信、协议转换和进行数据加、解密，保护银行内部网络安全的一组服务器。它是互联网公用网络平台和银行内部的金融专用网络平台之间的安全接口，电子支付的信息必须通过支付网关进行处理后才能进入银行内部的支付结算系统。

（5）客户银行。客户银行是指为客户提供资金账户和网络支付工具的银行，在利用银行卡作为支付工具的网络支付体系中，客户银行又被称为发卡行。客户银行根据不同的政策和规定，保证支付工具的真实性，并保证对每一笔认证交易的付款。

（6）商家银行。商家银行是为商家提供资金账户的银行，因为商家银行是依据商家提供的合法账单来运作的，所以又被称为收单行。客户向商家发送订单和支付指令，商家将收到的订单留下，将客户的支付指令提交给商家银行，然后商家银行向客户银行发出支付授权请求，并进行清算工作。

（7）金融专用网络。金融专用网络是银行内部及各银行之间交流信息的封闭的专用网络，通常具有较高的稳定性和安全性。

3. 电子支付系统分类

目前的电子支付系统可以分为4类：大额支付系统、联机小额支付系统、脱机小额支付系统和电子货币系统。

（1）大额支付系统。大额支付系统是一个国家支付体系的核心应用系统，它通常由中央银行运行，采用实时金额结算（Real Time Gross Settlement，RTGS）模式。该系统主要处理银行间大额资金转账，通常支付的发起方和接收方都是在商业银行或在中央银行开设账户的金融机构。当然也有由私营部门运行的大额支付系统，这类系统对支付交易虽然可做实时处理，但要在日终进行净额资金清算。大额支付系统处理的支付业务量很少，但资金额很大。

（2）联机小额支付系统。联机小额支付系统指POS机系统和ATM系统，其支付工具为银行卡（信用卡、借记卡等）。它的主要特点是金额小、业务量大，交易资金采用净额结算。

（3）脱机小额支付系统。脱机小额支付系统也被称为批量电子支付系统，它主要指自动清算所（Automatic Clearing House，ACH），主要处理预先授权的定期借记（如公共设施缴费）或定期贷记（如发放工资）。支付数据以磁介质或数据通信方式提交清算所。

（4）电子货币系统。伴随着银行应用计算机网络技术的不断深入，银行已经能够利用计算机网络将"现金流动""票据流动"进一步转变成计算机中的"数据流动"。资金在银行计算机网络系统中以人类肉眼看不见的方式进行转账和划拨，是银行业推出的一种现代化支付方式。这种以电子数据形式存储在计算机中（或各种卡中）并能通过计算机网络而使用的资金被人们越来越广泛地应用于电子交易中，这就是电子货币。目前，常用的电子货币有以下几种。

① 储值和信用卡型：如储蓄卡和信用卡。

② 智能卡型：如 IC 卡。

③ 电子支票型：电子支票指启动支付过程后，在计算机屏幕上出现的支票图像，出票人用电子方式做成支票并进行电子签名而出票。

④ 数字现金型：依靠互联网支持在网络上发行、购买、支付的数字现金。

⑤ 比特币：说到电子货币，就不得不提基于区块链技术的比特币，不同于上述以真实货币为基础的电子货币，比特币是一种完全虚拟的、在理论上不受第三方控制的货币。比特币的出现完全颠覆了传统意义上货币的概念，同时也带来了很多问题，目前对于比特币的合理性、合法性，尚存在较大争议。

4. 电子商务支付模式

常见的电子商务支付模式有银行账户模式、储值卡模式、第三方支付模式和银联支付模式。

（1）银行账户模式。

这种模式与消费者的银行账户直接关联，支付时直接通过银行账户付款（可以是储蓄账户，也可是贷记账户），也就是直接将消费者银行账户中的资金转移到收款方对应的银行账户。因此这种模式需要用户验证银行账户信息，并在支付时验证身份信息等。

（2）储值卡模式。

储值卡模式指的是通过由专门机构发行的卡片进行支付，用户在预先交付一定金额并将金额存入卡中之后才可以进行消费。在支付时，持卡人在选购商品后，通过刷卡完成支付，因此具有不计息、不记名、脱机支付、小额支付等特点。

（3）第三方支付模式。

第三方支付模式就是由银行以外的第三方支付公司平台来为用户设立虚拟账户并处理交易，具体可以再细分为两种模式，即储值账户运营模式和支付交易处理模式。

储值账户运营是指通过开立支付账户或者提供预付价值，根据收款人或者付款人提交的电子支付指令，转移货币资金的行为，法人机构发行且仅在其内部使用的预付价值除外。该模式与银行账户模式存在相似性。

支付交易处理是指在不开立支付账户或者不提供预付价值的情况下，根据收款人或者付款人提交的电子支付指令，转移货币资金的行为。该模式不具备银行账户模式的功能。

（4）银联支付模式。

中国银联，是中国的银行卡组织，是一家非银行的金融机构。可以认为银联支付是一种特殊的第三方支付方式。银联支付模式是由中国银联电子支付有限公司（ChinaPay）推出的，拥有跨行交易结算的能力，是面向全球的统一支付平台，能够满足网上各种交易需求，支持认证支付、快捷支付、小额支付、网银支付等多种支付方式。

6.2.2　网上银行

网上银行，又称电子银行、虚拟银行，它实际上是银行业务在网络上的延伸。网上银行依托迅猛发展的计算机和计算机网络与通信技术，利用几乎渗透到全球每个角落的互联网，突破了银行传统的业务操作模式，摒弃了银行由店堂前台开始的传统服务流程，把银行的业务直接在互联网上推出。网上银行包括虚拟家庭银行、虚拟联机银行、虚拟银行金融业以及以银行金融业为主的虚拟金融世界等，几乎囊括了现有银行金融业的全部业务，代表了整个银行金融业未来的发展方向。

1. 网上银行的功能

网上银行目前有两种形式。一种是完全依赖于互联网发展起来的全新电子银行，这类银行所有的业务交易依靠互联网进行，如世界第一家全交易型网上银行——美国安全第一网上银行（Security First Network Bank，SFNB）。另一种则是在现有商业银行基础上发展起来的，把银行服务业务运用到互联网，并开设新的电子服务窗口，即所谓传统业务的外挂电子银行系统。目前我国开办的网上银行业务都属于后一种。自网上银行在美国诞生以来，网上银行发展速度极快，目前仅欧洲就有数千家金融机构开设了网上银行业务。

目前，网上银行提供的服务可以分为三大类：一是提供即时资讯，如查询结存的余额、外币报价、黄金及金币买卖报价、定期存款利率的资料等；二是办理银行一般交易，如客户往来、储蓄、定期账户间的转账、新做定期存款及更改存款的到期指示、申领支票簿等；三是为在线交易的买卖双方办理交割手续。具体的服务项目包括但不限于以下几种：（1）基本支票业务；（2）利息支票账户；（3）信用卡服务；（4）基本储蓄账户；（5）货币市场账户；（6）存单业务；（7）宏观市场金融信息服务。

网上银行既可进行部分传统的商业银行业务，也担负着电子商务过程中极其重要的在线支付功能，还可开辟新的系列服务领域。

2. 网上银行技术

支付网关是银行金融系统和互联网之间的接口，是由银行操作的将互联网上的传输数据转换为金融机构内部数据的设备，或由指派的第三方处理商家支付信息和顾客的支付指令。支付网关可以确保交易在互联网用户与交易处理商之间安全、无缝隙地传递，并且不需要对原有主机系统进行修改。它可以处理所有互联网支付协议、互联网特定的安全协议、交易交换、消息及协议的转换以及本地授权和结算处理。另外，它还可以通过配置设定来满足特定交易处理系统的要求。离开了支付网关，网上银行的电子支付功能也就无从实现。银行使用支付网关可以实现以下功能：（1）配置网络支付能力；（2）避免对现有主机系统的修改；（3）采用直观的图形用户界面进行系统管理；（4）适应诸如扣账卡、电子支票、电子现金以及微电子支付等电子支付手段；（5）通过采用 RSA 公开密钥加密和安全电子交易（Secure Electronic Transaction，SET）协议，可以确保网络交易的安全性；（6）提供完整的商户支付处理功能，包括授权、数据捕获和结算、对账等；（7）通过对网上交易的报告和跟踪，对网上活动进行监视；（8）使网络的支付处理过程与当前支付处理商的业务模式相符，确保商户信息管理上的一致性，并为支付处理商进入互联网交易处理这一不断增长的新市场提供机会。

随着网络市场的不断增长，对网络交易的处理将成为每一个支付系统的必备功能。今天的商户在数据传输方面常常是低效率的，或者使用传真，或者将数据输入互联网以外的系统。有了支付网关，这个问题便可得到有效的解决，它使银行或交易处理商在面对网络市场高速增长和网络交易量不断膨胀的情况下，仍可保持其应有的效率。在当前市场中，各家开展网上银行业务的金融机构使用不同的技术体系（包括但不限于 J2EE、SSH、Web2.0 及各移动平台的应用开发技术等）构筑了可实现多样化网银功能的网上银行业务。然而，整个网上银行技术体系当中，真正需要保证的除了功能实现之外，更重要的是安全保障。从技术上来说，目前主要有以下几种方式可以应对网上银行的安全隐患。

（1）ActiveX 安全控件。

中国工商银行的网银安全曾经因为"使用工行网银系统资金被盗"一事备受网友质疑，不过当时银行在问题解决后提到过："财产被盗的用户大多是大众版用户。"而很不幸，大众版又多采用的是 ActiveX 安全控件。除工行外，招商银行、中国农业银行、交通银行的个人版登录同样采取的是 ActiveX 安全控件，也就是说，大部分的银行向非证书认证用户提供的安全手段都是安装安全控件，而不同之处只是安装的方式各有特色。

这种安全技术防止了键盘/消息钩子，而且使通过 IE 的 COM 接口获取密码的方法也无能为力，当控件安装完成后，用户才能见到网上银行的登录界面。不过这被公认为最不安全的登录方式，而且由于一些数字银行将安全技术通过 ActiveX 捆绑在了 IE 上，这给其他操作系统和非 IE 用户带来了一些不便。

（2）数字证书和 USB Key。

较 ActiveX 安全控件而言，相对安全的就是采用数字证书和 USB Key 认证的登录方式。银行以用户的有效证件如银行卡号、身份证号码等为依据，生成数字证书文件，配合用户自定义的用户名和密码使用以提高安全性。由于其成本低、使用方便，因此被众多银行所使用。

USB Key 证书就是一种 USB 接口形式的硬件设备，内置微型智能卡处理器，采用 1024 位非对称密钥算法对网上数据进行加密、解密和数字签名，确保网上交易的保密性、真实性、完整性和不可否认性。其因成本问题和设置上的原因被个别银行采用，并且与数字证书共存仅作为可选项。不过交通银行一样不支持单独的数字证书安全方式，它们提供的是数字证书与 USB Key 共同发挥作用的安全认证。

（3）动态软键盘。

采用动态软键盘技术初看确实能使攻击者无法截获密码，但是截取密码不仅有截获键盘记录这种方法，黑客们还可以通过 IE 的 COM 获取密码。对于中国建设银行和中国银行，通过 IE 的 COM 接口获取的密码框里的内容就是密码，其他采用软键盘技术的网站大多也是这样。中国农业银行曾经也使用过这种安全方式，不过已经升级为 ActiveX 安全控件。

（4）手机验证码。

用手机绑定电子账户，当客户发出支付请求时，服务器向客户手机发送一次性验证码，通过这个过程对用户进行身份验证。验证码是动态分发，一次性使用的，大大降低了验证码泄露的风险。手机验证码的安全性虽然不及 USB Key，但由于不需要额外的硬件或驱动，使用方便，成本低廉，得到了广泛的应用，尤其是在小额度、对安全性要求较低的支付中。而在大额度支付中，手机验证码常作为一种辅助身份验证手段使用。

手机验证码可能会遭受"短信炸弹"等方式攻击，短信炸弹的形成原因是非授权的动态短信获取。可以通过增加图片验证码、单 IP 请求次数限制以及限制发送时间等措施防护。

而从宏观来说，要真正解决好这一问题，需要注意以下几个方面的技术发展。

① 完善网上银行的网络安全技术和相关硬件设施，强化安全网络防范意识。加强银行、客户、公安机关的多部门协调发展。对网络进行多重密码防护措施是很有必要的，防火墙技术也可以用于建立可信赖的网络操作系统。

② 建立网络安全防护体系。其主要目的是在充分分析网络脆弱性的基础上，对网络系统进行事前防护。可以通过采取物理安全策略、访问控制策略、防火墙、安全接口、数字签名等高新网络技术的拓展来实现。

③ 加快发展网络加密技术。可以在学习和借鉴美国等西方发达国家的先进网络加密技术和经验的基础上，加快网络加密技术的创新、开发和应用，包括乱码加密处理、系统自动签退技术、网络使用记录检查评定技术、人体特征识别技术等。

④ 发展数据库技术，建立大型网上银行数据库。通过数据库技术存储和处理信息来支持银行决策，来应对网上银行的资产风险。通过解决信息不对称问题，保证信息的充分、透明和正确性，依靠数据库技术存储、管理和分析处理银行的各种数据，来保证银行的正确决策，应对银行可能遇到的各种风险。

⑤ 增加验证因子，提高攻击难度。如增加身份证验证、手机验证码验证、邮箱验证等。随着相关技术手段的逐渐成熟，一些新型的生物信息验证方式，如指纹验证、声纹验证、虹膜识别验证、人脸识别验证等方式逐渐被投入使用。随着技术的不断进步，新的验证方式或许会彻底改变未来的支付方式。

对于网上银行的安全问题，我们始终应当有清醒的认识。在进行网上银行筹建时，我们就必须对安全进行总体设计，而不是系统建成后补充。要树立网上银行的建设与互联网及内部安全并重、管理与技术并重的理念，充分利用当今世界先进且成熟的技术增强网上银行系统的安全。要建立安全的网上银行协议，备份恢复机制，制定相应的安全标准和规章制度。要善于在不同的场合采取不同形式的加密措施，以对付来自世界各地的网络黑客。

而现在，随着网上银行的不断发展，计算机网络金融的相关技术越来越成熟，一种新的数字金融模式即互联网模式也在兴起。互联网模式是对网上银行的进一步深化，是对传统银行体系的进一步冲击。

3．手机银行

目前手机已经具备很多计算机的功能，它的性能越来越强大，功能越来越丰富，为手机银行的发展提供了良好的硬件基础。而手机银行也是"掌中的网上银行"，手机银行的业务也趋同于网上银行的业务，尤其是在个人金融服务方面，手机银行已经成为客户有力的理财助手。

传统的银行账务信息，大多是通过对账单等形式通知客户的，存在着成本高、信息传递不通畅、不实时等缺点。伴随金融业竞争的加剧，客户对商业银行提出了更高的要求，希望能得到更为详细、更为及时的金融信息服务，而短信通知是提供信息通知的最为简便和实时的实现方式。相对于新闻、天气预报等其他领域的实时信息，金融信息尤其是账务信息增值性更强，像对个人客户的各种到账信息、代扣款项扣款信息、信用卡还款信息、贷款还款信息、定期存款到期信息，对企业客户的账户余额不足信息、贷款逾期催收信息、汇票未解付信息、承兑到期信息、大额交易信息、利率变动信息等，对客户而言都极具价值，客户也更愿意为此类信息付费。信息通知服务已经成为手机银行的一个重要业务。

随着电子商务模式日趋成熟，越来越多的产品和服务也都可以通过电子商务实现，比如音像制品、电话卡、游戏点数卡、音乐下载以及手机费、电话费、水电煤气费等的缴费业务，目前已经有很多手机银行 App 提供此类服务。

手机银行相对于网上银行等其他电子渠道而言，有其自身的特色。网上银行和其他电子渠道无论是系统的建设还是业务的推广，基本由银行来承担。而手机银行业务，在系统的开发、运行和市场营销等方面都要涉及与中国移动、中国联通等网络运营商的合作。与此同时，很多 IT 厂商，在作为第三方服务提供商经营短信业务的过程中，逐渐认识到手机银行服务对于客户的价值，看到了此类业务存在的可能利润空间，希望在此业务上与银行、网络运营商合作。具体的商业合作模式是：银行向第三方运营商提供金融服务的接口；网络运营商向第三方运营商提供通信接入；第三方运营商提供服务平台，并协调与银行、网络运营商的关系；三方共同进行市场营销，并共同分享手机银行带来的增值利润。这种商业模式对银行而言，好处是开发成本、营运成本和推广成本低，建设速度快，也不需要投入太多精力协调与网络运营商的关系；缺点则是在安全方面可能会存在隐患，银行推广新业务的主动性和效率也可能会受到影响。如果能解决安全问题，制定一套有效的业务管理机制，银行可以对这一商业模式进行有益的尝试。

6.2.3 移动支付

本书在前文已经基本介绍了支付技术的相关知识，移动支付可以包括前文介绍的众多支付方式，是目前在电子商务中非常重要的一个知识点，其所涉及的技术也是电子商务技术中的重要部分，因此本节将集中介绍移动支付及其相关技术实现。

1．移动支付的定义

移动支付是支付方为了购买实物或者非实物形式的产品、缴纳费用或接受服务，以手机、PDA 等移动终端为工具，通过移动通信网络，实现资金由支付方转移到受付方的支付方式。从本质上来讲，移动支付就是将移动网络与金融系统结合，把移动通信网络作为实现移动支付的工具和手段，为用户提供商品交易、缴费、银行账号等金融服务的业务。

2．移动支付技术

移动支付是电子商务的重要步骤，对应的不仅是在电子商务平台上用户支付的即时行为，还对应着背后完整的从支付者方到接收者方的电子价值转移过程。根据中国金融移动支付技术标准体系，在应用层面可以将移动支付分为远程支付和近场支付，这两种方式在用户终端设备、通信方式、后端可信服务管理等方面均有较大差异，移动支付标准体系如图 6-6 所示。

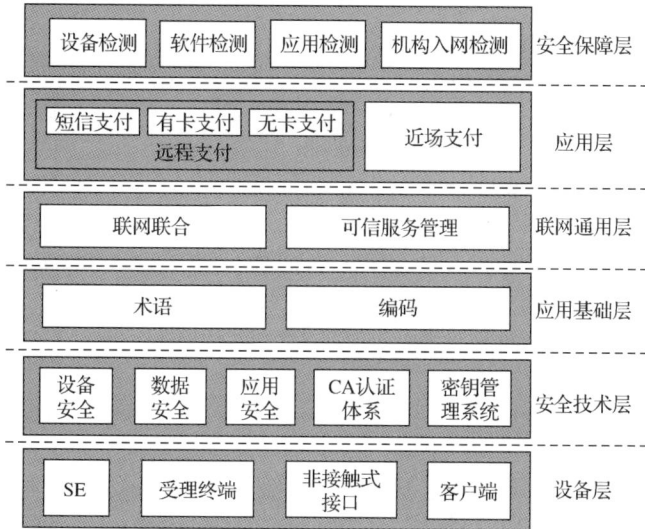

图 6-6 移动支付标准体系

（1）远程支付。

远程支付是指通过移动网络，利用短信、GPRS 等空中接口与后台支付系统建立链接，通过服务器完成交易，实现各种转账、消费等支付功能，它主要包括 3 种类型：短信支付、有卡支付、无卡支付。

短信支付目前也可以称作短信+语音交互支付，如通过短信作为支付信息流载体，其支付过程就是用户向特定号码发送支付短信，支付平台扣除其话费或者银行卡账户内金额。例如，通过交互式语音应答（Interactive Voice Response，IVR）作为支付信息流载体，则通过语音通信业务完成支付过程。

有卡支付也可以称为智能卡移动支付，就是将手机与智能卡有机结合，利用集成在移动终端上具有非接触功能的智能 IC 卡作为支付信息载体，通过移动通信网络实现远程支付功能。

无卡支付就是通过移动网络与手机客户端软件相结合而实现的移动支付。

（2）近场支付。

近场支付是指通过具有近距离无线通信技术的移动终端实现本地化通信，从而进行货币资金转移的一种移动支付方式。近场支付的支付方式目前也主要有 3 种：NFC 支付、二维码支付和 RFID 支付。

NFC 支付是通过 NFC 技术实现的非接触近场支付。NFC 是一种非接触式近距离识别和互联技术，工作频率为 13.56MHz，是 RF 技术的延伸与发展，能够双向连接和识别，具有距离近、带宽高、能耗低等特点，不过需要硬件上的支持。传统的 NFC 硬件包括负责射频通信的 NFC 模块和负责支付安全的安全单元（Secure Element，SE）模块，安全性高。SE 模块是交易的核心，可以根据它的安装位置的不同，分为 SE 手机内置方案、SE SIM 卡内置方案和 SE 置于可更换的 SD 卡中的方案。到 2013 年，硬件中的SE 模块被云端的 SE 模块替代，能够通过 App 模拟 SE 的过程，其硬件依赖程度就没有那么高了。

二维码支付是一种基于账户体系搭建的无线支付方案，利用扫描二维码来模拟实现近场支付。二维码是用某种特定的几何图形按照一定的规律在平面上分布的黑白相间的图形记录数据符号信息的。二维码支付分为主动扫码和被动扫码，主动扫码是指商家将账号、商品价格等信息转换成二维码，用户通过扫描该二维码完成汇款与交易；被动扫码则相反，是用户将其信息转换成二维码给商家扫描。不过其前提是有一个支持此类支付的账户，比如微信、支付宝等。

RFID 支付就是利用 RFID 技术实现的非接触近场支付。RFID 技术的工作过程是：携带标签的物品进入接收解读器磁场后，接收解读器发出射频信号，凭借感应电流所获得的能量发送出存储在芯片中的产品信息，或者主动发送某一频率的信号，解读器读取信息并解码后，送至中央信息系统进行有关数据处理。它主要应用于高速收费站的 ETC 电子收费系统、电子门票等方面，具有持久性、信息接收传播穿透性强、存储信息容量大等特点。

6.3　电子商务安全技术

6.3.1　电子商务安全概述

随着电子商务的迅速发展和广泛应用，电子商务技术已经影响到人类生活和工作的各个方面，成为一个国家/地区竞争力的关键组成部分。电子商务是在互联网的基础上开展的商业活动。最初设计互联网是为使用者提供一种弹性、快速的通信方式，并没有考虑到安全问题。初期的互联网用户仅限于国防系统，后来逐渐发展到科学研究系统，不允许商业机构与社会大众使用。互联网的使用者多是一些知识层次较高、具有一定身份的人。因为网络用户比较单一，网络信息也有限，使用目的比较单纯，所以最初的网络并不存在明显的安全问题。

20 世纪 90 年代，美国解除了商业使用互联网的禁令。由于商业的进入与应用的推动，互联网获得了迅猛的发展，现在网络已经发展到无处不在、无时不在、无孔不入的程度。在互联网迅速发展的条件下，建立在互联网基础上的电子商务也获得了迅速的发展。现在人类产生了一定程度上的互联网依赖，企业的发展也更多地依赖电子商务，这是在设计互联网时未曾预见到的。与此同时，网络中的内容越来越丰富，伴随着电子商务的发展，网络中信息的价值也越来大。企业的电子商务信息系统中保存着大量的有关企业长远发展的各种商业机密，在经济活动中，企业可以利用电子商务系统方便、高效、低成本地进行商务活动；私人信息系统则保存涉及财产、账务等个人隐私数据，个人不仅可以利用互联网进行通信、相互交流、查询资料、获取信息、及时了解世界各地发生的新闻等，还可以在互联网上进行个人消费、购物、订票、电子存款结账、电子医疗、电子咨询等活动。

由于网络的发展，网络用户变得异常复杂，对一个企业来说，网络用户可能是企业的客户，也可能是企业的竞争对手，还可能是经济间谍，或者为了达到经济目的的犯罪人员。他们可能出于好奇、出于竞争的需要或其他目的而对企业的电子商务系统、电子商务过程进行攻击、破坏，以达到自己的目的，造成企业巨大的经济损失甚至破产。而发达的互联网不但为电子商务的开展提供了便利，也为攻击者进行攻击、破坏提供了便利。据报道，中国国防部网站在正式开通的第一个月受到约 230 万次攻击，意味着平均约 1.1 秒就受到一次攻击，可见攻击多么频繁、安全问题多么重要。因此企业在利用互联网提供的便利开展电子商务的同时，必须阻止攻击者利用互联网提供的便利对企业的电子商务系统与电子商务过程发起的攻击。正确地利用电子商务是企业的发展问题，保护电子商务系统的安全涉及企业的存亡问题。

有效保护电子商务系统的问题日益突出。能否有效地保护电子商务系统和电子商务过程，直接关系到企业的安危、关系到企业兴亡，是企业的头等大事。没有电子商务系统的安全就没有真正意义上的电子商务系统，就没有真正意义上的电子商务。电子商务安全的保障能力是企业的综合实力的一部分，是 21 世纪企业竞争实力和生存能力的象征，是未来企业之间相互竞争的"撒手锏"。

电子商务是企业发展、开拓市场的"矛"，而电子商务安全技术是保证电子商务安全的"盾"。企业不但需要战胜敌人的矛，更需要自我保护的盾。

传统商务活动电子化过程中遇到的第一个问题也是最重要的问题，就是安全问题。即电子商务系统本身与电子商务过程在应对各种意外事故时应该是可靠的，在应对恶意攻击时也应当是可靠的。但应对意外事故的可靠性一般不被纳入电子商务安全的范围，通常所说的电子商务安全是指电子商务系统与电子商务过程在应对各种恶意攻击时所表现出的问题以及这些问题的解决方案。

　　传统的商务活动是通过面对面地谈判、签订书面合同，然后通过银行支付货款、双方交接货物来实现的。传统的商务过程就面临着巨大的风险，如一方在签订合同后可能不履行合同，或者收了货款却没有提供货物或提供不符合要求的货物，或者收了货物却不支付货款。这些问题可以通过双方的了解、谨慎小心地操作，以及有关的法律将风险控制在一定的范围之内，但因为操作不够谨慎而导致企业遭受严重损失以致企业破产的例子并不鲜见。

　　以电子商务方式开展商务活动，突破了地域、空间、时间的限制，可以在全世界的任何时间、任何地点与任何人进行谈判、签订合同。这样的过程，交易双方可能互不认识、从不见面，签订的合同也是电子形式的，支付是通过电子化的方式进行支付的。这样，安全问题就显得非常突出。电子商务过程中的主要安全问题如下。

　　（1）交易双方身份的真实性：在电子商务商谈中的某人是否真的就是他所声称的人，我们怎么能知道他不是由其他人冒充的呢？如果我们在和一个骗子谈判，可能造成我们的重要信息泄露，甚至上当受骗，导致巨大损失。

　　（2）信息来源的真实性与完整性：声称来自某个人的信息，是否确实是从那个人那里来的？即使信息确实是从某个生成的来源地来的，在传输过程中是否完整无误地被传送，是否被修改、篡改，会不会被攻击者用虚假的消息来替代真实的消息？

　　（3）交易信息的保密性：在双方的谈判过程中，需要进行大量的信息交换，这些信息包括商品名称、价格、质量指标、交货时间、交货地点、技术细节等。这些信息都具有重要的价值，需要保密。如果这些信息被竞争对手知道，竞争对手可能会趁机压价、抬价或抢占市场机会，造成巨大的损失。如何保证这些信息的机密性，是电子商务遇到的重大安全问题。

　　（4）抗抵赖性：如果交易的一方在达成交易后，市场情况出现了对自己不利的变化，那么这一方就可能想方设法不履行合同，对达成的交易进行抵赖，不承认双方达成过交易。这样的问题也是电子商务过程中遇到的重要的安全问题。

　　（5）电子商务系统的抗攻击性：当一个企业全面实行电子商务后，企业将严重依赖电子商务系统，企业的电子商务系统对企业的生存、发展都生死攸关。在这样的情况下，企业的电子商务系统可能受到竞争对手的攻击、经济间谍的攻击，甚至受到合法用户出于好奇而进行的攻击。对于这样的攻击，电子商务系统能否承受得住，这是电子商务系统面临的又一个安全问题。

　　（6）消费者的隐私保护问题：在传统的商务过程中，到商店买一件商品，当面验货、当面交钱，货款两清后，一般来说，商店根本不知道我们是谁，丝毫不会影响到我们的隐私。而在电子商务购物的过程中，需要注册登记、提供一大堆隐私信息（包括性别、年龄、职业、收入、身份证号码、信用卡号码等）。我们有什么理由相信商家都会为我们保护隐私，而不会非法使用我们的隐私数据来为自己谋利呢？

　　产生上述安全问题的原因在于互联网本身。首先是互联网的开放性。网络是一个自由、开放的世界，它使全球连成一个整体，它一方面使得全球范围内的信息传递、信息共享成为可能，另一方面也为搜集网上通信数据、搜集个人隐私数据、非法散布隐私提供了一个大平台。其次是由于互联网的成员多样和位置分散，使得其安全问题更加突出。因为互联网上的信息传送是通过路由器来实现的，而用户不可能知道是通过哪些路由器进行的，这样有些人或组织就可以通过对某个关键节点的扫描跟踪来窃取用户信息。也就是说从技术层面上截取用户信息的可能性是显然存在的。即任何上网者的任何机密数据、隐私数据，都有被窥探的可能。更为严重的是，互联网在设计之初并没有考虑到这些可能的应用与这些应用所需要的安全保证。虽然随着电子商务的发展，人们已经认识到这个问题的严重性并进行了各个层次的弥补与改进，但整体上仍然"先天不足"。所以企图依赖互联网设计者所提供的安全机制来保证电子商务系统的安全无异于望梅止渴。

　　一个依赖互联网开展电子商务的企业，必须自己解决自己所面临的安全问题。当然这并不是说必须依靠自己的力量来解决自己的安全问题，而是必须清楚自己的安全需要以及可能的安全隐患，借助现有的安全技术与安全人员来解决自己的安全问题。这些安全问题只是电子商务过程中遇到的安全问题的一部分，这些问题有些需要通过技术的手段来解决，通过技术手段无法解决的安全问题可以通过经济的、法律的手段予以解决。可喜的是许多问题通过技术手段可以获得比较令人满意的解决，而通过法律手段解决有关的问题也已经被提上了议事日程，有的已经得到解决。本章将对这些问题及解决技术进行简单的介绍。

一个全方位的计算机网络安全体系结构包含网络的物理安全、访问控制安全、系统安全、用户安全、信息加密、安全传输和管理安全等。充分利用各种先进的主机安全技术、身份认证技术、访问控制技术、密码技术、防火墙技术、安全审计技术、安全管理技术、系统漏洞检测技术、黑客跟踪技术，在攻击者和受保护的资源间建立多道严密的安全防线，可极大地增加恶意攻击的难度，并增加审核信息的数量，利用这些审核信息可以跟踪入侵者。

6.3.2　防火墙

防火墙是计算机系统或者计算机网络的一部分，利用它可在允许授权通信的同时阻止非授权的访问。防火墙是在内部网络（简称内网）和外部网络（简称外网）之间构筑的一道屏障，用以保护内网中的信息、资源等不受外网中非法用户的侵犯，它控制内部网络和外部网络之间的所有数据流量，控制和防止有价值数据流出内部网络，也控制和防止来自外部的无用垃圾（垃圾邮件、广告）和有害数据（病毒、木马等）流入内部网络。在与互联网连接时，防火墙是保护内部网络中信息系统安全的第一道屏障。但电子商务的这一道屏障对电子商务系统的安全所起的作用，仅仅相当于一个单位的门卫对该单位的安全所能起到的作用，即仅对到访单位的可疑人员进行初步的过滤，它仅仅对进出电子商务系统的信息进行初步的过滤。这种作用无论如何不能夸大。我们知道一个单位的门卫实际上包括大门、门锁、门卫人员与门禁制度。而防火墙中也有与这几部分相当的软件与硬件设备。防火墙的硬件相当于大门的门锁，安全规则相当于门禁制度，检查安全规则的软件相当于门卫人员。

防火墙是在专用网（如 Intranet）和互联网之间设置的安全系统，可以提供接入控制，可以干预这两个网之间的任何消息传送。根据防火墙的结构，它可以决定一个数据组或一种连接能否通过它。它保证只有授权的人才可以访问内部网络，继而保护其中的资源和有价值数据不会流出内部网络。防火墙不但可以实现内网与外网之间的逻辑隔离，也可实现内网各部分之间的逻辑隔离。例如，在大学校园网中，管理网和学生的计算机网要有一定隔离；医院的管理网和病人病历记录网也要分开，以保护病人的隐私。这些都要由防火墙来实现。

防火墙可以用硬件也可以用软件实现，或者利用软件与硬件的组合实现。它是一个设备或者一系列设备，它基于一系列的规则或者标准对进入或者流出不同安全域的流量可以允许通过或者拒绝通过，可以进行加密、解密或者代理。防火墙通常用来阻止未经授权的互联网用户访问连接到互联网上的专用网，尤其是内部网络。所有进入或者离开内部网络的信息都要通过防火墙，防火墙会自动检查并阻止那些不满足具体安全标准的信息通过。

1. 防火墙的功能

防火墙主要从 3 个方面起到安全防护作用：①保护数据的完整性，可依靠设定用户的权限和文件保护来控制用户访问敏感信息，可以限制一个特定用户能够访问的信息数量和种类；②保护网络的有效性，有效性是指一个合法用户能快速、简便地访问网络的资源；③保护数据的机密性，通过对敏感数据进行加密来保护敏感数据。

具体而言，防火墙的主要功能如下。

（1）防御功能。

① 病毒扫描：有的防火墙具有防病毒功能，可以扫描电子邮件附件中的 DOC 和 ZIP 等文件、FTP

中的下载或上传文件内容，以发现其中可能包含的危险的病毒信息。

②　内容过滤：防火墙可以对内容进行过滤。信息内容过滤指防火墙在 HTTP、FTP、简单邮件传送协议（Simple Mail Transfer Protocol，SMTP）等协议层，根据过滤条件，对信息流进行控制，防火墙可能允许某些信息通过、允许某些信息经过修改后通过、禁止某些信息通过；对于某些信息虽然允许通过，但会对这些信息进行记录；遇到某些高度危险的信息则直接报警。过滤内容主要指 URL、HTTP 携带的信息，如 Java Applet、JavaScript、ActiveX 和电子邮件中的 Subject、To、From 域等。

③　部分防御 DoS 攻击：拒绝服务（Denial of Service，DoS）攻击就是攻击者过多地占用共享资源，导致服务器超载或系统资源耗尽，而使其他用户无法享有服务或没有资源可用。防火墙通过控制、检测与报警等机制，可在一定程度上防范 DoS 攻击。主要方法是对来自某些主机的异常流量进行限制。

④　阻止 ActiveX、Java、Cookies、JavaScript 侵入：属于 HTTP 内容过滤，防火墙应该能够从 HTTP 页面剥离 Java Applet、ActiveX 等小程序及从 JavaScript、PHP 和 ASP 等代码检测出危险代码或病毒，并向用户报警。同时，防火墙能够过滤用户上传的 CGI、ASP 等程序，当发现危险代码时，向服务器报警。

（2）安全特性。

①　防火墙可以而且应当支持转发和跟踪网络间报文控制协议即互联网控制报文协议（Internet Control Message Protocol，ICMP）。

②　防火墙可以提供入侵实时警告：当发生危险事件时，防火墙应该能够及时报警，报警的方式可能是通过邮件、手机等。

③　防火墙可以提供实时入侵防范：当发生入侵事件时，防火墙能够动态响应，调整安全策略，阻挡恶意报文。

④　防火墙可以识别/记录/防止企图进行 IP 地址欺骗：IP 地址欺骗指使用伪装的 IP 地址作为 IP 包的源地址对受保护网络进行攻击，防火墙应该能够禁止来自外部网络而源地址是内部 IP 地址的数据包通过。

（3）管理功能。

①　通过集成策略集中管理多个防火墙：防火墙管理是指对防火墙具有管理权限的管理员对防火墙运行状态的管理。管理员的行为主要包括：通过防火墙的身份鉴别，编写防火墙的安全规则，配置防火墙的安全参数，查看防火墙的日志等。防火墙的管理一般分为本地管理、远程管理和集中管理等。

②　防火墙可以提供基于时间的访问控制。

③　防火墙可以支持简单网络管理协议（Simple Network Management Protocol，SNMP）监视和配置。

④　能够进行本地管理：管理员能通过防火墙的 Console 口或防火墙提供的键盘和显示器对防火墙进行配置管理。

⑤　必要的时候可以远程管理：管理员能通过以太网或防火墙提供的广域网接口对防火墙进行管理，管理的通信协议可以基于 FTP、HTTP 等。

⑥　可以根据占用的带宽进行管理：防火墙能够根据当前的流量动态调整某些客户端占用的带宽。

⑦　负载均衡特性：负载均衡可以看成动态的端口映射，它将一个外部地址的某一 TCP 或用户数据报协议（User Datagram Protocol，UDP）端口映射到一组内部地址的某一端口。负载均衡主要用于将某项服务（如 HTTP）分摊到一组内部服务器上以平衡负载。

⑧　失败恢复特性（Failover）：支持容错技术，如双机热备份、故障恢复、双电源备份等。

（4）记录和报表功能。

①　防火墙处理完整日志的方法：防火墙规定了对符合条件的报文做日志，应该提供日志信息管理和存储方法。

②　提供自动日志扫描：防火墙应具有日志的自动分析和扫描功能，这可以获得更详细的统计结果，以达到事后分析、亡羊补牢的目的。

③　提供自动报表、日志报告书写器：防火墙应具备自动报表和日志报告功能。

④ 报警通知机制：防火墙应提供报警机制，在检测到入侵以及设备运转异常情况时，通过报警来通知管理员采取必要的措施。

⑤ 提供简要报表（按照用户 ID 或 IP 地址）：防火墙应能够按要求提供简要报表。

⑥ 提供实时统计：防火墙应能够进行日志分析，提供智能统计结果并用图表显示。

⑦ 列出获得的国内有关部门许可证类别及号码：这是防火墙合格与销售的关键要素之一，其中包括公安部的销售许可证、国家信息安全测评中心的认证证书、总参的国防通信入网证和国家保密局的推荐证明等。

2. 防火墙的种类

防火墙技术可根据防范的方式和侧重点的不同而分为很多种类型。通常按防火墙处于 TCP/IP 协议的层次来对防火墙进行分类，可以分为分组过滤防火墙、应用代理防火墙。

（1）分组过滤。

分组过滤作用在网络层和传输层，它根据分组源地址、目的地址、端口号和协议类型等标志确定是否允许数据包通过。只有满足过滤逻辑的数据包才被转发到相应的目的地出口端，其余数据包则从数据流中被丢弃。另外，一些在这一层的防火墙还具有网络地址翻译功能，这样的防火墙使得受到保护的所有内部网络的主机的网络地址对外隐蔽起来，使外部用户不能通过网络地址直接访问内部的主机。

分组过滤或包过滤，是一种通用、廉价、有效的安全手段。它不针对各个具体的网络服务采取特殊的处理方式，大多数路由器都提供分组过滤功能，在很大程度上能满足企业的安全要求。分组过滤在网络层和传输层起作用，它根据分组的源、宿地址，端口号及协议类型、标志确定是否允许分组通过。判断的信息来源是 IP、TCP 或 UDP 包头。

分组过滤或包过滤的优点是不需要改动客户机和主机上的应用程序，就可以直接部署。这是因为它工作在网络层和传输层，与应用层无关。但其缺点也是明显的：据以判别过滤的只有网络层和传输层的有限信息，因而对各种安全要求不可能充分满足；在许多过滤器中，过滤规则的数目是有限的，且随着规则数目的增加，性能会受到很大影响；由于缺少上下文关联信息，不能有效地过滤如 UDP、远程过程调用（Remote Procedure Call，RPC）一类的协议包；另外，大多数过滤器中缺少审计和报警机制，且管理方式和用户界面较差；对安全管理人员素质要求高，建立安全规则时，必须对协议本身及其在不同应用程序中的作用有较深入的理解。因此，过滤器通常是和应用网关配合使用，共同组成防火墙系统。

（2）应用代理。

应用代理也叫应用网关，它作用在应用层，其特点是完全"阻隔"网络通信流，通过对每种应用服务编制专门的代理程序，实现监视和控制应用层通信流的作用。实际中的应用网关通常由专用工作站实现。

应用代理型防火墙是内部网络与外部网络的隔离点，也常具有过滤器的功能。它掌握着应用系统中可用作安全决策的全部信息。对具有更高安全性要求的网络，常把基于分组过滤的方法与基于应用代理的方法结合起来，形成复合型防火墙产品。这种结合通常有两种复合方案。

① 屏蔽主机防火墙体系结构：在该结构中，分组过滤路由器或防火墙与互联网相连，同时一个堡垒机安装在内部网络，通过在分组过滤路由器或防火墙上过滤规则的设置，使堡垒机成为互联网上其他节点所能到达的唯一节点，确保内部网络不受未授权外部用户的攻击。

② 屏蔽子网防火墙体系结构：堡垒机放在一个子网内，形成非军事化区，两个分组过滤路由器放在这一子网的两端，使这一子网与互联网及内部网络分离。在屏蔽子网防火墙体系结构中，堡垒机和分组过滤路由器共同构成了整个防火墙的安全基础。

总之，防火墙是企业电子商务系统安全的第一道屏障。防火墙的特点与作用可以用企业的门卫系统来比拟。防火墙只能防范通过系统的出入口进行的攻击，对于绕过出入口的攻击，比如网络内部的攻击就显得无能为力。这类似于门卫的作用，门卫只检查要进入单位的人员是不是合法人员，根据门卫制度是否允许他进入；同时也检查离开单位的人员是否带出一些不允许带出的物品。而对于已经审查进入企业的合法人员，在企业内部进行破坏活动就不是他们所管的范围了。这一部分的职责属于入侵检测系统的。

6.3.3 入侵检测技术

除了外部的用户对企业的电子商务系统出于经济的目的、竞争的需要可能对企业的电子商务系统进行攻击、破坏之外，电子商务系统的合法用户也可能出于好奇而入侵电子商务系统，已经进入内部网络的信息也可能对电子商务系统造成危害。阻止外部用户的攻击破坏是防火墙的职责，而阻止内部可能发生的攻击破坏则是入侵检测系统的任务。从电子商务安全的角度看，电子商务系统被内部合法用户入侵、破坏，导致信息泄露或系统故障是一个严重的问题，由此引出的更多有关电子商务系统安全问题应该引起我们的重视。据统计，全球 80%以上的系统入侵来自内部。此外，不太自律的员工对网络资源无节制地滥用也可能造成巨大的损失。

企业、银行与其他商业与金融机构在电子商务热潮中纷纷进入互联网，以政府上网为标志的数字政府使国家机关与互联网互联，通过互联网实现包括个人、企业与政府的全社会信息共享已逐步成为现实。随着网络应用范围的不断扩大，对网络的各类攻击与破坏也与日俱增。无论政府、商务，还是金融、媒体的网站都在不同程度上受到入侵与破坏。网络安全已成为国家/地区与国防安全的重要组成部分，同时也是国家/地区网络经济发展的关键。对一个企业来说，电子商务系统的安全是企业发展的关键要素之一。

所谓系统遭到入侵有两种情况：（1）非法用户访问其不应该访问的系统；（2）合法用户访问其不应该访问的信息或者进行未授权的操作。

入侵检测（Intrusion Detection）是对入侵行为的检测。它通过收集和分析网络行为、安全日志、审计数据、其他网络上可以获得的信息以及计算机系统中若干关键点的信息，检查网络或系统中是否存在违反安全策略的行为和被攻击的迹象。入侵检测作为一种积极主动的安全防护技术，提供了对内部攻击、外部攻击和误操作的实时防范功能，在网络系统受到危害之前拦截和响应入侵，因此被认为是防火墙之后的第二道安全屏障，在不影响网络性能的情况下能对网络进行监测。

利用审计记录，入侵检测系统能够识别出各种不希望有的活动，并限制这些活动，以保护系统的安全。应用入侵检测系统，能在入侵攻击对系统产生危害前检测到入侵攻击，并利用报警与防护系统防范入侵攻击。在入侵攻击过程中，入侵检测系统能减少入侵攻击所造成的损失。在被入侵攻击后，入侵检测系统能收集入侵攻击的相关信息，这些信息将作为防范系统的知识被添加到知识库内，以增强系统的防范能力。

经过几年的发展，入侵检测产品开始步入快速的成长期。一个入侵检测产品通常由两部分组成：传感器（Sensor）与控制台（Console）。传感器负责采集数据（网络包、系统日志等）、分析数据并生成安全事件。控制台主要起到中央管理的作用，商品化的产品通常提供图形界面的控制台，这些控制台基本上都支持 Windows NT 平台。

因特网工程任务组（互联网 Engineering Task Force，IETF）将一个入侵检测系统分为 4 个组件：事件产生器（Event Generator）；事件分析器（Event Analyzer）；响应单元（Response Unit）；事件数据库（Event Database）。

事件产生器的作用是从整个计算环境中获得事件，并向系统的其他部分提供此事件，特别是向事件分析器提供分析的材料。事件分析器分析得到的数据，根据事件数据库中所保存的事件特征对事件进行分析，并给出正常事件与异常事件的结论。响应单元则是对分析结果做出反应的功能单元，它可以做出切断连接、改变文件属性等强烈反应，也可以只是简单的报警。事件数据库是存放各种中间数据和最终数据的地方的统称，它可以是复杂的数据库，也可以是简单的文本文件，它提供事件分析器进行分析、做出正常与异常行为判断的依据。

从技术上看，这些产品基本上分为基于网络的产品和基于主机的产品。混合的入侵检测系统可以弥补一些基于网络与基于主机的片面性缺陷。此外，文件的完整性检查工具也可看作一类入侵检测产品。

1. 入侵检测系统的分类

按照入侵检测系统所检测的范围，可以将入侵检测系统分为网络入侵检测系统与主机入侵检测系统。

（1）网络入侵检测系统。

网络入侵检测系统布置在比较重要的某个网段，检测它所连接的网段，不停地监视网段中的各种数据包，并对每一个数据包或可疑的数据包进行特征分析。如果数据包与产品内置的某些规则吻合，发现网络上其他的用户对本网段的主机可能发起的攻击与入侵，同时也检测到本网段的主机对本网段外的主机或服务器发动的入侵或攻击，入侵检测系统就会发出警报甚至直接切断网络连接。目前，大部分入侵检测产品是基于网络的。值得一提的是，在网络入侵检测系统中，有多个久负盛名的开源软件，如 Snort、NFR、Shadow 等，其中 Snort 的社区非常活跃，其入侵特征更新速度与研发的进展已超过了大部分商品化产品。

网络入侵检测系统具有下面的优点。

① 网络入侵检测系统能够检测那些来自网络的攻击，它能够检测到超出授权范围的非法访问。

② 网络入侵检测系统不需要改变服务器等主机的配置。由于它不会在业务系统的主机中安装额外的软件，从而不会影响这些机器的 CPU、I/O 与磁盘等资源的使用，也不会影响业务系统的性能。

③ 由于网络入侵检测系统不以路由器、防火墙等关键设备方式工作，它不会成为系统中的关键路径，因此网络入侵检测系统发生故障不会影响正常业务的运行。部署一个网络入侵检测系统的风险比部署主机入侵检测系统的风险小得多。

④ 网络入侵检测系统近年内有向专门设备发展的趋势，安装这样的一个网络入侵检测系统非常方便，只需将定制的设备接上电源，做较少配置，将其连到网络上即可。

任何事物都是一分为二的，网络入侵检测系统具有上述优点，但也有如下的缺点。

① 网络入侵检测系统只检查它直接连接段的通信，不能检测在不同网段的网络包，在使用交换以太网的环境中就会出现监测范围的局限。而安装多台网络入侵检测系统的传感器会使部署整个系统的成本大大增加。

② 网络入侵检测系统为了达到性能目标通常采用特征检测的方法，它可以检测出一些普通的攻击，而很难实现一些复杂的、需要大量计算与分析时间的攻击检测。

③ 网络入侵检测系统可能会将大量的数据传回分析系统中，在一些系统中监听特定的数据包会产生大量的分析数据流量。一些系统在实现时采用一定方法来减少回传的数据量，由传感器实现对入侵判断的决策，而中央控制台成为状态显示与通信中心，不再作为入侵行为分析器。这样的系统中的传感器协同工作能力较弱。

④ 网络入侵检测系统处理加密的会话过程较困难，目前通过加密通道的攻击尚不多，但随着 IPv6 的普及，这个问题会越来越突出。

（2）主机入侵检测系统。

基于主机的入侵检测产品通常安装在被重点检测的主机之上，主要是对该主机的网络实时连接以及系统审计日志进行智能分析和判断。如果其中主体活动十分可疑（特征或违反统计规律），入侵检测系统就会采取相应措施。主机入侵检测系统主要是保护本主机，使其免受攻击或者入侵。主机入侵检测系统具有如下的优点。

① 主机入侵检测系统对分析"可能的攻击行为"非常有用。举例来说，有时候它除了指出入侵者试

图执行一些"危险的命令"之外，还能分辨出入侵者干了什么事，入侵者运行了什么程序、打开了哪些文件、执行了哪些系统调用。与网络入侵检测系统相比，主机入侵检测系统通常能够提供更详尽的相关信息。

② 主机入侵检测系统误报率在通常情况下比网络入侵检测系统的要低，因为检测在主机上运行的命令序列比检测网络流更简单，系统的复杂性也少得多。

③ 主机入侵检测系统可部署在那些不需要广泛的入侵检测、传感器与控制台之间的通信带宽不足的环境中。主机入侵检测系统在不使用诸如"停止服务""注销用户"等响应方法时风险较少。

但主机入侵检测系统也有一些缺点，这些缺点主要体现如下。

① 主机入侵检测系统安装在我们需要保护的设备上。举例来说，当一个数据库服务器需要保护时，就要在服务器本身安装入侵检测系统。这会降低应用系统的效率。此外，它也会带来一些额外的安全问题，如安装了主机入侵检测系统后，本不允许安全管理员访问的服务器可能就变成他可以访问的了。

② 主机入侵检测系统的另一个问题是它依赖于服务器固有的日志与监视能力。如果服务器没有配置日志功能，则必须重新配置，这将会给运行中的业务系统带来不可预见的性能影响。

③ 全面部署主机入侵检测系统代价较大，企业很难将所有主机用主机入侵检测系统保护，只能选择部分主机进行保护。那些未安装主机入侵检测系统的主机将成为保护的盲点，入侵者可将这些主机作为攻击目标。

④ 主机入侵检测系统除了监测自身的主机以外，根本不监测网络上的情况。对入侵行为的分析的工作量将随着主机数目的增加而增加。

2. 入侵检测方法

入侵检测系统常用的检测方法有特征检测、异常检测与专家系统。据公安部计算机信息系统安全产品质量监督检验中心的报告，国内送检的入侵检测产品中 95% 属于使用入侵模板运营模式匹配的特征检测产品，其他 5% 是采用概率统计的统计检测产品与基于日志的专家知识库系产品。

（1）特征检测：特征检测（Feature Detection）又称误用检测，这一检测假设入侵者活动可以用一种模式来表示，系统的目标是检测主体活动是否符合这些模式。当被审计的事件与已知的入侵事件模式相匹配时即报警。其检测方法与计算机病毒的检测方式类似。目前基于对包特征描述的模式匹配应用较为广泛。该方法预报检测的准确率较高，但对新的入侵方法无能为力。其难点在于如何设计模型既能够表达"入侵"现象又不会将正常的活动包含进来。

（2）异常检测：统计模型常用异常检测，异常检测（Anomaly Detection）的假设是入侵者活动异于正常主体的活动。根据这一理念建立主体正常活动的"活动简档"，将当前主体的活动状况与"活动简档"相比较，当违反其统计规律时，认为该活动可能是"入侵"行为。异常检测的难点在于如何建立"活动简档"以及如何设计统计算法，而不把正常的操作作为"入侵"或忽略真正的"入侵"行为。在统计模型中常用的测量参数包括：审计事件的数量、间隔时间、资源消耗情况等。统计方法的最大优点是它可以"学习"用户的使用习惯，从而具有较高检出率与可用性。但是它的"学习"能力也给入侵者提供了机会，通过逐步"训练"使入侵事件符合正常操作的统计规律，从而通过入侵检测系统。常用的 5 种入侵检测统计模型如下。

① 操作模型。该模型假设异常可通过测量结果与一些固定指标相比较得到，固定指标可以根据经验值或一段时间内的统计平均得到。举例来说，在短时间内的多次失败的登录很有可能是口令尝试攻击。

② 方差模型。计算参数的方差，设定其置信区间，当测量值超过置信区间的范围时表明有可能是异常。

③ 多元模型。操作模型的扩展，通过同时分析多个参数实现检测。

④ 马尔可夫过程模型。将每种类型的事件定义为系统状态，用状态转移矩阵来表示状态的变化，当

一个事件发生时，或状态矩阵转移的概率较小则可能是异常事件。

⑤ 时间序列分析模型。将事件计数与资源耗用根据时间排成序列，如果一个新事件在该时间发生的概率较低，则该事件可能是入侵事件。

（3）专家系统。用专家系统对入侵进行检测，通常是针对有特征的入侵行为。所谓的规则，即知识，不同的系统与设置具有不同的规则，且规则之间往往无通用性。专家系统的建立依赖于知识库的完备性，知识库的完备性又取决于审计记录的完备性与实时性。入侵的特征抽取与表达，是入侵检测专家系统的关键。在系统实现中，将有关入侵的知识转化为 if-then 结构（也可以是复合结构），if 部分为入侵特征，then 部分是系统防范措施。运用专家系统防范有特征的入侵行为的有效性完全取决于专家系统知识库的完备性。

从入侵检测的研究逐步减少可以看出，近年来的入侵检测技术取得了迅速的发展，入侵检测技术趋于成熟。但是无论是在规模还是在方法上，入侵技术近年来都发生了变化，入侵的手段与技术也有了"进步与发展"。伴随着入侵技术的发展与演化，需要研究更高级更复杂的入侵检测方法，因此我们需要了解入侵技术的变化，这些变化主要反映在以下几个方面。

（1）入侵或攻击的综合化与复杂化。入侵的手段有多种，入侵者往往采取多种攻击手段。由于网络防范技术的多重化，攻击的难度增加，使得入侵者在实施入侵或攻击时往往同时采取多种入侵的手段，以提高入侵的成功率，并可在攻击实施的初期掩盖攻击或入侵的真实目的。

（2）入侵主体对象的间接化，即实施入侵与攻击的主体的隐蔽化。通过一定的技术，可掩盖攻击主体的源地址及主机位置。即使用了隐蔽技术后，对于被攻击对象，攻击的主体是无法直接确定的。

（3）入侵或攻击的规模扩大。对于网络的入侵与攻击，在初期往往是针对某公司或一个网站，其攻击的目的可能为某些网络技术爱好者的猎奇行为，也不排除商业的盗窃与破坏行为。由于战争对电子技术与网络技术的依赖性越来越大，随之产生、发展、逐步升级到电子战与信息战。对于信息战，无论其规模与技术都与一般意义上的计算机网络的入侵与攻击不可相提并论。国家主干通信网络的安全是与国家领土安全、国家安全一样重要的安全。

（4）入侵或攻击技术的分布化。以往常用的入侵或攻击行为往往由单机执行，防范技术的发展使得此类行为难以奏效。所谓的分布式拒绝服务（Distributed Denial of Service，DDoS）攻击在很短时间内可造成被攻击主机的瘫痪。且此类分布式攻击的单机信息模式与正常通信无差异，所以往往在攻击发动的初期不易被确认。分布式攻击是近期常见的攻击手段。

（5）攻击对象的转移。入侵与攻击常以网络为侵犯的主体，但近期的攻击行为却发生了策略性改变，由攻击网络改为攻击网络的防护系统，且有愈演愈烈的趋势。现已有专门针对入侵检测系统的攻击的报道。攻击者通过详细地分析入侵检测系统的审计方式、特征描述、通信模式找出入侵检测系统的弱点，然后加以攻击。

基于上述的变化，入侵检测技术也需要研究针对这些新的变化的方法，从而有效地保护电子商务系统的安全。入侵检测系统对于电子商务系统的安全保障作用就好比一个单位内部的各个大楼的守门人与在单位内部进行巡逻的保安人员一样，是全方位立体化安全保障系统的重要一环。

6.3.4 认证技术

认证是电子商务交易最重要的环节之一，是通过某些成熟的技术，保证在电子商务活动中某个实体的身份不发生欺骗的过程。如保证你打交道的实体就是实际的某实体，而不是其他实体冒充的。认证技术主要有口令认证、物理认证、生物认证、数字认证等。不管采用什么认证技术，认证都是基于 3 种事实：利用你所知道的东西、你所拥有的东西进行认证，或者利用你的生物特征即你是谁进行认证。

1. 口令认证

口令在计算机领域非常流行，在企业电子商务系统中同样也很流行。收发 E-mail、银行取款、电子商务系统的许多操作都需要口令。口令起源于军方，用得最多的场合也是军方。口令认证是基于你应该知道你的账户对应的口令这个事实。如果你输入的口令与你的账户相对应，你就顺利通过了口令认证，你就具有相应的权利，可以做对应的身份所能做的任何事情。

一个口令认证系统一定要有 3 个部分：供用户输入口令的界面、口令查询系统与保存口令的数据库。

我们几乎每天都在使用口令，这可能使你产生误解，认为口令是一种比较好的认证策略。事实上口令认证安全性是比较低的，存在很多问题。例如，（1）攻击者可以在用户登录时实施侦听以获取口令；（2）攻击者可以读取计算机中所存储的口令信息；（3）攻击者可以登录计算机，进行在线口令猜测，对口令非常有效的攻击方法为字典攻击；（4）攻击者也可以实施离线破解；（5）如果试图强制用户选择无法猜测的口令，那么系统可能变得不便使用，用户可能不得不记录口令。

而且上述攻击成功的概率还比较高，这有两方面的原因：一是口令太短，很容易用搜索（穷举攻击）方法找到口令（比如自动取款机上的口令字只是 6 位十进制数）；二是人们选择口令的原则往往与安全原则相违背。从安全的角度出发，要求口令应该由随机的、没有任何意义的字母与数字混合组成，但这样的口令用户也很难记。为了便于记忆，用户往往选择电话号码、生日或其他熟悉的编号作为口令。这样的口令当然容易记忆，但也使得攻击者比较容易猜测。

既然口令这么不安全，为什么还有很多地方在使用口令？比如即使在自动取款机这么重要的电子商务系统中仍然在使用口令。这是因为有一些简单的方法可以改进其安全性，增加攻击的难度。这些简单的方法如下。

（1）限制猜测次数，也称为执行"死刑"。在大多数的自动取款机上就是采用这种方法，即如果用户第一次输入的口令不正确，允许用户输入新的口令。但如果用户 3 次输入的口令都不正确，系统就认为该用户不是合法用户而是一个恶意的攻击者。这时系统就会将银行卡给吞掉。持卡人就需要带上身份证，要求银行的工作人员帮助取出银行卡。对攻击者来说，是无法出示持卡人的身份证的。

（2）降低猜测口令的速度。一些系统通过限制猜测速度的方法提高安全性。因为攻击者不知道口令，只能猜测。针对这种情况，系统设计成这样：第一次输入口令时，系统响应的时间（检查口令是否正确并给出结论的时间）比较短，比如只需要 1 秒；但如果第一次输入的口令不正确，再次输入口令时，系统的响应时间就变为 10 分钟；第三次输入口令时系统的响应时间就变成半小时。这样攻击者虽然还能够猜测，但是不允许他有足够的时间检验猜测是否正确。

（3）增加攻击者搜索的空间，使必须搜索的口令数目非常大。比如自动取款机上的口令只有 6 位十进制数，那么攻击者一次猜对的概率就是 100 万分之 1；如果口令变成 10 位十进制数，一次猜对的概率就是 10 亿分之 1。那么究竟口令需要多长才合适呢？根据当前计算机的计算速度，一般认为需要随机的 64 位二进制数才合适。如果口令选择的字符范围是 26 个英文字母和 10 个阿拉伯数字，那么至少需要 12 个字符；如果只在 10 个阿拉伯数字中选择，那么口令至少要 19 个数字。

（4）要求用户选择自己的口令，而且是比较好的口令。什么样的口令才算好的口令呢？答案是选择随机数做口令，但随机数比较难记忆。有没有既随机又比较好记的口令呢？有！方法是选择一句你最熟悉的话，比如"我的家乡在东北的松花江上"，用这句话的每个字汉语拼音的第一个字母合起来作为口令，这样口令就变成 wdjxzdbdshjs。这样的口令看上去是随机的，但是又很好记忆。

2. 物理认证

物理认证是生活中非常常见的一种方式，这种方式是基于通过一个实体所拥有的东西认证该实体的，现在物理认证的应用正逐渐减少。一种很重要的物理认证就是我们的身份证，当然身份证上的照片还要和持有人的面貌对应起来才可以通过认证，所以身份证的认证实际上是物理认证与生物认证的结合。纯粹物理认证的例子也有，比如一个学校的学生要到另一个学校去查阅图书馆的资料，需要在自己所在的学校开一个证明，然后持此证明到另一个学校的图书馆去查阅资料就可以得到允许。而另一个学校的图书馆并不会检查学生的其他证件或者检查学生的姓名是不是与证明信的学生确属同一个人。只要证明信是真的，学生就通过了这里的简单认证。更简单的例子如下：我们乘坐火车时的火车票也是一种认证工具。铁路部门将乘火车的人员分为合法乘客与非法乘客，并对这两种乘客分别进行认证。如果我们持有车站出售的客票，就可以通过这里的认证系统，就被认定为合法的乘客，否则就通不过认证，就不允许乘车。只不过这里的认证是很粗糙的、很简单的认证。

上述物理认证都不是电子商务系统的物理认证，电子商务系统的物理认证包括利用智能卡进行的认证、认证令牌进行的认证。银行系统、电信系统、学校系统广泛使用这种认证方法。我们的银行卡、学校的校园卡、公交卡等都属于物理认证的范畴。

早期物理认证的缺点是如果你持有的用于认证的物理对象丢失，合法的用户不能通过认证，而捡到或者偷盗者则可以通过认证。比如你丢了火车票，你就不能乘火车，而拣到火车票的人可以持该火车票乘车，尽管你付了款，本应是火车票的合法持有人。所以在物理认证的系统中，如何安全保存认证物体，是一个非常重要的问题。

3. 生物认证

口令认证容易受到猜解口令攻击，物理认证比口令认证的攻击难度要大得多，但物理认证存在如何保存认证证据的问题。当然如果被认证者不能出现在现场，就无法采用物理认证，而在被认证者可以在现场出现的场合，采用生物认证就可以解决物理认证所存在的问题，即认证证据保存的问题。生物认证利用生物体的不可改变的一些属性进行认证。既然是生物属性就只能认证人的身份，不能用于对网络的其他实体（如主机、机构等）的认证。比如 DNA 认证就是非常可靠的生物认证，但是在电子商务应用中我们不可能采集到用户的 DNA 数据，所以我们也不介绍 DNA 认证。生物认证是基于"你是谁"的认证。生物认证方法主要有：视网膜扫描认证、指纹识别、虹膜认证、掌纹认证、语音认证与手动签名认证（这一点也可以列为物理认证）等。

（1）视网膜扫描认证。研究结果表明，人类视网膜中的血管组织是终生不变的，而且每个人都不同，因此可以作为认证的依据。当一个人需要被认证时，要用视网膜扫描设备扫描该人眼睛中的细小血管，把扫描的结果同数据库中保存的该对象的视网膜数据相比较，如果相同，则通过验证，否则验证失败。不过目前的视网膜扫描设备相当昂贵，界面也不太友好。

（2）指纹认证。指纹同视网膜一样，一个人的指纹也是终身不变的，而且全世界没有两个人的指纹是完全相同的。指纹认证是古老的生物特征认证技术，在很多领域中都得到了成功的运用。指纹指的是指尖表面的纹路。纹路并不是连续、平滑流畅的，而是经常出现中断、分叉或转折，这些断点、分叉点和转折点称为细节，这些细节构成了指纹唯一性的认证信息。指纹认证过程主要包括 3 个部分：特征提取、指纹分类、匹配决策。特征提取是指从输入的指纹图像中提取出细节。指纹扫描是比较简易的特征提取技术，已经在各行各业普遍使用，但由于图像识别技术和数据库搜索技术的限制，目前指纹自动化识别并不很成功。这种方法主要与物理认证技术联合使用来完成认证过程。指纹认证与物理认证联合是一种可行的、快速的认证方法。

（3）虹膜认证。虹膜是一个位于瞳孔和巩膜之间的环状区域。与其他的生物特征相比，虹膜认证具有如下特性：独特性，虹膜的纹理结构是随机的，其形态依赖于胚胎期的发育；稳定性，虹膜可以保持几十年不变，而且不受除光线之外的周围环境的影响；防伪性好，虹膜本身具有规律的震颤以及随光强变化而缩放的特性，图片等伪造的虹膜可以很容易地被认证出来；易使用性，认证系统不与人体相接触；分析方便，虹膜固有的环状特性提供了一个天然的极坐标系。虹膜认证过程包括：虹膜定位、虹膜对准、模式表达、匹配决策。虹膜定位将虹膜从整幅图像中分割出来；虹膜对准，确定两幅图像之间特征结构的对应关系；模式表达要捕获虹膜所具有的独特的空间特征；匹配决策，用两幅图像虹膜码的距离来表示匹配度，这种匹配算法的计算量极小，可用于大型数据库认证。

（4）人脸认证。人脸认证是一个活跃的研究领域，人脸认证的准确度要低于虹膜认证、指纹认证，但由于无侵害性，它是对用户最自然、最直观的方式，成为最容易被接受的生物特征认证方式。人脸认证主要做两方面的工作：在输入的图像中定位人脸；提取人脸特征进行匹配认证。目前的人脸认证系统中，图像的背景通常是可控或近似可控的，因此人脸定位相对而言容易解决。而人脸认证由于表情、位置、方向以及光照的变化都会产生较大的同类差异，使得人脸的特征提取十分困难。这种认证方法的缺点是一定要正面面对认证设备才能达到一定的精确度，否则就会影响认证的准确性。

（5）手形认证。手形认证是指通过测量手掌的各个部位的尺寸如手指长度、手掌宽度等进行的认证。这种认证方法的缺点是精度不够高。手形的测量比较容易实现，对图像获取设备的要求较低，手形的处理相对也比较简单，在所有生物特征认证方法中手形认证的速度是最快的。然而手形特征并不具有高度的唯一性，不能单独用于认证，手形认证可以用作其他认证手段的辅助手段。

（6）掌纹认证。与指纹认证相比，掌纹认证的可接受程度较高，掌纹的主要特征比指纹的明显得多，而且提取时不易被噪声干扰。另外，掌纹的主要特征比手形的特征更稳定和更具分类性，因此掌纹识别应是一种很有发展潜力的身份认证方法。目前的掌纹认证方法主要利用主线和皱褶特征。

（7）步态识别。步态识别是生物特征识别技术的一个新兴领域。生物特征识别是传统的模式识别问题，它利用人的生理或行为特征进行人的身份识别。脸像、指纹、虹膜等第一代生物特征，通常要求近距离地或者接触性感知（如指纹需要接触指纹扫描仪、脸像需要近距离地捕捉以提供足够的分辨率等）。在远距离的情况下，那样的生物特征将不可能被使用。此时，人的步态仍是可见的，且它可在被观察者没有觉察的情况下，从任意角度进行非接触性感知和度量。因此，从视觉监控的观点来看，步态是远距离情况下最有潜力的生物特征，从而引起了广大研究者们的浓厚兴趣。例如，DARPA 在 2000 年资助的 HID（Human Identification at a Distance）计划，它的任务就是开发多模式的、大范围的视觉监控技术以实现远距离情况下人的检测、分类和识别，从而增强国防、民用等场合免受恐怖袭击的自动保护能力。

步态识别是一个相当新的发展方向，它旨在从相同的行走行为中寻找和提取个体之间的变化特征，以实现自动的身份识别。它是融合计算机视觉、模式识别与视频/图像序列处理的一门技术。

（8）手动签名认证。手动签名认证是一种行为认证技术。手动签名认证的困难在于，数据的动态变化范围大，即使是同一个人的两个签名也不会相同。认证按照数据的获取方式可以分为两种：离线认证和在线认证。离线认证是通过扫描仪获得签名的数字图像；在线认证是利用数字写字板或压敏笔来记录书写签名的过程。

（9）语音认证。研究表明，一个人的语音频谱与人的指纹一样，具有基本不变的特性。通过语音频谱的认证，能够与指纹认证达到同样准确的认证效果。一个语音认证系统主要由 3 个部分组成：声音信号的分割、声音特征提取和说话人认证。声音信号的分割是将嵌入声音信号的重要语音部分分开；声音特征提取是提取被认证人的声音特征；说话人认证通过与数据库中保存的该人的声音特征进行比较，判断是否一致。这种认证的主要问题是通过录音重放就可破坏这样的认证系统，另外就是人在生病时声音频谱可能发生变化，从而导致认证失败。

上面讲述了各种可能的生物认证方法，下面对各种生物特征认证方法进行简单的总结与比较，以便于在实际电子商务系统中，根据需要选择合适的认证方法。

每种生物特征认证技术都有自己的优势和不足，没有一种技术能够在所有方面胜过其他的技术，没有一种技术是万能的，选择一个特定的生物特征认证技术主要依赖于具体的应用。从这个意义上说，每种生物特征认证技术都是可以被采纳的。例如，指纹认证和虹膜认证在准确性和速度上优于声音认证，然而在电话记账系统中，声音认证却是一个好的选择，因为它能够很好地集成到现有的电话系统中。这些认证系统的工作原理是基于个人独特的生物特性，每个人的指纹、虹膜与视网膜都不相同，不同人的这些生物特征相同的概率几乎可以忽略不计。但是这些系统的安全程度取决于系统认证这些生物特性的精度。如果精度足够高，安全性就足够高。在实际使用中，上述各种认证方案往往联合使用，而不是单独使用。比如口令与指纹结合、虹膜与指纹结合、智能卡与指纹结合等。

4. 数字认证

数字认证就是利用密码学的方法实现认证。现在我们随处可见的最简单的认证方法就是采用口令认证，收发电子邮件需要口令认证、拨号上网需要口令认证，到银行取款需要口令认证，在自动取款机上取款需要口令认证。口令认证已经与我们的生活密不可分。但从安全的角度来看，口令认证其实是最低级的、最不安全的认证方法。真正需要进行大宗交易的电子商务是不能采用这种认证方法的，一般采用数字签名的方法进行认证。给定一段加密消息的密文，如果用户A的公开密钥能够解密相应的密文，就证明加密的人知道用户A的私人密钥，而在正常的情况下，用户A的私人密钥只有A自己知道。所以知道用户A的私人密钥，就可以作为用户A的证明。

数字认证方法是目前最可靠、最普遍使用的认证方法，但这种方法的缺点也是明显的，主要缺点是数字签名是公钥密码体系，计算量很大，计算复杂性很高。一般情况下，人们要能实时进行公钥加密的计算几乎是不可能的。数字认证技术需要用到复杂的密码学知识，本书不可能讲清楚数字认证的具体原理。数字认证的思想是一个实体应该知道该实体的某些秘密。在数字世界，这些秘密往往是一些数字，这些数字或者是随机的数字，或者不是随机的数字。一个实体拥有自己的秘密数字，其他人不知道而且也无法猜测到这些秘密数字，因而这些秘密数字就成了数字世界认证一个实体的认证证据。这非常类似于前文的口令认证，只不过这里的数字要比口令的数字多得多，而且还要对口令做适当的运算。

6.3.5 数据加密技术

假如我们从一个企业的外部来到一个企业的内部并查阅企业内部最机密的数据，比如说要获得企业的汇票、财务印鉴。我们首先遇到的是门卫，在电子商务系统中就是防火墙；接着我们需要得到财务部所在的楼房的门卫和企业内部的巡逻人员的许可，也就是说他们不怀疑你，在电子商务系统中，他们就是入侵检测系统；然后你需要能够进入财务部门的办公室，这就要拥有房门的钥匙，这在电子商务系统中类似于我们前面讲的认证系统；最后你才能进入最核心的部分，打开保险柜，获得汇票与印鉴等重要的机密，电子商务系统中的保险柜就是密码系统，采用的技术就是数据加密技术。当然数据加密技术不仅能够起到固定的保险柜的作用，其还能起到移动的保险柜的作用，即我们可以将机密文件放到保险柜中，将保险柜运到另一个地方，路上也没有任何人能看到保险柜中的东西。

数据加密技术保证信息的机密性，是一门古老而又年轻的学科。说它古老，是因为公元前5世纪，在古希腊的斯巴达就出现了原始的密码；说它年轻，是因为直到20世纪40年代末，香农（Shannon）发表论文"保密系统的通信理论"以后，密码学才成为一门科学。1975年1月15日，美国国家标准局颁布了第一个数据加密的国家标准即数据加密标准（Data Encryption Standard，DES），这是数据加密历史上一个具有里程碑意义的事件。1976年，当时在美国斯坦福大学的迪菲（Diffie）和赫尔曼（Hellman）两人提出了公开密钥密码的新思想（论文"密码学的新方向"），把密钥分为加密的公钥和解密的私钥，这是密码学的一场革命。1977年，美国的里维斯特（Rivest）、沙米尔（Shamir）和阿德尔曼（Adleman）提出第一个较完善的公钥密码体制——RSA体制，这是一种建立在大数因子分解基础上的算法。到此为止，"数据加密大厦"的两个支柱——对称加密体系与不对称加密体系（公开密钥加密体系）正式确立。保密通信过程如图6-7所示，数据加密中常用的一些基本概念如下。

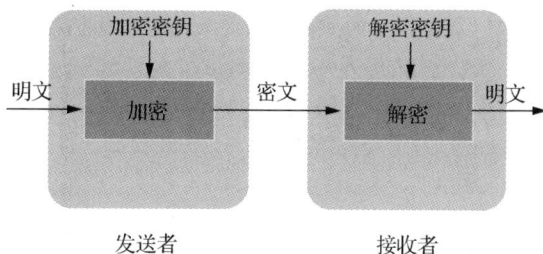

图 6-7 保密通信过程

发送者和接收者：在密码学研究中，我们总是假设发送者希望通过不安全的信道，将消息安全地发送给接收者。

明文与密文：为了通过不安全的信道将消息安全地发送出去，发送者需要对消息进行某种变换，使得即使攻击者获得了变换后的消息，它也不知道要发送的消息。要发送的消息称为明文，经过变换的消息称为密文。

加密与解密：上述将明文变换成密文的过程称为加密。接收者收到密文以后，为了读懂消息，需要将密文变换成明文，这个过程称为解密。

加密密钥与解密密钥：加密变换实际上是一种数学函数变换 $f(M)$，将明文 M 作为函数的自变量的值提供给函数，输出的函数值 $C=f(M)$ 就是密文。将密文变换成明文的过程就是加密函数的逆运算 $M=f^{-1}(C)$，并且有 $f^{-1}(f(M))=M$。这种变换函数 f 与逆变换函数也可以称为算法。当然，我们可以通过对函数 f 的保密来保证发送的消息的保密性，但是这种保密方法存在的问题是：大的或经常变化的机构不能使用这种方法，因为如果有一个用户离开这个机构，这个机构就必须寻找不同的算法；另外这种方法不能进行质量控制，因为不能公开，也无法对它的安全性进行研究。密码学家们想出了另外一种方法巧妙地克服了这样的困难，这就是采用二元函数 $f()$，加密时除了要输入明文 M 外，还需要再输入一个参数 K_1，加密过程变为 $C=f(M,K_1)$。解密过程除了需要输入密文 C 外，还需要提供另外的参数 K_2。通过对 K_1、K_2 的保密实现对消息的保密。这样就可以将 $f()$ 公开进行研究，如果一个人离开这个机构，只需要更换 K_1、K_2 就可以了。这里的 K_1 称为加密密钥，K_2 称为解密密钥。

对称加密体系与公钥加密体系：如果一个加密体系中有 $K_1=g(K_2)$ 或 $K_2=g(K_1)$，其中 g 是一个多项式时间可计算函数，那么我们就说这样的加密体系为对称加密体系。如果 g 不是多项式时间可计算函数，那么我们就称这样的加密体系为公开密钥加密体系，因为在这样的体系中，公开加密密钥并不会使攻击者能够解密信息。

1. 对称加密体系

对称加密体系是实际中用于加密大量信息的加密体系，20 世纪 70 年代以前密码学中只有对称加密的算法，20 世纪 70 年代以后才出现了公开密钥加密算法。在对称加密算法中，一般采用 $K_1=K_2=K$。在对称加密算法中，密钥的保密是最重要的，一旦密钥泄露或被攻破，所有系统就没有秘密可言，所以也称这种加密算法为秘密密钥算法或单密钥算法。它要求发送者和接收者在安全通信之前，商定一个密钥。对称算法的安全性依赖于密钥，泄露密钥就意味着任何人都可以对他们发送或接收的消息解密，所以密钥的保密性对通信安全性至关重要。

对称加密算法的通信过程如下：

（1）A 和 B 协商一个密码系统；

（2）A 和 B 协商同一密钥 K；

（3）A 用协商的加密算法和密钥加密他的消息，得到消息的密文；

（4）A 发送密文消息给 B；

（5）B用同样的密钥和算法解密密文，得到原始明文，然后阅读明文。

对称加密算法可以分成两类。一类为序列算法（Stream Algorithm）：一次只对明文中单个位（有时为字节）加密或解密运算。另一类为分组算法（Block Algorithm）：一次对明文的一组固定长度的字节进行加密或解密运算。在工业与商业中使用的对称加密算法多为分组算法，如DES和AES。而序列算法一般多用在军事通信等领域，公开文献较少。

对称加密算法的优点（同公开密钥加密算法相比）：加密速度快、效率高，一般为公开密钥加密算法速度的100～1000倍。但对称加密算法也存在如下明显的问题。

（1）密钥必须秘密地分配，它比任何加密的消息更有价值，如果知道了密钥就意味着知道了所有消息。这样，密钥分配就成了一个关键的问题。

（2）对称加密的缺点在于密钥的数量大、管理困难。如果任何一对发送者和接收者都有他们各自商议的密钥，那么很明显，假设有 N 个用户进行对称加密通信，就需要 $N(N-1)$ 对密钥，每一个用户要记住或保留 $N-1$ 个密钥，当 N 很大时，记住是不可能的，而记录起来又会导致密钥泄露可能性的增加。

正是这些问题的存在，促使了公开密钥加密算法的产生。

2. 公开密钥加密算法

前面介绍了对称加密算法存在的问题，那么如何才能解决这些问题呢？这引起了许多科学家的思考。1976年，美国正在选择对称加密算法标准时，迪菲和赫尔曼在他们的论文"密码学的新方向"中提出了公开密钥加密算法的概念。受到生活中使用的保险柜和信箱的启发，他们把对称加密想象成生活中的保险柜，密钥就是保险柜的号码组合。知道密码的人能够打开保险柜，放进去文件，再关闭保险柜。知道密码的人也可以打开保险柜，从中取出文件。而不知道密码的人就只能去猜测密码。能不能将保险柜换成一个信箱，人人都可以从投信口把信投到信箱中去，但只有持有信箱钥匙的人才能够打开信箱。投信口是公开的，而钥匙只有一个人持有。通过类比的方法，他们提出能不能找到这样一个系统：加密与解密使用不同的密钥，而且从加密密钥无法推导出解密密钥。如果可以的话，就可以公开一个加密密钥，保持解密密钥的保密性。任何想和A通信的人都可以用A的公开密钥加密，而加密的信息只有A能够解开。这就是公开密钥加密算法的概念。

自公钥加密概念提出以后，学者们提出了许多种公钥加密方法，它们的安全性都是基于复杂的数学难题。根据所基于的数学难题来分类，有以下3类系统目前被认为是安全和有效的：大整数因子分解系统，具有代表性的有 RSA；椭圆曲线离散对数系统，具有代表性的有椭圆曲线密码体制（Elliptic Curve Cryptosystem, ECC）；离散对数系统，具有代表性的有数字签名算法（Digital Signature Algorithm, DSA）。

当前最著名、应用最广泛的公钥系统RSA（简称为RSA系统）是由Rivest、Shamir、Adelman提出的，它的安全性是基于大整数因子分解的困难性，而大整数因子分解问题是数学上的著名难题，至今没有有效的方法予以解决，因此可以确保RSA算法的安全性。RSA算法是公钥系统中最具有典型意义的算法，大多数使用公钥密码进行加密和数字签名的产品和标准使用的都是RSA算法。用公开密钥加密算法的通信过程如下：

（1）A和B选用一个公开密码系统；

（2）B将其公开密钥传送给A；

（3）A用B的公开密钥加密他的消息，然后将消息发送给B；

（4）B用其私人密钥解密消息，然后阅读消息。

因为公开密钥不需要保密，因而可以在不安全的信道上传递，从而很好地解决了对称加密算法的密钥分配与管理问题。此外，公开密钥加密算法还有一个很重要的优势就是它还可以用于数字签名，这一点后文将详细介绍。但是公开密钥加密算法也有它的缺点。

（1）公开密钥加密算法速度很慢，大约只有对称密码算法的 1/1000 到 1/100。

（2）公开密钥加密算法对选择明文攻击很脆弱。因为我们知道 $C = f(M, K_1)$，这里 K_1 是已知的，如果只有 n 种可能，那么攻击者可以加密所有 n 种可能的明文，看哪一个结果与 C 相同，也就能够知道 M 是什么了。

公开密钥加密算法的上述缺点，使得它无法用于加密消息空间很小的消息，也不适合用于加密大量的数据。在实际使用时往往是把对称加密算法与公开密钥加密算法结合起来使用，用公开密钥加密算法完成密钥分配，而用分配的密钥进行加密。这就是所谓的混合密码体制。

3. 混合加密技术

对称密码体制由于只使用了替代和置换等简单的比特处理组合形式，因此处理速度很快且使用简便，但在密钥分配和管理方面存在一定的问题，并且在分布式系统上使用较为困难。而公钥密码体制不需要秘密分配密钥，密钥分配和管理比较容易，特别适合在分布式系统中应用，其缺点是需进行诸如 200 到 300 位整数的幂运算、模运算等复杂运算，一般会比对称密码算法慢很多。

为了充分利用对称密码体制和公钥密码体制的优点，改进安全保密系统常用加密体系中密钥分配和交换方面的不足，提高密码技术在保证信息安全传输中的应用，一些密码专家提出了一种基于混合密码体制的数据加密方案。用混合密码系统进行通信的过程如下：

（1）B 将其公开密钥发送给 A；

（2）A 产生一个随机的会话密钥，并用 B 的公开密钥加密，然后将加密的消息发送给 B；

（3）B 用其私人密钥解密消息，恢复出会话密钥；

（4）他们用同一会话密钥对他们的通信进行加密与解密。

混合密码体制的核心是：先利用公钥密码技术来传递加密明文时所用到的对称密码，再利用对称密码技术对明文进行加、解密。由于将公钥密码技术和对称密码技术相结合，在加、解密明文方面提高了处理速度和运算效率，并且利用公钥密码技术加强了密钥管理和分配的方便性，故混合密码体制成为当今安全领域中使用最为广泛的加密认证安全体制。

混合密码体制提出后，在安全领域引起了强烈的反响，基于混合密码体制的身份认证技术、数字签名技术相继出现，这方面的研究也成为密码专家关注的热点。

在应用方面，混合密码体制也逐渐显示出它的价值，它可广泛地应用在防火墙规划、构造企业内部网络的管理及安全规划、互联网络用户身份认证体系等场合，还可很好地应用于当前网络应用技术的一个研究热点——移动代理和多代理混合密码体制的安全保障体系中。

6.3.6 数字签名技术

1. 用公开密钥加密算法对文件签名

在传统的商务活动中，一个人常常通过签名或盖章的方式表示对文件（或商业合同）内容的认可、享受合同规定的权利、承担对应的义务，如果不能按文件的规定履行义务，将承担相应的责任。为此，要求签名应该是可信的、可验证的、不可伪造的、不可重用的，签名后的文件是不可更改的、签名是不可抵赖的。在电子商务活动中，交易的双方通过网络进行商业谈判、签订合同，所形成的商业文件多为电子文档，能不能有一种满足上述要求的方法使交易的双方对电子文档进行签名呢？在考虑这个问题时，首先遇到的问题是电子文件的易复制性、易重用性。即使某人的签名难以伪造，但是把签名从一个文件剪切并粘贴到另一个文件则是非常容易的事情。因此必须找到新的方法能够对电子文档进行签名，并使其满足上述要求。目前人们已经找到了许多能够满足上述要求的数字签名算法，主要的数字签名算法有 RSA 数字签名算法（见图 6-8）、DSA 数字签名算法、离散对数数字签名算法等。

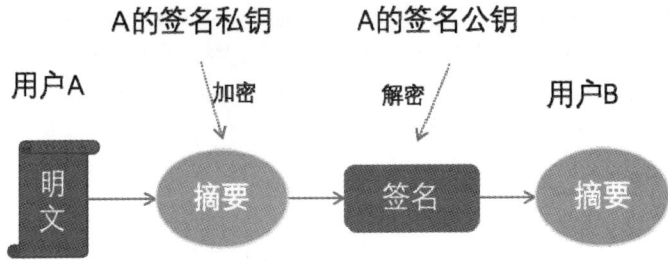

图6-8　RSA数字签名算法

在RSA公开密钥加密算法中，公开密钥和私人密钥都可以用于加密，但是获得的效果却大不相同。用公开密钥加密、用私人密钥解密就是通常的公开密钥密码系统；如果用A的私人密钥加密，那么知道用户A公开密钥的人都能够解密消息，也只有A的私人密钥加密的消息才能够用A的公开密钥解密。这样能够用A的公开密钥解密，就成了A对此消息进行过加密的可靠的证据。A只有同意消息的内容，才会对它进行加密。这就构成了一种安全的数字签名系统。用RSA公开密钥加密算法签名的过程如下。

（1）A用其私人密钥对文件加密，从而完成对文件的数字签名。

（2）A将签名的文件传给B。

（3）B用A的公开密钥解密文件，完成对签名的验证。

上述签名满足用户如下要求。

（1）可验证性：如果是A的签名，用A的公开密钥一定能解密出正确的消息。

（2）可信性：当能用A的公开密钥验证消息时，就可以确信消息是由A签名的。

（3）签名是不可伪造的：因为只有A知道自己的私人密钥，不知道私人密钥的人无法用A的私人密钥签名消息。

（4）签名是不可重用的：因为签名是文件内容的函数，不可能将已有的签名转移到另外的文件上去。

（5）签名是不可抵赖的：只要知道A的公开密钥，不需要A的帮助，就可以证明A确实在文件上签了名。

在前文对签名的论述中，我们已经知道对文件进行数字签名的目的是证明签名人承认自己对于签名文件的责任与义务，而不是保持文件内容的秘密，文件内容一般是可以公开的。因此数字签名遇到的最重要的不安全因素有两种：一种是签名人签名之后又不愿意承担相应的责任从而否定自己曾经签署过该文件。比如买卖双方在签订进出口的电子合同后，买方由于国内同类商品的价格大跌，继续履行合同进口该批货物会造成大量亏损，他就可能否认曾经签订过该合同。另一种情况是在买卖双方谈判的过程中，卖方的收购价格大跌，这时卖方看到有利可图，由于受某种因素的影响，合同本没有签订，买方准备中止谈判。卖方伪造一份经过双方签名的合同要求买方履行。第一种情况称为签名的否认或抵赖问题，第二种情况称为签名的伪造问题。如果假设抵赖者或者伪造者的计算能力是有限的，那么前述的数字签名算法都是安全的；如果抵赖者或者伪造者的计算能力是无限的，那么它就可能抵赖或者伪造一个签名。为了解决这些问题，人们还提出了若干不可抵赖的数字签名算法用于对付签名的抵赖问题，提出失败中止算法用于对付签名的伪造问题。这些是数字签名研究的新方向。

2.　用单向哈希函数和公开密钥加密算法签名

单向函数与单向哈希函数：如果一个函数$f(x)$满足下面两个条件，我们就说它是单向函数。

（1）存在多项式时间算法A，使得$A(x) = f(x) = y$；

（2）找不到多项式时间算法B，使得$B(y) = x$。

上述严格的定义所要表达的意思是：单向函数就是计算起来相对容易，而函数求逆却非常困难的函数。如果单向函数$f(x)$，对于任意的两个输入x_1, x_2，都有$f(x_1), f(x_2)$的二进制表示的位数相同，我们就

称 $f(x)$ 为单向哈希函数。单向哈希函数是多对一的函数,不能用两个文件的单向哈希值相同来确定两个文件相同,但能够保证如果两个文件的单向哈希值不同,两个文件相同的概率非常的小。例如,如果单向哈希值的长度为 120 位二进制数,那么两个文件不同,而哈希值相同的概率小于 2^{-120}。给定一个哈希值,要找到一个文件,使其哈希函数值等于给定的函数值非常困难。由于这些特性,单向哈希函数常常被作为文件的"指纹",或者消息的摘要。

用单向哈希函数和公开密钥加密算法签名:由于数字签名算法常常需要进行模指数运算,而且这里的模都是 200 到 300 位的十进制自然数,计算量大,效率低。而实际要签名的文件也可能是非常大的文件,这样要直接对文件进行签名,计算量与计算复杂性可想而知。为了解决这个问题,人们找到了将数字签名算法与单向哈希函数算法结合起来使用的签名方法。首先对长文件进行单向哈希函数运算,计算出文件的单向哈希函数值。文件的单向哈希函数值远远小于文件本身。通过对文件的单向哈希函数值进行签名实现对原始文件的签名。签名过程如下:

(1)A 产生文件的单向哈希值;

(2)A 用其私人密钥对哈希值加密,凭此表示对文件加密;

(3)A 将文件和哈希签名发送给 B;

(4)B 用 A 发送的文件产生文件的哈希值,然后用 A 的公开密钥解密 A 的签名,如果计算出的哈希值和解密出的哈希值相同,签名有效。

采用这样的方法,既实现了对文件的签名,又大大减少了计算量,降低了计算复杂度,该方法确实是一种好的方法。

3. SSL 协议

SSL 协议最初是由网景公司设计开发的,即安全套接层(Secure Sockets Layer)协议,主要用于提高应用程序之间的数据的安全系数。SSL 协议的整个概念可以被总结为:一个保证任何安装了安全套接字的客户和服务器间事务安全的协议,它涉及所有 TCP/IP 应用程序。

SSL 协议主要提供以下 3 个方面的服务。

(1)认证客户和服务器,使得它们能够确信数据将被发送给正确的客户和服务器。

(2)加密数据以隐藏被传送的数据。

(3)维护数据的完整性,确保数据在传输过程中不被改变。

SSL 协议的运行步骤包括 6 步。

(1)接通阶段。客户通过网络向服务器打招呼,服务器回应。

(2)密码交换阶段。客户与服务器之间交换双方认可的密码。一般选用 RSA 密码算法,也有的选用 Diffie-Hellman 和 Fortezza-KEA 密码算法。

(3)协商会话密码阶段。客户与服务器间产生彼此交谈的会话密码。

(4)检验阶段。检验服务器取得的密码。

(5)客户认证阶段。验证客户的可信度。

(6)结束阶段。客户与服务器之间相互交换结束的信息。

当上述动作完成之后,两者间的资料传送就会加上密码,等到另外一端收到资料后,再将加密资料还原。即使盗窃者在网络上取得加密的资料,如果没有原先编制的密码算法,也不能获得可读的有用资料。

HTTPS、FTPS、TELNETS、IMAPS等
SSL 握手协议
SSL 记录协议
TCP(传输控制协议)
IP(互联网协议)

图 6-9 SSL 协议与 TCP/IP 间的关系

SSL 协议分为两层:SSL 握手协议和 SSL 记录协议。SSL 协议与 TCP/IP 间的关系如图 6-9 所示。

SSL 握手协议用于在通信双方建立安全传输通道,具体实现以下功能:(1)在客户端验证服务器,

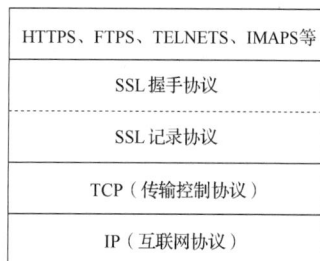

SSL 协议采用公钥方式进行身份认证；（2）在服务器端验证客户（可选）；（3）客户和服务器之间协商双方都支持的加密算法和单向哈希算法，可选用的加密算法包括 IDEA、RC4、DES、3DES、RSA、DSA、Diffie-hellman、MD5、SHA 等；（4）产生对称加密算法的会话密钥；（5）建立加密 SSL 连接。一般的握手过程分为下面的 4 个阶段。

（1）初始化逻辑连接，客户方先发出"Client hello"消息，服务器方也应返回一个"Server hello"消息，这两个消息用来协商双方的安全能力，包括协议版本、随机参数、会话 ID、交换密钥算法、对称加密算法、单向哈希算法等。

（2）服务器方应发送服务器证书（包含服务器的公钥等）和会话密钥，如果服务器要求验证客户方，则要发送 CertificateRequest 消息。最后服务器方发送 ServerHelloDone 消息，表示 hello 阶段结束，服务器等待客户方的响应。

（3）如果服务器要求验证客户方，则客户方先发送 Certificate 消息，然后产生会话密钥，并用服务器的公钥加密，封装在 ClientKeyExchange 消息中。如果客户方发送了自己的证书，则再发送一个数字签名 CertificateVerify 来对证书进行校验。

（4）客户方发送一个 ChangeCipherSpec 消息，通知服务器以后发送的消息将采用先前协商好的安全参数加密，最后再发送一个加密后的 Finished 消息。服务器在收到上述两个消息后，也发送自己的 ChangeCipherSpec 消息和 Finished 消息。至此，握手全部完成，双方可以开始传输应用数据。

SSL 握手协议在通信双方建立起合适的会话状态信息要素，如表 6-1 所示。

表 6-1　SSL 握手协议会话状态

会话状态信息要素	描述
对话标识	服务器选择的用于标识一个活跃的、重新开始的对话标识
对等证书	对等实体的 X509 证书
哈希算法	所采用的数据哈希算法
加密说明	所采用的数据加密算法和 MAC 算法
会话密钥	客户端和服务器所共享的会话密钥
可重新开始	标识此对话是否可以用来初始化新的标志

SSL 记录协议从高层接收到数据后要经过分段、哈希和加密处理，最后由传输层发送出去。在 SSL 协议中，所有的传输数据都被封装在记录中，SSL 记录协议规定了记录头和记录数据的格式。

每个 SSL 记录包含以下信息：（1）内容类型，指 SSL 的高层协议；（2）协议版本号，指所用的 SSL 协议版本号，目前已有 2.0 版和 3.0 版；（3）长度，指记录数据的长度，记录数据的最大长度为 16383 个字节；（4）数据有效载荷，将数据用 SSL 握手阶段所定义的哈希方法和加密方法进行处理后得到的结果；（5）MAC，MAC 在有效数据被加密之前计算出来并放入 SSL 记录中，用于进行数据完整性检查，若使用 MD5 算法，则 MAC 数据长度是 16 个字节。SSL 记录协议采用了 RFC2104 中关于 HMAC 结构的修正版，在哈希函数作用之前将一个序号放入消息中，以抵抗各种形式的重传攻击，这个序号是一个 32 位的递增计数器。

在电子商务交易过程中，由于有银行参与，按照 SSL 协议，客户购买的信息首先发往商家，商家再将信息转发给银行。银行验证客户信息的合法性后，通知商家付款成功，商家再通知客户购买成功，将商品寄送给客户。

SSL 协议也是国际上最早应用于电子商务的一种网络安全协议，至今仍有许多网上商店在使用。在使用时，SSL 协议根据邮购的原理进行了部分改进。在传统的邮购活动中，客户首先寻找商品信息，然后汇款给商家，商家再把商品寄给客户。这里，商家是可以信赖的，所以，客户须先付款给商家。在电子商务的开始阶段，商家也担心客户购买后不付款，或使用过期的信用卡，因而希望银行给予认证。SSL 协议正是在这种背景下应用于电子商务的。

SSL 协议运行的基点是商家对客户信息保密的承诺。如亚马逊网上书店在它的购买说明中明确表示："当你在亚马逊公司购书时，受到'亚马逊公司安全购买保证'保护，所以你永远不用为你的信息卡安全担心。"但在上述流程中我们也注意到，SSL 协议有利于商家而不利于客户。客户的信息首先是必要的，但整个过程中缺少了客户对商家的认证。在电子商务的开始阶段，由于参与电子商务的公司大都是一些大型公司，信誉较高，这个问题没有引起人们的重视。随着电子商务参与的厂商迅速增加，对厂商的认证问题越来越突出。SSL 协议的缺点完全暴露出来，SSL 协议逐渐被新的协议所取代。

4. SET 协议

随着电子商务的发展，网上购物越来越普及。网上购物一般要经过购物准备过程与实际购物过程，网上购物准备过程如图 6-10 所示。在这个过程中不发生真正的交易，不涉及支付问题，所以一般不需要什么协议。

在准备过程之后的过程是实际购物过程，实际的购物过程的完成必然需要支付的发生。而要实现真正的电子商务，商务活动必须能够实现网上支付。在全世界范围内实现网上支付最有效的方法之一是用信用卡支付。为此两大信用卡组织 Visa 和 Master Card，联合开发了电子商务交易安全（Secure Electronic Transaction，SET）协议。这是在互联网上进行在线交易的、开放的、以电子货币为基础的电子付款系统规范。SET 在保留对客户信用卡认证的前提下，又增加了对商家身份的认证，这对需要支付货币的交易来讲是至关重要的。由于设计合理，SET 协议得到了 IBM、HP、Microsoft、Netscape、VeriFone、GTE、VeriSign 等许多大型公司的支持，已成为事实上的行业标准。目前，它已获得 IETF 标准的认可。利用 SET 协议进行网上购物的过程如图 6-11 所示。

并不是任何持有信用卡的人都可以利用 SET 协议进行网上支付。要进行网上支付，持卡人必须做一些工作，包括开立账户、获得公钥数字证书、获得商店的数字证书等，然后才能进行在线支付。

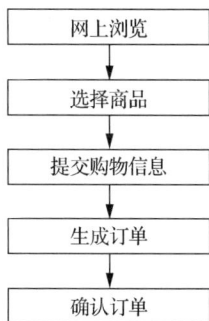

图 6-10　网上购物准备过程

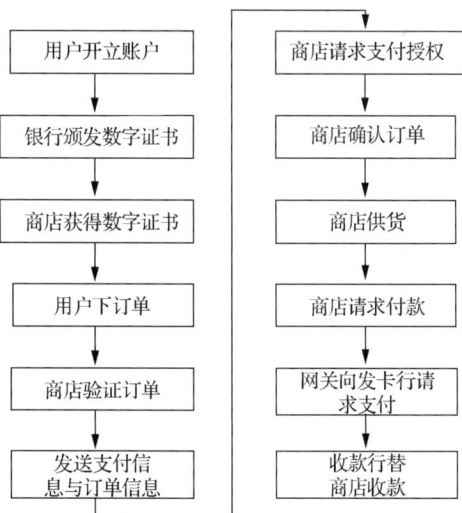

图 6-11　利用 SET 协议进行网上购物的过程

在利用 SET 协议进行支付的过程中，涉及下面的当事人。

（1）持卡人：持信用卡进行消费的消费者。

（2）商户：向持卡人提供商品或服务的个人或组织。

（3）发卡行：为持卡人发放信用卡的金融机构。

（4）收款行：商户开有账户，并受理信用卡认证与结算的金融机构。商户通常都可以接受许多种信用卡，但商户并不想与许多发卡银行打交道，收款行向商户提供认证，保证某个信用卡是有效的，并且其购物金额没有超过其授信额度。收款行负责将购货资金转移给商户，并向发卡银行进行索偿。

（5）支付网关：支付网关是由收款行或者指定的第三方维护的、处理商户支付信息的功能设备。网关是现有银行卡支付网络的中介，负责认证和支付。

（6）CA：这是一个为持卡人、商户和支付网关颁发 X.509v3 公钥证书的可信赖的实体。SET 的成败取决于 CA 基础设施是否可用。一般采用层次型的 CA，以避免当事人都直接要 CA 进行发证。

而且在使用 SET 协议进行支付的过程中，我们希望持卡人的账户信息与支付信息都是保密的，要保证商户不知道信用卡号，只有发卡行知道信用卡号，而银行不知道持卡人何时、何地买了何物，买了多少。因此我们对用信用卡进行安全支付提出下面的要求：

（1）要保证支付信息的机密性和订单信息的机密性。

（2）要保证所有传输数据的完整性。

（3）要保证持卡人是信用卡账户的合法用户，这就需要进行认证。

（4）要保证一个商户与金融机构的关系，使它能够接受信用卡交易。

（5）运用最好的安全技术与最好的系统设计技术，保护电子商务交易中的所有合法当事人。该技术既不依赖于传输安全机制的使用也不影响传输安全机制的使用，便于并鼓励软件供应商和网络服务商之间的互操作。

SET 采用 DES 保证机密性；用 RSA 数字签名、SHA-1 哈希算法保证数据的完整性，确保订单信息、个人数据、支付指令在传输过程中不被修改。SET 使商户能够验证持卡人是有效信用卡账号的合法用户。SET 使持卡人能够验证相应的商户与金融机构有信用卡结算关系，能够接受信用卡付款。

除了要求银行不知道订单信息、商店不知道支付信息以外，我们还希望能够将每次购物所发生的支付与实际的购物关联起来，以保证持卡人的利益。否则，如果商店在某一个时刻说持卡人购买了某些商品却没有付款，持卡人就有苦难言了。SET 采用一种很有特点的双签名机制解决了这两个问题。SET 的双签名机制示意如图 6-12 所示。

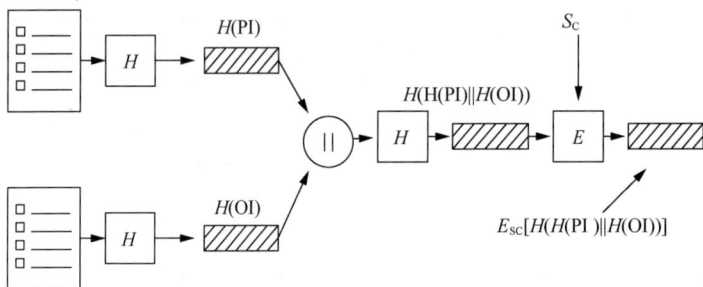

图 6-12 SET 的双签名机制示意

图中的 PI 表示 payment information，即支付信息，包括用户的信用卡号、信用卡密码等信息；OI 表示 order information，即订单信息，包括商品的时间、数量、地点、单价、总值等信息。我们希望商家可以阅读订单信息而不能阅读支付信息，银行可以阅读支付信息而不能阅读订单信息。那么应该如何处理呢？SET 的双签名很好地解决了这个问题。用户的处理过程如下。

（1）分别对支付信息和订单信息进行单向哈希运算，生成各自的单向哈希函数值 $H(\text{OI})$ 和 $H(\text{PI})$。

（2）将这两个单向哈希函数值放到一起，再做一次单向哈希运算得到 $H(H(\text{PI})\|H(\text{OI}))$，然后用自己的私钥加密，即对这个结果进行签名 $E_{SC}[H(H(\text{PI})\|H(\text{OI}))]$。这就是所谓的双签名机制。$E_{SC}[H(H(\text{PI})\|H(\text{OI}))]$ 就将本次购物的信息与本次支付的信息关联起来，商家任何时候都无法抵赖。

双签名的处理过程如图 6-13 所示。用户用上述的方法生成一个双签名，把支付信息与双签名和订单信息的单向哈希函数值，选择一个随机的会话密钥进行加密。用支付网关的公开密钥加密随机会话密钥，就得到一个新的密文块，因为支付网关要想阅读支付信息，就必须解密这一个密文块，所以我们称这一个密文块为数字信封。然后把订单信息、支付信息的单向哈希函数值、双签名以及持卡人证书，即右边矩形内的所有信息一起打包发送给商店。

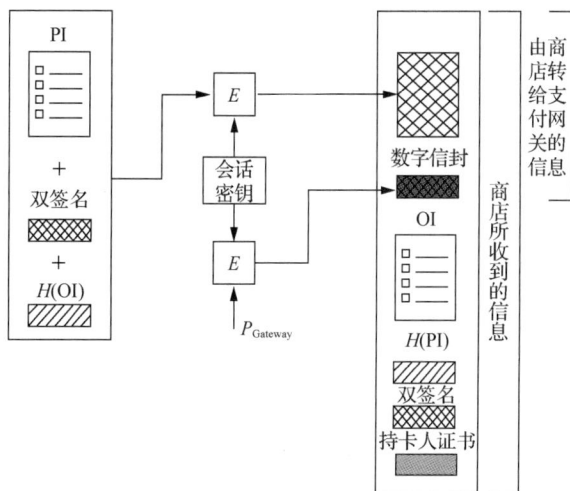

图 6-13 双签名的处理过程

商店收到这一部分信息后，可以检查其中以明文方式发送的订单信息。得到支付信息的单向哈希函数值，可以计算订单信息的单向哈希函数值，再把它们连接起来进行单项哈希函数运算，得到 $H(H(\text{PI})\|H(\text{OI}))$，然后从持卡人证书中获得持卡人的公钥，用持卡人的公钥解密双签名得到 $H(H(\text{PI})\|H(\text{OI}))$，比较这两部分是否相同，如图 6-14 所示。如果相同说明信息在传输过程中没有被修改，信息是完整的。因为右上角与支付有关的信息是用随机密钥加密的，而这个随机密钥又用支付网关的公开密钥加密，所以商店看不到任何实际的信息。

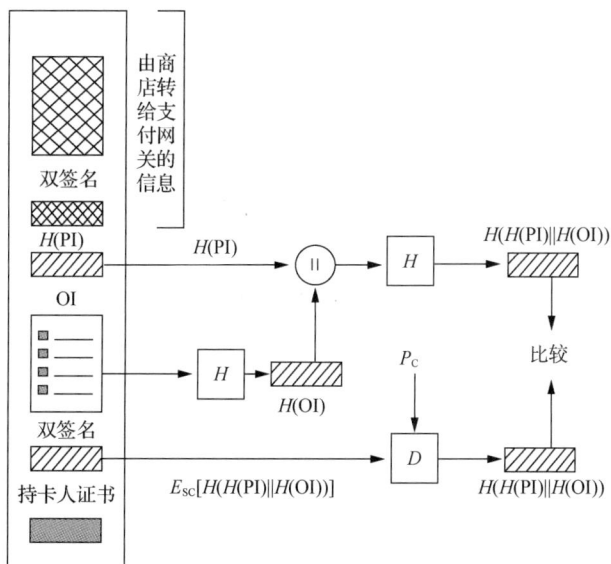

图 6-14 验证过程

然后把数字信封和右上角的密文块转发给支付网关，等待支付网关的确认。因为与订单有关的信息没有转给支付网关，所以支付网关看不到有关订单的任何信息。支付网关收到这些信息后，首先用自己的私钥解密数字信封，得到随机会话密钥，用该随机会话密钥解密右上角的明文块，就可以得到有关支付的信息。用与商店的做法相同的方法验证消息的完整性。如果支付的信息（包括信用卡号、信用卡密码等）都正确，就给商店返回一个一切正确的信息，告诉商店可以放心交易。

商店就可以按照持卡人的订单要求交付货物，并要求支付网关从持卡人的信用卡上按照支付信息的内容扣款。

这样的过程保证了银行系统不知道订单信息，商店系统不知道支付信息。支付网关的认证保证了持卡人是信用卡账户的合法用户。另外商店转发支付信息的银行一定是自己有结算关系的银行，也能够接受信用卡支付，否则前面的工作就进行不下去。

SET 协议规范的技术范围如下。

（1）加密算法的应用（如 RSA 和 DES）。

（2）证书信息和对象格式。

（3）购买信息和对象格式。

（4）认可信息和对象格式。

（5）划账信息和对象格式。

（6）对话实体之间消息的传输协议。

1996 年 4 月 SET 安全协议 1.0 版面市以来，大量的现场实验和实施效果令人满意，其获得了商业界的支持，促进了 SET 的发展。但细心观察也发现 SET 安全协议 1.0 版也存在如下一些问题。

（1）协议没有说明收单银行给在线商店付款前是否必须收到消费者的货物接受证书。如果在线商品提供的货物不符合质量标准，消费者提出疑义，责任由谁承担。

（2）SET 技术规范没有提及在事务处理完成后，如何安全地保存或销毁此类数据，是否应当将数据保存在消费者、在线商店或收单银行的计算机里。这种漏洞可能使这些数据以后受到潜在的攻击。

SET 存在的缺陷促使人们设法改进它。中国商品交易中心、中国银行和上海长途电信局都提出了自己的设计方案。随着不断的改进，SET 协议必将越来越完善、越来越方便，将成为所有电子商务交易的电子支付基础。

本章小结

本章主要从 3 个层级讲述了电子商务系统的主要技术：基础技术、支付技术和安全技术。基础技术主要包括电子商务系统中涉及的一些基础技术，如开发技术、通信技术和数据处理与存储技术等。支付技术主要指支付系统构建的相关技术以及网上银行技术。安全技术包括防火墙技术、入侵检测技术、认证技术、数据加密和数字签名技术。

思考与讨论题

1. 简述 Web 技术、HTTP 与 HTML 之间的区别与联系。
2. 用户通过浏览器进行浏览时，Web、HTTP 与 HTML 的工作流程是什么？
3. XML 是什么，有何特点？XML 的结构是什么？
4. 举例说明 XML 的使用方法。XML 与 SGML、HTML 在语法上有何不同？
5. 网上银行与传统银行相比有什么优点？
6. 传统银行应该怎么调整自己来顺应互联网时代下的金融模式？

7. 电子支付应该怎样进一步发展以顺应互联网时代日益增长的需求?

8. 在电子商务中，你认为哪几个环节涉及安全问题?

9. 电子商务安全系统受哪些国家政策的约束? 试举几例。

10. 电子商务中的安全隐患主要有哪些? 你有什么解决方法的建议? 说明你的方法为什么是安全的。

11. 什么是防火墙，防火墙的作用是什么，都有哪些功能?

12. 防火墙都有哪些种类，各自的特点是什么?

13. 为什么要对数据进行加密? 加密的基本原理是什么?

14. 为什么要使用认证技术? 在电子商务中认证技术有什么作用?

15. 数字签名技术都有哪些算法? 简述你知道的一种，说明其完成的工作（向用户提供了什么）。

16. 列举你知道的生物认证技术。简单介绍其工作原理。

17. 我们是通过什么知道一些先进的生物认证技术的? 是在电子商务中吗? 如果不是，那是在哪里? 认证技术是适应电子商务发展的要求产生的吗?

18. 详细说明 RSA 数字签名算法的工作流程。

19. 什么是网络入侵? 怎么防范?

20. 入侵检测都有哪些手段?

21. 网络入侵检测系统的优缺点有哪些? 主机入侵检测系统的优缺点有哪些?

22. 入侵检测方法有哪些，常用的方法有哪些?

23. SSL 协议是什么，SSL 协议提供的服务和步骤是什么?

24. 简述 SSL 协议与 TCP/IP 间的关系。

25. 举例说明 SSL 协议的握手过程。

26. SSL 安全的基点是什么?

27. SET 协议是什么? 为什么会产生 SET 协议? 其主要解决哪些问题，达到什么目标?

第7章
电子商务理论应用与案例解析

知识结构

```
                              ┌─ 7.1.1 过程分析法
                              │
             7.1 电子商务案例分析方法 ├─ 7.1.2 逻辑分析法
                              │
                              │                      ┌─ 电子商务网站评价分析方法
                              └─ 7.1.3 经验分析法 ───┤
                                                     └─ 电子商务战略评价分析方法

                                            ┌─ 京东的发展概述
                              7.2.1 京东 ───┼─ 京东的商业运营
                              │             └─ 京东的商业创新
                              │
                              │             ┌─ 拼多多的发展概述
                              7.2.2 拼多多 ─┤
                              │             └─ 拼多多的商业运营与创新
                              │
                              │             ┌─ 亚马逊的发展概述
第7章电子商务理论应用与案例解析  7.2 电子商务经典案例 ─ 7.2.3 亚马逊 ─┤
                              │             └─ 亚马逊的商业运营与创新
                              │
                              │             ┌─ 高德地图的发展概述
                              7.2.4 高德地图 ┤
                              │             └─ 高德地图的商业运营与创新
                              │
                              │             ┌─ 北斗的发展概述
                              7.2.5 北斗 ───┤
                              │             └─ 北斗的商业运营与创新
                              │
                              │             ┌─ 抖音的发展概述
                              7.2.6 抖音 ───┤
                                            └─ 抖音的商业运营与创新

                                          ┌─ 电子商务的理论发展
             7.3 电子商务的未来发展趋势 ──┼─ 电子商务的技术发展
                                          └─ 电子商务的应用发展
```

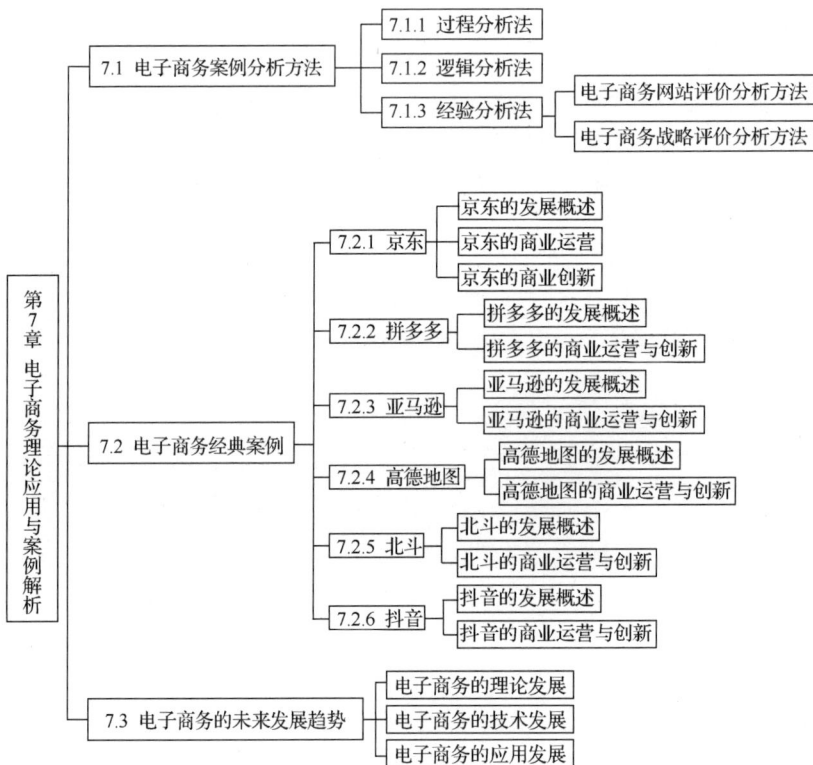

7.1 电子商务案例分析方法

7.1.1 过程分析法

过程即活动,是对过程及其特性运用规定的方法进行有关合格与否或寻求改进的一种分析。

过程分析方法很多,一类是基于数据统计的,较为典型的有统计技术分析方法,包括统计分析方法和技术分析方法。而另外一类是基于过程进行系统性分析的,指使用一个或一组实践的方法、技术、工具来策划、控制并改进过程的执行效果、效率以及匹配性。其包括过程策划、过程实施、过程监测和过程改进 4 个部分,就是经常提及的 PDCA(Plan-Do-Check-Act)循环的 4 个阶段。另外,还可以通过思维导图、鱼骨图等表示过程分析。

7.1.2 逻辑分析法

逻辑分析法是将问题中涵盖的所有子问题，没有疏忽和遗漏地进行分层罗列，从最高层开始逐步向下扩展，并逐渐细化，直到最终找到解决问题的方法，如图 7-1 所示。逻辑分析法首先以逻辑思考的因果关系作为解决方向，然后经过层层的逻辑推演，最后导出问题的解决方法。逻辑分析法不但可以让我们冷静、客观地进行逻辑分析，而且还能为具体的操作提供非常坚实的图表技术，进而能帮助我们轻松地挖掘问题并解决问题。

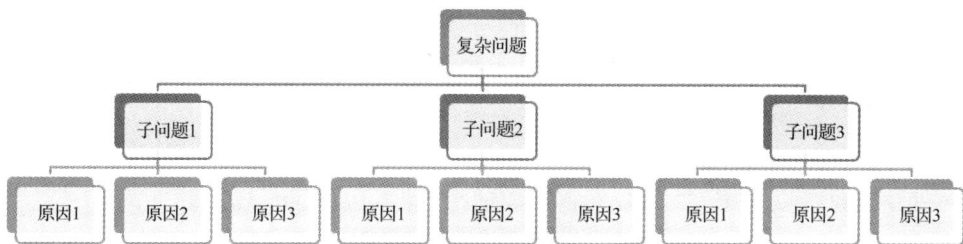

图 7-1 逻辑分析法

7.1.3 经验分析法

1. 电子商务网站评价分析方法

随着互联网商业化的迅速发展，电子商务网站大量涌现，市场竞争日趋激烈。网站经营者需要知道网站受用户欢迎的程度，用户如何使用该网站，网站的成功与不足之处，并找到进一步改善的方法。网站投资者需要了解网站的运营状况、品牌实力和发展潜力、评估网站的价值，以便做出投资决策。消费者需要了解如何寻找最好的网站，以获得最好的服务和最大的价值。解决这些问题就必须采用合适的标尺和方法来评估网站。因此，电子商务网站评价的强烈社会需求促使网站评价的研究和实践活动蓬勃发展起来。

电子商务网站评价是指根据一定的评价方法和评价内容与指标对电子商务网站运行状况和工作质量进行评估。作为电子商务市场发展和完善的重要推动力量，电子商务网站评价不仅使自身得到快速发展，并且通过评价活动促进电子商务网站的整体水平和质量的提高，监督和促进电子商务网站经营规范和完善，从而推动电子商务的健康发展。具体而言，电子商务网站评价的作用主要表现在以下方面。

通过网站评价，网站经营者可以更加客观、全面地了解网站实际运行的效果以及客户的满意程度，认识自己的网站的地位、优势和不足，作为网站维护、更新及进一步开发、完善的依据。而参加网站评比对扩大网站知名度具有无法替代的特殊价值，主要表现在如下几个方面。

（1）扩大知名度。客观、公正的评价结果往往会得到多种媒体的转载，产生良好的新闻效应，对扩大网站知名度比常规推广手段具有更为明显的效果。

（2）吸引新用户。互联网的新用户数量增加很快，对许多新用户来说，他们可能并不十分了解现有网站的状况，因此网站的综合评价结果具有重要的指导意义，新用户可能首先成为知名网站的用户。

（3）增加保持力和忠诚度。优秀的网站大都有相似的特征，如良好的顾客服务、有价值的网站内容、生机勃勃的商业模式。在同等条件下，顾客显然对榜上有名的网站拥有更高的忠诚度。优秀的网站同时也意味着更多的承诺和顾客的信任。

（4）了解行业竞争状况。尤其对于购物模式的网站评比，通过网站评比和排名，可以很清楚地了解本行业竞争对手的整体状况和各项指标的排名，从而认识自己的优势和不足，以便于改进。

（5）促使网站更加重视客户的满意度。电子商务重视客户关系，以"顾客为中心"，电子商务网站的评价指标体现出客户服务的重要性。因而评比网站根据多种因素、按"服务质量"的差别对网站进行排名，这样有利于促进商家从总体顾客满意入手改进经营模式，而不仅仅是价格竞争。网站评比对扩大网站知名度的效果早已为各大网站所认可，而且逐渐成为常用的网站推广手段之一。

电子商务网站评价的社会需求促使一种新的电子商务模式产生：比较电子商务。评比网站作为比较电子商务的主要组织形式，随着电子商务的发展而发展，其作用日益重要。它根据特定的网站评价方法和指标，以一定的商务网站为分析评价对象，为顾客、被评价网站及其投资方提供相关的分析与评价结果。测评机构和评比网站作为中立的第三方，通过提供信息增值服务——网站测评、排名及其分析报告等抓住了市场机会，快速地成长。例如，美国的两个知名的评比网站对电子商务网站的排名，其影响力越来越大。因此，专门的评比网站作为一种电子商务模式出现了并蓬勃发展起来。

因此，评比网站是电子商务网站与消费者之间联系的通道，为消费者提供中立、公正的被评网站的信息，帮助消费者选择合适的网站。另外评比网站还能监督促进电子商务网站的经营逐渐趋于规范和完善，它关于网站的评价及其评价指标对网站经营管理者具有指导意义，起到了电子商务网站评价的作用。随着电子商务的不断普及，评比网站的地位将越来越高。

电子商务网站评价能够在一定程度上解决商务网站和消费者之间的信息不对称问题。消费者可以根据中立的网站评价结果，获得可靠的各个商务网站的评价信息，从而降低信息搜寻成本，并且有助于消费者更方便、更迅速地选择合适的网站进行商务活动或获得最好的服务。例如，在网上购物方面，消费者利用网站评分结果，就可以从产品的价格、质量，网上商店的特别优惠措施等各方面比较不同的网上商店，从而使消费者能够根据自己的需要找到最合适的网站，并能买到价廉物美的产品。

根据目前电子商务网站评价的实践，电子商务网站评价有多种类型，根据不同的分类标准，可以划分为不同的类型。由于参与电子商务网站评价的主体一般包括消费者、相关的专家、网站管理人员和技术人员，因而根据网站评价的主体不同，电子商务网站评价可分为消费者评价、专家评价、网站自身评价；根据被评价网站的性质不同，可划分为商业性网站评价和非商业性网站评价；根据网站评价的方法不同，可划分为网站流量指标评价、专家评价、问卷调查评价和综合评价；根据被评价网站的行业范围不同，可划分为综合性网站评价和专业性网站评价。其中专业性网站评价按行业又可划分为各个不同行业网站的评价，因各行业有其特殊性，故其评价标准有一定的区别。

根据网站评价活动的组织者不同，电子商务评比网站可分为官方或非官方的行业性评测机构、商业性专业评比网站、各类咨询调查公司及有关的媒体、民间的"品网"。各类电子商务网站评价机构以其独有的方法展开对电子商务网站的评价，各自的目的和服务对象不尽相同。

（1）行业性评测机构。行业性评测机构，在我国又称为官方的评测机构，如中国互联网络信息中心（CNNIC）。该中心是成立于1997年6月3日的非营利管理与服务机构。从1997年开始，CNNIC每年组织两次"中国互联网络发展状况统计调查"，并分别发布了有关的调查报告。CNNIC主要采用网上调查问卷的方式，并在调查报告的末尾有一个基于用户调查推荐形成的分门别类的"十佳优秀站点"。

美国消费者联盟（CU）也开展了卓有成效的电子商务网站测评活动。CU是一个独立的、非营利性测试和信息组织。自1936年起，CU的使命一直是检验产品，向公众发布检测报告，并保护消费者。CU的非营利性质有助于其在公众心目中树立公正形象。目前其管理的网站Consumer Reports Online主要对如下9类网站进行评比：服饰、器具、汽车、书籍、音乐、电子、玩具、家庭装饰与家具。

（2）商业性专业评比网站。比较知名的商业性评比网站有美国的Gomez和BizRate。

Gomez是一个为电子商务用户以及电子商务企业提供基于互联网服务质量评测的机构。即Gomez通过综合业界专家意见，通过全面、广泛、客观的互联网评价，高质量的社区评比，以及在线企业的评论，为网络用户和电子商务企业提供用户经验评测、电子商务基准测试和用户导购等服务，以帮助企业建立成功的电子商务和指导网络用户进行在线交易。Gomez的企业目标是成为业界第一的提供电子商务决策支持和在线用户经验评测的企业。

BizRate公司成立于1996年，号称第一网上购物门户网站。它采用"在线调查法"收集对电子商务网站进行评比的资料，即 BizRate 所有资料全部来自对真实顾客的在线调查。通过向数以百万计的网上购物者收集直接的反馈信息，对近 4000 家网上商店进行评分。由此得出的评比结果可以被认为是顾客满意度的标准。

国内的购物比较网站，如易购网等也属于此种类型，只是国内的购物比较网站的功能比较简单，主要是对各购物网站的商品价格进行比较。

（3）各类咨询调查公司以及有关的媒体。知名的研究咨询公司 Forrester Research 在电子商务的大潮中也曾进入电子商务网站评比领域，并通过自己的努力为电子商务网站评价做出了突出的贡献。Forrester Research 是用在线消费者调查、站点表现的统计数据以及公正的专家分析相结合的"强力评比法"（Forrester Power Rankings）对某个站点进行评价，为消费者提供全面、客观的评价结果，帮助消费者更好地做出在线消费的决策，同时也能给电子商务企业的经营做一个公正的评价。

我国的赛迪网、CTC 中国竞赛在线、《中国计算机世界》等机构或媒体也相继展开了电子商务网站的评价活动，评选优秀的电子商务网站，在国内已产生了一定的影响。

（4）民间的"品网"。所谓"民间品网"是指国内非官方的、非营利性质的评比网站。与中国互联网络信息中心互联网调查报告为国家和有关部门提供政策性咨询的目标不同，品网网站的服务对象是广大的网友，其目的是向网友们推荐"可看、耐看、好看"的站点。考虑到一些"重量级"的站点在网友当中是尽人皆知的，因此其品评的对象也主要是一些个人站点，尤其是一些比较优秀但同时又不太为众人所知的个人站点。国内比较有名的"品网"有梦想热讯品网、网星品网等。国内的"品网"，严格来说还只是比较电子商务的雏形。原因有二：一是它们的评比对象主要是一些优秀的个人站点，而较少涉及电子商务网站；二是它们的评比标准侧重于网站技术方面的因素，没有充分考虑到消费者服务方面的因素。

电子商务网站评价所采用的方法很多，从评价所需数据资料的获取方法来看，目前通用的有以下 4 种。

（1）网站流量指标统计。网站流量指标统计就是通过特定的软件统计、分析网站的浏览量。国际上著名的咨询调查机构如 Media Metrix 公司、Nielsen 媒体研究所等采用独立用户访问量指标来确定网站流量，并据此定期发布网站排名。国内有一定影响的网站访问量统计机构，如中国互联网络信息中心的第三方网站流量认证系统、网易中文网站排行榜都是采用网站流量指标排名方法。网站的排名一般有每周排名、每月排名，也有昨天最新排名。国际上对独立用户通用的定义是：在一定统计周期内（如一个月或一个星期），对一个用户来说，访问一个网站一次或多次都按一个用户数计算。

但是，国内外关于网站流量指标的定义并不一致，国内各网站采取的定义方法也有所不同，这样在一定程度上限制了国内网站流量排名的权威性和一致性。最重要的是，国外咨询机构采用的是实际监测的手段，而上述国内网站流量主要采取在被测网站加入代码的方式，并且对于是否参与排名、是否公开排名结果完全出于自愿，这样网站访问量排名的真实性、全面性等均无法保证。即使如此，参加类似的网站排名对于提高网站知名度仍然起到一定的作用。

（2）专家评价。专家评价法是一种采用规定的程序对专家进行调查，依靠专家的知识和经验，由专家通过综合分析研究对问题做出判断、评估的一种方法。

例如，CTC 中国竞赛在线于 1999 年 10 月举办的"99 中国优秀网站评选"，将网站分为综合与门户、政府与组织、电脑与网络等 10 个类别。初选由评选机构选定 20 个以内的候选网站，评选活动首先由公众在网上投票并发表意见，最终结果则由评选委员会根据综合因素评定，实际上主要决定于专家评价。

专家评价法有集思广益的优点，可以对各被选网站进行综合评价，但其局限性也十分明显。例如，专家团人数有限，代表性不够全面；难以避免部分专家的倾向性；个别权威人物或言辞影响力较大的专家可能左右讨论结果；有些专家出于情面因素，即使不同意他人观点，也不便于当面提出，从而影响整个评价结果的公正性。

（3）问卷调查。问卷调查是一种常用的调查方式，通常有抽样调查和在线调查等形式。中国互联网络信息中心历次中国十大网站的评比结果都是基于在线问卷调查的形式。这种形式的主要弊端在于有人为作弊的可能，剔除无效问卷要花费较多人力。

但是，由于问卷调查结果的可信水平与问卷的设计、抽样方法、样本数量、样本分布、系统误差、调查费用等多种因素有关，问卷调查的结果也只能在一定程度上反映出网站在人们心目中的"形象"。

对任何一家评比网站来说，建立科学的评价标准，并保持自身的公正至关重要。但是无论是在线调查还是专家评价，都摆脱不了主观因素的影响，因为个人的经历、偏好有所不同，对每种标准的判断就会有差异。所以，无论定量分析还是定性描述，各种评比方法都存在一定的缺陷。

（4）综合评价方法。鉴于以上各种网站评价方法都有一定的局限性，电子商务网站评价需要一种综合性评价方法，即集动态监测、市场调查、专家评估于一体的综合评价模式，这需要有科学的分析评价方法，全面、公平、客观的评价体系，权威、公正的专家团队，也需要有科学、合理并有足够样本量的固定样本作为基础。

在这种评价方法中，首先是建立加权的综合评价指标体系；然后通过技术测量、专家调查、用户调查等方法收集数据，并建立监测数据库、调查数据库等；再采用定性与定量方法、比较分析方法、模型分析方法等对数据库及其相关资源进行挖掘和分析。有的文献对综合类证券电子商务网站（主要是包含ASP 平台服务、ICP 内容服务的非券商类电子商务网站）在技术指标、功能模块和商业模式等方面进行了综合评价，测试各网站的技术指标，综合比较其各功能模块，对其商业模式进行基本面的战略能力描述，并做出优劣势分析比较评价。

建立这样一个电子商务网站综合评价体系显然是一件非常困难的事。据报道，这样的综合评价网站正在建设之中。

如前所述，电子商务网站评价类型众多，由于不同的网站所设定的目标不同，所以不同的网站有不同的评价标准。例如，信息服务型网站、教育咨询网站、商品分销网站、销售网站等不同类型网站的主要评价标准都不同。其中，网站的访问量则是所有网站共同的评价指标。

Gomez 和 BizRate 主要从客户需求、客户满意的角度来制定网站的评价内容和指标。Gomez 制定了 6个一级类指标：总评、易用性、用户信心、客户关系管理、站点资源和总成本，具体见表 7-1。

表 7-1　评价指标

评价指标	指标解释
总评	对网站所提供的服务和网页设计、布局总的使用情况进行评测
易用性	网页形式要一致并与直观的网站外观相结合，布局要紧密并与内容和功能相结合，提供有用的示范和广泛的联机帮助
用户信心	网站应高度可靠，拥有知识丰富且易于访问的客户服务机构，并且提供质量和安全保护
客户关系管理	企业通过个性化服务建立电子化的客户关系服务，允许客户在线提出服务请求，通过客户联谊活动和额外津贴等方式提高客户的忠诚度和集体感
站点资源	不仅在站点上提供广泛的产品和服务方面的信息，还要通过电子账户、交易、工具和信息查询等方式提供针对这些产品和服务的全方位的深度服务
总成本	企业为用户提供的定制化一揽子服务所需要的成本。包括一揽子服务的原材料成本、运输和处理的附加费用、最小的收支差额和利率

BizRate 制定的电子商务网站的评价指标共有 11 项：再次光顾网站的比率（通常称为回头客的比率）、订购的方便性、产品选择、产品信息、产品价格、网站外观与表现、物品运输和处理、送货准时性、产品相符性、顾客支持、订购后跟踪。

消费者联盟网站 Consumer Reports Online 的评价内容包括以下几方面：网站流量、销售额、网站政策（如安全性、个人隐私、装运、退货、顾客服务）、使用方便性（如设计、导航、订单及取消、广告）和网站内容（如分类深度、产品信息、个性化），然后专家根据各项指标的综合结果对电子商务网站进行排名。

中国互联网络信息中心的评价指标有：站点浏览器的兼容性，引擎出现率，站点速度，链接的有效率，被链接率，拼写错误率，站点设计。

电子商务网站的评价内容因各网站的目标不同而不同，有的侧重于技术指标的测评，有的侧重于信息服务评价，而有的侧重于客户满意度的评价。对商业性电子商务网站而言，我们认为至少应该从以下6个方面进行评价：①技术指标，包括站点速度、系统稳定性与安全性、链接的有效性等；②界面指标，包括整体视觉效果、美工设计、页面布局、网站结构与分类深度、使用的方便性等；③资讯指标，包括提供信息的数量、质量及种类、信息更新频率、个性化信息服务等；④功能指标，包括网站功能的完备性、功能实现的有效性、特色产品、特色功能和特色服务等；⑤客户服务指标，包括物品配送的收费和配送方式的选择性、送货准时性、顾客支持的水平和质量、个性化定制能力、网站与用户的交互性、个人隐私保护等；⑥经营业绩指标，包括网站流量（点击率）、交易额、成本利润率甚至股票价格等。

正如前述，电子商务评价的社会需求促使许多评价机构的诞生，也促进了评价研究的发展。从总体来讲，国外电子商务网站评价的研究和实践要比国内成熟。

首先，在评价内容上，国外的评价内容更注重网站的功能与业务，以及客户服务的水平和质量；而国内的网站评价还主要是对网站的技术性能进行评价。这既反映了我国电子商务发展的水平差距，也反映了我国电子商务活动中对客户的重要性和价值认识存在不足。

其次，在评价方法上，虽然国内外网站评价都普遍采取网站流量指标评价、专家评价、问卷调查评价等方法，但国内网站评价所采用的问卷调查，其数据采样中存在数量上的不足，因为我国真正参与电子商务交易的网民数量有限。此外，在数据处理与分析时，国内网站评价较少采取加权指标评价、模型评价、动态分析评价等方法，影响了评价的准确性。

最后，虽然我国易购网和中国互联网络信息中心在网站评价方面有一定的影响，但它们在评价方法和内容上都存在不足。迄今为止，我国还没有形成有品牌的专门的评比网站，这影响了评价网站价值的发挥。

因此，我国的电子商务网站评价要加强理论研究和实践的应用。一是要加强网站评价原则、内容和方法的研究。一方面，根据行业的不同特点，确立不同行业网站的评价内容与指标体系；另一方面，积极应用多指标的加权评价法、模型评价法和动态分析评价法等更为科学的数据处理方法，使评价结果更为合理。二是要大力发展作为中立机构的评比网站的建设，将之作为一个完善和规范电子商务市场的举措，作为市场监管的手段之一。正因为如此，面对国内外电子商务发展的潮流，我国的电子商务网站评价无疑具有巨大的发展潜力。

2. 电子商务战略评价分析方法

现有的电子商务战略评价分析方法主要有以下几种。

（1）PEST 分析。PEST 分析即总体环境分析。PEST 是政治（Politics）、经济（Economy）、社会（Society）、技术（Technology）这4个英语单词的首字母组合。

PEST 分析通常采用矩阵式的方法，就是将坐标系分成4个象限。例如，用政治和经济做坐标，政治环境和经济环境都好的情况下，就应该发展；政治环境和经济环境都不理想的情况下，就不能发展。政治环境和经济环境一个好一个不太好时，就要适当考虑，可以发展也可以不发展。PEST 分析通常用于企业外部环境分析。

（2）竞争因素分析。如果企业要进入某一个新的行业，或者企业要进入一个新的产品领域，就要分析会遇到哪些竞争因素。遇到的竞争因素主要来自4个方面，如图7-2所示。

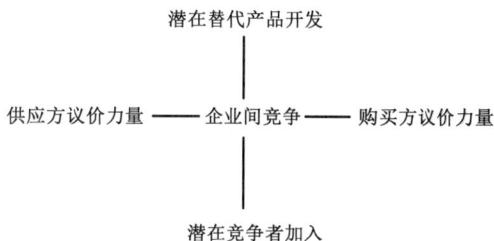

图 7-2　竞争因素分析

① 潜在替代产品开发。比如原来录像机生产量很大，但是出现了一种潜在的替代产品如VCD。VCD出现以后，录像机的销售量马上下降。电视机的出现，对电影行业产生了很大的打击。无论哪一种产品，都会出现替代产品。当替代产品处于优势的情况下，旧产品就会受到冲击。

② 潜在竞争者加入。有替代产品，就一定有潜在竞争者的加入。

③ 供应方议价力量。产品上游就是供应商，供应商总想提高自己的利润，他们实际上也是一种竞争力量，也是一种潜在的威胁。

④ 购买方议价力量。下游的客户极力想压低你的价格。比如原本一张桌子卖300元，客户总想以280元或250元的价格买下。所以购买方也是竞争因素。

（3）BCG矩阵和价值链分析。BCG矩阵是指用产品销售额的增长率和相对的市场份额两个方面组成一个矩阵，通过四象限法来分析。如果企业生产很多种产品，那么在市场销售过程中，就要探讨这些产品中哪些应该继续发展，哪些不需要发展。

假设横坐标是相对市场份额，纵坐标是产品销售额的增长率，如果某一产品的相对市场份额很大，有大量客户、产品销售额每年增长，这种产品就要发展。如果某一产品的市场份额小，说明这种产品越来越卖不动，这种产品就不应该再扩大生产了。如果某一产品的市场份额比较大但是销售额增长比较慢，或者增长率较快但是目前份额还不大，这种产品应该保持现状或者继续发展。如果某一产品的销售额增长很快，但是市场份额不大，就需要增加销售渠道，采取一些销售措施。如果某一产品的市场份额比较大，但是销售额增长缓慢，也要注意研究销售手段的问题。

产品的价值链分析就是分析从产品的研发到生产、销售和售后服务的各个环节，研究哪些环节做得不太好，哪些环节给企业带来增值效益。

（4）SWOT分析。SWOT分析是战略管理的一种最常用的分析方法，比刚才所介绍的几种方法更重要。SWOT就是优势（Strength）、劣势（Weakness）、机会（Opportunity）、威胁（Threat）这几个英语单词的首字母组合，是战略管理最常用的，也是最有效的方法。

分析企业的内外部环境时，可以把它分为两项内容，也就是SWOT分析的前两个内容：一是企业有什么优势，二是企业有什么劣势。对企业外部环境，也把它分成两项，也就是SWOT分析的后两个内容：一项是我们有什么机会，一项是外界对我们有什么威胁。

优势—机会战略即优势与机会矩阵——SO矩阵。SO矩阵分析企业有哪些优势、有哪些机会，以发挥企业内部优势、利用企业外部机会。有机会又有优势，肯定要去发展；既没有优势又没有机会，肯定就不要去做了；有机会没优势，或有优势没机会，就要创造条件去发展。SO矩阵的分析目的就是发挥企业内部优势、利用机会。SO矩阵分析法如图7-3所示。

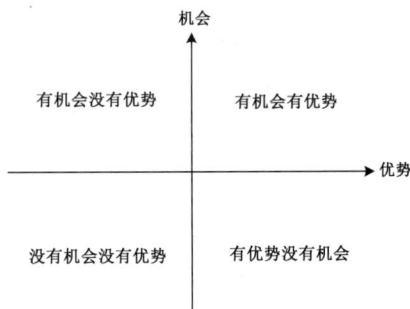

图7-3 SO矩阵分析法

劣势—机会战略即劣势与机会矩阵——WO矩阵。既没有机会又处于劣势的情况下，当然无法做了。但在有机会的情况下，一定要利用外部机会弥补内部劣势。

优势—威胁战略即优势与威胁矩阵——ST矩阵。利用企业优势回避或减轻外部威胁。

劣势—威胁战略即劣势与威胁矩阵——WT矩阵。减少内部劣势同时回避外部威胁。

（5）3种竞争力分析方法。所谓的3种竞争力分析方法指的是公司采取的竞争策略，包括差别化战略、低成本策略、集中型策略。

差别化战略是提供与众不同的产品和服务，满足顾客特殊的需求，形成竞争优势的战略。公司形成这种战略主要是依靠产品和服务的特色，而不是产品和服务的成本。但是应该注意，差别化战略不是讲公司可以忽略成本，只是强调这时的战略目标不是成本问题。公司采用这种战略，可以很好地应对行业中的 5 种竞争力量（后文有介绍），获得超过行业平均水平的利润。

如果公司所在的市场上购买者对价格很敏感，那么奋力成为行业中总成本最低的供应商就是一个很有力的竞争途径。低成本策略的战略目标是获取比竞争对手持久的成本优势，而不是获取绝对可能低的成本。在寻求低成本的领导地位时，公司的管理者必须认真地考虑哪些产品的特色和服务是购买者认为至关重要的。一种产品如果过于简便，没有任何附加的特色，实际上就会削弱而不是加强产品的竞争力。而且，竞争对手能否复制公司获得成本优势的方式也有着重要的意义。成本优势的价值取决于这种优势的持久性。如果竞争对手发现模仿领导者的低成本方法相对来说并不难或者并不需要付出太大的代价，那么，低成本领导者的成本优势就不会维持很长的时间，就不能产生有价值的优势。

集中型策略是指把经营战略的重点放在一个特定的目标市场上，为特定的地区或特定的购买者集团提供特殊的产品或服务。集中型策略与其他两个基本的竞争策略不同。低成本策略与差别化战略面向全行业，在整个行业的范围内进行活动，而集中型策略则是围绕一个特定的目标进行密集型的生产经营活动，要求能够比竞争对手提供更为有效的服务。公司一旦选择了目标市场，便可以通过产品差别化或成本领先的方法，形成集中型策略。就是说，采用重点集中型策略的公司，基本上就是特殊的差别化或特殊的成本领先公司。由于规模较小，采用集中型策略的公司往往不能同时进行差别化和成本领先。如果采用集中型策略的公司要想实现成本领先，则可以在专用品或复杂产品上建立自己的成本优势，这类产品难以进行标准化生产，也就不容易形成生产上的规模经济效益，因此也难以具有经验曲线的优势。如果采用集中型策略的公司要实现差别化，则可以运用所有差别化的方法去达到预期的目的。与差别化战略不同的是，采用集中型策略的公司是在特定的目标市场中与实行差别化战略的公司进行竞争，而不在其他细分市场上与其竞争对手竞争。在这方面，重点集中的公司由于其市场面狭小，因此可以更好地了解市场和顾客，提供更好的产品与服务。

（6）5 种力量模型分析。5 种力量模型分析方法从一定意义上来说隶属于外部环境分析方法中的微观分析。该模型由麦克尔·波特（Michael Porter）于 20 世纪 80 年代初提出，对公司战略制定产生了全球性深远影响。该模型用于竞争战略的分析，可以有效地分析客户的竞争环境。波特的"五力"分析法是对一个产业盈利能力和吸引力的晶态断面扫描，说明的是该产业中的企业平均具有的盈利空间，所以这是一个产业形势的衡量指标，而非企业能力的衡量指标。通常这种分析法也可用于创业能力分析，以揭示本企业在本行业中具有何种盈利空间。波特对于管理理论的主要贡献是，在产业经济学与管理学之间架起了一座桥梁。在其经典著作《竞争战略》中，他提出了行业结构分析模型，即所谓的"五力模型"。他认为：行业现有的竞争状况、供应商的议价能力、客户的议价能力、替代产品或服务的威胁、新进入者的威胁这五大竞争驱动力，决定了企业的盈利能力，并指出公司战略的核心，应在于选择正确的行业，以及行业中最具有吸引力的竞争位置。

战略分析的具体方法很多，最常用的有 PEST 分析、竞争因素分析、价值链分析、BCG 矩阵分析等。其中，最重要的是 SWOT 分析法。SWOT 分析法特别强调了信息不要被污染，要求信息是绿色信息，是真实信息。知己知彼，才能百战百胜。进行战略分析时，既不要夸大优势，也不要回避劣势，实事求是非常重要。

7.2 电子商务经典案例

7.2.1 京东

无论是商业理论还是商业实践都向人们展示了一个残酷的现实：某个时期内的新型商业形态最终都会逐渐走向衰败而成为被革新的对象。自最初的零售店铺的形式开始，零售业已经走过了 3000 多年的历程。在绝大多数的时间里，零售业处于一种比较稳定的状态，形式并没有发生太大的变化，而在 200 年前，工业革命打破了这种宁静，零售业走到了历史舞台的中央。相继的 3 次"零售业革命"，加速了传统线下实体商业的演化和发展进程。

而21世纪初，互联网的普及使得电子商务逐渐兴起并成为整个商业生态体系的一种具有颠覆性的零售形式。在经历了EDI电子商务、互联网电子商务、e概念电子商务、全程电子商务等一系列发展后，我们已经进入"智能电子商务时代"。

在中国，以电子商务为代表的网络经济同样随着互联网在国内的发展逐渐兴起，众多企业开始着眼对电子商务的探索。经历了20多年的发展，中国产生了一大批经典的电子商务企业，实现了由无到有的巨大转变，京东就是其中之一。2021年，京东第六次入选《财富》世界500强排行榜，位列第59位，是全球排名仅次于亚马逊、Alphabet的第三大电子商务企业。

1. 京东的发展概述

21世纪初，以B2C电子商务为代表的网络经济在中国兴起。2003年，为了全力迎合商业发展的趋势，京东开始"试水"电子商务。一年后，京东正式涉足电子商务。

2005年，国务院发布《国务院办公厅关于加快电子商务发展的若干意见》，将发展电子商务提升到国家战略的高度。在这一背景下，京东于2006年1月宣布进军上海，成立上海全资子公司。第二年，京东又全力开拓华南市场，成立了广州全资子公司。2007年，京东建成北京、上海、广州三大物流体系，塑造了"电子商务+物流"的电子商务运营模式。

在中国，电子商务市场竞争激烈。为了突破重围，京东于2009年2月尝试推出特色上门服务，这是对商品多元化的又一次尝试。2010年6月，京东推出全国上门取件服务，在很大程度上解决了网络购物的售后之忧。同年11月，京东开始销售图书产品，实现从3C垂直型零售商向综合型网络零售商的转型。

2011年，京东手机客户端上线，正式开启移动互联网战略布局。同年2月，京东上线包裹跟踪（GIS）系统，使用户能够了解和追踪自己所购买物品的运输和派送信息。同年7月，京东开始进军B2C在线医药市场，为消费者提供医药保健品网购服务。紧接着，京东的众多互联网服务陆续上线，服务的范围越来越广，服务越来越细。

2013年4月，京东宣布注册用户突破1亿。同年年底，京东正式获得虚拟运营商牌照。2014年5月22日，京东在美国纳斯达克挂牌上市，美国也迎来了当时中国民营企业最大的赴美首次公开募股（Initial Public Offering，IPO）。

随着"互联网+"在国家层面的提出，京东也开始加大与其他企业的战略合作力度。2015年10月，京东集团与腾讯集团联合推出全新战略合作项目"京腾计划"，双方以各自资源和产品共同打造名为"品商"的创新模式商业平台。2018年，京东与爱奇艺、唯品会、小米有品等众多商家签署合作协议，进一步拓展业务领域，包括海外业务。

经历了近20年的探索与发展，京东已经成为中国电子商务领军企业之一。一直以来，京东都十分重视科技在电子商务中的运用。京东在新技术的支持下，业务已经涉及零售、科技研发、医疗健康、保险等领域。其中，零售领域是京东的基础和核心。在该领域，京东已经完成全品类覆盖，消费品、3C、家电等优势品类常年领跑中国市场，其商品类型涉及电脑、手机、家电、家居、生鲜、生活服务、工业品等。

在2016年国务院发布的《国务院关于加快推进"互联网+政务服务"工作的指导意见》的号召下，京东依托人工智能、云计算、大数据、物联网等新兴技术，不断与政府及相关单位合作。2020年11月21日，京东京喜梅州优品馆，即梅江区政府与中国经济信息社、京东集团共同打造的政府官方数字经济园区，在广东省梅州市梅江区举行开馆仪式，成为全国首个正式开馆的政府优品馆。

2. 京东的商业运营

（1）经营策略。

随着生活水平的提高，人们对购物的期望值越来越高，要求也不再局限于商品的价格和质量，良好的服务和愉快的购物经历是消费者更希望获得的。京东能够在激烈的电子商务行业竞争中成为中国电子商务行业的引领者之一，一方面得益于时代的红利、政策的支持，另一方面也得益于京东合理的经营策略与发展理念。

精准的商业定位与恰当的经营策略是电子商务企业得以稳步发展的前提和基础。为了提高企业的资源整合力，京东一开始便以 3C 产品为切入点，做垂直 B2C 业务。这不仅迎合了电子商务市场的需要，还使得京东能够集中精力专注于该领域的开发与探索。与综合类 B2C 模式相比，垂直类 B2C 模式具有明显的优势。首先，从运营角度看，综合类 B2C 模式对于商品种类的要求要远大于垂直类 B2C 模式。垂直类 B2C 模式只需要单一品类的商品，而综合类 B2C 模式则需要多品类甚至全品类的商品。其次，从管理角度看，综合类 B2C 模式的管理难度要远大于垂直类 B2C 模式。综合类 B2C 模式中各个种类的商品在性能、质量、服务、运输上存在很大的差异，因而需要较为广泛、专业的管理和服务团队。而垂直类 B2C 模式由于产品类型单一，品类相同或相似的产品在管理和服务上也具有相似性，因而管理成本相对较小，管理也较为简单。最后，从供应链角度看，综合类 B2C 模式的供应链要更为复杂。综合类 B2C 模式商品种类繁多，因而商家企业的数量也会较多，这就导致商家的选择与资源的整合难度较大。而产品类型较为单一的垂直类 B2C 模式在商家的选择与资源的整合方面则较为简单。

京东专注垂直 B2C 业务的精准商业定位，使其在 3C 领域很快占领市场，并积攒了相当丰富的电子商务运营经验。以此为基础，京东开始将 3C 领域的运营理念与经验运用至其他品类的产品销售中，进而向综合类 B2C 模式转变。如今来看，京东综合类 B2C 模式的构建是成功的。通过强大的供应链、技术以及营销能力，京东的 B2C 自营商城已经完成电脑、手机、家电、家居、生鲜、生活服务、工业品等全品类覆盖，拥有数百万存货单位（Stock Keeping Unit，SKU）的自营商品。

B2C 是目前电子商务领域最为常见、最为基础的商业模式。电子商务以向消费者销售商品为目的，因此 B2C 模式是其他电子商务模式的最终目的和基础。正是准确判断到这一点，京东在 B2C 模式的基础上，开始向其他电子商务模式拓展。例如，借助线上平台的优势，京东推出了拍拍二手、京东拍卖等 C2C 模式的电子商务服务；利用线上平台与自建物流体系的优势，京东又推出了京东到家、京东生鲜等 O2O 模式的电子商务服务。如今，京东已经突破了其当初的 B2C 模式，而发展成为集 B2C、C2C、O2O 等多种电子商务基本模式于一体的综合性电子商务平台，如图 7-4 所示。

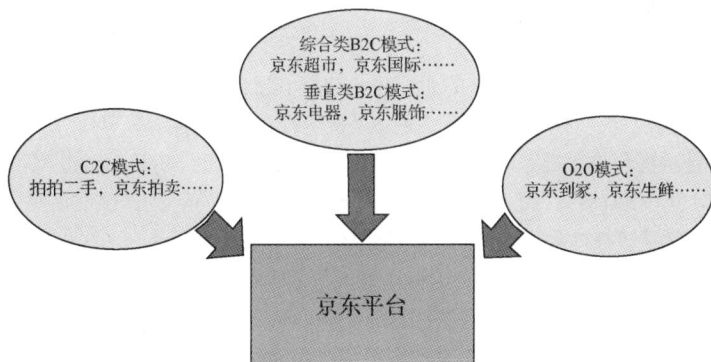

图 7-4　京东平台商业模式

（2）营销策略。

网络营销与传统营销都是以商品销售为目的而进行的企业和产品宣传，然而，电子商务的网络营销更加注重以消费者为出发点和导向。网络购物完全是由消费者来主导的。因而，只有从消费者立场出发来制定营销策略才能迎合电子商务的特征，进而达到理想的效果。

与传统的营销理念相比，电子商务环境下的营销理念应当有所转变。一方面，电子商务的营销理念应当由商品本位向消费者本位倾斜。传统营销将关注重心放在商品之上，而电子商务的营销应当以消费者为中心，企业应该更加重视消费者群体，故而应当采取兼顾企业自身和消费者利益的"4C 策略"，即消费者（Consumer）、成本（Cost）、便利（Convenience）、沟通（Communication）。4C 策略力求满足每个消费者的需求，并获得企业利益最大化，这才是电子商务营销所追求的目标。

另一方面，电子商务的营销理念应当更加注重企业和消费者关系的和谐。在传统的商业交往中，企业所追求的利润和消费者所追求的商品的物美价廉形成对立。而在电子商务中，消费者追求的是物质与精神的双重满足，故而企业应当以消费者为中心建立优良的商品和服务体系。基于此，电子商务应当建立一种全新的、和谐的购物与生活氛围，进而淡化商业目的，尽可能获得消费者对企业及产品的认同。

电子商务的新型营销理念也决定了企业应当制定以消费者为中心的营销策略。就电子商务的营销策略而言，目前较为常见的有产品策略、价格策略以及促销策略等，如图 7-5 所示。

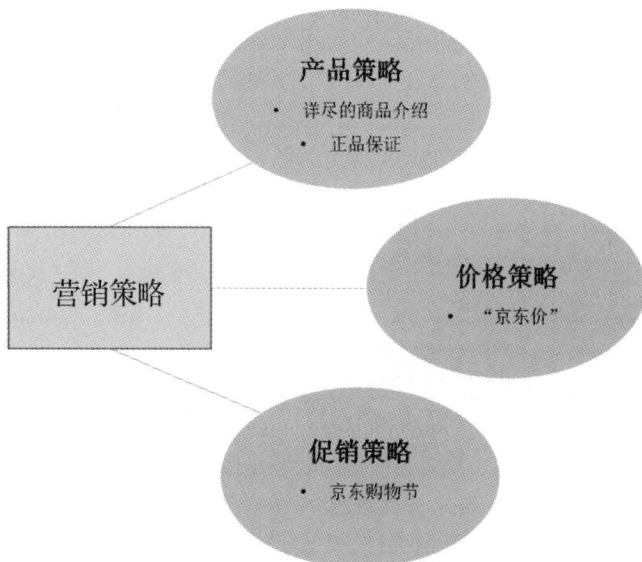

图 7-5　网络营销策略

对电子商务而言，产品策略至关重要。其一，电子商务中，消费者并不能接触到商品实物，因而需要商家在商品的销售页面中以文字、图像、视频等方式尽可能详尽地介绍质量、特征、用途等商品信息。其二，电子商务中，消费者会对产品的质量，尤其是真伪存有很大的疑虑。对此京东在商品链接的商品详情中以文字、图像、视频等方式尽可能详尽地介绍商品信息。同时，京东还推出了"正品保障"，自营生鲜商品的"优鲜赔""保鲜活"，第三方生鲜商品"足斤足两"等一系列产品质量保证服务。

在电子商务中，消费者往往会货比三家，选择其认为物美价廉的商品。因而，价格策略是企业进行网络营销最重要的策略之一。在商品价格的制定上，京东并不参考同行的价格，而是在商品采购价格的基础上加增 5% 的毛利，即"京东价"。这个价格往往要比其他销售平台便宜 10%~20%，比厂商指导价便宜 10%~30%。如今，"京东价"已经成为零售行业内其他零售商评判定价的重要参考依据。"京东价"的广为流传也使得京东给消费者带来物美价廉的直观感受，这无疑会大大增加消费者对京东品牌的认可度。

促销策略是电子商务中最为常见的营销策略。网络营销的核心在于强化企业与消费者的感情互通与文化交流，淡化商业活动的营利意图，让消费者感觉到并认可自己获得的利益。而传统商业中广告造势、硬性推销的促销方式往往会引起消费者的不适甚至是反感。近些年，电子商务平台的网络促销十分频繁和火爆，如天猫、淘宝的"双 11"，亚马逊的"黑五"以及各种电子商务平台的店庆日、购物节等。同样，京东也在不断推出促销活动。京东的"6·18"已经成为中国较为大型的促销活动之一。另外，京东还经常在开学季、母亲节、父亲节等节日和重要时间点开展促销活动。以各种方式进行的网络促销活动已逐渐成为一种消费文化，成为消费者购物的重要"节日"。这种促销文化在很大程度上淡化了电子商务企业的商业本质，进而拉近了企业与消费者的距离，使消费者对电子商务企业更加信赖和依赖。

3. 京东的商业创新

（1）支付便利化。

如今的电子商务，便利、高效已经成为消费者追求的购物目标之一。因而，优质的电子商务不仅要保证物美价廉，还需要以便利的支付体系和高效的物流配送体系为依托。做到以消费者为中心，以便捷的方式、优质的服务、低廉的价格销售高质量的商品，是如今 B2C 电子商务企业的核心任务。在科技日益进步的当下，便利消费是每个电子商务企业必须考虑的重要因素。京东通过近些年的探索，将数字创新的众多成果不断应用到电子商务的各个环节，力求给消费者带来便利的消费体验。

在电子商务的众多环节中，于消费者而言，支付便利化是最能体现消费便利的环节。在支付方式上，京东为消费者提供了多元化的支付模式，包括在线支付、货到付款以及公司转账等。

就在线支付而言，京东通过与多支付平台合作，已经实现了多元在线支付机制。消费者可以在京东平台下单时选择京东支付、微信支付、银联支付、Apple Pay、华为支付等渠道进行支付。

京东还推出了京东白条这一互联网信用支付产品，消费者可以享受"先消费、后付款，实时审批、随心分期"的消费体验。京东白条是一款通过大数据进行信用评估，为信用等级较高且有消费需求的消费者提供的信用支付服务。目前，京东白条已经打通了京东体系内的 O2O、全球购等领域，从赊购服务逐渐延伸到提供信用消费贷款，覆盖更多生活场景，为更多消费者提供信用消费的服务。随着京东白条的服务推广，京东已经与线上线下众多商户取得了合作，涵盖生活娱乐、商旅出行、教育培训、通信及租赁等行业。与银行合作联名的电子账户"白条闪付"，可通过 NFC 技术将白条支付拓展至线下，并且可通过绑定微信支付等，进一步拓宽白条支付使用场景。

为了提供购物时可触、可感、可视、可听的直观购物体验，京东推出了"货到付款"的支付模式。消费者可以先在京东平台下单，待商品送到后再通过现金、POS 机刷卡、支票支付等方式进行货款支付。在货到付款模式下，消费者可以在收到商品时，先开箱验货，检查商品描述与购买的商品有无差别、货物的真实性、质量情况以及是否存在配送损伤等问题，而后根据具体情况决定是否签单并支付。货到付款的方式可以增加消费者的安全感，赢得消费者对企业的信任，进而扩大目标消费者的范围。

（2）仓储、配送及服务。

现代企业的发展离不开服务意识的增强。对传统电子商务而言，其最大的劣势在于缺乏线下实体商业活动中那种可观、可触的直观感受和全方位的服务与售后保障。另外，电子商务中消费者与产品往往存在较远的距离。远水难解近渴，这也在很大程度上阻碍着电子商务的推广。在这种情况下，电子商务企业的仓储、配送以及服务就显得尤为重要，图 7-6 所示为京东的仓储、配送、服务项目。

图 7-6 京东的仓储、配送、服务项目

与中国绝大多数电子商务企业不同，京东是拥有自建物流体系的现代化电子商务企业。经过多年的探索，京东在仓储、配送以及服务等方面的优势已经成为其核心竞争力。对于电子商务，尤其是自营式电子商务，强大的仓储能力是商业活动的基础和保障。目前，京东在国内拥有超过 30 座的"亚洲一号"大型智能仓库。另外，京东物流还建立了覆盖超过 220 个国家和地区的国际线路，拥有 30 多个保税仓及海外仓库。强大的仓储能力已经成为京东全球化商业布局的坚实基础。

对现代商业来说，物流已经成为不可或缺的部分。无论是传统的线下实体销售，还是线上的电子商务，物流都是商品流通的重要方式。高效、安全的物流不仅仅是企业生产的有力保障，更是商品销售的重要依托。从消费者角度看，物流的服务与效率直接影响着消费者的购物体验。为了尽可能满足消费者的需求，京东推出了211限时达、次日达、隔日达、极速达、京准达、京尊达等一系列配送服务。在配送用时上，京东依托强大的物流体系，力争24小时内送达。根据"211限时达"的配送承诺，消费者购物当日上午11：00前递交的现货订单，当日可以实现送达；晚上11：00前递交的现货订单，也能够实现次日15：00之前送达。目前，京东自营订单绝大多数都能够实现"211限时达"。即使是针对一些偏远地区或交通不甚便利的地区，京东也基本能够实现商品的次日达或隔日达。此外，针对一些生鲜、急需品，京东甚至还能够实现1小时送达。

在具体的配送时间和方式上，京东也尽可能做到多元化、人性化。例如，为满足消费者对不同时间段派送的需求，京东推出了"京准达"的服务，消费者可以在下单时选择具体的派送时间段。针对一些上班族，京东推出了"夜间达"的配送服务。消费者可以在下单时选择19：00~22：00时段送达，京东会尽可能安排配送员在消费者选定的时间送货上门。另外，为了提高派送效率和便利消费者，京东还利用无人机、自提柜等设备来完成商品的运输与派送。如今，自提柜在中国随处可见，并可以实现全天候自提。消费者只需在下单时选择自助式自提派送方式，所购商品便能够送至自提柜；商品到自提柜后，经过验证或完成支付，消费者便可以开柜取货。自提柜不仅可以满足消费者接收商品的自主性，还能够提高派送效率。

为了提高消费者的购物体验，京东除了提供"7天无理由退货"等传统售后服务外，还推出了具有特色的售后服务项目。例如，在售后方式上，京东推出了"上门取件"服务，消费者购买京东自营商品15日内，如果因质量问题需要退换商品，京东将免费上门取件。在具体处理上，京东推出"售后100分"服务，消费者在京东购买自营商品15日内，如果出现故障，京东承诺在收到故障商品并确定属于质量故障之时起100分钟内处理完客户的售后问题。处理的方式包括为消费者提交换新订单、补发商品、补偿或退款等。另外，针对部分商品，京东还提供"售后到家"服务，在商品售出一年内，如果出现质量问题，京东将提供免费上门取送及原厂授权维修服务。

事实上，与传统实体商业模式相比，消费者对于电子商务最大的顾虑就是售后问题，尤其是大件商品的产品质量和售后维修。对此，京东推出的一系列售后服务能在很大程度上消除消费者的这种顾虑，弥补电子商务"售后麻烦"的先天不足。通过"7天无理由退货""上门取件""售后100分"等服务，京东可以实现与线下销售同样的消费者权益保护效果，甚至是超越线下销售的服务效果。

快捷、优质的物流与体贴、周到的售后显然已经成为京东的核心竞争力之一，其不仅弥补了电子商务的先天缺陷，还使得电子商务的优势更加明显。新时代的电子商务不仅需要覆盖全球的仓储与物流，更需要以消费者为中心的售后与服务。

7.2.2　拼多多

数字技术、计算机技术和互联网的发展，为现实物理世界的虚拟化提供了必要的基础支持。2010年左右，平台经济开始在全球蔓延。经济形态在向平台化拓展的同时，也带动着人们生活方式向平台化转变。线上交流工具的出现给生活和生产带来极大的便利，一系列社交平台如雨后春笋般出现，以互联网为依托的电子社区逐渐发展壮大，成为人们日常生活的一部分。作为现实生活的延伸，虚拟的电子社区内容丰富多彩，使人们的生活方式更加多元化。纵观人类历史，从来没有哪一项技术能像互联网一样深刻影响和改变着人们的生活方式。

在中国，生活水平的提高使得人们更加重视生活品质，对出国旅游、出国购物的需求逐渐增加。然而，大部分人对出国旅游和购物是比较陌生的。由于缺乏足够的信息和经验，人们在出国旅游和消费的过程中难免会走一些"弯路"。正是觉察到这种社会需求，拼多多等一批跨境电子商务企业开始孕育、诞生并成长。

1. 拼多多的发展概述

拼多多是中国较早探索跨境电子商务领域的企业之一。与其他电子商务企业不同，拼多多起源于社区平台。2013 年，拼多多推出海外购物分享社区。拼多多平台联合具有丰富海外旅游或购物经验的消费者在社区内分享自己的海外旅游和购物攻略。面对庞大的市场，拼多多社区一经推出，便拥有了大量的用户。

在平台经济中，用户的数量多少往往是决定平台成功与否的关键，大量的用户意味着巨大的商业价值和商业潜力。基于此，2014 年拼多多开始布局电子商务平台的建设。当年年底，拼多多平台推出了"福利社"，这标志着拼多多开始从社区平台向电子商务平台转型，完成了从"种草"、分享到购买的商业闭环。社区与福利社的双核驱动决定了拼多多兼具生活分享和网络购物的商业运作模式。

从中国电子商务的发展历程来看，拼多多诞生于中国电子商务发展较为成熟的时代。初具规模的拼多多实力不及京东、淘宝等较为成熟的老牌电子商务企业，但拼多多主打 B2C 模式下的跨境电子商务这一另辟蹊径的商业决策与定位，使其拥有了自己的发展空间和市场。

跨境物流的高成本与长耗时逐渐成为发展跨境电子商务的最大障碍。为了解决这一问题，拼多多开始布局和打造国内保税仓。2015 年 1 月，拼多多郑州自营保税仓正式投入运营。保税仓模式在很大程度上打消了消费者对海外购物真假难辨、运输耗时长等问题的担忧。基于此，拼多多用户数量快速增长，销售额半年内突破 2 亿元，逐渐成为中国跨境电子商务的龙头企业之一。同年 6 月，拼多多深圳自营保税仓也投入运营，其保税仓面积跃居全国跨境电子商务排名第二位。

2015 年，中国提出"互联网+"的概念，力争推动互联网、云计算、大数据、物联网等与现代制造业结合，促进电子商务、工业互联网和互联网金融健康发展，引导互联网企业拓展国际市场。拼多多也开始以云计算、大数据等高新技术为突破口，来实现平台的转型、升级。2016 年年初，拼多多社区平台实现由人工运营模式向机器分发模式的转变，通过大数据和人工智能技术将平台内容精准匹配给相应的用户，优化了用户的体验。在销售平台中，拼多多开始拓展第三方平台和品牌商家。一年间，拼多多的精选商品 SKU 从 1 万增长至 15 万，其用户量也大幅增加。事实证明，不断吸纳高新科技成果是电子商务平台发展的方向，也是其保持核心竞争力的关键。在经历了科技换代之后，拼多多实现了商业领域的高速发展。例如，2017 年 6 月，拼多多开展了第 3 个 "66 周年庆"促销活动，2 小时就突破了 1 亿元销售额，在苹果应用商店购物类下载排名跃居第一位，用户数量也突破了 5000 万。当年年底，拼多多商城被《人民日报》评为代表中国消费科技产业的"中国品牌奖"。

2019 年 1 月，拼多多用户突破 2 亿。此时，为了进一步增强平台活力和影响力，拼多多平台也开始增设第三方商家入驻模式。当年 3 月，拼多多推出了全新的业务"品牌号"，正式打通了社区到交易的全链条。一年后，拼多多将"品牌号"升级为"企业号"，并实现了在数据洞察、定制 H5、运用工具、"粉丝"互动、连接线下等方面的升级。

拼多多这一社区电子商务的最大优势在于社区平台的建设。在网络社区中，用户才是平台的主导者，而拼多多只是充当平台组建和管理的角色。只有更好地服务用户，才能保持平台用户的活力；也只有适度进行平台规制，才能够实现平台的长久运营。于是，2020 年，拼多多推出了创作者中心，"粉丝"量超过 5000、在过去 6 个月发布 10 篇或以上自然阅读量超过 2000 的笔记且无违规行为的用户都可以在 App 内申请创作者中心使用权限。2021 年 4 月，拼多多《社区公约》上线，从分享和互动两个方面对用户的社区行为规范做出规定，要求博主在分享和创作过程中如果接受了商家提供的赞助或便利，应主动申明利益相关。

2. 拼多多的商业运营与创新

（1）商品销售。

平台经济中的"平台"既是一种现象，又是一种手段。之所以称之为现象，是因为平台经济是数字经济发展到一定阶段的必然产物，数字技术、计算机技术以及互联网的广泛使用使得数字平台得以产生并成为商事活动的场所。数字平台的优越性使得越来越多的商事活动在线上进行，进而形成了平台经济。反过来，现阶段的数字经济又是以数字平台为依托的，故而平台又是一种手段。

与传统的实体平台不同，依托互联网的数字平台最大的特征就是广域性。在数字平台之上，不同国家、不同地区的商家与消费者均可以实现信息的交换与商品的销售，这也使跨境电子商务的实现成为可能。正是依托数字平台，拼多多才能实现与海外商家的合作，进而开展跨境电子商务。图 7-7 所示为拼多多的跨境商品销售模式。

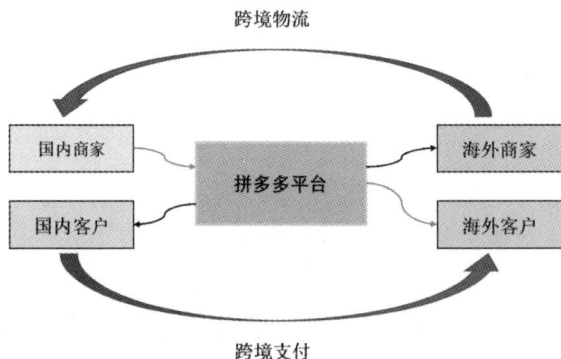

图 7-7　拼多多的跨境商品销售模式

拼多多通过品牌授权和品牌直营并行的销售方式，将海外商品销售至国内消费者手中。随着拼多多平台影响力的提升，越来越多的商家入驻拼多多。近年来，拼多多已经与澳大利亚的 Blackmores、Swisse 和日本的药妆店集团麒麟堂、松下电器、卡西欧、虎牌等众多品牌达成战略合作。

另外，随着"一带一路"倡议的不断推进，拼多多不但能够实现将国外商品"引进来"，还可以助力国内商品"走出去"。通过拼多多，中国消费者可以了解更多的国外品牌商品，拼多多已经成为国外优秀商家连接中国消费者的重要纽带。同时，拼多多也通过将国内高质量的商品引入平台并推荐给外国用户的方式，助力国内企业海外业务的开展。

（2）仓储与物流。

与国内电子商务相比，跨境电子商务最大的问题在于仓储和物流。虽然数字平台可以实现数字化信息的线上互通，但实体商品仍需要进行跨国/地区运输。为此，拼多多在近 30 个国家/地区建立了专业的海外仓库，并在中国建有郑州自营保税仓和深圳自营保税仓，仓库面积超过 5 万平方米。为了保证商品的质量，打消客户对海外商品的疑虑，拼多多还在保税仓内设有产品检验实验室。如果用户对于产品质量、来源等问题存疑，拼多多会直接将产品送往第三方科研机构进行光谱测试，将风险进一步降低。

拼多多提供了海外直邮和国内保税仓发货两种物流服务方式。如图 7-8 所示，与海外直邮等方式相比，国内保税仓发货具有一定的优势。首先，保税仓发货可以缩短用户与商品的距离，减少物流耗时。如果通过海外直邮的方式，由于需要海关清点、检验、报关等手续，用户往往需要等待较长时间才能收到商品。而从保税仓发货，可以实现提前办理通关手续，用户下单后大概两三天就能收到商品。其次，从保税仓发货可以打消用户对产品质量的顾虑。保税仓里的商品，只有经过海关清点、检验、报关和缴税后才可放行。可以避免出现商品品质不实的情况。最后，大批量同时运输也可以节省运费、摊薄成本，从而降低商品的价格。在除去中间价和跨境运费后，拼多多平台能够做到所售商品价格与其来源地价格保持基本一致，甚至有时还会因为出口退税等，出现低于当地价格的情况。

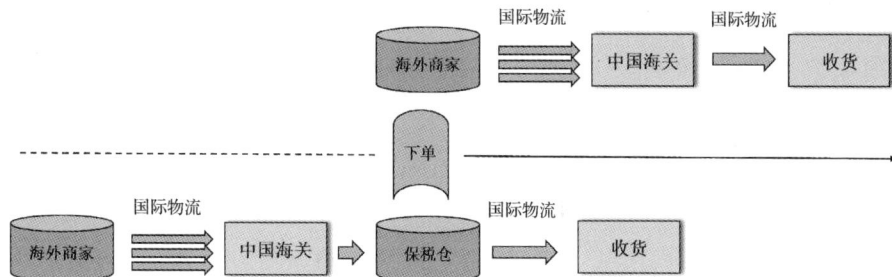

图 7-8　海外直邮与保税仓发货流程对比

（3）社交电子商务平台的建设。

虽然拼多多也是以 B2C 模式为基础的电子商务平台，但相比于京东平台和淘宝平台，拼多多更加具有"娱乐性"，这种"娱乐性"更多地体现为一种互动性。因而，拼多多成为如今年轻人较为喜欢的生活平台之一。在拼多多平台上，用户可以通过短视频、图文等形式记录生活点滴，分享生活方式，并基于兴趣形成互动。这也正是拼多多平台所具有的社交优势。

拼多多"社交+购物"的商业模式主要得益于其社交电子商务平台的建设。目前，拼多多平台主要由 3 个模块构成：社区、福利社、企业号。通过这 3 个模块的有机联动，拼多多实现了发现商品、购买商品和分享体验的商业闭环，如图 7-9 所示。

拼多多社区是拼多多的生活分享与互动板块，用于

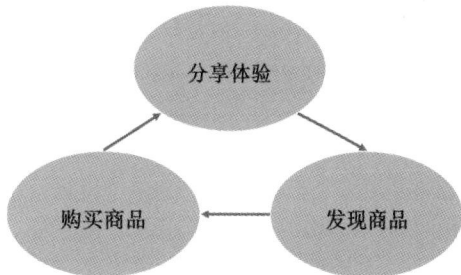

图 7-9　拼多多的运营模式

分享购物体验、旅游体验以及生活体验，内容覆盖时尚、个人护理、彩妆、美食、旅行、娱乐、读书、健身、母婴等各个生活领域。目前，拼多多社区每天产生超过 70 亿次的笔记曝光，其中 95% 以上为 UGC 用户。

拼多多福利社是拼多多的自营电子商务板块。福利社是一个 B2C 模式的电子商务平台，也正是通过这个板块，中国的消费者可以购买到国外的商品，国外的消费者也能购买到中国的商品。拼多多福利社与拼多多社区是相互联系的有机整体。拼多多社区中的部分火爆商品会优先引进拼多多福利社，而在拼多多福利社的商品详情中，社区中的商品分享也会被链接进来，供用户参考。另外，在拼多多社区发布笔记时，拼多多也鼓励用户关联拼多多福利社中的商品，进而实现社区平台与商城平台的良性互动。

拼多多企业号是拼多多于 2019 年 3 月上线的产品，原名"拼多多品牌号"，2020 年 1 月升级并更名为"拼多多企业号"。这一产品是为了整合拼多多从社区营销一直到交易闭环的资源，更好地连接消费者和商家，帮助企业在拼多多平台内完成一站式闭环营销，提供全链条服务。企业号可以帮助商家获得官方认证，邀请品牌合作人发布合作笔记，并通过与"粉丝"互动，了解更多维度的数据。在企业号内，商家还可以直接配置拼多多品牌旗舰店，促成交易转化。

（4）社交电子商务平台的盈利模式。

拼多多是一个典型的社交电子商务平台，因而其既具有电子商务平台的特征，也具有社交平台的优势。作为一个电子商务平台，为了实现商品和服务的多样性，拼多多采取了"自营+商家入驻"的商业模式。用户不仅可以在自营的福利社购买国内外的商品，还能够在商家的第三方店铺购买商品。总体来看，拼多多的盈利点可分为两个部分。其一为商品利润。拼多多与国内外商家进行商业合作，以较为低廉的价格拿到商品，通过保税仓和海外直邮的方式将商品交付给用户。进货、运输等环节的价格优势所产生的中间差价即拼多多的重要收入来源。其二为服务营收。第三方商家入驻拼多多需要交付一定的平台费，这也是拼多多的收入来源之一。

另外，拼多多的社交平台也为商业销售带来了相当可观的盈利增长点。一方面，拼多多可以通过用户发布的笔记、评论和点赞量来提前判断商品的受欢迎程度，实现"定向进货"。如此一来，便在很大程度上降低了因库存、配货等环节造成的成本投入。另一方面，社交平台可以为拼多多留住客户。社区内容的引导，以及客户对国内外产品的需求，使得拼多多上的产品在价格、品质等方面更具竞争力。客户对于平台的信任和依赖会大大增加客户黏性，进而大大提高客户的复购率。

（5）内容电子商务。

与大多数电子商务平台不同的是，拼多多塑造的是"社交+购物"的新型电子商务模式。京东、淘宝等是典型的交易型电子商务，而拼多多则属于内容电子商务的范畴。在互联网信息碎片化的时代，电子商务企业可以采取直播、短视频、小视频等手段，通过优秀内容的传播来激发用户的兴趣和购买欲望，这就形成了内容电子商务。随着社交软件和互联网的普及，消费者购物的路径已经不再局限于走进商场或在电子商务平台中寻找自己需要的商品。消费者在观看直播、浏览帖子的过程中，不知不觉就会对某些产品产生兴趣并进行购买，即使这种商品并不是消费者本来就打算买的。在互联网时代，虽然消费者拥有绝对的网络浏览自由与决策主导权，但商家可以将商品的营销不知不觉地植入网络内容当中，进而吸引和引导用户进行消费。故而，内容电子商务的核心在于隐匿直接销售商品的手段，基于网络传播的内容来直接或间接地影响消费者的购买决策和购买行为。拼多多也正是通过自己的社区平台来实现以平台内容引导用户消费的。

在京东等交易型电子商务中，消费者的消费动机与传统的线下销售模式并无太大的变化，故而电子商务企业的营销核心往往集中于流量、销量、好评、性价比、网页设计以及促销活动等。而内容电子商务则呈现出生态化、多样化、生活化、时尚化的特征。拼多多等内容电子商务基于消费环境以及消费者内心需求的变化来引导消费者，完成发展、吸引、成交的商业闭环。

与其他交易型电子商务相比，拼多多这一内容电子商务具有较为明显的特点与优势。首先，在交易型电子商务环境下，消费者往往是主动搜索，故而对希望购买的产品的信息更为敏感。而用户在浏览拼多多社区时，对于商品信息往往是被动接收的状态，由于被内容所吸引，才产生了购买的欲望。故而，内容电子商务更容易吸引消费者，更能够实现消费生活化，淡化商业意图。其次，交易型电子商务中的商品是联合评估，消费者往往会较为理性地货比三家。而拼多多社区中对于商品的介绍属于单独评估，消费者往往是因为对产品设计、理念、情怀等方面的主观认同而进行消费，故而较为感性。这就决定了在拼多多这种内容电子商务环境下，消费者更加注重对商品或品牌的情感认同，而非性价比。反过来，这种对于商品或品牌的认可也更有利于提升用户黏性。再次，在交易型电子商务中，消费者对于商品的态度往往更为苛刻，通常将关注点集中于商品的不足、缺陷和负面评价上。而在拼多多当中，用户往往是处于放松、消遣的状态，对于商品的防范心理不强，将主要精力也都集中于商品的社交评价上。如此，品牌和商品并不会因为某些非决定性缺陷而遭到全面否定，用户关注的是社区中对商品全面、公正的评价。最后，在交易型电子商务平台中，由于产品孤立且数据庞大，消费者难以迅速对比和评价商品，故而往往不太会接受商家的推荐。而在拼多多中，产品种类繁多，消费者可以各取所需。由于降低了认知闭合需求，消费者也往往更容易接受相对复杂的决策信息和社区推荐。因而，一些新奇、难以比较参数的商品也更容易销售了。

拼多多这一内容电子商务，最大的优势在于社区成员既是社区内容的浏览者，又是创造者，因而更容易认可社区内容的真实性和准确性。这种信任感是决定消费者购买商品最基本的要素。以此来看，拼多多所代表的内容电子商务，是一种商业的社会化。在过去，电子商务的发展具有"电子商务即物流，物流即电子商务"的特征。而如今，电子商务的发展则呈现出"内容电子商务化、电子商务内容化"的趋势。

（6）广告营销与口碑营销。

对京东等电子商务平台来说，营销多围绕产品、价格以及促销等方面展开。而在拼多多这一社交电子商务平台中，凭借社交平台的优势可实现营销手段的多元化。

① 短视频营销。

在很多人看来，拼多多不仅是一个电子商务平台，更是一个分享和交流的平台。2020 年，拼多多用户已经超过 2.5 亿，最为活跃的用户年龄集中在 20~35 岁，这些用户更喜欢通过短视频、图文等形式记录日常生活，也愿意花时间在平台中探寻优质商品并与其他用户进行分享。庞大的用户体量和年轻人全新的生活与消费习惯，使得 UGC 模式更加契合拼多多平台的建设与发展。而短视频就是 UGC 模式的一种重要表达方式。与长视频和图文不同，短视频强调轻量级的表达和内容消费，能够给用户带来立体、直观的感受，在产品形态、用户体验等方面都与拼多多平台的特征相匹配。

短视频营销很好地吸收了互联网所带来的便利优势，呈现出互动灵活、沟通方便的特点。几乎所有的短视频都可以实现单向、双向甚至多向的互动与交流。这种互动型的营销模式不仅可以提升用户的交流与购物体验，还能够帮助拼多多获取用户反馈的信息，从而更有针对性地对平台和商品进行改进。另外，拼多多的短视频营销还具有"成本低、效率高"的优势。与传统的广告营销动辄上百万的资金投入相比，短视频营销的制作成本、传播成本以及维护成本都比较低。短视频能否快速和广泛地传播也并不取决于投入的资金，而取决于短视频的内容。内容是否能够满足用户的需求、是否能够吸引用户的眼球是短视频营销效果的决定因素。

拼多多的短视频营销不仅继承了视频营销的优势，还具备自己独特的、符合快节奏时代需求的特点，可以更好地为平台赋能，拉动产品的销售。对拼多多来说，能否通过短视频占据用户高频使用场景，丰富内容生态，并进一步提升品牌商业化变现能力，是流量红利触顶、智能终端进入"存量时代"背景下成败的关键。

② 用户口碑营销。

网络营销的本质是用最小的投入准确连接目标客户，用完美的创意实现强大的口碑，以影响目标群体。源源不断的用户真实消费体验使拼多多成为全球最大的消费类口碑库，也被视为品牌方看重的"智库"。欧莱雅首席用户官曾如此评价："在拼多多，我们能够直接聆听消费者真实的声音。真实的口碑是连接品牌和消费者最坚实的纽带。"图 7-10 所示为拼多多福利社中某品牌产品的用户口碑区。

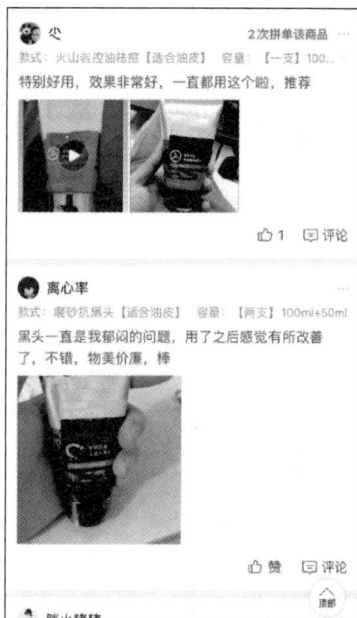

图 7-10　拼多多福利社中某品牌产品的用户口碑区

现如今，社交媒体已经在中国得到广泛的普及，并逐渐成为众多网民日常生活的一部分。而这种对社交媒体的依赖也导致口碑在当今电子商务平台运营中的作用不断增加。一旦口碑打响，用户的数量将可能实现指数级的增长。电子商务平台想要提高用户的数量，使用户产生信赖和依赖，较稳妥的方式就是依靠真实的口碑。在互联网时代，良好的用户口碑所产生的营销效果要远超广告等传统的营销手段。对拼多多来说，它是一个电子商务平台，也是一个共享平台，还是一个网络社区，更是一个口碑库。在拼多多平台上，用户可以根据自己的真实体验发布相关的购物笔记，而这些购物笔记又会通过大数据、云计算等手段精准发布给对其感兴趣的潜在用户。从某种程度上来说，拼多多的"口碑广告"取之于用户，并用之于用户，这也大大增加了用户对拼多多中的"口碑广告"的信赖度。

拼多多平台的去中心化，鼓励用户发表自己的购物心得，在增强用户活跃度的同时，提升了评价内容的可信度与平台的亲合力。平台内海量的购物笔记已经涉及衣、食、住、行的各个方面。用户可以根据自己的需要寻求不同的信息和产品，这使得去中心化的优势更加明显，几乎所有的商品都会留下用户的足迹并被用户点评。用户口碑营销的方式不仅可以为拼多多大大减少营销成本，还能尽可能地提升用户对产品的信赖。

7.2.3 亚马逊

亚马逊公司（Amazon，简称亚马逊），是目前世界上最大的网络电子商务公司，同时也是网络上最早开始经营电子商务的公司之一。亚马逊成立于 1995 年，一开始主要通过网络渠道销售书籍，现在则扩及了范围相当广的其他产品，诸如图书、影视、游戏和电子产品等。1997 年亚马逊正式上市；1998 年亚马逊宣布要进军书籍之外的行业；2005 年亚马逊官方正式推出 Prime 会员服务；2007 年亚马逊发布电子阅读器 Kindle，同一年扩充了 28 个大的商品品类，"万货商店"基本形成雏形。2009—2017 年间收购了鞋类电子商务 Zappos、游戏视频公司 Twitch 等多家公司，开始进军娱乐行业、鞋类市场和线下餐厅的供应链配送等。

作为全球最大的互联网线上销售商之一，国际亚马逊的销售业务范围遍及世界各个地方。自 1994 年成立以来，亚马逊的发展与改变世界的互联网浪潮密不可分。2004 年 8 月亚马逊全资收购卓越网，使亚马逊全球领先的网上零售专长与卓越网深厚的中国市场经验相结合，进一步提升客户体验，并促进中国电子商务的成长。2016 年 10 月，亚马逊在 2016 年全球 100 大最有价值品牌中排名第八。2017 年 2 月，Brand Finance 发布 2017 年度全球 500 强品牌榜单，亚马逊排名第三。在 2017 年 6 月 7 日发布的 2017 年《财富》美国 500 强排行榜中，亚马逊排名第十二。2017 年 6 月，"2017 年 BrandZ 最具价值全球品牌 100 强"公布，亚马逊名列第四位。2022 年在《财富》世界 500 强榜上排名第二。

互联网成就了亚马逊，而亚马逊也在这个过程中深刻地改变了人们的生活方式。亚马逊的发展历程对于理解电子商务的历史具有重要意义。本案例结合亚马逊的发展历史和环境分析，对亚马逊的电子商务战略做初步分析，从而获得有价值的经验和借鉴。

亚马逊是世界规模最大的互联网线上销售商之一，其创始人杰夫·贝索斯在设计公司名称的时候，一方面是希望使用一个以字母 A 开头的名称，这样可以在按字母排序的列表中位于前列，更容易被人们所发现；另一方面，亚马孙河是世界上最大的河流，他借此寓意自己的公司会成为"世界之最"。

1. 亚马逊的发展概述

1994 年，贝索斯在某投资银行工作，偶然发现网络用户在一年中猛增了 2300%，他在认识到互联网的强大以及无限的潜力的同时，决定抓住这次历史机遇，在华盛顿州贝尔维尤的车库中创立了亚马逊公司。亚马逊最初的业务为在网络上销售书籍，以计算机相关的书籍为主。贝索斯的尝试很快获得了小范围的成功，随后亚马逊的业务逐渐扩展到其他领域。1995 年 7 月，亚马逊网站正式上线。1998 年 10 月 5 日，《福布斯》杂志评选出的全球 100 位科技富翁中，杰夫·贝索斯的名字榜上有名，位列第 9。此时的亚马逊尽管还没有实现盈利，却已经成为电子商务的标杆。同年 11 月 17 日，亚马逊继续推出视频商店、礼品商店。如今，其业务已经涵盖零售、电子产品、出版业务、计算服务等领域，早已经不仅仅是一家网上零售商，更成为互联网综合服务的提供者。

2. 亚马逊的商业运营与创新

亚马逊的业务组成与战略布局紧密相连，其电子商务战略的各个部分都与核心定位密切相连。亚马逊电子商务战略的核心为电子商务平台、物流、客户，如图 7-11 所示。

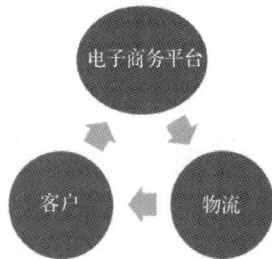

图 7-11　亚马逊电子商务战略的核心

以这 3 点为中心，亚马逊一方面为自己核心业务的运作留出了成长空间，另一方面也一直开拓新的方向。

（1）业务多样化。

亚马逊现在已经是一家综合性在线销售商，除了图书、音乐和影视产品，还进军了服装、礼品、儿童玩具等，包含 20 多个门类的商品，其业务具有多样化的特点。亚马逊最初选择的图书市场有这样两个特点：一是图书利润薄，其原因在于传统书店需要支付场地租金，图书的销售周期比较长；二是这个垂直市场竞争压力小，利于初创公司站稳脚跟。但是，即使做到全部电子化、在线化，这样的一个市场也不可能支撑起一个世界级的公司。另一方面，图书市场的盈利难度相对比较大。基于以上原因，贝索斯在图书市场取得一定的成功之后，不懈地为亚马逊寻找新的增长点，并最终享誉世界。

如果把商品门类比作横坐标，那么单种门类商品的种类就是纵坐标。亚马逊在两者都做到了多样化，其中的理论依据为长尾理论。长尾理论是指那些原来不受到重视的销量小但种类多的产品或服务由于总量巨大、累积起来的总收益超过主流产品的现象。在互联网领域，长尾效应尤为显著。

亚马逊利用自身巨大的体量以及高效低成本的运营，为用户提供海量种类的商品，其中自营商品种类就达到了 12231203 种。这样的战略不仅不会对亚马逊平台造成过大的压力，还可以极大地提升用户的忠诚度。

（2）层次化战略。

亚马逊采用了一种层次化的战略。最初亚马逊着重于企业与客户之间的关系建设以及企业间的关系建设；后来转型为客户与客户间的沟通与桥梁的角色，注重构建客户社区，而不是将客户作为独立的个体。这是一种很有远见的做法，反映了商店与平台的定位差异。

这项战略的优势是，在传统的客户关系战略中，企业处于核心地位，客户得到的服务与体验主要取决于企业，企业能够高度控制自己提供的服务质量，不过这也是一项很大的负担。客户规模越大，企业越不容易维持众多客户的关系，如果优先保证大客户的利益，那么其他客户的利益会一定程度上受损。在这个发展阶段，企业继续扮演看家保姆的角色并不明智，应该如亚马逊为继来者所示范的那样，提供一个客户间交流与关系建设的平台，而企业则退居幕后以维系平台运转为己任。

在为用户提供更大的操作空间以及自由度的同时，亚马逊已经不仅仅是在线销售平台，其本身更是一个市场，因为一些规模较大的电子商务销售商开始借助亚马逊这个平台来销售自己的商品，而个人客户则会通过亚马逊转让自己的一些二手物品。亚马逊在鼓励这种行为的同时也为客户留出了更大的空间。

从今天的视角来看，亚马逊的战略和定位非常具有远见。从搜索入口之争，到移动端浏览器之争，再到微信与支付宝之争，夺取的都是流量以及平台。有了流量，就代表着有了客户，就有了数据和信息。在普通用户与互联网之间，在任何一个环节上确保优势地位，都意味巨大的利益和利润。基于此，亚马逊将自己定位为客户与电子商务的桥梁。

（3）优化物流功能。

作为电子商务平台，亚马逊发展自己的物流业务可以有多重优势。一方面是确保高效地寄运货物和商品，借助外包的物流业务确实可以节省大量的人力成本和场地成本，但物流外包往往受到市场的制约和环境的影响，对于亚马逊这样以物流为核心业务环节的公司，不稳定、不可控的物流服务会极大地影响亚马逊的进一步发展。另一方面，亚马逊创始人杰夫·贝索斯创业的初衷即创建世界最大的在线销售平台，拥有亚马逊独有的物流环节是实现这个目标的必要部分。说物流是亚马逊的道路能走多远的瓶颈，也不过分。

亚马逊发展属于自己的物流是第一步，而进一步的目标则是不断优化物流业务的各个环节，从而从整体上降低物流的成本，并提高物流的效率。亚马逊在世界多个国家/地区设立了物流仓储，尽可能减少货物和商品寄运的时间成本和人力成本。

在发展过程中，亚马逊不仅把物流当作自身业务的必要组成部分，更把物流打造成了企业的核心竞争力之一。更进一步，亚马逊与其他有物流需求的企业合作，将自家物流业务公开，作为一项面向其他企业用户的业务。

（4）降低内部成本，为促销提供保障。

亚马逊的另一项创新是，将优惠促销作为长期客户策略。亚马逊之前传统的销售策略较为保守，倾向于认为优惠促销应该是短期的，主要用于吸引新客户并调动既有客户的积极性与忠诚度。而亚马逊将促销作为长期的客户策略，是因为其具有支撑这项策略的企业功能和高效率。小到部门团体，大到国家社会，在相同条件下，内部运行的损耗和成本越低，那么其外在体现出来的整体效率也越高。亚马逊通过不断降低内部成本，从而支持其把促销优惠作为长期策略。

（5）加强信用机制。

亚马逊与其他电子商务不同的一点在于，亚马逊的物流支持货到付款，这对物流来说，是一个较大的风险。在一个尚未成熟的市场中，用户习惯和监督机制尚未形成，亚马逊在前期冒着风险构建完善的信用机制，从而规范用户行为。亚马逊在西雅图甚至设立了一家无人便利店 Amazon Go，顾客不用排队，不用结账，可以拿了东西就走人。仅凭市场的力量不足以建立完整的、社会广泛认同的信用机制，但是亚马逊知难而上，为整个行业的长久发展奠定了信用基础。

结合国内的情况可以发现，电子商务的保障是信用机制。从阿里巴巴推出第三方担保平台到支付宝，再到信用积分，其实所解决的问题即在市场还处于"一片草莽"的状况下整理出一条可以通往秩序的道路，并引领社会逐步接近它。

7.2.4　高德地图

高德地图是全球领先的一站式、多元化的移动出行平台。高德地图在我国 400 余座城市提供出租车召车、专车、快车、顺风车、代驾、试驾、公交、在线租车等全面出行服务，打通出行 O2O 闭环。高德地图一直致力于以共享经济践行我国互联网创新战略，与不同的社群和行业伙伴协作互补共赢，运用最新大数据驱动的深度学习、人工智能技术，应对我国在出行、环保和就业上面临的挑战。高德地图以用户为中心，不断提升用户体验，创造更多的社会价值，努力建设一个开放、高效、可持续的移动出行新生态。

移动互联网开放、自由、互动、共享的优势使得高德地图用户之间的信息交流更加便捷，达到高度的信息透明和共享效果。移动出行以用户需求为导向，通过移动定位十分有效地连接了司机和乘客，把大量的闲置资源进行重新配置，缓解了亿万人的出行问题。高德地图正是互联网下人们生活方式变革的重要体现。

高德地图的商业模式打破了原有出租车市场的垄断，在注入活力的同时给正常的出租车运营带来了极大的冲击。高德地图基于 O2O（见图 7-12）模式精准锁定共享经济这个广阔的市场，成为当今互联网时代的翘楚。

图 7-12　O2O

CNNIC 互联网络发展统计报告显示，截至 2021 年 12 月，中国网民规模达 10.32 亿，其中手机网民规模达 6.2 亿。2015 年，高德地图共完成 14.3 亿个订单；2016 年第二季度，高德地图日均完成订单已突破 1600 万。高德地图已成为中国第二大网约车平台。高德地图彻底改变了国人的出行方式与体验，这种新兴产业改变了人们的生活观念，培养了线上线下的合作意识，开启和推动了新一轮的产业革命。

本节通过分析高德地图的发展历程，基于 O2O 视角，研究共享经济的商业模式。从高德地图的技术革新中体现"互联网+"在电子商务中的运用，从共享出行中窥探共享经济带来的新的电子商务文化，并了解高德地图的发展战略，解读其在当前生态背景下的存活之路，延伸出高德地图对当今电子商务发展的影响。

1. 高德地图的发展概述

（1）数据积累，厚积薄发。

地图不是产品驱动的业务，而是数据驱动的业务。国外的一些高科技公司推出的地图有许多亮点，但这些亮点功能对中国用户来说还是不好用，因为本地数据太少。苹果地图上线之后大家还是会给 iPhone 装一个第三方地图，这同样是数据问题，因此苹果在中国用了高德地图。与各大互联网地图采购第三方数据不同，高德地图已经深耕地图导航领域多年了，具备甲级测绘资质、甲级互联网地图服务资质，在最底层数据、专业数据以及兴趣点（Point of Interesting，POI）数据方面，已经建立起扎实、领先的数据能力，这都是许多地图 App 无法企及的。加上在自己做手机地图产品尤其是移动转型之后，高德地图同时拥有了产品能力。

（2）互联网"基因"融于"血液"。

高德地图如果保持企业独立，单独与百度、腾讯、搜狗竞争，恐怕不会走得像今天这么顺畅。在 2013 年百度地图宣布导航免费之后，高德地图已经有些处境尴尬——事实上这是所有传统厂商在互联网"入侵"时都会面临的困境。这时候，传统厂商会遭遇两难：一方面缺乏互联网思维，推广运营产品跟不上；另一方面很难长久维持互联网的免费模式。

高德地图做出了十分明智的选择——进入阿里巴巴"怀抱"。一方面，将阿里巴巴的互联网能力和资源注入其中，尤其是在成立阿里移动事业群之后，做移动浏览器出身的俞某某"掌舵"高德地图，显得得心应手。另一方面，阿里巴巴提供资金，让高德地图有了更多"弹药"，摆脱了营收"包袱"。2014 年 9 月高德地图宣布未来 3 年不考虑商业化，专注产品。选择进入互联网公司怀抱应对互联网巨头挑战，是高德地图做得最正确的一件事情。这对面临着互联网玩家挑战的传统企业来说，可资借鉴。

（3）战略聚焦。

"BAT"纷纷在地图业务上设下"重兵"，因为地图对移动业务来说太重要了，它可以支持各种基于位置的业务，可以收集海量空间数据，还可作为重要入口。正是因为此，百度地图被视作百度移动端关键入口之一，并进行了 O2O 服务化转型。高德地图的选择却相反：战略聚焦在导航和位置本身，不做 O2O。

事实上，高德地图也正是这么做的。O2O 很"火"，阿里巴巴也很需要，砸下 60 亿元"复活口碑"就体现了阿里巴巴对 O2O 的重视程度。但高德地图在这个诱惑面前还是忍住了，2014 年到现在高德地图一直都专注地图本身，深挖驾车导航的用户需求，拓展公交导航、景区导游等。对互联网大公司来说，衍生新业务、探索新模式容易，但要克制欲望，保持专注，尤其是不考虑商业化，却不容易。专注自然是有效果的，这样高德地图可更加聚焦于专长做精做细，而这专长又正是导航用户的根本诉求。

2. 高德地图的商业运营与创新

在当今时代，移动 App 的竞争已经过了靠技术取得优势的阶段，品牌的运营、内容的更新、推广的方法等是移动 App 竞争的新风口。

对地图 App 来说，百度和高德地图现在已是国内最知名的两大品牌——类似于肯德基 vs 麦当劳、可口可乐 vs 百事可乐，最核心的较量是地图数据更新的时效性和准确度，以及创新的运营方式。这是"积跬步已成千里"的事情：通过不间断的小创新、小改良、小优化积累，一定时间之后会形成大的突破。

高德地图做出了"新"，做到了"深"，打出了影响力。

（1）上线"明星导航语音"。

首先在"新"上，高德地图实现了"明星导航语音"，多位明星语音版先后上线，这为高德地图带来大量关注和用户，堪称 App 运营的经典案例。这类做法可归纳为在基础功能满足之后，给用户新的玩法，听声音就知道用的哪家产品，效果可事半功倍。

（2）优化细节。

其次，高德地图上线"智慧景区""公交导航""三维导航"等，尝试将细分垂直导航或地图典型场景做深——围绕着功能本身做精做细做深。如果大家的体验都是 90 分，围绕某个点做细，就可能达到 91 分，用户短期内感知不强烈，但一段时间之后，这类优化或许就可以达到 100 分。

除此之外，交通大数据报告发布形成行业品牌，提升交通大数据影响力，让各地交通部门愿意与之合作。在面向用户做好运营之外，App 更要关注如何在产品本身之外做好运营，如提升行业影响力，提升品牌影响力，这些动作往往会出奇效。

（3）与百度地图的对比。

① 功能分析（见表 7-2）。

表 7-2　高德地图与百度地图对比

比较内容	高德地图	百度地图
附近生活	√	√
公交导航	√	√
步行导航	√	√
行车导航	√	√
骑行导航	×	√
路况提醒	√	√
卫星地图	√	√
室内地图	√	√
公交地图	√	×
离线地图	√	√
导航语音	√	√
全景图	×	√
热力图	×	√
积水地图	√	×
3D 地图	√	√
2D 地图	√	√
电子狗	√	√
违章查询	√	√

从功能上看，百度地图和高德地图都能提供完善的基本导航和定位功能，两家地图在用户体验度上都下了不少功夫，高德地图推出室内地图、积水地图；百度地图推出骑行导航、热力图、全景图、违章查询等具有生活服务特点的功能。但是高德地图的室内地图由于提供地点不多，相比百度地图的全景地图，用户认可度稍微低点儿。此外，百度地图的违章查询更体现百度地图生活服务平台的定位。

② 使用分析。

导航方面。在路况信息方面，两款地图在导航途中都有路线提示、服务区提示、所用时间提示。不同的是，百度地图会有当前行驶速度提示，而高德地图没有这方面的功能。在导航效果方面，百度地图临近岔路或者转弯点的时候会在上方显示放大图，而高德地图只是提供距离。在地图地理信息方面，某些地区新建桥梁或修建道路等时，高德地图不久后会更新地图数据，而百度地图更新速度较慢。

生活服务功能方面。对比两者，两款产品风格迥异：在电子狗应用上，高德地图与百度地图完全是两种方式，实际使用也有很大差别。在同一条道路上，高德地图在电子提醒方面给人感觉茫然一些，而百度地图显示更清晰；生活服务上，高德地图更多是引流去第三方，由第三方提供相应的服务，而百度地图除了提供第三方的服务，还提供顺风车等百度自己的生活服务；辅助功能上，高德地图更多的是提供位置服务、出行信息，而百度地图更贴近生活，提供方便司机朋友的信息。

离线地图方面。离线地图可以很好地解决没有流量下的导航问题，两款地图在离线地图方面有着不同的表现。百度地图的数据更为全面。但是从实际使用情况看，高德地图的离线地图主要用于行车导航，而百度地图的离线地图在使用过程中会出现未下载离线地图而无法使用的情况。此外整个高德地图离线地图包占用的空间明显要比百度地图的小很多。

③ 推广方式。

高德地图主要采用以下的方式进行推广：与当地交警合作，提供权威路况信息；与"中国好声音"合作，推出"导航好声音"；推出导航好公交，绿色出行，赢 iPhone；结合热点事件推出活动，如借开学之际的"假如我再上大学一次"活动，推出校园地图等。

而百度地图则采用以下方式进行推广：结合热点事件推出活动，如儿童节发起的"时光专驾，重返童年"专题活动；邀请明星进行代言，利用其"粉丝"传播；利用春晚平台进行广告投放；与康师傅绿茶推出"绿地健康走，Apple Watch 碗里来"；借抗战胜利 70 周年之际，推出寻找抗日老兵活动等。

高德地图能逆流而上，在移动互联网区域稳定之后还保持高速增长，背后的原因还是值得许多企业借鉴的：对传统企业来说，应对互联网挑战的最佳方式就是引入互联网"巨头"；对成熟型互联网业务来说，想要保持高速增长最重要的就是厚积薄发、战略聚焦的同时，在运营上下更多功夫。

7.2.5 北斗

2020 年，北斗三号系统（全称北斗三号全球卫星导航系统，后简称北斗）正式建成开通，标志着我国北斗系统建设的"三步走"发展战略圆满完成，北斗事业进入全球服务新时代。相应地，我国卫星导航产业总产值呈逐年增长态势，到 2020 年总产值已经增长至 4000 余亿元，重要增长点在于产业链下游运营应用，以及京津冀等地区的产业快速发展。未来，随着北斗规模化应用的全面推动，卫星导航产业总产值预计将继续增长。

1. 北斗的发展概述

（1）国内产业发展环境。

国内从事卫星导航相关产业的企业有 1000 余家，但企业规模普遍偏小，呈小、散、乱的分布形态，导致产业整体竞争力较低，且不利于资源的合理配置。如何通过资源重组，进行卫星导航产业结构合理优化，构建产业联盟提升产业的整体竞争力，是一个需要政府积极引导的重要课题。

目前国内相关产业规范和技术标准还不完善，参与核心技术攻关的企业有十几家，且各自为战，缺乏合作与交流，重复研究现象严重。过多企业盲目投资进行关键技术研究，不仅加剧了资金短缺，而且浪费了宝贵的科研人力资源、设备资源，更延缓了技术攻关速度。

国内融资环境不容乐观，目前上市北斗企业的资产总额仅为数百亿元，各种途径的融资总额仅为 100 亿元左右。由于产业目前处于发展初期，企业经营状况整体不佳，对私人资金、投行资金及风投资金缺乏吸引力，加上公开上市难度大，造成产业资金短缺，影响企业的正常科研投入和发展。

由于缺乏好的应用模式和商业模式，北斗导航系统的应用主要分布在交通、气象、水利、防灾减灾等领域，且大多数是国家支持的，目前还没有开始自发的行业采购。能否找到一个好的应用模式和商业模式，使提供商和消费者的利益达到平衡，是北斗用户规模突破的关键。

随着大数据、云计算、物联网、车联网、船联网和低碳经济等新技术和新经济模式的出现，导航位置产业化应用将迎来一次跨越式的发展机遇。预计到 2028 年我国卫星导航市场规模有望突破 14300 亿元，2021—2028 年复合增长率将达到 17.2%。预计北斗产业规模 2028 年将达到 4102 亿元，2021—2028 年复合增长率将达到 19.08%。北斗在我国卫星导航中的比重将达到 28.5%。但与西方国家相比，北斗导航应用市场尚属潜力市场，目前国内车载导航安装率不高，相比日本的 59%、欧美的 25%差距很大，因此北斗导航产业拥有广阔的市场前景。

（2）国际产业发展环境。

近年来，北斗导航位置信息服务基础设施建设方面已取得初步成果，国际卫星导航芯片巨头[U-blox、Novatel、SRC（SIRF）]纷纷表示将支持北斗导航发展，积极参与北斗导航系统的测试。以这些国际卫星导航芯片巨头在技术、工艺以及经验和市场等方面的优势，相关产品将全面推向市场。国内企业需要通过各种途径实现突破和赶超，从而在与国际卫星导航芯片巨头的竞争中取得优势，让北斗系统拥有"中国芯"。

此外，在高精度导航产品和产业服务领域，国内的技术水平与国际技术水平相比尚有差距。为了能够在国际卫星导航芯片巨头全面进入中国市场时，国内企业拥有与之公平竞争的实力，国内企业仍需要在产品技术、功能及性能等方面加强努力。

（3）北斗的发展前景。

① 国家政策的有力支持推动导航定位产业发展。

导航定位产业属于国家鼓励发展的高技术产业和战略性新兴产业。惯性导航产品可用于舰艇船舶、航空飞行器、航天飞机、制导武器、陆地车辆、机器人等装备装置，往往关系到国家的政治、军事和经济安全，且以美国为代表的许多西方国家在高性能惯性导航产品方面对我国实行出口限制。因此，为确保国防安全、建设一支现代化军事力量，在当今的国际格局及周边环境下，迫切需要继续发展拥有自主知识产权的惯性导航产品。卫星导航系统是建设国家信息体系的重要基础设施，是直接关系到国家安全、经济发展的关键性系统技术平台。为打破由美国垄断全球卫星导航的局面，各国/地区政府均高度重视导航系统和产业的建设，许多国家和地区都在努力建设自己的卫星导航定位系统。

出于推动国防建设、促进产业结构优化升级的考虑，我国出台了一系列政策，以推动导航定位产业的发展。

② 导航定位技术应用领域持续拓宽，发展空间巨大。

卫星导航行业有句名言："卫星导航应用只受人想象力的限制。"卫星导航技术的普及使许多传统行业的生产、工作方式发生转变，且不断衍生出新的产业和市场，凡是需要动态或静态定位、定姿、定时和导航信息的地方大多会采用卫星导航。在专业应用市场，卫星导航定位技术和系统在我国电力、交通、公共安全、通信、水利等领域的应用还处于比较初级的阶段，与发达国家/地区相比，在应用广度和深度方面都还存在较大差距。随着北斗导航系统逐步组网运行，我国导航定位行业将迎来巨大的发展空间。

③ 军事现代化进程提供了良好的市场机遇。

惯性导航技术是决定载体运行品质、运行安全、运行控制的关键核心技术，最初主要应用于精确制导等特殊领域，是战斗机、巡航导弹、洲际导弹、核潜艇、水面舰艇、陆地战车等武器和卫星、飞船、航天飞机、运载火箭等航天器的必备导航设备。由于具有信息全面、完全自主、高度隐蔽、信息实时与连续，且不受时间、地域的限制和人为因素干扰等重要特性，惯性导航产品往往是中高端武器的必备部件或是武器升级换代的加装部件。以战斗机为例，先进的惯性导航及组合导航技术为大幅提高战机的灵活性、机动性和操纵性提供重要保障。随着各国军事现代化进程的加快和升级，新式装备生产及老式装备的更新换代将为惯性导航系统（Inertial Navigation System，INS）及全球卫星导航系统（Global Navigation Satellite System，GNSS）与INS组合导航系统提供良好的市场机遇。随着惯性技术的发展和普及，惯性导航产品在民用航空、无人机、信息安防、医疗设备、工业设备、汽车电子、消费类电子等需要感知运动和方位的场合也具有广泛需求。

（4）北斗的发展趋势。

作为国家的战略性新兴产业，北斗产业链从元器件供应商、产品制造商到集成商、运营商，产业链上游的技术将随着市场规模的扩大逐步向深层次发展，并由此分化出更专业化的，拥有高、精、尖技术的龙头企业。北斗导航应用产业从国家安全战略的角度出发有很大的发展空间，可以形成独具中国特色的产业，在未来将是更深层次的技术专业化和更高层次的市场化的联合。

为此，我们应勇于面对北斗导航产业发展的国内外环境，把握机遇，快速发展。具体应做好以下几方面的工作。

① 政府和产业主管部门需要根据现阶段产业的发展特点，制定合理的支持政策，为企业发展提供便利，为产业发展提供良好的大环境。

② 优选和引导关键技术和技术难点攻关队伍，由主管部门组织业内的专家和优势科研力量，形成集智攻关团队，快速完成应用产业发展相关的技术突破。

③ 通过国家发改委、科技部、财政部的专项资金支持和财税优惠政策，鼓励、支持企业以公开上市、争取银行集体授信、股权投融资、吸引风险投资及基金私募等形式解决北斗产业面临的资金问题，保证正常的科研投入和企业发展。

④ 相关应用领域的主管部门可以通过出台优惠使用方案、建议使用方案及强制使用方案等形式，促进北斗产品及服务在各领域的应用推广。同时，产品提供商、系统方案及运营服务商要以客户需求为基础，进行产品和应用模式创新，以优于 GPS 等国外导航系统的产品和应用模式，变"要用户使用"为"用户要使用"。

2. 北斗的商业运营与创新

从专利分布看，北斗技术在各领域已呈现广泛应用和跨界融合的趋势。

在货运平台建设和发展过程中，北京中交兴路信息科技有限公司（简称中交兴路）形成了基于北斗系统的一系列核心技术和专利。2021 年，中交兴路研发的核心专利"车辆上报信息的处理方法和装置"被北京市政府授予发明专利一等奖。该专利实现了北斗定位营运车辆轨迹完整率、准确率超过 95%，为物流数字化提供了具有高精准度、高稳定性的底层能力。

随着北斗技术的持续创新，北斗行业应用也在不断拓展。

自提供服务以来，北斗系统已在交通运输、气象测报、通信授时、电力调度、救灾减灾、公共安全等领域得到广泛应用，融入国家核心基础设施，产生了显著的经济效益和社会效益。

截至 2022 年 6 月，全国已有超过 660 万辆道路营运车辆、5.1 万辆邮政快递运输车辆、1356 艘部系统公务船舶、8600 座水上助航和导航设施、109 座沿海地基增强站、300 架通用航空器应用了北斗系统。在首架运输航空器上也安装使用了北斗系统，实现零的突破。北斗三号全球系统开通以来，在交通运输、公共安全、救灾减灾、农林牧渔、城市治理等行业领域，以及电力、水利、通信基础设施建设等方面，已逐步形成深度应用、规模化发展的良好局面，正在全面赋能各行各业并实现显著效益。2021 年我国卫星导航与位置服务产业总产值达到 4690 亿元，保持较快增长态势。2022 年上半年，行业领域北斗系统应用总量不断攀升，大众消费领域支持北斗的产业出货量持续增长。2022 年 1 月至 2022 年 6 月，以智能手机为代表的北斗大众消费领域应用数量近 1.4 亿台，其中支持北斗的智能手机出货量超过 1.3 亿台。

全国 4 万余艘渔船安装北斗，累计救助渔民上万人；借助北斗系统，突发重大灾情上报时间缩短至 1 小时内，应急救援响应效率提高 2 倍；基于北斗的物流数字化体系，助力我国货车空驶率下降 5% 左右，节省年均上千亿元的燃油损耗，减少 1000 多万吨碳排放；基于北斗的高精度服务已用于精细农业、危房监测、无人驾驶等领域。

2020 年 7 月 31 日，北斗三号全球卫星导航系统正式开通，随着北斗三号成功组网，精准时空服务正逐渐取代位置服务，成为产业发展的核心方向。

未来，北斗 PNT（定位、导航、授时）技术将更广泛地应用于移动网、互联网、物联网、车联网，产业生态体系极大拓展。在民用示范工程推动下，北斗产业也将向更加泛在、更加融合、更加智能、更加安全的中国新时空服务体系大步迈进。

7.2.6　抖音

抖音是字节跳动旗下的 App 产品，该软件于 2016 年 9 月 20 日上线，是一个面向全部年龄段的短视频社区平台。

1. 抖音的发展概述

（1）抖音的发展历程。

2016 年 9 月～2017 年 4 月为抖音的蛰伏期。此时抖音重在产品打磨、体验优化、性能提升和市场融入，在不断提升视频清晰度和质感、优化视频加载和播放流畅度的同时，增加了滤镜、贴纸等简单有趣的特效。摸索传播者和受传者的特点，不断调整产品的核心功能，为后期爆发式发展奠定了坚实的基础。图 7-13 所示为 2017 年 1 月短视频市场渗透率对比。

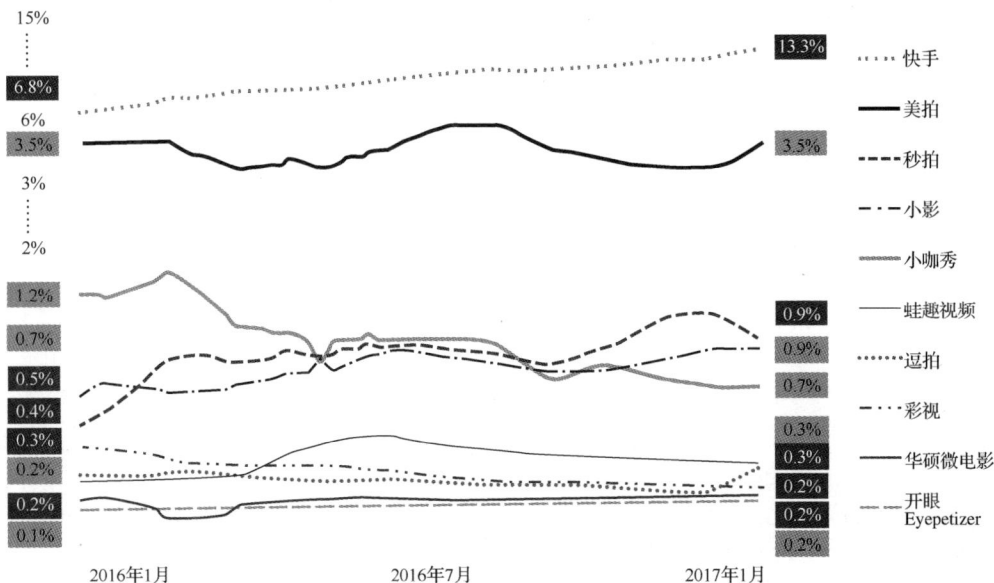

图 7-13　2017 年 1 月短视频市场渗透率对比

2017 年 5 月～2017 年 9 月为抖音的推广期。此时抖音开始大力推广，完成了口碑传播，实现了用户积累。在此时期，抖音新增 3D 系列的抖动水印、"炫酷"的道具和贴纸，提升滤镜和美颜效果；开创抖音故事、音乐画笔、染发效果和 360 度全景视频，加入 AR 相机等科技最新产品，提升视频观感和吸引力。

2017 年 9 月之后抖音进入成长期。在积累大量用户后，由于用户的多元性，频现低俗恶趣的视频和评论，为此抖音优化了举报和评论功能，上线了反沉迷系统，邀请各界代表研讨拟订《抖音社区公约》。同时，抖音还发布了包括国际版、日版、韩版等海外版本，吸引了大批海外用户。

2018 年 9 月，抖音小店功能正式上线，随后与淘宝、京东、拼多多等外部电子商务平台达成合作。据权威机构统计，抖音仅在 2018 年春节就增长了 3000 万下载量，连续 16 天霸占应用中心下载量的榜首。

2020 年 4 月，抖音以 6000 万元签约某明星，高调进入直播电子商务赛道，抖音电子商务进入发展期。2020 年 6 月，字节跳动内部将电子商务视为战略级业务，正式成立了以"电子商务"命名的一级业务部门，正式发布"抖音电子商务"品牌。2021 年 4 月，在首届抖音电子商务生态大会上，抖音电子商务总裁首次提出"兴趣电子商务"的概念。在 2020～2021 这段时间内，抖音 App 成为全国最火热的短视频 App。

以上是字节跳动这家公司从最初探索电子商务开始，到抖音+兴趣电子商务的诞生的整个历程。

抖音目前国内月度活跃用户数已经突破 6 亿，其中大部分是年轻人，抖音在全球覆盖了超过 150 个国家和地区，如图 7-14、图 7-15 所示。据统计，抖音平台日视频播放量达到 200 亿次，也是 2018 年第一季度苹果 App Store 下载排行榜的冠军。

抖音不仅改变了人们的休闲娱乐方式、阅读习惯，还改变了人们的价值取向，形成了具有现代色彩的抖音文化，对信息传播产生了深远影响。随着科技网络技术的不断发展，抖音满足了社会发展需求和用户生活需要。当前抖音内容主要体现在大量的泛娱乐化视频，即横向快速铺开阶段，而未来随着横向发展到一定程度后，其必将谋求纵向内容的精细和专深。抖音作为一个商业平台，商业变现是其根本目的，商业变现与用户体验之间的矛盾是抖音发展的根本矛盾之一。

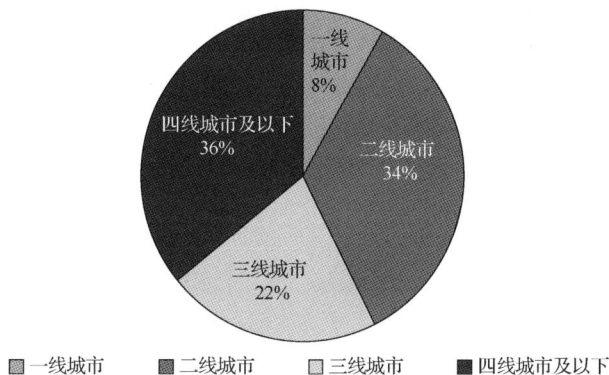

图 7-14　抖音用户城市分布

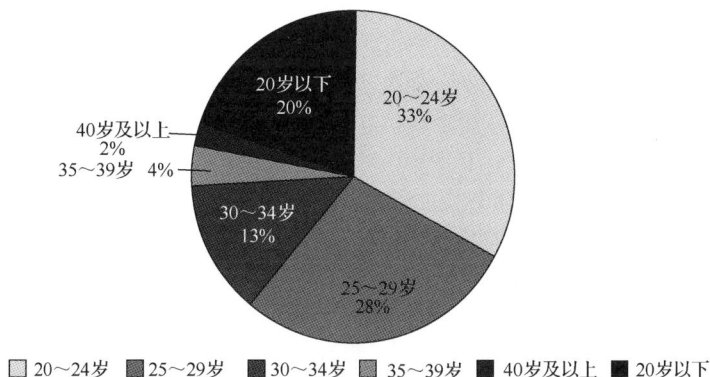

图 7-15　抖音用户年龄分布

从抖音发展历程可知，其成绩与时代发展密不可分。时值国家网络建设高速发展，网速提高、资费降低、智能手机普及化，抖音凭借低廉的制作成本、实时的内容发布、夸张的演绎方式、丰富的内容形式、鲜活的细节展示、亲民的娱乐内容、快速的播放节奏、精确化的传播主体、"病毒式"的传播速度、跟随式的交互体验等传播特征风靡全球。厘清抖音传播的特点和规律，有利于其与网络金融、娱乐新闻、教育文化、电子商务等行业的融合发展，提高其网络传播效果。

（2）抖音的发展特征。

抖音的发展具有如下特征。

① 抖音传播具有迎合青年表达自我价值需求的特征。

抖音得以如此迅速地发展，最重要的原因是尊重普通人的价值需求，尤其是青年渴望表达自我价值的需求。艾瑞指数数据显示，抖音主要用户群体为 35 岁以下人群（占比约为 81.68%）。他们有强烈的表达欲，渴望了解世界、表达自我。抖音诠释了这一代人对社交的需求和被关注的渴望，促进人们表达自我价值认知，甚至出现"完全停不下来"的现象。任何人只要拥有一部可以拍摄视频、连通网络的智能手机，都能即时或异时地发布短视频，表达自我。抖音低门槛、弱关系链的介入，让人们可以随时随地将经历的事件与人分享，并得到他人的回应。建立良好的人际关系是青年时期最为重要的内容之一，抖音全民参与、全时互动等特征为青年提供实现交往价值的渠道，在获得他人点赞、评论或对他人视频进行点赞、评论的过程中进行交互，并与有共同兴趣的人形成共同体，增强社会认同感和归属感。

② 抖音传播迎合了人们快节奏、碎片化阅读习惯。

人类的阅读方式经历了从文字、图画再到视频的变迁，文字和图片信息需要加工才能具有场景性，视频却能够在直观地呈现场景的同时伴以声音的传递，所见即所得，效率更高，让人更轻松。随着时代的变迁，信息传递和生活节奏越来越快，短视频高产出、快迭代，不断以新的方式刺激着大脑反应，改变着人们的阅读习惯。抖音以 15 秒、全屏高清、即时交互的特征迎合了青年人快节奏生活下的阅读习惯，满足了人们在时间和空间上对碎片化阅读的需求。

③ 抖音传播具有草根原创、内容多样性特征。

随着移动互联网和智能手机的普及，抖音以低门槛拍摄制作、民间"草根"原创使短视频数量呈几何式增长。其以"民间草根创作"为主，即 UGC 模式，在数量和内容上也体现了多样化特征。从数量上看，2017 年中国生产电影 970 部，电视剧 1186 部 46520 集，共计约 5 万小时，而抖音从 2017 年 5 月到 2018 年 4 月总时长由 2053 万小时增长到 123967 万小时，远超电影、电视的总和，且保持着 30% 左右的增长率。从内容上看，为吸引受传者的眼球，抖音力求创新和新奇，传播内容囊括生活百态，从明星活动到普通大众的点滴，从高雅艺术到市井生活，从严肃认真的教程到轻松愉快的搞笑等。

④ 抖音传播具有智能算法内容推送特征。

网络在提供海量资源积累的同时，在定位并搜索需求资源的难度上也有所增大。但随着智能算法、数学建模和大数据技术的应用和发展，智能算法推送的概念已成为常识，平台或系统通过对用户数据信息的收集、整理、分析，巧妙的算法关联性设置，使内容具有极强的连贯性和后发性，向用户推送其有可能感兴趣的内容，引起用户的共鸣，进而促进用户模仿创造更多的视频。从最初的消息推送，到现在的内容推送，以此增加用户的黏性和提高获取信息的效率，智能算法推荐已成为网络平台发展的基础性内容。抖音依靠今日头条智能算法的技术优势，通过对用户搜索、关注、评论、点赞、观看时长等因素进行综合分析，将相关内容推送给用户。这给广大草根内容创作群体提供了与明星、专业团队同等出现在公众面前的机会，甚至借此成为"网红"，获得知名度和直接利益。这都驱使广大草根创作群体通过追求更具创意的表演、更好的拍摄制作手法等来吸引更多的"粉丝"，促使抖音短视频从数量和质量上得到提升。

⑤ 抖音具有去中心化、模仿演绎、养成互动的特征。

抖音以低门槛、易模仿、草根原创短视频的传播形式和去中心化的运营模式，提升了即时互动的深度和效度。相较于传统专业生产内容（Professionally-Generated Content，PGC）模式，UGC 模式中人人都是中心、人人皆是创作者和观看者，都是传播网络体系中重要的节点，结合智能算法内容推送，有共同特性的人联结可形成共同体，扩展了"粉丝"的外延和内涵。互动形式不仅有即时互动，还有养成互动。互粉已成为网络交互的基本准则，打破了明星等公众人物垄断"粉丝"的现象，使普通用户也能受到极大的关注，甚至关注度超过公众人物，这也是大众不断创新的动力。抖音尊重个体自我表达的欲求，通过关注、点赞、评价等交互手段，增加创作者的自我创新驱动力，以短视频、高频次互动等方式带动"粉丝"共同体，满足了养成互动的社交需求。

⑥ 抖音传播具有本土化特征。

随着网络技术的不断发展，全球一体化进程加快，全球化即时传播成为可能，在文化趋同的同时，多元文化传播越来越受到人们的重视，本土化内容传播是未来发展的方向。中国属于多民族国家，幅员辽阔、历史悠久，各地区文化差异较大，抖音以去中心化、草根创作的方式让普通大众传播不同文化，从婚丧嫁娶、节日庆典等风俗到生活、饮食、交流方式等习惯，再到书法、绘画等历史文化的本土化，展现了中国的历史文化和发展现状；同时，出国旅游者及国外人士上传的国外内容，使普通大众能更好地了解世界、了解不同的文化。

结合抖音传播的特征和商业变现的原则，未来抖音在商业变现上会改变简单的广告呈现方式，在保证广告内容质量的基础上结合产品的特征与抖音的优势，形成健康、可持续的传播理念；在创意上与商家合作开发具有故事性、观赏性、引导性的内容，而非直白地呈现广告。抖音平台的发展最终体现在用户的黏性和平台文化的建立上，不以消费用户体验来换取商业变现，而让用户参与到商业变现中，这是抖音持续发展的一大特色。

（3）抖音直播电子商务发展模式。

① 抖音直播与传统电子商务。

抖音本质上是一个内容互动社区，抖音电子商务也是建立在这个基本盘之上的，平台的底层诉求是让用户停留并沉浸，同时让流量变现（销售额提点商家投放广告费）。所以在"抖音电子商务时代"，货就是内容，你有好货，就等于有好的内容，就能得到更多的流量。

② 兴趣电子商务与搜索电子商务。

抖音直播主要的流量来源有视频推荐和直播推荐，它的推流逻辑是匹配用户的兴趣标签和这个短视频/直播间的内容标签去推送。而淘宝这种传统电子商务平台，它是搜索电子商务，流量匹配的逻辑会根据商品的标签和搜索关键词去匹配商品，然后会在一个关键词之下进行商品排序，还会根据商品所属店铺的综合评分去排序，所以这是两个完全不同的推流机制。图 7-16 所示为传统电子商务与兴趣电子商务逻辑对比。

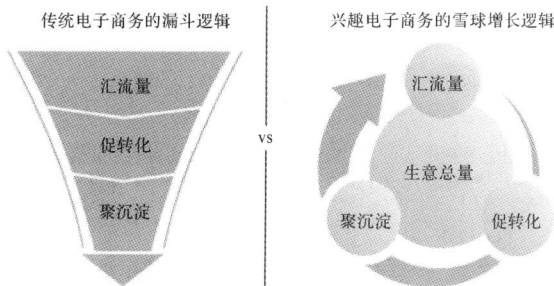

图 7-16 传统电子商务与兴趣电子商务逻辑对比

2. 抖音的商业运营与创新

（1）抖音的运营策略分析。

① 冷启动运营策略。抖音上线以后并没有急于做市场推广，而是重点打造产品和积累用户口碑，在这个阶段培养抖音的忠实用户，让这些用户去传播产品。抖音通过了解用户真实的需求，根据用户使用后所反馈出来的各种信息去不断地更新和优化产品，并且每一次的更新、完善之后都会对那些提出改进意见的用户表示感谢，从而让用户有参与感，有主人翁的意识。而后抖音爆发的关键的节点就是 2017 年 3 月 13 日，某明星在他的微博里面转发了一条别人模仿他的短视频，并且这条短视频带有抖音的 Logo，这条微博引发了 5000 多次的转发量和 1.5 万多条的评论数量。这条微博将抖音正式推进了公众的视野，之后抖音的搜索指数便一直呈上升趋势，用户量也开始激增，打造了完美的"零成本冷启动"运营。

② 明星引流策略。任何一款新的产品，想要迅速地被广大用户熟知和认可离不开大量的宣传推广，而最快引领潮流的方法之一就是明星效应。抖音本身就是一款充满娱乐性和趣味性的短视频 App，并且很符合当代的年轻人所喜欢的文化潮流，在抖音短视频开始崛起之后，便有很多的明星开始体验这款产品。抖音基于"粉丝"经济和注意力经济的理论，与明星合作，依靠明星强大的影响力来吸引"粉丝"加入抖音，吸引"粉丝"的注意力，提高这些"粉丝"对抖音的黏度。黏度越高对抖音的品牌价值就越大，这种利用"粉丝"经济对平台进行推广的方式在产品早期是一种十分有效的推广手段。

③ 内容运营策略。抖音 App 在平台的内容运营方面结合了今日头条的算法推荐机制，让没有任何"粉丝"基础的新用户也可以获得推荐资格，抖音 App 也因此成为增粉最快的短视频网站之一，甚至可以让一个"素人"在一夜之间成为"抖音红人"。抖音利用这一优势，成功地吸引了很多诸如快手和秒拍这样的平台上的"网红"资源，给抖音带来大量优质用户。除此之外，在内容运营上，抖音短视频 App 的运营团队还利用当下火热的电视和综艺节目等做内容运营。由于任何一款产品在推广的早期阶段，都不被大多数的用户了解，因此有必要不断地在目标用户前"刷存在感"，以宣传他们的产品。

④ 线上和线下推广。抖音不仅通过和其他平台合作来进行线上推广，而且会不定期地举行一些线上

活动和话题讨论。抖音官方设置了许多新鲜有趣、符合年轻人心理及社会潮流的具有创意性的话题，如"Lisa 舞""小辫儿哥哥"等，通过这些话题来吸引用户关注，并以挑战的方式激励用户积极参与。抖音也会通过举办线下活动的方式来进行推广，如在成都举办"抖在成都"的活动；在北京举办"抖音之夜"等活动。抖音通过线下活动拉近了"粉丝"和"抖音达人"的距离，一方面满足了"粉丝""追星"的愿望，从而可以留住这些抖音用户；另一方面通过这些"粉丝"宣传，来扩大抖音的影响，从而吸引更多的用户参与到抖音的使用，线上活动的参与用户就会更多。

（2）抖音的盈利模式分析。

① 广告营销。广告营销包括开屏广告、信息流广告和植入广告。

开屏广告。抖音短视频的开屏广告作为开启该软件的第一个通道口，其优势是曝光效果好。与此同时，无论是动态广告还是静态广告，都是以全竖屏的方式进行展示的，这样会带来强烈的视觉冲击，所以开屏广告的广告效果是可想而知的。

信息流广告。以短视频为载体的内容营销，正逐渐成为广告的新形式，抖音正是基于这一点采用信息流广告，将广告产品的各种性能特点与短视频轻松娱乐的内容相结合，将短视频的内容等同于广告，即广告本身就是一个时长为 15 秒的优质短视频内容，通过软性广告的方式向受众传递广告信息。

植入广告。抖音短视频通过与抖音达人合作进行广告植入。抖音拥有一些"自生网红"即抖音达人，也有一些明星或其他平台的"红人"。自生网红因为抖音而获得高人气，"粉丝"也都主要存在于抖音，所以他们创作出来的作品与抖音的关联性强、融合度高，不容易流失。为了吸引更多的流量，抖音还邀请明星和其他平台的红人入驻抖音，拍摄发布短视频内容。这些明星红人自带流量，对抖音平台的宣传起到了很大的作用，但是由于不同的平台有不同的媒介形式，所以创作出来的内容与抖音平台的关联性和融合度都不高，并且流动性强，不易长期合作。

② 内容电子商务。2018 年 3 月 26 日，抖音上开始出现一些卖东西的链接，这些链接关联到淘宝，很多拥有百万"粉丝"量的抖音红人的抖音页面出现了购物车按钮，点击购物车按钮后便会出现商品推荐信息，再点击这些信息便可以直接转到第三方电子商务平台。此外，抖音还对部分抖音"达人"开通了直达淘宝功能，用户在观看自己喜欢的达人的直播时，可以将达人所推荐的商品直接加入购物车，以便实现深层次的电子商务导流。

③ 达人直播。抖音达人直播，除了在用户量和网红资源上具有先天优势之外，最主要的是直播可以让主播直接实现有效变现，并且相对于短视频，直播能够实现用户与达人的实时互动，即时性更强，可增进用户对主播的进一步了解，增强用户和达人的黏性。用户可以通过直播平台直接与达人进行交流，达人也可以根据"粉丝"提出的意见和要求来调整短视频的创作内容。用户也可以为自己喜欢的达人进行直播打赏，抖音平台则会从抖音达人每次直播所获得的礼物中抽成，用户可以送出价格不等的礼物来鼓励他们创作出更多优质的视频内容，以实现抖音短视频内容的不断优化。

④ 自制产品。抖音在自制产品上也有很大的市场，最具代表性的就是用户可以定制抖音创意贴纸。创意贴纸的用户接受程度高、互动时间长、使用场景原生，前景和背景贴纸能够丰富互动体验，另外带有创意贴纸的原生视频可以引发用户的自主传播，触发二次使用。抖音通过对用户心理的了解和把握，制造出一些有话题性的挑战和互动贴纸，而后将这些贴纸转售给其他的平台或商家获得盈利。抖音的互动贴纸具有动态人脸识别功能和图像分割技术，可以更加生动形象地帮助广告商展现广告理念和产品特点，从而实现抖音平台和广告商的双赢。

7.3　电子商务的未来发展趋势

1. 电子商务的理论发展

电子商务对整个人类来说都是一个新生事物。电子商务的产生将挑战人类到目前为止所形成的知识体系、法律体系、价值体系、社会组织体系。随着电子商务技术的发展，将会出现许多基于电子商务体系的新的知识体系、法律体系、价值体系、社会组织体系理论。比如在传统经济条件下的经济学，对于资源、商品、价值、价格、社会必要劳动时间、商品交换的规律等指导经济活动的规律，都有一套成熟的理论和计算方法。这些理论在网络经济环境下将不再适用，我们将无法用传统的经济学理论来揭示电子商务条件下的经济规律，代之而来的将是电子商务条件下的新的经济学。电子商务的发展要有新的经济理论来指导，电子商务的发展又推动了新经济理论的产生。可以预见，在不久的将来，将会建立起一套全新的电子商务理论体系。

长期以来形成的法律体系都是基于纸介质和有形物品的法律，这些法律在电子商务条件下的运用遇到了无法克服的困难。大多数现行法律规定只有使用"书面的""经签字的"或"原始的"文件才具有法律效力，这便对现代通信手段的使用施加了某些限制或包含有限制的含义。国际上和国内已颁布的有关电子信息方面的法规（如我国新的《经济合同法》，只提到了电子数据交换方面的文件具有法律效力），并未涉及电子商务的全部，使人们无法准确地把握以非传统的书面形式提供信息的法律性质和有效性，也无法完全相信电子支付的安全性。

电子商务独特的运作方式向现有的商务规范模式提出了技术、财务和交易安全等方面的重大挑战，没有法律规范的电子商务将难以正常发展。及时制定并出台相应的法律、法规，鼓励、引导、维护电子商务沿着健康轨道发展，成为当前我国立法工作的一项重要任务。电子商务的发展对传统的法律体系提出了挑战，将推动新的法律体系的建立，又要靠新的法律体系来规范。

据预测，电子商务将引起的新型产业革命，将在今后 20～30 年内完成，这样电子商务引起的产业革命自从诞生到完成也就是 30～40 年，在完成的速度上大大快于前面的几次产业革命。在这次产业革命完成时，将会同时完成经济理论、法律理论的革命，将形成全新的电子商务经济学、电子商务法学、电子商务管理学、电子商务组织学等电子商务条件下的理论体系。

2. 电子商务的技术发展

从电子商务的技术发展趋势看，将有如下几个方面出现面向对象整体的解决方案。广泛采用计算机协同工作技术、依赖协同作业体系等（计算机协同工作将计算机技术、网络通信技术、多媒体技术以及各种社会科学紧密地结合起来，给人们提供一种全新的交流方式，包括工商、税务、银行、运输、商检、海关、外汇、保险、电信、认证等部门以及商城、商户、企业客户等单位按一定的规范与程序相互配合、相互衔接、协同工作，共同完成有关的电子商务活动）；将开发面向中小用户的解决方案（目前的电子商务平台大多是企业—企业电子商务解决方案，还没有好的面向中小用户的电子商务平台）；将出现移动嵌入式可自动生成的电子商务技术，采用这种技术，可以在各个企业、部门和个人的计算机系统中自动生成可嵌入的电子商务小型系统；将出现可定制的柔性电子商务系统，采用这种技术，用户可以对电子商务的应用提出具体的要求，运用该系统可生成符合用户要求的可伸缩的柔性电子商务系统。同时，应用范围的扩大，也会不断地对电子商务提出新的技术要求，电子商务技术可能会有现在还无法预见的新发展。比如电子商务和新材料的结合、电子商务和生物工程技术的结合，将会形成新的学科和新的应用。

3. 电子商务的应用发展

电子商务的应用无论是在国内还是国外都刚刚开始，其作用远没有被发掘出来。电子商务由于其经济效益显著，前景必然广阔。它可以使企业增加经济效益，使默默无闻的小公司名扬天下，使大公司竞争力更强，使企业的总拥有成本（Total Ownship Cost，TOC）大大降低。电子商务的发展速度惊人，增长迅猛（电子商务的发展基本上与互联网用户的发展同步，而互联网的发展速度在我国达 250%，在全世界也达 50% 以上）。根据 Statista Digital Market Outlook 的数据，2021 年全球电子商务市场价值超过 3.8 万亿美元，到 2022 年年底总收入将达到 4.2 万亿美元。

具体来说，电子商务的应用将出现如下特点。

第一，电子商务的深度将进一步拓展。目前受限于技术创新和应用水平，企业发展电子商务仍处于起步阶段。随着这两方面水平的提高以及其他相关技术的发展，电子商务将向纵深挺进，新一代的电子商务将"浮出水面"，取代简单地依托"网站 + 电子邮件"的方式。电子商务企业将从网上商店和门户的初级形态，过渡到将企业的核心业务流程、客户关系管理等都延伸到互联网上，使产品和服务更贴近用户需求。互动、实时成为企业信息交流的共同特点，网络成为企业资源计划、客户关系管理及供应链管理的"中枢神经"。企业将创建、形成新的价值链，把新、旧、上、下利益相关者联合起来，形成更高效的战略联盟，共同谋求更大的利益。

第二，电子商务将向各行各业迅速渗透。电子商务的倡导者包括世界 IT 业的"巨人"——IBM、HP、Microsoft，电子商务的实施首先是金融服务业（包括银行系统、股票买卖系统、保险系统，还有销售图书的 Amazon 等服务业公司），接着是大型的跨国公司（如 DELL、通用汽车，在我国尚无几家大型跨国公司的条件下，我国家电行业的巨人——春兰、海尔、TCL 等都积极推进电子商务计划），然后是传统的加工制造业、零售企业和中小企业，实现电子商务对传统产业、零售业和中小企业的嫁接和改造。最后还要扩大到政府部门、军事部门、医疗卫生部门、教育部门等公共事业部门。电子商务在我国的情况是金融业已经全面开展，并不断地深入；其他的服务业尚未进入这一领域；大型企业刚刚开始进入，有待进一步发展；其他部门的应用目前还没有。今后电子商务的发展将是向这些行业不断渗透、不断发展。这是进一步扩大对外经贸合作和适应经济全球化、提升中国企业国际竞争力的需求。随着中国加入 WTO，电子商务将渗透到国内的各行各业，这是我国必然的、唯一的选择，也是我国各行各业所能做出的必然的、唯一的选择，对中国的传统经济是一个严峻挑战。

第三，电子商务应用的地域范围也将迅速扩大。电子商务技术起源于美国，美国在电子信息技术方面有独特的优势。美国之所以倡导电子商务活动免关税，是因为美国的电子信息技术是美国经济的支柱，几乎垄断了全球市场，而电子信息技术的交易都非常适合于网上交易。如果全球的电子商务活动免关税，那就等于美国的电子信息技术可以获得一个无国界、无关税的全球市场。从这一点来说美国不遗余力地推进电子商务，各个国家不得不防备。但是不管你喜欢还是不喜欢英语，英语已成为世界的通用语言。这就是优胜劣汰、弱肉强食的国际竞争。正因为看到了这一点，所以在对待电子商务这件事物的态度上，发达国家也好，发展中国家也罢，没有一个国家消极抵制，而是你争我抢，争取在电子商务技术方面占有一定的优势（如马来西亚的超级多媒体走廊、新加坡的电子信息港计划正是各个国家和地区争夺电子商务制高点的产物），不被国际社会所淘汰。正是由于这样的竞争和各国/地区政府的大力支持，电子商务迅速地从发达国家扩展到了发展中国家。

第四，电子商务网站将会出现兼并热潮。首先是同类兼并，目前互联网上大大小小的网站上千万，为数不少的网站，定位相同或相近，业务内容趋同。由于资源有限，并且在互联网的"赢家通吃"原则下，最终胜出的只是名列前茅的网站；那些处于领先地位的电子商务企业在资源、品牌、客户规模等诸方面具有很大的优势。这些具备良好基础和发展前景的网站要发展，必然采取互补性收购策略，结成战略联盟。由于个性化、专业化是电子商务发展的两大趋势，而且每个网站在资源方面总是有限的，客户的需求又是全方位的，所以不同类型的网站以战略联盟的形式进行相互协作将成为必然趋势。

第五，行业电子商务将成为下一代电子商务发展的主流。电子商务进入迅猛发展时期的典型特征是风险资金、网站定位等将从以往的"大而全"模式转向专业细分的行业商务门户。电子商务企业也必须进行认真的市场细分的研究，才能适应消费者对电子商务的不同需求。第一代的电子商务专注于内容，第二代专注于综合性电子商务，而下一代的行业电子商务将增值内容和商务平台紧密集成，充分发挥互联网在信息服务方面的优势，使电子商务真正进入实用阶段。

第六，电子商务将催生新行当电子商务应用服务商（e-commerce Application Service Provider，eASP）。

电子商务是将来的主要商务交易模式，但对国内为数众多的中小型企业来说，将面临建设投入大、运营成本高、见效周期长、效果不理想、缺乏标准化的应用系统、软硬件需不断升级等一系列难题。有了 eASP，中小企业可以把上述问题转给他们解决，只专注于做好自己的产品和服务便可。2000 年 3 月中旬，北京网络科技有限公司宣布推出面向中国商业用户的电子商务服务方案——电子商务直通车；2000 年 3 月 20 日，作为 IBM 公司在中国支持的第一家基于 AS／400 服务器平台的 eASP——万维商通科技有限公司向业界进行了 eASP 商业模式发布和 eASP 网站的发布。我国 eASP 的序幕已经拉开。

本章小结

互联网的广泛应用，推动了数字产业化、产业数字化的高度融合。目前，电子商务已经成为推动社会经济发展、改变人们生活的重要驱动力。一直以来，中国政府高度重视电子商务的发展。在世界电子商务的竞争中，中国电子商务也实现了"弯道超车"，并逐步引领世界电子商务的发展。

虽然随着科技的进步，电子商务的形式与模式必将不断迭代，但其仍脱离不了商业的本质，也难以摆脱甚至不可能摆脱电子商务理论的基本原理与基本架构。电子商务需要发展，需要创新，最终需要服务于人们对美好生活的向往。电子商务发展与创新的基础正是目前所形成和归纳出的电子商务基本理论知识。也只有以此为基石，电子商务才能不断推陈出新，实现与农业、制造业等领域的深入融合。无论是传统电子商务向新零售的自我革新，还是电子商务的广泛应用，一定会产生出新业态与新理论。这种实践与理论的创新也将进一步丰富电子商务的知识体系。

时代是发展的，科技是发展的，电子商务也一定是发展的。从目前全球的数字化转型来看，电子商务的发展空间是巨大的。随着全球化、数字化、信息化的推进，电子商务的理论必将更加丰富，其案例也将更加精彩。

思考与讨论题

1. 简述电子商务的 3 种基本分析方法的定义。
2. 简述电子商务的 3 种基本分析方法之间的区别。
3. 简述电子商务的 3 种基本分析方法的优缺点。
4. 使用过程分析法，结合生活实际举例分析。
5. 使用逻辑分析法，结合生活实际举例分析。
6. 使用经验分析法，结合生活实际举例分析。
7. 京东的商业运营策略分哪几种，具体有哪些？
8. 京东的商业创新性体现在哪几个方面？
9. 简述拼多多的发展历程，并说明拼多多的发展历程给予你的启示。
10. 简述拼多多的商业运营模式。
11. 拼多多的商业创新体现在哪几个方面？
12. 亚马逊的商业运营策略分哪几种，商业创新体现在哪几个方面？
13. 高德地图的商业运营策略分哪几种，商业创新体现在哪几个方面？
14. 相比于百度地图 App，简述高德地图 App 的优化细节。
15. 结合北斗的发展前景和发展环境，简述北斗的未来发展趋势。
16. 北斗的商业运营策略分哪几种，商业创新体现在哪几个方面？
17. 简述电子商务的社会影响力有哪些？
18. 简述电子商务的未来发展趋势。

附录 A
英汉缩写对照表

O2O	线上到线下	PDA	个人数码助理
B2C	企业对个人	PC	个人计算机
C2C	个人对个人	WTLS	无线传输层安全
$O2O^n$	线上线下一体化	WPKI	无线公钥基础设施
NIST	美国国家标准与技术研究院	UGC	用户生产方式
ITU	国际电信联盟	eWTP	世界电子贸易平台
RFID	射频识别	LBS	基于位置的服务
NB-IoT	窄带物联网	FCC	美国联邦通信委员会
4G	第四代移动通信技术	GSM	全球移动通信系统
5G	第五代移动通信技术	WAP	无线应用协议
IoT	物联网	CNNIC	中国互联网络信息中心
Wi-Fi	无线宽带	LS	分层结构
UWB	超宽带	LS^A	应用层
NFC	近场通信	LS^F	功能层
GDP	国内生产总值	LS^K	核心层
WTO	世界贸易组织	OO	面向对象
OECD	经济合作与发展组织	CORBA	通用对象请求代理结构
ISO	国际标准化组织	DCOM	分布式组件对象模型技术
EDI	电子数据交换	HTML	超文本标记语言
B2B	企业对企业	XML	可扩展标记语言
G2G	政府对政府	API	应用编程接口
TAM	技术接受模型	OOU	面向对象单元
IA	网络成瘾	OOA	面向对象结构
IAD	网络成瘾症	OOU^A	对象属性
PIU	病态网络使用	OOU^F	对象方法
ENIAC	电子数字积分计算机	number(OOU)	面向对象单元数量
UNCITRAL	联合国国际贸易法委员会	EDS	事件驱动结构
WIPO	世界知识产权组织	EDS^{MS}	主要子系统
ICC	国际商会	EDS^S	子系统

EDS_E^S	执行子系统	CC^E	电子商务流通渠道
EDS_M^S	管理子系统	CC^T	传统商品流通渠道
MS	主要子系统	CC_d^E	电子商务直接流通渠道
HDFS	Hadoop 分布式文件系统	CC_i^E	电子商务间接流通渠道
CS	云体系结构	CC_d^T	传统商品流通的直接渠道
CS^A	应用层	CC_i^T	传统商品流通的间接渠道
CS^M	管理层	X^E	商品到达消费者前所经历的环节
CS^P	平台层	D	消费者需求
CS^R	资源层	D^M	商流
CS^U	用户访问层	D^P	物流
CS_1^U	服务目录	M^I	网络中间商
CS_2^U	订阅管理	P_E^r	电子商务生产商
CS_3^U	服务访问	C_E^r	电子商务消费者
CS_1^A	企业应用服务	C_I^C	商品流通信息成本
CS_2^A	个人应用服务	C_F^C	资金成本
CS_1^P	中间件服务	C_T^C	时间成本
CS_2^P	数据库服务	C_I^C	信息成本
CS_1^R	服务器服务	v_F	流通速度
CS_2^R	网络服务	g_F	流通总量
CS_3^R	存储服务	CU	美国消费者联盟
CS_4^R	物理资源服务	PEST	总体环境分析
REST	具象状态传输		

附录 B

本书总结构图

- 电子商务的定义与基本概念
  - 电子商务的定义
  - 电子商务的基本概念
- 电子商务领域专业知识
  - 电子商务体系结构
  - 电子商务基本模式
  - 电子商务消费者
  - 电子商务企业
- 电子商务基础知识
  - 电子商务相关领域基础知识
    - 市场营销学基础知识
    - 计算机基础知识
    - 会计学基础知识
    - 管理科学与工程基础知识
    - 电子商务法律基础知识
    - 金融基础知识
    - 物流基础知识
- 电子商务主要分类
  - 平台型电子商务
    - 平台型电子商务的定义
    - 平台型电子商务的运营模式
  - 移动电子商务
    - 移动电子商务的定义
    - 移动电子商务的运营模式
  - 跨境电子商务
    - 跨境电子商务的定义
    - 跨境电子商务的运营模式
  - 直播电子商务
    - 直播电子商务的定义
    - 直播电子商务的运营模式
  - 农村电子商务
    - 农村电子商务的定义
    - 农村电子商务的运营模式
- 电子商务体系结构
  - 电子商务系统的基础结构
    - 分层结构
    - 面向对象结构
    - 事件驱动结构
    - 数据共享结构
  - 电子商务的云体系结构
    - 云体系结构的原理与定义
    - 云体系结构的特点
  - 电子商务的微服务体系结构
    - 微服务体系结构的原理
    - 微服务体系结构的工作方式
- 电子商务基本机理
  - 电子商务的生产原理
    - 电子商务产品
    - 电子商务生产模式
    - 电子商务生产管理
  - 电子商务的交易原理
    - 电子商务交易模式
    - 电子商务交易信用风险
  - 电子商务的消费原理
    - 电子商务对消费者的影响
    - 电子商务时代的消费特点
  - 电子商务的流通原理
    - 传统商品流通模式
    - 电子商务商品流通模式
    - 电子商务对商品流通的影响
    - 电子商务流通渠道组织创新
- 电子商务主要技术
  - 电子商务基础技术
    - 开发技术
    - 通信技术
    - 数据存储与处理技术
  - 电子商务支付技术
    - 电子商务支付系统
    - 网上银行
    - 移动支付
  - 电子商务安全技术
    - 电子商务安全形态
    - 防火墙
    - 入侵检测技术
    - 认证技术
    - 数据加密技术
    - 数字签名技术
- 电子商务的应用应用与案例解析
  - 电子商务的未来发展趋势
  - 电子商务经典案例
    - 京东
    - 拼多多
    - 亚马逊
    - 阿里巴巴
    - 社群
    - 抖音
  - 电子商务分析方法
    - 过程分析法
    - 逻辑分析法
    - 系统分析法
- 电子商务生态
  - 电子商务的社会层次生态
    - 国家/地区生态
    - 行业生态
  - 电子商务的创新生态
    - 大数据生态
    - 云计算生态
    - 物联网生态
    - 人工智能生态
    - 区块链生态

附录 C
总习题

1. 美国《全球电子商务政策框架》的基本原则是什么?

2. 请简述 2000 年之后欧盟的数字经济发展策略。

3. 《欧洲数字化单一市场战略》中建立单一市场的三大举措是什么?

4. 请简述日本电子商务发展对我国的启示。

5. "十四五"期间，中国电子商务发展的主要任务是什么?

6. 工业如何与电子商务结合? 具体表现有哪些?

7. 计算机技术如何应用于农业? 请举例说明。

8. 中国是如何推进农业与电子商务结合的?

9. 农业与电子商务结合可以带来哪些方面的收益?

10. 请简述线上教育发展的重要性和必要性。

11. 线上教育有哪些形式?

12. 应该提倡怎样的线上教育?

13. 大数据的 "5V" 特征有哪些? 试用实例分析。

14. 大数据给人们日常生活带来哪些思维方式的变革?

15. 大数据对电子商务消费者和电子商务企业会产生哪些影响?

16. 你怎么理解大数据思维? 试举例说明。

17. 试分析大数据发展趋势。

18. 除了云计算、物联网、人工智能技术等，大数据还与哪些新技术密切相关?

19. 电子商务领域有哪些大数据的应用实例?

20. 大数据的应用领域有哪些? 试举例说明。

21. 云计算有哪些特点? 试举例分析。

22. 云计算按照服务类型可以分为哪几类?

23. 云计算有哪些开放平台? 在电子商务中如何应用? 试举例说明。

24. 云计算的优势和劣势有哪些? 试举例说明。

25. 电子商务中物联网的应用实例除了物流，还有哪些应用领域?

26. 试调研物联网存在的安全问题。

27. 物联网的安全问题在电子商务中有哪些影响?

28. 试调研人工智能的学派及其理论。

29. 简述人工智能与机器学习、深度学习的关系。

30. 区块链有哪些特点，发展过程中尚存在哪些问题?

31. 区块链在电子商务中的应用有哪些? 试举例说明。

32. 区块链和 P2P 网络之间的关系是什么？试举例说明。

33. 区块链和分布式存储的异同有哪些？试举例说明。

34. 试分析大数据发展趋势。

35. 试阐述你对电子商务的理解。

36. 虚拟商品有哪些类型？商品的虚拟化可以如何理解？

37. 试分析购物车在电子商务中的基本功能及其存在的必要性。

38. 电子商务的一般框架包括哪些组成部分？试阐述其整体运作过程。

39. 如何理解柔性体系结构的"柔性"？

40. 按照交易对象划分，电子商务有哪些模式？

41. 为什么说 B2B 模式占主要的优势地位？可以从哪几个方面理解？

42. 试结合案例说明 B2C 电子商务模式的实际应用。

43. C2C 模式的关键在于什么？

44. 当前 C2C 电子商务模式的主要应用特点和应用领域是什么？

45. 如何理解 $O2O^n$ 电子商务模式？它与 O2O 模式有什么区别？

46. 影响电子商务消费者购买行为的因素主要有哪些？

47. 试阐述电子商务消费者行为研究的意义。

48. 简述消费成瘾的危害。

49. 如何理解企业的数字化转型？数字化转型的难点主要包括哪些方面？

50. 电子商务企业主要可以分为哪几种类型？如何理解这几类电子商务企业？

51. 试结合实际案例分析电子商务企业的特点。

52. 请简述目前中国电子商务市场营销的发展趋势。

53. 请比较现代市场营销和传统市场营销。

54. 简要说明管理理论发展历程中的主要流派有哪些？

55. 请简述计算机技术的发展历程。

56. 列举现代计算机前沿技术在电子商务中的具体运用。

57. 会计发展先后经历了哪 3 个阶段？请分别简述各阶段的特征。

58. 会计信息化与会计智能化对会计的改变分别是什么？

59. 现代市场营销过程主要包括哪些阶段？请进行简单阐述。

60. 冯·诺依曼机的特点有哪些？

61. 请论述电子商务会计是如何发挥三大职能的。

62. 电子商务法律主要包括哪些？

63. 中国法律是如何保护电子商务消费者的，是从哪些方面来保护的？

64. 请简述供应链金融中预付账款类融资模式。

65. 请简述供应链金融中应收账款类融资模式。

66. 电子金融支付方式有哪些，可以如何分类？

67. 电子金融支付方式各有什么特点？

68. 供应链金融有哪几类融资？

69. 消费金融主要是为了支持哪些消费活动？

70. 请简述现代物流的发展阶段及特点。

71. 请简述目前中国快递物流发展的特点。

72. 请简述电子商务实体物流流程。

73. 什么类型的商品需要电子商务虚拟物流?

74. 什么是电子商务? 电子商务的主要分类有哪些?

75. 电子商务的主要分类考虑了哪些因素?

76. 什么是传统电子商务?

77. 传统电子商务的种类有哪些?

78. 传统电子商务的运营模式有哪些? 各自的特点是什么?

79. 什么是平台型电子商务?

80. 线上线下一体化的电子商务的特点有哪些?

81. 线上线下一体化的电子商务的"三驾马车"是什么?

82. 什么是跨境电子商务?

83. 请简述传统电子商务和直播电子商务之间的异同。

84. 简述跨境电子商务的主要分类及分类依据。

85. 请简述传统电子商务和跨境电子商务之间的异同。

86. 请简述跨境电子商务的特色与优势。

87. 结合自身实际,举例说明跨境电子商务的优势。

88. 什么是农村电子商务?

89. 简述农村电子商务的发展特点。

90. 简述农村电子商务的发展趋势。

91. 结合生活实际简述农村电子商务的应用。

92. 请简述农村电子商务产品的类型,并对其发展特点及未来发展趋势进行说明。

93. 请简述平台型电子商务的优势。

94. 请结合生活实际说明可视化视频电子商务的应用案例。

95. 结合现代网络技术发展举例说明农村电子商务的新趋势。

96. 简述可视化直播农村电子商务的优点和缺点。

97. 根据五大分类的定义和原理分析淘宝、京东、抖音等分别属于何种电子商务。

98. 管道—过滤器模型中的分时处理批次模型和实时处理批次模型的区别是什么,两种模型各自强调的部分是什么?

99. 请简述体系结构中分层结构的内容及优缺点。

100. 数据共享结构常见的应用场景是什么? 请简述数据共享结构中的控制策略及工作流程。

101. 解释器结构的整体流程是什么,这种结构的优缺点是什么?

102. 反馈控制环结构包含哪 5 个基础部分,流程是什么? 它在机器学习的场景下有什么样的应用?

103. 大数据结构包含哪些结构组件,什么是流处理?

104. 为什么微服务体系结构能够被广泛地应用? 简述微服务体系结构的优缺点及适用范围。

105. 虚拟商家和虚拟客服二者的不同之处是什么?

106. 交易反馈信息都包含哪些内容,为什么电子商务需要交易反馈信息?

107. 搜索引擎是如何和深度学习结合在一起的,如何给予用户最佳的搜索建议?

108. 推荐系统为什么对电子商务有重要意义,基于内容的推荐算法和基于协同过滤的推荐算法有什么样的区别?

109. 请分析为什么云体系结构在电子商务中得到了广泛的应用?

110. 电子商务分层结构都划分成了哪几层,这几层都负责什么样的任务以及层和层之间是如何交互的?

111. 柔性体系结构的核心是什么,基于这样的理念,基于柔性体系结构的电子商务系统都包含了哪些特殊的设计？

112. 电子商务体系结构中的面向对象结构的工作流程是什么，面向对象数据库设计都有哪些要求？

113. 请简述电子商务体系结构中的事件驱动结构的工作流程，订阅者这一角色在整个事件驱动结构中起到了什么样的作用？

114. 电子商务体系结构中主要应用了哪几种协议，HTTPS 相对于 HTTP 有什么样的改进，这样的改进有什么好处？

115. 共享协议需要公开哪些内容，请简述共享协议的形成过程。

116. 实际案例中，业务架构设计需要遵循电子商务提携结构的哪些设计原则？

117. 数据架构设计为什么需要实现数据读写分离，这样有什么好处？

118. 在电子商务系统案例中，都存在哪些电子商务体系结构的身影？请具体说明为什么该体系结构适合当前的电子商务系统。

119. 请简述 SSL 协议的通信过程，通信明文存在哪几个阶段？

120. 在电子商务系统中，客服存在的意义是什么？

121. 请描述云体系结构都包含哪些分层，每一层分别负责什么样的功能。

122. 在电子商务系统中，过滤器、信息分别指的是什么组件，基于管道—过滤器结构的定义，请说明整个信息流动的过程。

123. 为什么电子商务系统需要容错协议？列出 3 个在电子商务系统中应用分布式容错的算法。

124. 请简述电子商务系统技术架构分层的好处。

125. 哪种推荐算法会遇到冷启动的问题？

126. 请简述搜索引擎发展过程中，几个时代的核心特点。

127. 虚拟商店都有哪些构成部分，物流在其中起到了什么样的作用？

128. 面向对象体系结构具有哪些特点？请同时列举适用的场景。

129. 请从体系结构设计的角度比较面向对象结构和事件驱动结构。

130. 事件驱动的体系结构具有哪些特点？请同时列举其适用的场景。

131. 分层结构被广泛应用于各大系统中，其中最出名的分层结构是计算机网络分层结构，请列举出计算机网络中的一种分层方式并阐明其特点。

132. 数据共享的体系结构具有哪些特点？请同时列举其适用的场景。

133. 请用自己的语言描述数据共享结构中的黑板式共享结构。

134. 面向对象结构的系统在测试阶段难度更大，请简述其原因。

135. 事件驱动结构又被称为"订阅结构"，请从自己对事件驱动结构的理解出发，简述这个别称的内涵。

136. 请简述事件驱动结构的基本原则。

137. 概括数据共享结构的工作流程。

138. 解释器结构流程有哪些特点？

139. 除了书中介绍的，解释器结构的案例还有哪些？你能简述一下它们的流程吗？

140. 反馈控制环结构的特点有哪些？

141. 机器学习中有很多模型的训练都需要使用反馈控制环结构，能列举一些这样的模型吗？

142. 以逻辑回归为例，讲述一下该模型是如何利用反馈控制环结构进行训练的。

143. 请用自己的语言概括云体系结构的特点。

144. 请查阅资料介绍云体系结构在其他云服务商（Amazon 云、腾讯云）上的应用。

145. 请用自己的语言概括微服务体系的适用场景。

146. 请简述设计微服务体系结构的步骤。

147. 请简述有形产品和无形产品之间的异同，并举例说明。

148. 根据产品三层次理论，简要论述电子商务产品对消费者效用的影响。

149. 请选择某个电子商务产品，利用数学公式简述其产品创新的 6 个阶段。

150. 什么是"逆向设计"，它与"正向设计"的主要区别在哪里？

151. 请简述电子商务产品的类型，并对其发展特点及未来发展趋势进行说明。

152. 请简述电子商务生产方式如何弥补传统生产模式的不足。

153. 请分别说明大规模生产、大规模定制以及大规模个性化生产的定义及运作原理。

154. 请对比 3 种电子商务生产模式的不同之处。

155. 请简述电子商务生产理念的五大特点。

156. 什么是智能化生产管理？这种生产管理方式是如何促进企业迭代升级的？

157. 谈谈你了解的电子商务生产管理方式。

158. 请简述交易流程的 4 个环节，并对比传统商务与电子商务交易流程的不同。

159. 什么是交易成本？请简述内生交易成本和外生交易成本。

160. 相较于传统商务，电子商务的交易成本会发生什么变化？

161. 请列举电子商务交易过程中存在的风险，并简要说明。

162. 请尝试用博弈论的知识推导电子商务交易信用风险的产生过程。

163. 根据自己的理解，谈谈如何有效防范电子商务交易风险。

164. 请简述传统电子商务交易流程的组成部分，并解释各个部分之间的关联。

165. 什么是跨境电子商务？请从广义和狭义两个方面进行简述。

166. 简要分析跨境电子商务与传统电子商务的区别和联系。

167. 跨境电子商务的交易流程是什么？试从进口和出口两个方面简述。

168. 跨境电子商务的物流模式有哪些？试从进口和出口两个方面简述。

169. 新零售电子商务与传统电子商务的区别是什么？新零售的四大特征是什么？

170. 请简述新零售电子商务的架构。

171. 什么是直播电子商务，它的特点是什么，它具有什么优势？

172. 简要分析"直播+电子商务"的 3 种形式。

173. 试从产业链的视角出发，分析直播电子商务对供给端和需求端的影响。

174. 什么是商品流通，商品流通的实质是什么？

175. 请简述传统商品流通的直接渠道和间接渠道。

176. 请简述电子商务流通渠道。

177. 请分析传统商品流通模式与电子商务流通模式之间的区别和联系。

178. 相比于传统商品流通渠道，电子商务流通渠道的特点及优势有哪些？

179. "三流"包括哪些，具体的含义是什么？

180. 请从"三流"的角度依次阐述电子商务是如何影响流通过程的。

181. 电子商务重新构建了新型商品流通方式，请对此进行分析说明。

182. 电子商务是如何降低流通成本的，尝试从"三流"的角度进行说明。

183. 什么是流通组织，流通组织创新体现在哪些方面？

184. 电子商务的出现对流通过程中的生产企业产生了怎样的影响？

185. 网络中间商在电子商务流通过程中承担着怎样的角色？

186. 什么是第四方物流，第四方物流在电子商务物流中有着怎样的地位和作用？

187. 什么是消费？什么是消费者需求？

188. 简述马斯洛需求层次理论的内容。

189. 结合马斯洛需求层次理论，谈谈你对电子商务消费需求层次的理解。

190. 请举出例子，对电子商务消费需求层次理论的 3 个特点进行说明。

191. 请简述网络消费的购买过程。

192. 什么是"S-O-R"模型？试举例说明该模型在消费者行为分析中的应用。

193. 对比传统消费模式和电子商务消费模式，谈谈它们的异同。

194. 电子商务对消费的影响有哪些？

195. 什么是长尾理论？谈谈长尾理论在电子商务消费中的应用。

196. 请简述电子商务时代的消费特点。

197. 你认为未来电子商务消费的发展趋势是什么？

198. 简述 Web 技术、HTTP 与 HTML 之间的区别与联系。

199. 用户通过浏览器进行浏览时，Web、HTTP 与 HTML 的工作流程是什么？

200. XML 是什么，有何特点？XML 的结构是什么？

201. 举例说明 XML 的使用方法。XML 与 SGML、HTML 在语法上有何不同？

202. 网上银行与传统银行相比有什么优点？

203. 传统银行应该怎么调整自己来顺应互联网时代下的金融模式？

204. 电子支付应该怎样进一步发展以顺应互联网时代日益增长的需求？

205. 在电子商务中，你认为哪几个环节涉及安全问题？

206. 电子商务安全系统受哪些国家政策的约束？试举几例。

207. 电子商务中的安全隐患主要有哪些？你有什么解决方法和建议？说明你的方法为什么是安全的。

208. 什么是防火墙，防火墙的作用是什么，都有哪些功能？

209. 防火墙都有哪些种类，各自的特点是什么？

210. 为什么要对数据进行加密？加密的基本原理是什么？

211. 为什么要使用认证技术？在电子商务中认证技术有什么作用？

212. 数字签名技术都有哪些算法？简述你知道的一种，说明其完成的工作（向用户提供了什么）。

213. 列举你知道的生物认证技术。简单介绍其工作原理。

214. 我们是通过什么知道一些先进的生物认证技术的？是在电子商务中吗？如果不是，那是在哪里？认证技术是适应电子商务发展的要求产生的吗？

215. 详细说明 RSA 数字签名算法的工作流程。

216. 什么是网络入侵？怎么防范？

217. 入侵检测都有哪些手段？

218. 网络入侵检测系统的优缺点有哪些？主机入侵检测系统的优缺点有哪些？

219. 入侵检测方法有哪些，常用的方法有哪些？

220. SSL 协议是什么，SSL 协议提供的服务和步骤是什么？

221. 简述 SSL 协议与 TCP/IP 间的关系。

222. 举例说明 SSL 协议的握手过程。

223. SSL 安全的基点是什么？

224. SET 协议是什么？为什么会产生 SET 协议？其主要解决哪些问题，达到什么目标？

225. 简述电子商务的 3 种基本分析方法的定义。

226. 简述电子商务的 3 种基本分析方法之间的区别。

227. 简述电子商务的 3 种基本分析方法的优缺点。

228. 使用过程分析法，结合生活实际举例分析。

229. 使用逻辑分析法，结合生活实际举例分析。

230. 使用经验分析法，结合生活实际举例分析。

231. 京东的商业运营策略分哪几种，具体有哪些？

232. 京东的商业创新性体现在哪几个方面？

233. 简述拼多多的发展历程，并说明拼多多的发展历程给予你的启示。

234. 简述拼多多的商业运营模式。

235. 拼多多的商业创新体现在哪几个方面？

236. 亚马逊的商业运营策略分哪几种，商业创新体现在哪几个方面？

237. 高德地图的商业运营策略分哪几种，商业创新体现在哪几个方面？

238. 相比于百度地图 App，简述高德地图 App 的优化细节。

239. 结合北斗的发展前景和发展环境，简述北斗的未来发展趋势。

240. 北斗的商业运营策略分哪几种，商业创新体现在哪几个方面？

241. 简述电子商务的社会影响力有哪些？

242. 简述电子商务的未来发展趋势。

附录 D
电子商务与相关学科

电子商务专业是融计算机科学、市场营销学、管理学、法学和现代物流于一体的新型交叉学科，旨在培养掌握计算机信息技术、市场营销、国际贸易、管理、法律和现代物流的基本理论及基础知识，具有利用网络开展商务活动的能力和利用计算机信息技术、现代物流方法改善企业管理方法、提高企业管理水平能力的创新型复合型电子商务高级专业人才。

电子商务社会生态、工程生态的丰富，以及电子商务交叉领域之丰富，对电子商务人才培养提出了更高的要求。在这一背景下，电子商务应用课程体系的建设和完善十分重要。这涉及多个学科：管理工程类、金融类、会计类、计算机类、法学类等。教育部高等学校电子商务类教学指导委员会统计数据显示，截至 2022 年，中国已有 600 所以上的高校开设了电子商务专业，授予工学学位、经济学学位或管理学学位。电子商务和工学、经济学、管理学一级学科以及数学等基础学科都有一定程度的交叉（见附图 1）。

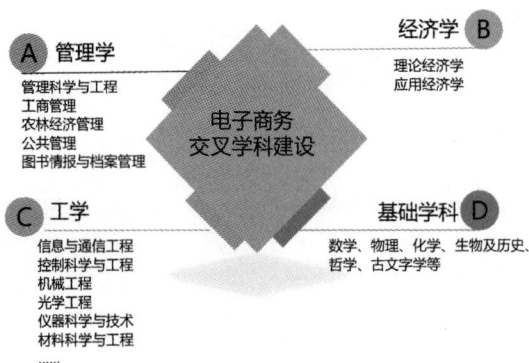

附图 1　电子商务交叉学科建设

教育部提出并强调要深入推进"新工科、新文科、新医科、新农科"的"四新建设"，从而全方位服务于社会发展的需要，提高国家实力。附图 2 是对"四新建设"重点与特点的归纳，它们分别代表了国家在不同层面的发展规划。新工科是国家硬实力的增长极，新文科是国家文化软实力的增长极，新医科是全民健康力的增长极，新农科是国家生态成长力的增长极，因此"四新建设"能够全面提高国家实力。而电子商务在发展过程中，为了不断适应时代的发展，融入了许多不同领域的技术和知识，因此极具前沿性和交叉性。电子商务已经进入深层次的建设期，面临许多机遇和挑战，行业应用的广泛也意味着需要更多具有综合能力的各类人才，在国家日益重视"四新建设"的当今，电子商务与"四新建设"相结合也是必然的趋势。

电子商务专业学科建设在教育部"四新建设"的大背景下，目标是建设以电子商务概论为全局、以电子商务体系结构为架构、以电子商务原理为基础理论、以电子商务学为顶层设计的理论体系。在理论体系建设过程中，需要建设具有电子商务学科专业的基础知识体系，形成具有电子商务学科特征的基础知识体系群（含交叉学科知识体系）：数学类知识群、信息类知识群、管理类知识群、金融类知识群、法律类知识群。

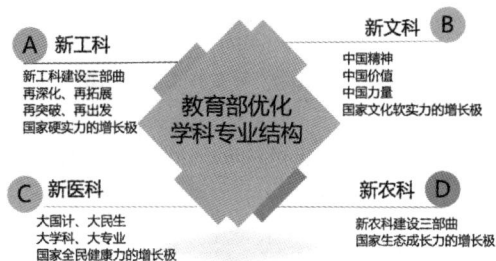

附图 2 对 "四新建设" 重点与特点的归纳

一、新工科

新工科在 "四新建设" 中发挥着 "智能基座" 和率先领跑的作用。新工科主要是指为了产业发展需要，对已有的传统工科专业通过使用信息化、智能化、交叉融合其他学科等方式进行转型、改造，而产生的新型专业，如对智能制造、云计算、人工智能、机器人等传统工科专业的升级改造。在第四次工业革命的背景下，在电子商务高速发展的要求下，新工科的建设需要加强战略急需的人才培养。相对于传统的工科人才，未来新兴产业和新经济需要的是实践能力强、创新能力强、具备国际竞争力的高素质复合型新工科人才。

1. 新工科的理论框架与知识体系

新工科是一个类概念，即它并不指向单一特定的事物，而是许多具有共同特征事物的综合。它包括 3 个方面，一是新的工科专业，二是工科专业的新要求，三是交叉融合再出新，也就是：

新工科=新的工科专业+工科专业的新要求+交叉融合再出新

新的工科专业指的是由于科学技术以及理论的发展，而产生的众多新的工科学科，如人工智能、大数据等；工科专业的新要求指的是工业界对于具有各项理论基础以及专业技能人才的需求，促使工科提出对于新的培养方案的要求；交叉融合再出新，指的是通过对已有学科专业进行课程、培养方案等的深度融合，从而产生新的交叉学科。新工科建设要有物理反应和化学反应，更要有物理反应和化学反应以后出现的新形态。"新的工科专业" 和 "工科专业的新要求" 是物理变化，交叉融合是化学反应，交叉融合后的 "再出新" 就是新形态。

新工科诞生于科技革命、产业革命和新经济的大背景下，"新" 既是它的本质，也是它的特征。新工科是与新科技紧密相连、对接新兴产业、由多学科交叉生成的学科。这些 "新" 不仅体现出新工科的建设内容之新，也揭示出新工科建设所蕴含的学科建设和高等教育改革的理念之新。新工科的 "新" 是一个广义的概念，它可以指针对传统的、现有的工科专业，为了面向产业未来发展需要，通过信息化、智能化或其他学科的渗透进行转型、改造和升级，即 "更新"。这个 "新" 也可以体现在人才培养全过程中的主要环节的改革、变化和发展，包括新理论、新结构、新体系、新质量、新模式这 5 个新工科研究与实践的方向。新工科的 "新" 还是一个动态的概念，即对工程学科和专业的建设工作要求持续改进，对卓越工程科技人才培养的内涵要求不断更新，以使得工程学科、专业和人才培养始终处于 "新" 的状态。为了贯彻落实新工科的教育教学理念，新工科专业必须及时地调整培养目标、修订培养标准和培养方案、创新培养模式、改革课程体系、更新教学内容、调整专业设置和方向，使这些工作成为常态。只有这样，才能使得新工科专业培养的人才始终满足当前和未来产业发展的需要，甚至引领产业未来的发展。

2018 年 3 月，教育部办公厅公布首批 "新工科" 研究与实践项目，此次公布的首批 "新工科" 研究与实践项目名单，包括 202 个 "新工科" 综合改革类项目和 410 个 "新工科" 专业改革类项目。其中，"新工科" 专业改革类项目则涵盖包括人工智能类、大数据类、智能制造类等热门 "新工科" 在内的 19 个项目群，如附表 1 所示。

清华大学新雅书院的智能工程与创意设计交叉专业就属于新工科中，对 "智能设计" 等新的工科与工科对信息产业和社会需求设计的新要求，进行深度交叉融合后 "再出新" 的新形态。具体而言，智能工程与创意设计专业是以智能设计、自动化、机器人等学科飞速发展为基础而孕育产生的交叉学科专业，旨在培养既有扎实的工程基础和设计功底，又有专业审美能力的复合型人才。培养方案注重培养学生科技与艺术的融合能力、以智能工程为中心的创新设计能力，以及结合信息产业和社会需求设计与开发智能产品的创新能力。此外，培养方案强调理论学习与动手实践相结

合，鼓励学生积极参加国际学术交流和全球范围内的世界知名企业实习项目。

附表1 "新工科"专业改革类项目群

编号	项目群名称	编号	项目群名称	编号	项目群名称
1	人工智能类	8	航空航天、交通运输类	15	生物、医药类
2	大数据类	9	矿业、地质、测绘类	16	数学、物理、化学、力学类
3	智能制造类	10	材料、化工与制药类	17	安全、公安、兵器类
4	计算机和软件工程类	11	土木、建筑、水利、海洋类	18	医工结合类
5	电子信息、仪器类	12	能源、电气、核工程类	19	工科与人文社科交叉类
6	机械类	13	食品、农林类	—	—
7	自动化类	14	环境、纺织、轻工类	—	—

新工科专业是为了提前布局培养引领未来技术和产业发展的人才而设立的，需要在对国家及产业未来需求和发展方向的准确把握基础上，通过科学、缜密的可行性分析论证后慎重做出相关决策，而不能片面地追求建设全新的工程学科和专业，忽视了对本校传统优势工科专业的转型升级。

（1）新工科的理念。

理念是行动的先导。新工科的理念包括两个方面：积极应对变化、主动塑造世界。

积极应对变化指的是引领创新，探索不断变化背景下的工程教育新理念、新结构、新模式、新质量、新体系。当前世界已经经历了3次工业革命，未来几十年，我们又将迎来新一轮的科技革命和产业变革，工程科技在社会中的作用也在发生深刻的变化，并且扮演着越来越重要的角色，工程科技的进步将成为推动社会发展的重要引擎。在这样的背景下，我们就要积极创新以适应这些变化，培养能够适应时代和未来变化的卓越工程人才。

主动塑造世界指的是让工程教育更直接地联系科学技术与产业发展，也就是能够贴近当前产业需求、推进新产业的出现与发展，贡献实际能够影响、改变世界的重要科技力量，不是被动地适应社会，而是主动地肩负起造福人类、塑造未来的责任，主动推动经济社会发展。

（2）新工科的要求。

新工科作为工程教育的本质没有变，但是对人才培养的要求有变化，同样分为两个方面，即人才结构新和质量标准新。

人才结构方面，新工科要求人才的培养多元化，这是由于当前我国产业发展不平衡，"工业2.0""工业3.0""工业4.0"都在并联式发展，这就需要多方位的人才来与全产业链对接。从事研发、设计、生产、销售、管理、服务等多元化的人才，也要根据未来对工程人才的能力要求，在专、本、硕、博各层次的培养目标和规模方面做出一定的规划。

质量标准方面，新工科要求对工程师的素质评估标准做出新的规定，要求标准能够从多方位反映工程师人才质量和综合素质，比如社会技能、系统技能、解决复杂问题的技能、资源管理技能、技术技能等交叉复合技能，也包括家国情怀、创新创业、跨学科交叉融合、批判性思维、全球视野、沟通与协商等核心素养。

（3）新工科的途径。

新工科要通过与时俱进地建立理念、打磨培养方案等方式以应对新的变化，这就需要新的建设途径，主要包括3个方面：继承与创新、交叉与融合、协调与共享。

继承与创新，就是对已有学科通过人才培养理念的升华以及培养机制、培养模式的创新来应对挑战。

交叉融合，就是基于多学科交叉、产学研融合，培育掌握多方位知识、技术和能力的复合型人才。清华大学新雅书院的智能工程与创意设计交叉专业的例子就是一个很好的体现。

协调与共享，就是推动专业结构调整，联合工程教育的多利益主体（如政府、高校、企业），共享教育资源、成果，协同育人，突破政策堡垒、资源堡垒、区域堡垒。

2. 新工科与电子商务

新工科的这些专业所对应的创新技术都与电子商务紧密相关。电子商务与新工科的融合体现在新技术应用的3个方面。

首先，新技术能够帮助电子商务企业更好地处理数据。电子商务的应用意味着需要处理海量的网络信息，同时面临用户高并发的访问，诸如云计算等技术可以解决相应问题。

其次，新技术能够帮助电子商务平台制定合适的营销策略。利用新技术，对电子商务平台上的信息进行自动化分析、挖掘、统计，由此调整营销策略，尽可能地实现利益最大化。

最后，新技术使得电子商务与知识智能高效融合，可通过新技术构建知识图谱，设计新兴营销方式，精准匹配客户的个性化需求；同时，根据市场变化，有针对性地设计、定制特色产品。

为了使电子商务与新技术高效融合，在"新工科"建设背景下建立特色电子商务工科知识群，可以对电子商务知识体系进行设计，如附图 3 所示。例如，在共性基础课程方面，新工科背景下电子商务课程体系以微积分、线性代数、概率论、统计学、英语、物理学、社会学、写作沟通等数理基础和人文基础课程为主。附图 3 综合了清华大学各系培养方案，并总结出了共性基础课程。实际上，其他学校、学院的培养方案也能够总结出共性基础课程。

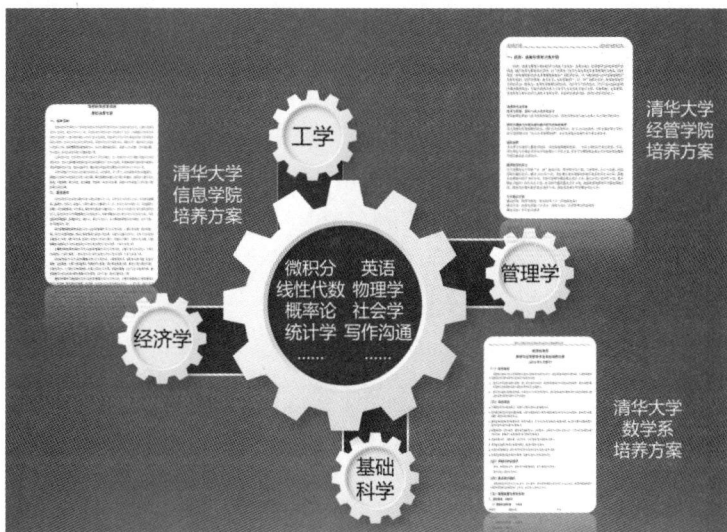

附图 3　新工科共性基础课交叉

在工科中，计算机学科是与电子商务结合最密切的学科之一，它们的交叉也产生了许多的新专业。计算机学科作为电子商务技术平台的重要组成部分，其基础理论框架与相关技术创新框架对电子商务平台的建设起着重要的作用。在电子商务平台的计算领域、电子商务的架构领域、电子商务的基本原理领域等，都离不开计算机学科基础知识的支撑和科学技术的支撑，突出地表现在移动支付体系中的移动计算、物流优化过程中的路径计算、安全体系中的密码计算、客户关系管理中的逻辑推理计算，以及企业管理过程中的企业管理的信息化相关数据的计算。这些重大的计算问题和计算机平台的结构问题，为电子商务的健康发展提供了有力的保障。电子商务专业能够健康地发展也离不开与计算机学科的相互融合，正是在这种相互融合的过程中，电子商务才得到发展，同时也推动了计算机学科的进一步创新，为计算机学科的发展提供了更广阔的空间。

如附图 4 所示，在专业基础课程方面，计算机学科的软件文化、程序设计、信息管理、博弈论、运筹学、数据结构、计算机网络等课程也能够与电子商务以及其他学科交叉，目的是讲解基本的软件工程知识、程序设计方法、统计分析方法等，为后续专业核心课程开展围绕大数据、云计算、人工智能、区块链等新技术在电子商务中应用的深入研究做铺垫。在专业核心课程方面，高级数据库技术介绍大数据背景下的数据存储和管理，在传统的关系型数据库基础上，引入 NoSQL、NewSQL 等；深度学习介绍神经网络技术、深度学习技术以及其在电子商务特别是推荐领域的应用；此外还引入围绕 Spark、Hadoop 等平台的程序设计课程，从具体实践角度研究新技术在电子商务中的应用。

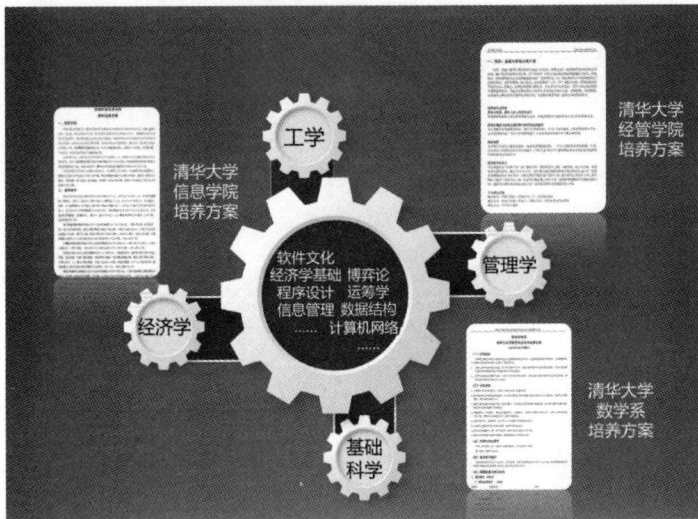

附图 4　新工科专业课程交叉

二、新农科

新农科是指新的农科或者原有农科专业被改造后的专业，将人工智能、电子化、信息化技术融入原有农科中，也就是运用现代科学技术改造农科相关专业，同时注重科技伦理方面的培养，以及时应对随着信息化发展产生的新的伦理问题。

1. 新农科的理论框架与知识体系

与技术飞速发展的工科不同，农科在技术上没有很大的突破，反而在人工智能等工科技术的发展下，农业知识的重要性被不断削弱，原有的传统农业知识体系已不能适应未来"三农"发展的需要，而涉及人工智能、大数据分析、生物技术等的一些知识将会进入"新农科"的知识范畴，使得传统农业学科的研究问题发生转移。因此，新农科"新"在进行信息化、电子化的转型，"新"在与智能技术结合，从而产生新的交叉学科。用意在于通过对按生产分工来设置专业的传统农科进行彻底改造，将农科改造成适应农业农村现代化发展的学科，使之服务新产业、新业态，由此进行人力资源和专业的匹配。同时也分析、预测今后一段时间的科学技术和新兴产业发展，创造新的学科、专业以适应新要求。例如，无人农场、自动导航的无人驾驶拖拉机、精准作业的农业装备等，都是可以预测的发展方向。

传统农业学科门类在资源集约利用和生态文明建设等领域有所欠缺，因此，农科与材料、生态相关学科专业融合产生的新兴交叉学科，能够弥补此前传统农业知识的不足。同时，由于人工智能等新兴技术的飞速发展，伦理问题也是一个重要的课题，新农科的人才也应该注重科技伦理方面的培养。从这些方面出发，新农科"新"在统筹其他专业学科知识，在农科方面对人才进行全面的培养，以建立综合体系。

2019 年，新农科建设已奏响"三部曲"。"安吉共识"从宏观层面提出了要面向新农业、新乡村、新农民、新生态发展新农科的"四个面向"新理念。"北大仓行动"从中观层面推出了深化高等农林教育改革的"八大行动"新举措：新型人才培养行动、专业优化攻坚行动、课程改革创新行动、实践基地建设行动、优质师资培育行动、协同育人强化行动、质量标准提升行动、开放合作深化行动。"北京指南"发出《新农科建设项目指南》，设立新农科研究与实践项目，旨在启动新农科研究与改革实践项目，以项目促建设、以建设增投入、以投入提质量，让新农科在全国高校全面落地生根。

众多实践项目与新农科专业也在产生。未来几年，高校也将陆续新增布局建设智能农业、农业大数据、休闲农业、森林康养、生态修复等新专业，现在的涉农专业也将与生物技术、工程技术等现代科学技术相结合。

2019 年 3 月，南京农业大学人工智能（农业领域）专业获批建设。课程设置突破了传统农科的专业方向，加大前沿交叉课程的分量与比例。同时探索建立面向教学的人工智能实验室，构建一批前沿的工具、芯片、系统、平台，通过与涉农智慧产业一流企业开展校企合作等方式，拓宽学生的专业视野与提高学生的实践能力。

（1）新农科的时代性。

新时代背景下，新农科肩负着国家粮食安全、环境和生态保护、乡村振兴的艰巨历史使命。

在国家粮食安全方面，新农科需要培养高素质人才，提高农产品质量、产量，确保国家粮食安全。

在环境和生态保护方面，新农科需要生态、环境工程等方面的人才，来实施生态系统保护和修复的重大工程的统筹协调。

在乡村振兴方面，需要具有管理、农学等复合能力的人才，来对土地、劳动力、资金、技术、市场、信息等各种农业要素进行重新配置与优化，使农业资源实现大区域范围内的整体优化配置，使农业的生产方式、经营方式、管理方式和服务方式跃升到一种新的业态和高度，推动乡村振兴。

（2）新农科的特征。

新农科具有两方面的特征，即以多学科交叉融合为核心，培育新型农业经营主体的主要载体。

在以多学科交叉融合为核心方面，新农科不仅是传统农科内部学科的交叉融合，也是在现代信息科学、生命科学、工学、医学和人文社科等学科的相互渗透、深度嫁接基础上形成的新的学科增长极，可全面提高解决重大科学技术问题的能力。

在培育新型农业经营主体的主要载体方面，新农科致力于通过加强校企合作培养农业创新型企业，通过加强农科专业人才的创新创业教育，促进有新技术和新知识的学生人才创业，通过教育培训农民，支持农民创业等。

2. 新农科与电子商务

新农科与电子商务的结合是当前的一个重要研究点，也有相关政策来推进电子商务进农村。这对于电子商务和农村、农业发展，都是重要的机会。

首先，新农科的建设，能够帮助农业在农村信息通信、农产品加工以及质量标准化、仓储物流体系等方面提供技术与人才支撑，为农村电子商务的发展提供良好的环境基础以及技术支持，从而使电子商务平台也能够提供更加丰富、新鲜的产品供消费者选择，进一步吸引更多有着农产品需求的消费者。

其次，新农科与电子商务的结合，能够转变农业发展方式，进一步助力扶贫政策的落实。例如，通过线上平台的推广与包装，能够提升农产品的知名度，推动地方特色农产品的生产销售，同时实现农产品消费需求与生产供给直接对接，极大地缩小农产品走向各类消费市场的空间距离，降低农产品交易成本和生产风险。

在专业设置方面，新农科也可以和许多学科结合，与新工科中的计算机学科一样，可以与经济、管理、基础学科等方面进行交叉，从而培养更加适合时代的、更加满足电子商务以及农业需求的人才。

在共性基础课程方面，新农科背景下以微积分、线性代数、概率论、统计学、英语、物理学、社会学、写作沟通等数理基础和人文基础课程为主，如附图 5 所示。

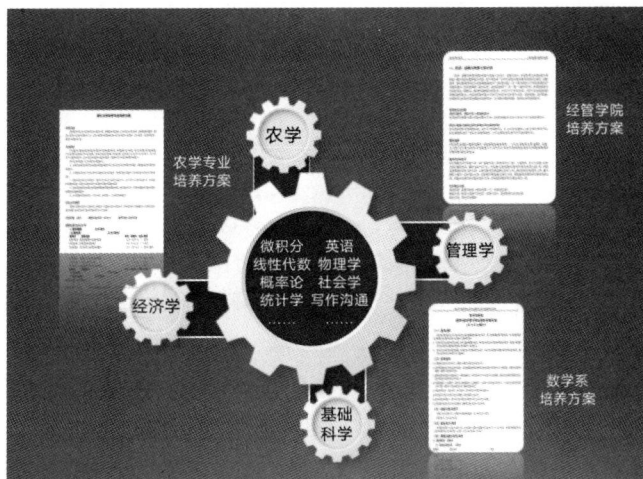

附图 5 新农科共性基础课交叉

在专业基础课程方面，新农科也能够与经济管理专业的课程以及其他学科交叉，如附图 6 所示，目的是培养农学知识，同时将农学知识、技术与统计、经济、管理相结合，能够为农产品的培育部署策略的制定提供帮助，同时也为后续用于农业电子商务的应用，如农产品营销等的深入研究做铺垫。

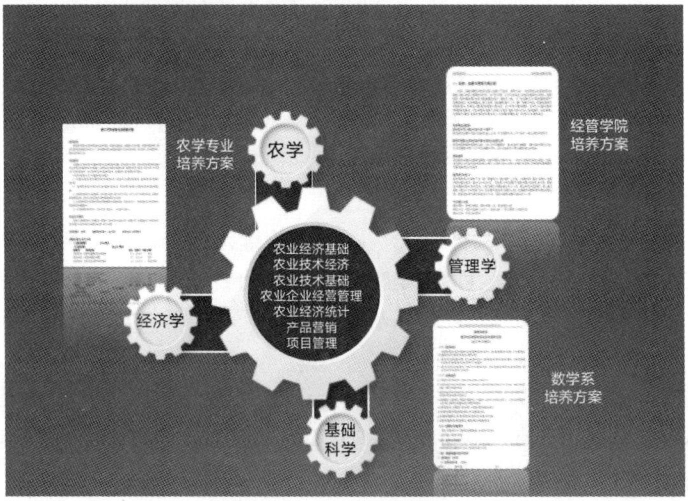

附图 6　新农科专业课交叉

为了更好地保证电子商务与社会发展相互促进，在"新农科"建设背景下为电子商务课程设计带来新启示，农特产品以其"生鲜"产品的特有属性，在电子商务发展过程中实现了生产者和销售者的对接，然后商品再由销售者卖给消费者，形成了新的电子商务模式，是模型组态变换的一个应用案例。

三、新文科

相比工、医、农类学科，"新文科"的概念出现较晚。从 2017 年 10 月开始，美国希拉姆学院对其培养方案进行了全面修订，对传统文科进行学科重组、文理交叉，即把新技术融入哲学、文学、语言等诸如此类的课程中，为学生提供综合性跨学科学习机会，并称之为"新文科"教育理念。2020 年 11 月 3 日，全国新文科建设工作会议在山东大学威海校区召开，教育部高等教育司司长吴岩做了题为"积势蓄势谋势 识变应变求变 全面推进新文科建设"的主题报告，新文科建设工作组发布《新文科建设宣言》，对新文科建设做出全面部署，描绘了新文科建设的"施工图"，依托于山东大学的全国新文科教育研究中心正式揭牌。

1. 新文科的理论框架与知识体系

发展新文科，既是信息时代的发展需要，又源于对文科教育自身价值和意义的认识。文科是"人文社会科学"（或称哲学社会科学）的简称，是人文科学和社会科学的统称。其中，人文科学主要研究人的观念、精神、情感和价值；社会科学主要研究各种社会现象及其发展规律。在人类认识和改造世界的过程中，人文社会科学发挥了重要的作用。这种作用尤其体现在教育上。首先，文科教育通过丰富情感、陶冶情操、开发潜能、树立正确的人生信念和理想，帮助个体成为全面发展、与文明相伴的人；其次，文科教育能够使受教育者掌握自己所处时代和社会的价值观念、道德规范和行为准则，从而实现个体与时代、与社会的相互认同；最后，文科教育是人类文明传承与创新的园地，不仅是历史文化的传递活动，而且是历史文化的创新活动。在"培养什么样的人"这个问题上，如果说科学教育是"求真"的过程，那么文科教育则多为"求善""求美"的过程。

新文科的"新"是相对传统文科而言的。传统文科重视专业培养，专业划分明显，学科建设任务清晰，但是人才培养难以博通，容易形成专业壁垒，制约人才全面发展。在学术研究上，我国文科教育学术原创能力不强，有数量缺质量，有专家缺大师，观照现实不够，使得传统文科在某些领域未能实现超越和创新。与此同时，互联网等技术在改变人类生产生活方式的同时也带来了前所未有的社会层面和精神层面的问题，要解决这些问题，显然不能依靠单一学科，必须多学科协同。于是，在多学科交叉边缘上出现了新兴的文科研究领域和研究方式，如人工智能与社会学、法学、伦理学等结合产生的智能社会科学学科，再如信息技术在文科的渗透所产生的社会计算、空间计量经济学、计算语言学等新兴专业。可见，综合性、跨学科、融通性是新文科的主要特征。

新文科建设涵盖人文社会科学领域内多个学科的交叉、融合、渗透或拓展，也可以是人文社会科学与自然科学交叉融合形成的文理交叉、文医交叉、文工交叉等新兴领域。推动人文社会科学与新科技革命交叉融合，培养新时代的哲学社会科学家，是新文科建设的重点方向和主要目标。

（1）新文科的融合化。

新科技革命与文科已初步实现融合化发展。新科技催生了以跨界融合为特征的新产业新业态，新产业新业态的快速发展对知识复合、学科融合、实践能力强的新型人才提出了迫切需求，催生交叉新专业，促进开设新课程，探索育人新模式，且推动现有专业升级改造。同时，科技进步不断创造着研究学习的新方法新手段，新科技发展和新产业新业态持续引发着新的研究课题，不仅可促进自然科学进步，也可促进文科学术视野的拓展和思维范式的变化，推动文科研究内容与方法的融合创新。因此，"新文科"之"新"首先在于新科技发展与文科融合引发的文科新增长点，以及传统文科专业、课程以及人才培养模式的更新换代。

（2）新文科的时代性。

从国内来看，中国正处于"两个一百年"奋斗目标的历史交汇点，与中国文化直接相关的一些重要问题亟待突破，关键是如何实现"中华优秀传统文化的创新性发展和创造性转化"。这是近几年中央特别强调的一个时代命题，这是新文科必须要解决的问题。文、史、哲、艺学科发展到今天，中华优秀传统文化应该如何创新性发展、创造性转化？创新性发展就是要按照时代要求，对中华优秀传统文化的内涵进一步加以阐释、拓展和完善，赋予其新的时代内涵，增强文化的生命力、感召力和说服力；创造性转化就是要适应时代特点，对那些传统的表现形式和传播方式进行继承与创新，探索形成现代的、多元的、开放的表达形式和传播方式，增强文化的传播力、感染力和影响力。新文科建设要致力于回应这一重大命题。文、史、哲、艺等学科的学者们应该以跨学科视野、跨文化视角加强研究教育创新，回应时代需求。

（3）新文科的中国化。

中国特色哲学社会科学的四大体系建设问题是关键。对社会科学来讲，中国化尤其重要。社会科学本身与社会密不可分，社会科学的中国化目前矛盾突出。以经济学为例，现在从本科、硕士到博士，只重"三高"，即从本科初级宏观经济学、微观经济学、计量经济学，到硕士中级宏观经济学、微观经济学、计量经济学，再到博士高级宏观经济学、微观经济学、计量经济学。马克思主义政治经济学是否正在淡化，中国经济思想史、世界经济思想史是否受到足够重视，中华人民共和国经济史、改革开放史以及我国两代经济学家的经济思想是否已经被梳理，我们应该深刻反思。因此，基于中国文化根基的、立足于中国特色社会主义实践的中国特色哲学社会科学的学科体系、学术体系、话语体系、教材体系，需要我们去研究、去构建，这个任务远未完成，任重而道远。

从"五四"运动到现在100多年，中华人民共和国成立70多年，改革开放40多年，中国特色社会主义各项事业不断发展，中国已经完成全面建成小康社会的历史使命，开启社会主义现代化强国建设的新时代。然而，我国社会科学理论落后于实践发展的问题尚未得到有效解决，中国特色哲学社会科学的学术体系、学科体系、话语体系、教材体系尚在建设之中，这也是一个重大的时代命题。如何构建中国特色哲学社会科学学科体系？针对不同学科专业、不同课程、不同学问，应该选择何种具体路径？是以马克思主义理论为框架，以总结提炼中国发展模式和道路为重点，实现充实提高？是以马克思主义理论为指导，兼收并蓄，另辟蹊径，以基础理论创新为重点，实现基底重构？还是以现代西方理论为框架，补充中国实践案例，实现改造应用？抑或是因无涉制度道路，应该共享人类文明成果，秉持"拿来主义"即可？这也是当下新文科建设必须回应和解决的课题。

（4）新文科的国际化。

从国际来看，当今世界正处于百年未有之大变局，大国关系、国际秩序、地区安全、社会思潮、全球治理都在急剧重塑、重构。在这样一个大变革时代，我们应以双向全球思维来进行思考。一方面，随着经济实力快速增强，我国的资本、人员、文化不断走向世界，文科科研和教学对此起到了一定的服务支撑作用。另一方面，在国际地位逐步提高的进程中，我们也应该吸纳不同民族的智慧，在更广阔、更公平的平台上进行经济交往和文化的交流、交融、交锋，实现经济互通，文明互鉴，减少各种形式的冲突。

因此，我们需要以创新理念为引领，实现文科教育的超前识变、积极应变、主动求变，不断创新国际经济政治理论发展，培养更多具有国际视野、通晓国际规则、代表中国立场、富有家国情怀的国家急需人才，来应对各类社会思潮交汇激荡和贸易战金融战的挑战，服务中华民族伟大复兴。

改革开放 40 多年，有几个领域的人才培养做得仍然不够。一是国际组织人才培养。我们现在的工作远远落后于需求。我国在国际组织的席位，尤其是中高层席位，仍有空缺。这说明我国高等教育的前瞻性问题没有解决得很好，理论研究的前瞻性问题也没有解决得很好。二是国家急需的国际化人才培养。譬如，服务国家全球化战略和"一带一路"倡议实施，如何在语言普及和教育上做好顶层设计；针对全球化信息化时代信息传播新特点，如何培养面向国际受众的全媒体新闻传播人才；随着我国科技创新能力逐步提高，如何培养和储备为国际专利服务的专业人才等。三是国际学生培养。如何培养亲华友华、利于和平发展的新一代国际学生，且不断提高生源质量和培养质量，这也是亟须解决的问题。

2. 新文科与电子商务

为全面推进新文科建设，构建世界水平、中国特色的文科人才培养体系，如附图 7 所示，根据《教育部办公厅关于推荐新文科研究与改革实践项目的通知》（教高厅函〔2021〕10 号），我国教育部决定认定 1011 个新文科研究与改革实践项目，清华大学、北京大学等共 1011 个学科项目纳入改革实践项目之中。

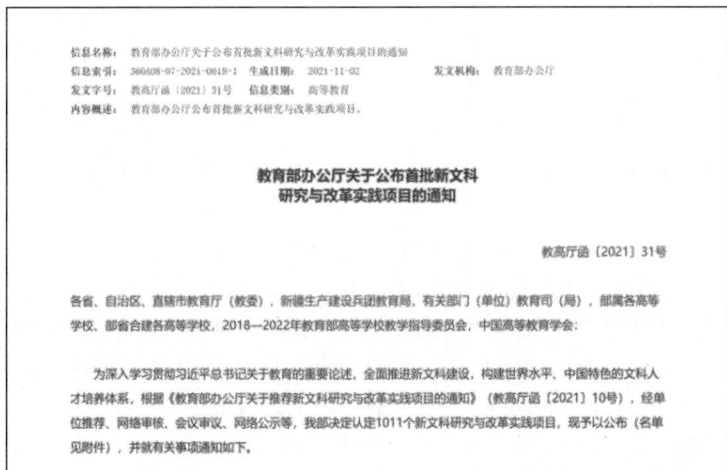

附图 7　教育部办公厅关于公布首批新文科研究与改革实践项目的通知

新文科专业所对应的创新技术都与电子商务紧密相关。为实现新文科背景下的电子商务建设，应从以下 4 个角度入手（见附图 8）。首先，将新文科的共性基础课程与电子商务专业实现交叉；其次，在新文科各专业的核心课程中与电子商务知识实现交叉；再次，在思政课程方面与电子商务实现交叉；最后，在新文科的应用前沿与电子商务专业实现交叉。通过上述 4 种交叉联系，将电子商务与新文科的发展脉络紧密结合起来，通过新时代新文科的建设动力带动新型电子商务领域知识和人才的发展。

新文科与电子商务的融合体现在以下 4 个方面（见附图 9）。

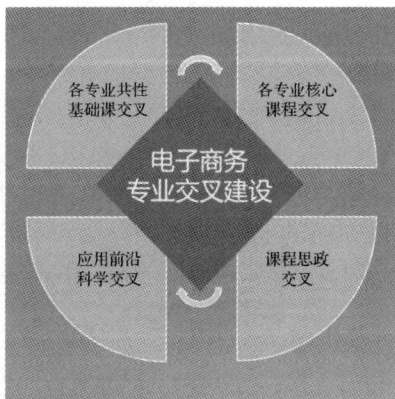

附图 8　百年大变局下新文科与电子商务交叉建设思考

第一，新文科强调"中国特色"，强调"走向世界舞台中央"，这与我国电子商务当前的发展趋势相符合。我国要想成为 21 世纪世界贸易大国、强国，就必须顺应潮流，创造条件，建立和发展我们自己的电子商务。但是在建立过程中需要明确的文化导向指引，这也就是新文科在电子商务发展中的导向作用。通过不同学科的交叉融合、文理交叉融合来研究具有中国特色的电子商务学科，而不单单是从技术或者理论单独的一方面来研究，开阔电子商务的发展视野。我国电子商务市场有着巨大的发展潜力和无限的商机，建立我国电子商务的基本框架是一项十分紧迫而艰巨的工作，新文科的推进有利于在多个方面（如管理、经济、法律等）对发展电子商务进行宏观规划和指导，促进各个部门的大力协作，严格制定相关标准，创造有利环境，保证电子商务有序、健康地发展。

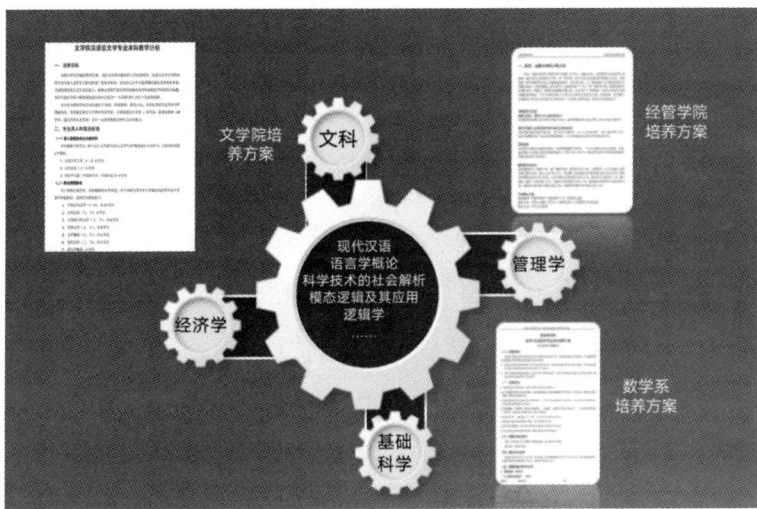

附图 9 新文科与电子商务交叉（培养方案可参照各学校的培养方案）

第二，新文科的推动有利于电子商务相关法律条款的研究与制定。电子商务网上交易的安全性包括相关的法律、政策、技术规范以及网络安全，加速商品防伪保真网络系统工程的建设和提高电子商务网站的信誉程度，是网上交易的关键。因此，现代电子商务的发展对法学教育提出了新要求。大数据、云计算、人工智能、区块链等信息化的科技手段作为当前电子商务的新兴技术手段受到广泛的应用，法治要和这些新技术融合在一起。这意味着法学教育所使用的理论工具，不应再局限于传统文科的手段，而要学会运用现代信息技术，让学生们懂得算法，学会编程，能够从容地应对新技术带来的新挑战。

新文科聚焦的子领域包括法学法规的建立。在方法论上，新文科建设的新法学要求应适应从工业文明向信息文明的转型，从运用传统的人文社科工具转向运用现代科技、信息技术、人工智能，特别是要运用好算法，将文科的定性方法与定量方法相统一，彰显新文科的科学性，推动形成数字人文。

具体来说，不仅要制定相关的电子商务法律，解决电子商务上发生的各种纠纷，还要制定相关的电子支付制度、电子商务规约，对其中引起的纠纷做到有章可循、有法可依、有据可查，建立完备的法律体系和权威的认证机构，维护整个电子商务的交易秩序，提高网络加密技术，加强网络安全防范，促使更多的人放心购物。

第三，新文科的推动有利于电子商务的管理学研究。电子商务学与管理学科的交叉是电子商务人才教育的一大重点。而管理学科在当前电子商务体系中有着诸多应用，如运筹学是管理科学与工程的基础，运筹学为管理活动提供许多理论方法与模型，比如线性规划、整数规划、对策论（博弈论）、排队论等。电子商务是融合了资金流、物流、信息流的过程活动，从资金流、物流、信息流的视角，发现这些过程可运用运筹学理论与模型指导电子商务活动。

现代电子商务体系在管理学方面存在以下 4 个待解决的问题。①当前电子商务平台以快递物流作为主要的货品交易渠道，商品的配送困难和售后服务的欠缺严重制约了电子商务的有序进行，由于我国地域辽阔和经济发展的不均衡，单件商品的长途运输或者邮递的巨大成本以及时间上的延迟，足以使消费者对电子商务失去信心。这就要求电子商务网站要在各主要城市建立自己的产品配送和售后服务中心。②当前的电子商务平台体系越来越大，个体商户、海外商户越来越多，对电子商务平台与个体商户进行有效而统一的管理成为当前电子商务平台管理的一大难点。③随着电子商务的发展，特别是各类购物节日对消费者消费需求的拉动，导致电子商务企业需要处理大规模的客户需求订单及资金支付大量增加，进行有效资金链和货物需求、供需关系管理成为一大难点。④随着各项新兴技术如5G、人工智能等技术的出现及其在电子商务学科中的应用，我们对这些技术进行有效的管理和制约成为一大难点。

在此背景下，新文科推动的新型管理科学将结合各项新兴的技术与电子商务平台软件架构等，为电子商务管理的整体过程如资金、供需关系、配送运输管理等方面提供有效的理论、方法与工具。新文科推动的管理学要求正确理性地看待和把握新兴科技，正确认识新科技革命对人类发展的意义与挑战，探索人类未来的走向。互联网、数据技术等新技术改变着现有产业结构、产业形态和产业内容，催生着新产业，同时呼唤着新管理。

第四，新文科的推动有利于电子商务的市场营销学研究。电子商务以交易为核心，则必然涉及市场营销。电子商务推动传统市场营销的内涵向网络营销延伸，在一定程度上，可将其看作互联网时代下的市场营销。新文科推进的市场营销学将与现代电子商务，尤其是新型电子商务平台如直播平台等紧密结合，利用新媒体平台进行整合营销以及利用大数据进行精准营销已成为当下电子商务营销的主要趋势，也成为新型市场营销学的热点问题。

第五，新文科的推动有利于电子商务经济学与会计学的研究。在电子商务活动中，金融发挥着重要的支撑作用，特别是在数字支付、供应链金融、消费金融等方面，一方面金融为电子商务提供了支付工具，另一方面金融为电子商务中的资金需求提供融资。电子商务是通过电子方式以商品交换为核心的商业贸易活动，正如传统的商贸活动需要金融的支撑。电子商务也一样，特别是近年来金融行业的不断发展与创新，不断加速促进电子商务的发展。与此同时，电子商务的发展也对金融产生了新的需求，特别是在数字支付、供应链金融与消费金融方面。而新文科的推动将大力发展具有数字支付、供应链等新型金融知识人才的培养与教育，为电子商务的经济管理和运营提供强有力的指导。

四、新医科

新医科是指高等学校专业设置中将设立新的医科专业或改造原有的医科专业，是高等教育主动适应人类社会从工业文明逐步进入信息文明社会对人才需求的转变。专业学科作为人才培养和科技发展的载体，必须顺应时代发展并进行创新改革，才能满足社会对人才的需求。目前，互联网、智能化、脑认知、芯片、精准医疗、大数据等领域的新概念层出不穷，创新业态催生大学教育转型，传统的医科专业已不足以应对时代变革，信息时代必须重构一些核心知识，原来的旧知识要升级换代。新医科是科学、人文、工程的交叉融合，旨在培养复合型人才，新医科培养的人才要适应和服务于信息时代的医学研究和医疗实践。新医科作为构建健康中国的重要基础，要适应新一轮科技革命和产业变革的要求，实现从治疗为主到生命全周期、健康全过程的全覆盖，提升全民健康力。

1. 新医科的理论框架与知识体系

教育部高教司强调，发展新医科是新时代党和国家对医学教育发展的最新要求，加强新医科建设。一是理念新，医学教育由重治疗，向预防、康养延伸，突出生命全周期、健康全过程的大健康理念。二是背景新，以人工智能、大数据为代表的新一轮科技革命和产业变革扑面而来。三是专业新，医工理文融通，对原有医学专业提出新要求，发展精准医学、转化医学、智能医学等医学新专业。具体而言，新医科建设的内涵主要体现在新医科教育理念、新医科专业结构、新医科人才培养模式、新医科教育质量和新医科教育体系5个方面。

（1）新医科教育理念。

新医科建设要紧扣新时期医学发展需求开展人才培养工作，既注重对现有临床医学、基础医学培养体系的升级，又要加强"医学+X"交叉学科的建设，发展创新型、科技型、综合化的医学教育，培养卓越的科技型医生。

（2）新医科专业结构。

医疗技术和医学科研技术的不断进步，对未来医生的知识结构提出了新要求。新医科建设需要主动设置和发展新兴医学专业，并推动现有医学专业的改革创新，发展人文、医学专业、理工基础、前沿科技，以及交叉学科等课程有机结合的医学专业"新结构"。

（3）新医科人才培养模式。

在新医科建设中，需要进一步完善多主体协同育人机制，在"医教协同"的基础上，引入"医教产研协同"机制，开展多层次、多领域的合作办学，探索多学科交叉融合的医学人才培养模式，建立跨学科的人才培养体系和项目平台，开发创新型临床及医学科研实践基地，培养精医学、懂科技、引领时代的卓越医学人才。

（4）新医科教育质量。

在当前形势下，中国医学教育应以新医科建设为契机，立足国际医学教育改革发展前沿，加强医学人才培养质量标准体系建设，建立并完善中国特色、国际实质等效的医学教育专业认证制度，打造"中国理念""中国标准"，不断提高专业人才培养质量，增强中国医学教育国际竞争力。

（5）新医科教育体系。

随着中国国际影响力、感召力、塑造力的不断提高，中国的医学教育改革也要以引领人类文明发展为目标，建立中国特色医学教育"新体系"，包括优化培养制度、更新课程设置、改变教学模式、注重实践教育等，以引领全球医学教育的改革方向。

2. 新医科与电子商务

新医科是科学、人文、工程的交叉融合，是培养复合型人才，以适应和服务于信息时代的医学研究和医学实践学科。近年来，人们的就医方式还是以线下与医生面对面为主，很多诊断、检查流程也较为烦琐，在信息化的背景下，医院中的设备不断升级改造，也通过将一些服务线上化的方式简化就医流程。新医科的建设能够加快医院的升级改造进程，提高医院信息化程度（见附图 10）。

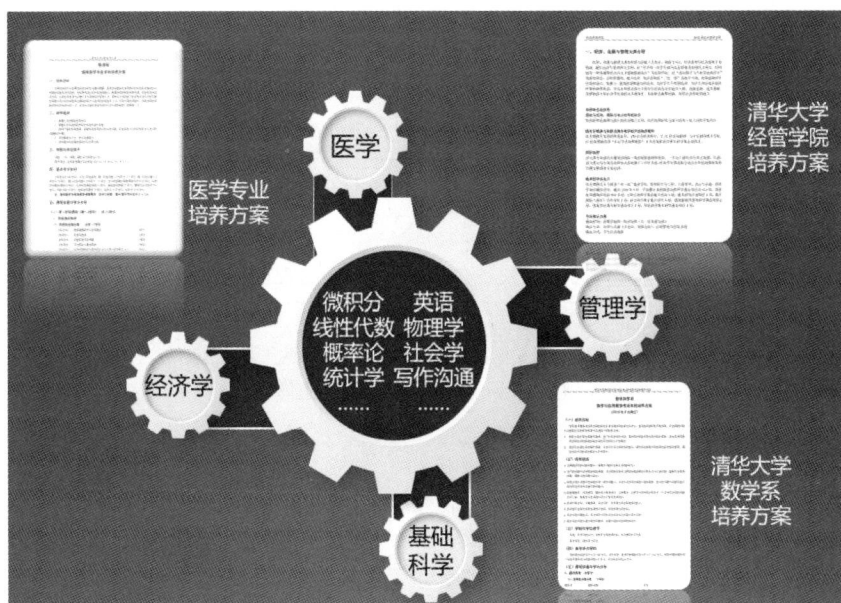

附图 10　新医科共性基础课交叉

与新农科类似，新医科的建设能够为电子商务与医学的结合提供知识基础以及技术支撑，培养出既懂医学又懂服务的复合型人才，而电子商务能够为新医科提供新的工作平台，以商务的形式、市场的行为、医学的手段、诊病问病服务于社会。两者相互促进，共同发展。

新医科将推进医工理文融通，紧密结合以人工智能为代表的新一轮科技革命和产业革命，全面整合精准医学、转化医学等方兴未艾的医学新领域，即传统医学与机器人、人工智能、大数据等进行融合。

近年来互联网技术迅速发展，网络应用不断深入，无论在单位、家庭，网络的使用已十分普及，已逐步成为人们工作、生活不可缺少的工具，医疗电子商务也在不同的领域迅速发展。目前，随着人民生活水平的提高，中国大健康行业发展迅速，已上升为国家战略高度，如2016年中共中央、国务院印发了《"健康中国2030"规划纲要》，2019年发布了《健康中国行动（2019—2030年）》。大健康要求对健康实施全面、全程、全要素的呵护，不仅追求身体健康，也追求精神、心理方面的健康。实现大健康产业发展的重要前提是改变传统的医疗产业发展模式，即从单一救治模式转向"防—治—养"的全程、全面、全要素的一体化模式。附图11所示为大健康产业参与主体，其中线上药物销售平台、在线问诊平台等都是电子商务相关服务，它应用了电子商务的营销理念，能够带动医疗体制改革，帮助医疗大型设备共享，在大健康产业中起着关键作用。

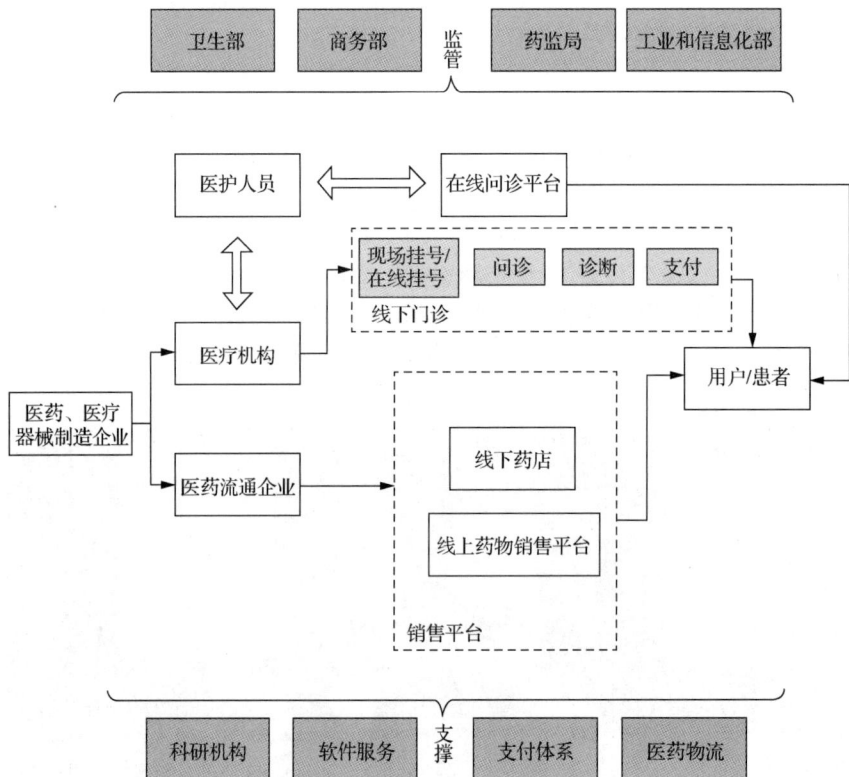

附图11　大健康产业参与主体

具体来说有以下几点。

（1）新医科将推动现代医科专业的教育。目前，互联网、智能化、脑认知、芯片、精准医疗、大数据等新概念层出不穷，传统的医科已不足以应对时代变革，信息时代必须重构一些核心知识，原来的旧知识要升级换代。新医科将设立新的医科专业或改造原有的医科专业，与此同时，新医科学科也将加强与管理学科、运营学科的交叉，培养具有优秀管理与服务知识的人才。通过以上两点的建设，新医科将为现代电子商务学发展提供具有扎实信息基础知识、管理运营知识以及专业医学知识的复合型人才，这对于推动电子商务在医学领域的融合发展、创新打下了人才储备的基础。

（2）新医科提倡使用电子商务技术为医患之间提供方便的渠道，从而达到减少医患矛盾、降低医疗费用、合理使用医疗资源和方便患者就医的目的，也可以达到加大医院宣传力度的目的。

互联网、移动通信、信息技术的发展将改变人们的生活方式，同样会影响人们的就医、买药方式。目前大部分三甲医院建立了内部的信息系统，患者在同一医院就医已可以充分感受到信息技术发展带来的方便，但不同医院之间还不能进行信息共享；部分医院建立了网站，仅用于医院介绍，部分医院能提供网上挂号等简单功能。我国的优秀医疗资源有限，分布也极不平衡，如何合理有效地利用优秀医疗资源，是医疗改革急需解决的课题。许多偏远地区的患者为了治病来到大城市大医院，但却不知道是否适合自己，或耽误了治疗时间，或浪费了时间和费用；也有个别大医院的医生"走穴"，造成医院管理的困难。利用网络可突破时间和空间的限制，实现医疗资源的联网，患者足不出户就可享受到大医院优质的医疗资源服务。随着我国现代化事业的发展，人们的收入和生活水平不断提高，对医疗行业也提出越来越高的要求，如何更方便、快捷地为患者提供医疗服务，为广大城乡居民提供健康服务，如何提高服务质量，是我国卫生行业必须面对的课题。

网络和 IT 技术的迅速发展为解决这些问题提供了手段，如电子商务为人们提供挂号预约、远程支付、电子病历、远程诊疗等服务；老年人行动不便，人在家就可以完成诊断和治疗，网上会诊无论对患者和医生都会带来很大方便，为患者节省大量的时间和费用。

通过电子商务技术可实现医药采购、招标、线上医患人员交流、诊断和交易。此外，医院的信息系统、医保系统等也应纳入医疗电子商务范畴，利用电子商务平台进行网上挂号、预约已经成为当前的趋势，网络医院、网上药店、医疗信息化、医药电子商务采购招标等与电子商务紧密结合的应用正在随时代迅速发展。由于网络具有跨越时间和空间等特点，因此可以通过网络实现对话、发送文字和图片，可以通过网络实现视频通话，可以通过第三方认证实现网上支付，可以通过网络实现病历的查询、存取。电子商务正被越来越多的国家医疗行业采用，也逐步被更多的医患人员认可。新医科将持续在相关法律领域，通过建立健全相关流程的标准和法律保障；新医科将继续推动网络医院、网上药店等电子医疗技术手段的发展与创新。同时，新医科将通过在现实的医疗系统中应用互联网与电子商务平台新型技术如 5G、人工智能来促进新型医疗的发展。

（3）医疗设备的共享必然会带来医疗过程中信息的流通和共享，这对患者的隐私产生了极大的挑战。在"新医科"的背景下，这对电子商务课程设置带来了启示，如电子商务法律、大数据隐私保护、信息伦理等课程的内容可以进行扩充。

新医科的提出与发展是提高我国人民生活水平、保证社会稳定极其重要的任务，新医科与电子商务结合的应用必将会对人们的生活产生重大的影响，加快医疗行业电子商务的建设将对医疗改革产生不可估量的作用。

参考文献

[1] MAGAZINER I C, et al, The Framework for Global Electronic Commerce: A Policy Perspective[J]. Journal of International Affairs, 1998, 51(2):527-538.

[2] 维克托·迈尔-舍恩伯格，肯尼思·库克耶. 大数据时代：生活，工作与思维的大变革[M]. 杭州：浙江人民出版社，2013.

[3] McAfee A, Brynjolfsson E, Davenport T H, et al. Big Data: The Management Revolution[J]. Harvard Business Review, 2012, 90(10): 60-68.

[4] 王瑾. 从比特币的法律性质谈比特币纠纷的裁决思路[J]. 北京仲裁，2020 (1): 75-86.

[5] 吴伟陵，牛凯. 移动通信原理[M]. 2 版. 北京：电子工业出版社，2009.

[6] Ge Y, Song Y, Zhang R, et al．Parser-Free Virtual Try-on via Distilling Appearance Flows[C]//Proceedings of the IEEE/CVF Conference on Computer Vision and Pattern Recognition. 2021: 8485-8493.

[7] 覃征，帅青红，王国龙等. 电子商务学[M]. 北京：清华大学出版社，2021.

[8] 覃征，李旭，王卫红. 软件体系结构[M]. 4 版. 北京：清华大学出版社，2018.

[9] 覃征. 电子商务概论[M]. 6 版. 北京：高等教育出版社，2019.

[10] Howard J A. Marketing Management Analysis and Planning[J]. Journal of Marketing Research, 1964, 1(3):87.

[11] Davis F D. Perceived Usefulness. Perceived Ease of User, and User Acceptance of Information Technoloey[J]. Mis Ouarterlv, 1989, 13(3):319-340.

[12] 威廉·科恩. 跟德鲁克学营销[M]. 北京：中信出版社，2013.

[13] McCarthy E J, Shapiro S J, Perreault W D. Basic marketing[M]. Ontario: Irwin-Dorsey, 1979.

[14] Philip Kotler, Kevin Lane Keller. Marketing Management: Application, Planning, Implementation and Control[M]. New York:Pearson Education Limited, 2011.

[15] 刘砚. 新媒体营销变革：社会性媒体的营销传播[D]. 上海：复旦大学出版社，2008.

[16] 马克·波斯特. 第二媒介时代[M]. 南京：南京大学出版社，2005.

[17] 冯英健. 网络营销基础与实践[M]. 5 版. 北京：清华大学出版社，2016:313-319.

[18] 杨月江. 计算机导论[M]. 北京：清华大学出版社，2014.

[19] 王强. 计算机基础[M]. 北京：高等教育出版社，2005.

[20] 唐朔飞. 计算机组成原理[M]. 3 版. 北京：高等教育出版，2020.

[21] 覃征. 软件文化基础[M]. 北京：高等教育出版社，2016.

[22] 陆正飞，黄慧馨，李琦. 会计学[M]. 北京：北京大学出版社，2018.

[23] 葛家澍，高军. 论会计的对象、职能和目标[J]. 厦门大学学报(哲学社会科学版)，2013(2):30-37.

[24] 吴国萍. 基础会计学[M]. 5 版. 上海：上海财经大学出版社，2019.

[25] 朱小平，秦玉熙，袁蓉丽. 基础会计[M]. 11 版. 北京：中国人民大学出版社，2021.

[26] 傅元略. 智慧会计：财务机器人与会计变革[J]. 辽宁大学学报(哲学社会科学版)，2019, 47(1):68-78.

[27] 刘勤，杨寅. 改革开放 40 年的中国会计信息化：回顾与展望[J]. 会计研究，2019(2):26-34.

[28] 续慧泓，杨周南，周卫华，等. 基于管理活动论的智能会计系统研究：从会计信息化到会计智能化[J]. 会计研究，2021(3):11-27.

[29] 傅元略. 管控机制理论和应用：以管控为核心的管理会计[M]. 厦门：厦门大学出版社，2018.

[30] 韩伯棠. 管理运筹学[M]. 5 版. 北京：高等教育出版社，2020.

[31] 汪应洛，李怀祖. 改革开放与大学管理教育兴起[J]. 西安交通大学学报（社会科学版），2018，38(6):1-8.

[32] 席酉民，汪应洛. 管理科学学科发展战略初探[J]. 中国科学基金，1989(2):21-29.

[33] 盛昭瀚，霍红，陈晓田，等. 笃步前行　创新不止：我国管理科学与工程学科 70 年回顾、反思与展望[J]. 管理世界，2021，37(2):185-202+213,13.

[34] 丹尼尔·A. 雷恩，阿瑟·G. 贝德安. 管理思想史[M]. 6 版. 孙健敏，黄小勇，李原，译. 北京：中国人民大学出版社，2012.

[35] 席酉民，熊畅，刘鹏. 和谐管理理论及其应用述评[J]. 管理世界，2020，36(2):201-215,218.

[36] 黎晨，刘烨. 供应链管理中的运筹学方法统述[J]. 物流工程与管理，2014(2):71-72.

[37] 孙学敏，贺慧明. 基于博弈论的电子商务平台定价策略研究[J]. 河南工业大学学报，2018，(14):51-56.

[38] 尚文芳. 电子商务企业的订单履行效率评价[J]. 时代金融，2014(26):101-102,104.

[39] 赵旭东. 电子商务法学[M]. 北京：高等教育出版社，2019.

[40] 罗佩华，魏彦珩. 电子商务法律法规[M]. 北京：清华大学出版社，2019.

[41] 解正山. 数据泄露损害问题研究[J]. 清华法学，2020，14(4):140-158.

[42] 薛虹. 中国电子商务平台知识产权保护制度深度剖析与国际比较[J]. 法学杂志，2020，41(9):13-23.

[43] 高薇. 弱者的武器：网络呼吁机制的法与经济学分析[J]. 政法论坛，2020，38(3):80-92.

[44] 王卫东，张荣刚. 电子商务法律法规[M]. 北京：清华大学出版社，2021.

[45] 刘颖. 电子资金划拨法律问题研究[M]. 北京：法律出版社，2001.

[46] 刘颖. 中国电子商务法调整的社会关系范围[J]. 中国法学，2018(4):195-216.

[47] 薛军. 民法典网络侵权条款研究：以法解释论框架的重构为中心[J]. 比较法研究，2020(4):131-144.

[48] 彭岳. 数字贸易治理及其规制路径[J]. 比较法研究，2021(4):158-173.

[49] 曾康霖. 金融学教程[M]. 北京：中国金融出版社，2006.

[50] 黄达，张杰. 金融学 [D]. 4 版. 北京：中国人民大学出版社，2017.

[51] 王国刚. 中国金融 70 年：简要历程、辉煌成就和历史经验[J]. 经济理论与经济管理，2019(7):4-28.

[52] 比尔·布莱森. 万物简史[M]. 严维明，陈邕，译. 南宁：接力出版社，2005.

[53] 胡跃飞，黄少卿. 供应链金融：背景、创新与概念界定[J]. 金融研究，2009(8):194-206.

[54] 宋华. 供应链金融[M]. 北京：中国人民大学出版社，2021.

[55] 王江，廖理，张金宝. 消费金融研究综述[J]. 经济研究，2010，45(S1):5-29.

[56] 覃征. 电子商务基础[M]. 北京：科学出版社，2007.

[57] Kaldager L, Kearney A T. Logistics excellence in Europe[C]// Vision Eureka: Efficient and Environmentally Friendly Freight Transport, Lillehammer, Norway. 1994:1-18.

[58] 宋华. 日本的现代物流管理[M]. 北京：经济管理出版社，2000.

[59] 王喜富. 现代物流技术[M]. 北京：清华大学出版社，2016.

[60] 张余华. 现代物流管理[M]. 北京：清华大学出版社，2017.

[61] 中国物流与采购联合会，中国物流学会. 中国物流发展报告 2020-2021[R]. 北京：中国财富出版社，2021.

[62] 国家发展和改革委员会经济运行调节局与南开大学现代物流研究中心. 中国现代物流发展报告 2020[M]. 北京：中国经济出版社，2021.

[63] 何黎明. 中国物流技术发展报告 2020[M]. 北京：中国财富出版社，2021.

[64] 林健. 引领高等教育改革的新工科建设[J]. 中国高等教育，2017(13): 40-43.

[65] 刘禹. 我国移动电子商务应用模式研究[J]. 大众投资指南，2019(18):52.

[66] 孙秋莲. 试论移动电子商务运营模式和发展对策[J]. 民营科技，2017(2):101.

[67] 邓晨曦，杨茂保. 跨境电子商务背景下国际经济与贸易的发展方向探讨[J]. 营销界，2021(30):40-41.

[68] 张夏恒. 跨境电子商务类型与运作模式[J]. 中国流通经济，2017，31(1):76-83.

[69] 洪勇. 我国农村电子商务发展的制约因素与促进政策[J]. 商业经济研究，2016(4):169-171.

[70] Naur P, Randell B. Software Engineering: Report of a Conference Sponsored by the Nato Science Committee, Garmisch, Germany, 7th-11th October 1968[C]. Brussels:Scientific Affairs Division,NATO,1969.

[71] Chen L. Microservices: Architecting for Continuous Delivery and DevOps[C]// IEEE International Conference on Software Architecture. IEEE, 2018:39-397.

[72] Pautasso C, Zimmermann O, Amundsen M, et al. Microservices in Practice, Part 1: Reality Check and Service Design[J]. IEEE Software, 2017, 34(1):91-98.

[73] 科特勒，阿姆斯特朗. 市场营销原理[M]. 16 版. 北京：清华大学出版社，2019.

[74] B. 约瑟夫·派恩. 大规模定制：企业竞争的新前沿[M]. 操云甫，译. 北京：中国人民大学出版社，2000.

[75] 费璇，陈林. 消费心理学[M]. 南京：南京大学出版社，2019.

[76] 纪宝成. 商业经济学教程[M]. 北京：中国人民大学出版社，2016.

[77] 纪宝成，晏维龙. 电子商务下的商品流通[J]. 经济理论与经济管理，2000(4):35-40.

[78] 李骏阳. 电子商务环境下的流通模式创新[J]. 中国流通经济，2002(5):40-43.

[79] 魏修建，严建援，张坤. 电子商务物流[M]. 北京：人民邮电出版社，2017.

[80] 丰佳栋. 供给侧改革下第四方物流模块化服务创新模型设计[J]. 中国流通经济，2017，31(3):71-78.

[81] Dean J, Ghemawat S. MapReduce: Simplified Data Processing on Large Clusters[J]. Communications of the ACM, 2008, 51(1): 107-113.